张林／著

远离与回归
残疾人社会疏离问题研究

Stay Away and Return

Research on the Social Alienation of the Disabled

ZHEJIANG UNIVERSITY PRESS
浙江大学出版社

前　言

　　中国残疾人联合会发布的数据显示，目前我国残疾人总数超过 8500 万，占全国总人口的 6.34%；从家庭层面看，全国共有 7050 万户残疾人家庭，占家庭总数的 17.8%。残疾人遍布全球各个角落，不论是发达国家还是发展中国家都有残疾人，残疾的发生在各国只有发生率的高低之分，没有有无之分。残疾人事业与个人健康、家庭幸福、经济社会健康发展息息相关。

　　近年来，我国残疾人的经济收入、教育就业情况，以及无障碍设施等客观生存环境条件已经有较大改善，但残疾人实际参与社会生活的状况却不容乐观。《中国残疾人状况及小康进程监测报告》显示："残疾人参与社区文化、体育活动的比例始终较低，近三分之二的残疾人没有走出家门，难以融入社会。"由此可见，残疾人群体普遍存在社会疏离的问题。为何在外部生存环境明显改善的情况下残疾人仍难以融入社会生活？如何提高残疾人社会参与度、促进残疾人积极融入和回归社会生活是各级政府部门与社会机构共同关心的社会问题。

　　本书内容包括三个部分：第一部分侧重探讨了社会疏离的概念和理论，深入揭示了残疾人短期社交回避以及长期社会疏离的发生过程，为改善残疾人的社交回避和社会疏离问题提供了有价值的理论借鉴；第二部分针对残疾人社会疏离的心理原因，分别从社会参与现状、心理加工机制、社会互动模式以及人格差异等方面进行了系列研究与实验，深入揭示了残疾人发生社会疏离问题的深层心理机制，为促进残疾个体的心理康复、有效融入和回归社会提供了扎实的科学依据；第三部分从残疾个体临床康复期的心理重建、恢复期的残疾康复与治疗，回归社会的支持系统构建等方面，综合提出了"医疗—心理—家庭—社会"的残疾人康复实践工作新模式,切实帮助残疾人有效提升社会适应能力,尽快回归社会、融入社会生活。

本书第一章探讨了社会疏离的概念和以往的相关理论研究。以社会疏离的社会性和情感性特点为线索,对以往研究中社会疏离的概念、相关理论、评估指标、影响因素等方面进行了系统全面的梳理,为残疾人社会疏离问题的研究奠定了扎实的理论与文献基础。

第二章分析了残疾人的心理特点及其与社会疏离的关系。系统介绍了残疾人常见的一些心理问题和共性的心理特点,分析了残疾人的生理缺陷和生活经历对残疾人的共性心理特点与行为问题的影响作用,深入揭示了残疾人的社会认知加工特点对其社会疏离的影响。

第三章阐述了社会认知偏差给残疾人社会适应带来的不利影响。从残疾人的认知加工特点以及社会认知缺陷的角度分析了社会疏离问题的发生过程,全面揭示了残疾人对威胁性信息的认知加工特点,及其对社会疏离问题带来的不利影响,为揭示残疾人社会疏离问题形成的深层心理根源提供了理论借鉴。

第四章从个体层面和群体层面论述了残疾人社会疏离问题的形成机制。在系统梳理以往研究的基础上,分析了影响残疾人短期社交回避和长期社会疏离的环境因素、个体因素以及心理因素,揭示了残疾人短期社交回避以及长期社会疏离的发生过程,为改善残疾人的社交回避和社会疏离问题提供了有价值的理论借鉴。

第五章主要考察了当前我国残疾人的社会疏离问题现状。采用问卷调查与心理测试相结合的方法,从社会参与的基本生活和发展性两个方面对残疾人的社会参与情况进行了调查,剖析了当前残疾人社会交往面临的困境,并针对调查结果提出了相关的对策和建议。

第六章深入揭示了残疾人社会疏离问题发生的深层心理机制。一方面提出歧视知觉对残疾人的社交回避有重要影响,并全面揭示了歧视知觉对社交回避行为的直接和间接影响路径;另一方面发现残疾人普遍对社交拒绝线索存在较强的注意偏向,主要表现为对威胁性情绪刺激更为敏感,而未发现注意转移困难。

第七章对残疾人与健全人的社会交往困境进行深入研究。通过"给游戏"和"公共物品困境"的研究范式,考察了残疾人在双人互动和多人互动情境下的社会交往模式。不仅加深了研究者对不对称社会困境中合作行为心理机制的理解，也为社会工作者在未来如何增强残疾人与健全人的良性社会互动提供了借鉴。

第八章从人格差异的角度探讨了残疾人拒绝敏感对其社会心理的影响。研究发现高拒绝敏感的残疾人会感到更孤独，主观幸福感也更低，对社会线索的认知加工更偏向于消极，这对更有针对性地解决残疾人的社会交往问题、改善残疾人的社会生活适应状况起到了理论借鉴与实践指导作用。

第九章主要探讨了残疾人在临床康复期的心理康复问题。系统介绍了认知疗法、行为疗法、精神分析疗法和支持性疗法等心理咨询与治疗的原理与操作技术，为残疾人家属和护理人员介绍了相应的心理康复理论，提供了开展残疾人心理重建工作的技术指导，旨在更好地帮助残疾人群体开展积极的自我心理重建工作。

第十章主要介绍了残疾人常见的认知偏差及其心理矫治技术。从认知偏差的角度解释了残疾人心理问题的成因，在此基础上提出了认知偏差的矫正技术和训练方法，为残疾人心理康复提供了具体、可实施的训练范式与技术借鉴，可供心理康复与咨询人员在帮助残疾人进行认知重建的过程中借鉴使用。

第十一章总结了目前残疾人社区心理支持系统存在的主要问题。提出了以"家庭—志愿者—社区"为核心的残疾人社区工作模式，从政府部门、网络服务、筹资机构、招收人才、加强宣传、开展社区服务等方面提出了对策建议，对于改善残疾人生活满意度、提升残疾人的生活质量和实现其人生价值具有重要意义。

第十二章从残疾人的心理特点入手对残疾人的临床心理康复工作进行了解读。全面分析了残疾人康复工作的现状和未来发展趋势，提出了医疗、心理、家庭、社会为一体的整合性康复工作模式，助力残疾人有效回归社会、融入生活，对于我国残疾人社会康复事业和残疾人康复实践工作的发展具有重要的理论价值和实践指导意义。

最后，我们认为残疾人康复工作是一项涉及多个部门、多个机构相互协调的系统工程。这项工作需要医院的临床康复治疗、专业的心理干预训练、家庭的社会支持以及社区的救助介入等多方面力量的相互配合、相互协调，只有这样才能从根本上缓解残疾人的社会疏离问题。因此，我们倡议构建以"家庭—志愿者—社区"为核心的社会工作服务圈,共同努力提升残疾人群体的社会适应能力,帮助其尽快回归社会、融入社会生活。

本书的内容是在国家社科基金项目"残疾人的社会疏离问题及其发生机制研究"(12BSH055)研究成果的基础上编辑整理而成的,也是全体课题组成员共同努力的结果。感谢课题组成员——我的研究生李文涛、谢文澜、张园——在开展实验研究和数据收集过程中的辛苦付出,也感谢在书稿编订、整理、审校过程中付出很多心血的刘燊、郭治斌、李丹丹、方圣杰等可爱的同学,感谢在课题研究和书稿撰写时给予我全力支持的家人,更要感谢浙江大学出版社编辑吴伟伟、陈逸行耐心和细致的审校工作。我们在研究过程中得到了很多残疾人朋友、残联领导、社区工作人员的帮助和支持,以及相关领域的专家、学者们的指导和关心,也参考和引用了大量同行前辈的相关成果与研究报告,在这里就不一一列举了,致以衷心的感谢!我们的研究过程和研究结论可能还存在很多的不足和局限,在这里恳请读者和相关领域的专家给予批评和指正,以帮助我们不断前行。我们实验室的全体成员在未来还将继续努力,为揭示人类复杂的社会认知与行为过程开展更加深入的实验研究与实践探索。

张 林

2020 年 10 月于宁波大学

目　录

理　论　篇

研　究　篇

实 践 篇

理论篇

第一章　社会疏离的相关理论

目前，我国正处于现代社会的加速转型期。在社会转型和现代化社会建立过程中，人们更多地关注制度层面和社会结构层面的失调现象，而在社会群体意识领域也存在着一些问题，社会疏离就是其中最突出的问题之一。然而，当前研究者们对社会疏离问题的探讨还多停留在表面，缺乏对社会疏离现象的深入探究，并未揭示社会疏离的实质，不利于为未来的实证研究提供有效的指导。因此，本章将首先厘清社会疏离的概念和结构成分，接着从主客观两个维度梳理社会疏离的相关理论，进而探讨社会疏离给个体带来的多方面消极影响，最后将对导致个体社会疏离的相关因素进行系统梳理，以期能为未来的社会疏离研究提供坚实的理论基础。

第一节　社会疏离研究概述

一、社会疏离的概念辨析

20 世纪 60 年代初开始有学者对社会疏离进行系统的科学研究，当时是由西方的医护工作者在临床工作过程中发现的。现在，社会疏离已经成为研究者们广为关注的一个重要课题，但学界对其概念一直存有诸多争议。目前国内外对社会疏离概念的界定大多是从社会参与的角度出发的，从社会疏离本身出发进行概念界定的并不多。国外有几位学者从社会疏离的角度对此进行了定义，但他们从社会疏离不同的方面提出了不同的概念。开展社会疏离的研究必须先厘清相关概念，在明确界定概念的基础上才能进行深入的研究。因此，我们首先对社会疏离的概念进行界定，并对其内涵结构进行解析和阐述。

(一)社会疏离的概念界定

最早提出社会疏离概念的是美国护理学家 Biordi(1995),他认为社会疏离(social isolation)是一个与"归属感"(belonging)相悖的概念,是指个体"脱离"自己所在的组织,这种"脱离"既可以表现为主动地离开,也可以表现为被动地失去。其中,主动离开的个体在离开的过程中保持着积极的情感体验,他们内心强大不为外界所干扰;而被动失去的个体则经历着消极的情感体验,他们渴望与他人接触和沟通,但这种心理需求难以得到满足,其结果往往是社会交往和社会支持的丧失(Biordi,2005)。其社会疏离概念强调的是与"归属感"相悖的被动"脱离"感,是个体主观体验到的情绪感受,这一概念并没有涉及社会疏离中存在的客观社会环境。

Biordi 的定义是从个体角度出发的,而 Carpenito-Moyet(2006)则从群体的角度对社会疏离进行了诠释。后者认为,社会疏离是群体(或个体)的社交意愿得不到满足,并伴有孤独、寂寞或者无意义感等消极情绪的一种状态。Carpenito-Moyet 虽然在概念中强调了群体性的社会疏离,但这个概念存在与 Biordi 的定义一样的问题,就是都仅仅强调了社会疏离对象的主观感受,这使得这个概念的内涵并不完整。有学者把社会疏离界定为包含以下两部分内容的综合体:社会性疏离(客观指标)和情感性疏离(主观指标)(Michael,Rochelle,2009)。其中,社会性疏离包含社交网络的范围、社会接触的频率等客观指标,情感性疏离包含孤独感、无意义感等消极的情绪体验。较之前两位学者,Michael 和 Rochelle 的定义比较完整,包含了社会疏离的主观情感和客观环境两个方面。但这个定义仅强调了社会疏离的结构性,忽视了其发展的过程性。

另外,也有研究者对社会疏离(social alienation)的内涵进行了重新阐释。"alienation"一词最早起源于拉丁文"alienatio"(外化、异化、脱离)和"alienare"(异化、转让、分离)。这一概念被引入心理学后,主要指个体心理上的疏远、冷漠等消极情感体验,强调个体主观心理感受(杨东,吴晓蓉,2002)。Nisbet(1966)认为社会疏离一方面指个体由于迁移、孤单、缺乏安全感而切断一切社交活动,是一种客观表现;另一方面指个体对他人、工作甚至自我的疏远,是一种主观意愿。Touraine(1973)认为疏离不是一种有意识的剥夺,而是个体的一种主动选择性行为。Michael(2003)认为社会疏离是指个体无法与所处环境建立联结,从而产生的一种无助感和孤独感。日本学者宫下一博和小林利宣(1981)认为,社会疏离是个体由于感受到外界的排斥或者距离感而产生的一种不能融入其中的情感。而我国学者张春兴(1989)将社会疏离定义为一种复杂的心理状态,包括社会孤立感、自我分离感、无意义感和无能为力感。

总体而言,关于社会疏离的概念界定迄今为止还未找到一个比较有说服力的解释,很多时候研究者并不能将"social isolation"和"social alienation"两者严格地区分开。综合以往对社会疏离的定义和研究,从主客观条件的结构论及社会互动的过程论出发,我们对社会疏离做出了以下界定:社会疏离是指个体(或群体)在社会互动的过程中,遭到他人无视或拒绝、排斥,未能与外界进行良好的互动,由此而产生孤独、无助等消极情绪状态,并表现出冷漠、拒绝等消极行为的一种心理现象。

(二)社会疏离与相关概念的辨析

从定义中可以看出,社会疏离包含了孤独感、疏离、排斥等诸多内涵,在众多的研究与实践中,有将其与相似概念混淆的现象,但它们在概念的内涵和外延上是存在差异的,接下来我们对社会疏离及其相关概念分别进行辨析。

1. 社会疏离与孤独感

孤独感(loneliness)是指个体由于与外界接触过少而对自己产生的一种消极情绪,是一种普遍存在的消极情绪体验。它是与社会疏离关系最紧密的概念,但二者并不能互换,孤独感反映的只是社会疏离个体的心理层面。孤独感是与社会融合模式以及社会接触的频率相联系的。人们所拥有的社会接触的频率被视为社会融合的一个基本指标,因而也可以作为社会疏离的一个基本指标。有学者将孤独感视为社会疏离最主要的情感性指标,并指出它可以被定性和测量。Cacioppo 和 Patrick(2008)将孤独感描述为"可觉察的社会疏离"(perceived social isolation),即赞同孤独感是社会疏离的一种主观感受,除了主观方面,社会疏离还包含社交网络的范围、社会接触的频率等客观方面。此外,Carpenito-Moyet(2006)也赞同这种观点,而且他还发现社会疏离必然会导致孤独感,但孤独感并不一定会导致社会疏离,孤独感只是社会疏离的一个方面。

2. 社会疏离与疏离感

疏离感(alienation)是一个与社会疏离联系紧密的概念,很多研究者常将二者混为一谈。多国学者对疏离感进行了大量的研究。西方学者Oetting、Deffenbacher 和 Donnermeyer(1998)认为,疏离感是指个体感受到自己被孤立,直接反映了个体不能与家庭、学校等外界环境建立起有效联结的社会性障碍。疏离感水平较高的个体经常体验到无助感、无意义感和孤独感。

很多学者都对疏离感和社会疏离的关系进行了研究。戴安娜·拉斯金·比奥尔迪(Diana Luskin Biordi)和尼古拉斯·R. 尼克尔森(Nicholas R. Nicholson)对二者进行了简单的区分,他们认为两个概念虽然经常被混淆,但二者本质不同。疏离感主要包含了无能为力感(powerlessness)、无规范感(normlessness)、孤立(isolation)、自我疏离(self-estrangement)和无意义感(meaninglessness)。由此可知,疏离感和社会疏离共同拥有一个部分——孤立,疏离感仅仅是社会疏离的情感层面的一个部分而已(张林,张园,2015)。

3. 社会疏离与社会排斥

尽管社会疏离与社会排斥十分相像,但二者并不完全相同。通过对社会排斥的评估与分析,我们发现社会排斥与以下几方面有关:社会关系、文化活动、有权使用基础服务、邻里排斥等。社会排斥是一个与社会接纳相对立的概念。Baumeister 等(2005)认为,社会排斥是个体出于某种原因(如缺乏对团体必要和足够的贡献,或违反团体的行为规则等)不被这一团体所接纳,遭到其排斥、驱逐的社会互动现象。Twenge 等(2007)认为,社会排斥是指个体没能得到家庭成员、同伴或某一社会团体的接纳,个体的归属需求没能得到满足的社会现象。MacDonald 和 Leary(2005)认为,社会排斥是指在社会互动中,个体渴望被他人或团体接纳,但实际却被拒绝和排斥的现象。从这些定义中可以看出,社会排斥与社会疏离最大的不同之处在于,社会疏离的发生包括客观社会环境的疏远和个体体验到的消极情绪感受两部分,而社会排斥的发生一般只强调客观社会环境的疏远,即个体被他人或组织所排斥和拒绝,并不强调这一过程中个体自身的情绪体验。

综上所述,社会疏离与这些相关概念既相互联系,又相互区别。它们有共同交叉的部分,如社会疏离和孤独感以及疏离感都含有消极的情感成分,社会疏离与社会排斥都含有客观社会环境的疏远现象。但它们又有不同的内涵和外延,社会疏离包含情感体验和客观环境两部分,而孤独感和疏离感只关注情感体验的层面,社会排斥只关注客观环境的层面。

二、社会疏离的结构成分

Michael 和 Rochelle(2009)认为,社会疏离(social isolation)包含两方面的明显特征——社会性和情感性。也就是说,社会疏离是一个综合体,一个拥有低水平的社会交往和孤独感经验的综合体(Findlay,Cartwright,2002),其中,社会交往方面的疏离可以被定量测量,情感体验方面的疏离则可以被定性测量。许多研究者尝试区分这两个方面,如 Cattan 和 White(1999)、Hall 和 Havens(1999)将社会交往方面的疏离定义为与他人有着最小限度的来往,将情感方面的疏离(或孤独感)定义为一种主观情感,是一种对低频率社会接触的不满情绪感受。

虽然从表面上看这只是一种简单的划分方法,但它对揭示社会疏离的本质属性具有一定的意义,也能够对降低社会疏离感起到积极的作用。Heylen(2010)关于老年人孤独感的研究支持了这一观点,他的研究表明社会关系的质量(而非数量)是重要的。此外,Victor 等(2002)的研究告诉我们,个体生活在一个庞大的社会网络中可能也会感到孤独,同样,孤独感也并不是独自生活的人一定会有的。因此,社会交往和社会卷入的水平会影响一个人的生活质量。

基于以往研究者对社会疏离的定义以及对社会疏离的结构的阐述,我们从主客观条件的结构论出发,将社会疏离划分为两个维度:主观情感维度和客观社会维度。其中,主观情感维度包括个体所感受到的孤独感、无助感等消极情绪感受,以及他们内心对社会交往的渴望程度两部分。而客观社会维度则是指个体在产生社会疏离后,与外部环境的客观社会互动的情况,如个体的社交范围以及与他人的交往频率等。

第二节　社会疏离的相关理论

关于社会疏离问题,很多学者从不同的角度出发提出了不同的理论观点。按照社会疏离所包含的两种不同的结构维度,我们将众多的理论观点主要分成两个大的方面,即侧重于主观情感维度的理论和侧重于客观社会维度的理论。

一、侧重于主观情感维度的社会疏离理论

(一)社会排斥理论

法国学者勒内·勒努瓦在 1974 年第一次提出"社会排斥"的概念,这一概念主要指残疾者、病患老人、边缘群体等受社会、经济、政治及文化等相关因素排斥而导致的身心困境。他认为产生社会排斥现象的主要原因是占据权力的主导群体基于种族歧视及偏见所建立的制度基础。"主导群体已经握有社会权力,不愿意别人分享之。"法国学者托瑞恩指出,基于社会地位、社会角色及社会竞争、社会冲突等非主观因素,总有一些个体或群体被社会结构和社会制度所排斥,成为社会的弱势群体,并处于社会的最底层。(方曙光,2015)社会排斥理论很好地解释了个体产生社会疏离的心理动态变化过程。该理论将个体遭受排斥之后的后续行为及反应按时间分为三个阶段:第一阶段为即时反应阶段,即个体刚被外界环境排斥时,会感到痛苦和受到伤害,并且这种非常强烈的感觉不受其他因素调节;第二阶段为短期排斥阶段,个体为减轻由归属感下降带来的痛苦而积极地寻求社会关系重构;第三阶段为长期排斥阶段,个体如果长期遭受排斥,其应对策略和资源都耗竭了,那么他们在社会交往中会更多地选择回避,这表明该阶段的个体已经产生了社会疏离现象。

(二)社会疼痛理论

MacDonald 和 Leary(2005)提出了社会疼痛理论。身体疼痛是指与真实的或潜在的身体组织受损有关的不愉快的感觉和情绪体验,与之相对应的社会疼痛(social pain)是指对亲密他人或社会群体的缺失,或存在潜在的心理距离的知觉而导致的痛苦体验,也就是说这是个体知觉到来自社交团体成员的拒绝或贬低时的一种反应。该理论认为社会疏离与生理疼痛一样具有适应性功能,可以促使个体远离具有威胁性的刺激。他们提出社会疏离就是一种在社会互动过程中,个体被他们想要与之建立关系的他人或团体拒绝、排斥或者贬低,由此与他人建立关系或满足其归属需求的渴望无法得以实现的社会现象(MacDonald,Leary,2005)。有研究表明,被外界环境排斥后所承受的社会压力越大的人,越难以忍受生理疼痛。MacDonald 和 Leary 的研究发现,对社会拒绝敏感、容易"受伤"的疼痛易感者遭受社会排斥后疼痛阈限升高,发作减缓,出现痛觉丧失的现象。在另一项研究中也发

现,经过外界环境排斥控制的个体,其生理痛阈和对生理疼痛的耐受力都提高了,但共情的能力却变弱了(DeWall,Baumeister,2006)。这表明由于遭到社会环境的排斥,个体变冷漠了,表现出社会疏离的典型症状。

(三)情绪麻木说

与社会疼痛理论有异曲同工之处的是 Baumeister 等(2005)提出的情绪麻木说。该理论认为社会疏离导致个体处于一种麻木状态,包括情绪上的麻木和生理上的麻木。被疏离的个体处于情绪麻木的状态,这种麻木状态使个体的痛苦暂时减少,从而有能力来应对疏离事件。但情绪麻木也使个体难以对情绪性事件做出准确评估,以致出现种种适应不良的行为。如共情依赖于情绪体验,然而社会疏离导致的情绪麻木破坏了个体共情的能力,进而减少了个体的亲社会行为(Twenge et al.,2007)。生理上的麻木则体现在对生理痛苦的敏感性降低,这和情绪上的麻木是密切相关的,这与社会疼痛理论的观点相同(DeWall et al.,2007)。

(四)自我控制失败说

Baumeister 等(2007)在情绪麻木说的基础上,又提出了自我控制失败说。该理论认为自我控制是一种有限的资源,个体在前一阶段进行自我控制后会消耗一定的资源,这时个体的自我控制资源处于暂时损耗状态(自我损耗),因此接下来的自我控制任务表现较差,甚至表现出自我控制的失败。他们的研究发现,社会疏离破坏了自我控制,被疏离者是不愿意而不是没有能力施加自我控制,在加强刺激的情况下,个体也能进行有效的自我控制(Baumeister et al.,2005)。对此,Baumeister 等人认为,人与社会之间存有一种协议,个体通过控制一些自私的欲望来获得社会的接受,从而更好地生存下去。如果自我控制失败,个体就可能遭到社会的排斥,而这种排斥又使得个体不愿进行自我控制。自我控制失败会导致个体的攻击性行为增加(DeWall et al.,2007),以及亲社会行为减少(Gailliot et al.,2007),而这个结果又会进一步导致社会疏离的发生。

Baumeister 等人的情绪麻木说和自我控制失败说能较好地解释被疏离者的反社会行为和自我损害行为的增加以及亲社会行为的减少,但它们之间似乎缺乏内在的联系。总的来说,这些理论还不能很好地、系统化地解释和说明社会疏离的内涵。

二、侧重于客观社会维度的社会疏离理论

(一)社会脱离理论

社会脱离理论(disengagement theory)是20世纪90年代学者们针对老年人提出的,它对老年人产生社会疏离的动态过程进行了解释。20世纪50年代,美国堪萨斯城有研究指出,由于年龄的逐渐增长,老年人从他们原有的角色中逐渐脱离出来,并且活动程度在逐渐减弱,参与次数也在逐渐减少,这一过程是非常自然的。因此,社会脱离理论认为随着年龄的增长,老年人的身体机能开始衰退,精力也不如以前充沛,其社会角色也逐渐丧失,不再满足之前具有的社会期望,老年人会逐渐远离社会,与外界的社会互动也会越来越少。在此期间,他们会更加关注自己,减少与他人的交往。然而,老年人在这个逐渐脱离社会的过程中,其产生的社会疏离风险也会越来越大。因为疏离是由个人和社会这两个互为对立的方面组成的,个人疏离是一个兴趣和义务减少的心理过程,而老年人在不断地疏远社会的同时,其从社会中获得的参与机会也会越来越少,进而形成了社会对老年人的疏离(裴晓梅,2004)。社会脱离理论认为老年人疏离社会和社会疏远老年人是一个正常的过程,这是对传统社会参与理论的挑战。也有研究证明,只要给老年人提供相应的社会参与机会,其社会疏离就可以避免,这也打破了社会脱离理论提出的疏离过程是自然存在和不可避免的之说。

社会脱离理论为后来的学者们研究老年人的社会疏离问题提供了很好的理论支撑。但是它对于老年人社会疏离问题的深层研究,也还需要其他的理论和研究证据补充与支持。

(二)社会网络结构理论

社会脱离理论强调的是社会疏离形成的过程,而20世纪80年代左右以格兰诺维特为代表提出的社会网络结构理论则强调了社会疏离的结构。该理论把人与人(或组织与组织)之间的纽带关系看成一种客观存在的社会结构,任何主体与他人(或其他组织)的纽带关系都会对主体的行为产生影响。社会网络结构观从个体与其他个体的关系(诸如亲属、朋友或熟人等)来认识个体在社会中的位置,它不同于按照个体的属性特征进行分类的地位结构观,而是将个体按其社会关系分成不同的网络。格拉诺维特非常关注个体的社会关系面和其社会行为的"嵌入性"(如社会网络中所嵌入的某

种资源),以及个体对社会资源的摄取能力(王露燕,2012)。它重视人们在其社会网络中是否处于中心位置,其从社会关系网络中摄取或嵌入的网络资源的多寡、优劣。如果个体不能有效地嵌入某种资源或缺乏对社会资源的摄取能力,那么他就有产生社会疏离的风险。

(三)社会资本理论

社会网络结构理论强调了社会资源的重要作用,与该理论相似的是林南提出的社会资本理论。事实上,很多社会学家提出的社会资本理论也可以归于社会网络结构理论。法国社会学家布尔迪厄(Bourdieu)于1985年首先提出"社会资本"的概念。其后科尔曼(Coleman)认为社会资本是指个人所拥有的表现为社会结构资源的资本财产(黄锐,2007)。它们由构成社会结构的要素组成,主要存在于社会团体和社会关系网络之中。个人参加的社会团体越多,其社会资本越雄厚;个人的社会网络规模越大、异质性越强,其社会资本越丰富;社会资本越多,摄取资源的能力越强。由于社会资本代表了一个组织或个体的社会关系,因此在一个网络中,一个组织或个体的社会资本数量决定了其在网络结构中的地位。社会资本理论认为,社会资本是内嵌于社会网络中的资源,个体在采取行动时能够获取和使用这些资源,该理论强调社会资本代表的是内嵌于社会关系中的资源,并非个人所有的,但获取和使用这种资源的权利属于社会网络中的个人(鲍常勇,2009)。林南也认为,社会资本本身并不是为个体所占有的,而是存在于社会网络交往之中。只有个体通过自身的关系网络去主动地获取所需资源,才会有社会资本产生。在很多情况下,人们更愿意根据相互关系的性质和距离,通过社会关系网络来进行社会资源的分配。但如果个体无法获取这些资源或没有分配到足够的社会资源,就可能会产生社会疏离。

(四)社会交换理论

社会资本理论强调社会资源的利用与分配,而霍曼斯(Homans)于20世纪60年代初提出的社会交换理论则强调社会资源的交换。交换理论指出,交往的过程是一个渴望获得回报的过程,在信任的基础上才会有交换的行为,而社会交换的过程简单地说是一个遵循互惠规范、公平规范的过程。社会交换理论认为,由于每个人都有不同于他人的自我需求及社会资源,因此社会互动便成了人与人之间交换资源,从而满足自我需求的一种行为。在社会交换过程中,交换的原则是,那些掌握社会资源的人能够直接或间接地在人群中获得更多更好的资源以及更为自由地选择交换资源的对象的权利。然而,与这些掌握丰富或稀缺社会资源的人相比,弱势群体所获得的权利和资源是不平等的,正是由于缺少可供交换的权利、资源和价值,他们才始终处于劣势,并由此可能导致社会疏离。

(五)社会支持理论

萨拉森(Sarason)等人于 1983 提出的社会支持理论是帮助可能产生社会疏离的弱势群体尽量远离社会疏离的理论假设。有研究者认为,社会支持是与弱势群体的存在相伴随的社会行为,是一种通过为弱势群体提供精神和物质资源,以帮助其摆脱生存和发展困境的社会行为(吕培瑶,2010)。社会支持理论将弱势群体的需求大致分为五个方面:社会救助的需要、制度(政策)的需要、人力资本提升或结构优化的需要、网络支持的需要以及专业性技术支持的需要。弱势群体需求的多样性决定了社会支持不可能由单一主体完成,必须形成多主体合作的系统结构,只有这样才能有效地预防弱势群体社会疏离问题的发生(张林,张园,2015)。

综上所述,这些理论从社会学、心理学及政治学等不同的角度为社会疏离的研究提供了理论支持。有从社会疏离形成的过程、条件的角度提出的,如社会脱离理论和社会资本理论;也有从被疏离者的主观感受提出的,如社会排斥理论和社会疼痛理论等。这些理论虽然在一定程度上推动和促进了对弱势群体社会疏离问题的深入研究,但这些理论之间也缺乏内在的逻辑与联系,并没有形成一个有机的整体,也没有形成一个系统的理论框架。因此,随着社会的发展和人们对社会疏离问题认识的不断深入,未来的研究者们可以从多学科理论的融合入手进行多学科的交叉研究,并建立一个系统、完整的理论框架,将这些不同学科的理论观点整合到这个综合性的理论框架之内,从而更好地指导研究者开展实证研究和实践工作。

第三节　测量工具与评估指标

一、社会疏离的常用测量工具

社会疏离的测量一般都采用问卷法。最常用的 3 个用来测量和报告社会疏离的问卷是鲁本社会网络量表（Lubben social network sale，LSNS）、伯克曼一赛姆社会网络量表（Berkman-Syme social network index，SNI）以及社会分离和孤独感量表（Social disconnectedness and perceived isolation scales，SD-PIS）。

（一）鲁本社会网络量表（LSNS）

LSNS 由 Lubben 和 Gironda（2000）编制，用于测量社会网络，包括家庭、亲戚与朋友的网络以及与他人的相互关系等。该量表的信效度较高且使用广泛，其克隆巴赫系数（Cronbach's α）值为 0.80。该量表共有 10 个题目，其中 3 个测题评估家庭网络（包括可谈心事的亲人数目、经常保持联系的亲人数目，以及联系的频度），另外 3 个测题亦以同样的方式测量朋友网络，最后的 4 个测题则测量互依关系（在日常生活中，受测者和他人在物质、精神上互相帮助、互相支持的程度）。家庭网络、朋友网络，以及互依关系各分量表的 Cronbach's α 值分别为 0.76、0.84 以及 0.64。该量表的题目计分为 0～5 分，分数越高表示个体与社会接触频率越高；总分范围为 0～50 分，分数越高表示个体的社会网络越好，低于 20 分则表示个体的社会网络不足。

（二）伯克曼一赛姆社会网络量表（SNI）

SNI 社会网络量表是由 Berkman 和 Syme 等人于 1979 年在研究社会关系与死亡风险时提出的。该量表包含 4 个方面的内容，分别为婚姻、宗教参与、组织参与、亲密关系。根据个体在每个方面的参与程度进行计分，参与其中的每一项计为 1 分，否则计为 0 分；总分范围为 0～4 分，分数越低表示个体的社会隔离程度越深。总得分为 0～1 分的个体为社会隔离状态；总得分为 2～4 分的个体为非社会隔离状态。

从本质上说，LSNS 和 SNI 这两个工具测量的都是个体与外界环境的社会互动情况。

（三）社会分离和孤独感量表（SD-PIS）

SD-PIS 的测量指标来自美国社会生活、健康及老龄化项目（National Social Life，Health，and Aging Project，NSLHAP）的研究。这份研究包括两大维度，即无社交现象（客观方面）和已觉察的疏离感（主观方面）；涵盖 17 项指标，包括社会网络的大小和组成、社会接触频率、社会参与、社会支持、孤独感等方面（Suzman，2009）。

此外,以往社会疏离测量方面的研究大多是定量研究,如 Cloutier-Fisher、Kobayashi 和 Smith(2011)针对加拿大老年人的社会支持情况进行的分析。总的来说,目前对于社会疏离的研究多采用的是定量分析的问卷调查法。虽然国外很多研究者采用问卷调查的方法对不同的弱势群体(如老年人、残疾人、艾滋病人等)进行了大量的多方面研究,但社会疏离测量工具的本土适用性问题仍有待验证。目前,我国所使用的测量工具主要是基于西方的研究成果,大多直接将西方的量表翻译成中文使用。这些量表对我国的研究而言有着重要的借鉴意义,但这些量表都是建立在西方国家的文化、价值观和弱势群体的特点之上的,可能在某些方面并不适用于我国的文化背景(张林,张园,2015)。因此,未来的研究可以探索在中国文化背景下,结合西方测量工具的内涵,编制一套适用于我国弱势群体的社会疏离量表,这对于准确把握我国弱势群体社会活动现状及开展社会疏离的预防和干预工作都有着重要的指导意义。

二、社会疏离的主要评估指标

要对个体的社会疏离进行评估,除采用以上几种社会疏离的相关量表进行测量外,也可通过与社会疏离相关的几种主要评估指标进行评测。首先,社会疏离的情感评估指标的选取总体上需要遵循社会疏离的概念及其两大主要特征:一是对个体社会互动的客观评价,可采用社交回避指标进行考察(Watson,Friend,1969);二是个体对其低社会互动不满的主观评价,包括社交焦虑和孤独感两个指标(Cattan,White,1999;Hall,Havens,1999)。另外,基于社会疏离的客观社会维度,即个体在产生社会疏离后与外部环境的互动情况,可选取社交接触频率和社会网络状况作为社会疏离的客观社会维度的主要评估指标。

综合以往社会疏离相关研究,我们认为应该多层次、多指标地对社会疏离进行评估,并提出了一个社会疏离的层次结构评估模型,见图 1-1。

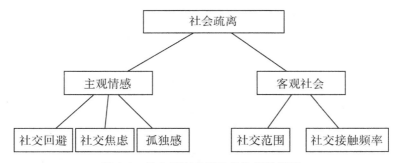

图 1-1 社会疏离的层次结构评估模型

根据我们提出的社会疏离的层次结构评估模型,以及以往广泛使用的社会疏离的测量量表,我们给每项评估指标列出了可参考的评估题目。具体如下:

(1)社交回避(符合程度:1～5)

我尽量避免参加交际应酬。

我经常想出一些借口来回避社交活动。

我经常想离开人群。

(2)社交焦虑(符合程度:1～5)

我与别人在一起时经常感到焦虑,除非与他们特别熟悉。

与不熟悉的人交谈时会感到焦虑。

聚会常使我感到焦虑、不自在。

(3)孤独感(符合程度:1～5)

我觉得自己与他人隔绝了。

我觉得没有人真的了解我。

我觉得没有人可以让我求助、分享或依靠。

我觉得身边虽然有人,但没有人真正和我在一起。

(4)社交范围

在日常生活中与您往来密切的人是(可以多选):

没有人来往 父母 子女 兄弟姐妹 其他亲戚 邻居 同事 同学 其他朋友

除了自己家以外,您日常活动的主要场所是(多选):

就在自己家,其他地方不去 邻居家 小区附近 工作单位/学校 其他地方

您来往的人中新结识的多还是老相识多? 老相识认识多久? 新结识的认识多久?

（5）社交接触频率

过去三个月中,与家人接触交流的频率是(单选):

每天一次 每周两三次 每周一次 每月两三次 每月一次 三个月一次

过去三个月中,除家人外,与其他人接触交流的频率是(单选):

每天一次 每周两三次 每周一次 每月两三次 每月一次 三个月一次

第四节 社会疏离带来的消极心理影响

根据社会疏离的概念,个体的社会疏离主要表现在三个方面:一是个体在社会交往中遭到无视或社交拒绝;二是产生孤独、抑郁、社交焦虑等消极情绪;三是引发个体的冷漠、拒绝等消极社会行为。长期处于社会疏离状态会给个体带来许多负面影响,可能对其社会认知、情绪状态以及社会适应都会产生巨大的消极作用,甚至会严重影响到其心理健康。

一、社会疏离对个体社会认知的影响

学者张春兴指出,在现代社会中社会疏离会极大影响个体的社会认知。个体在社会交往中遭到无视或拒绝后会产生疏离感,主要包括四个方面:一是社会孤立感,都市人口集中,但拥挤的人群彼此漠不关心,人情冷暖已被冷淡、孤独寂寞所代替;二是无意义感,虽身处人、事、物熟悉的世界,但自觉一切陌生,对生活的意义产生怀疑;三是无能为力感,朝夕万变,世事无常,个人对未来不能定向,对现在不能把握,对一切感到空虚无力;四是自我分离感,个人的理想被现实所摧毁,生活中情趣的享受、尊严的获得以及自我理想的追求更加困难(杨东,吴晓蓉,2002)。

虽然社会疏离会引发个体的冷漠、拒绝等消极社会行为,但本质上个体的归属需要得不到满足,就会渴望却又拒绝社会交往。社会疏离威胁着人们的归属需要,就如同生理饥渴会引发人们对食物相关刺激的记忆一样,也可以假设当人们的归属需要未得到满足时,社交饥渴的产生也会影响人们对社交相关刺激的选择性记忆。Gardner、Pickett 和 Brewer(2000)探讨了归属需要与对社交信息的选择性记忆的关系,研究者通过模拟电脑会议给被试接纳或拒绝反馈,然后让被试阅读了一篇日记(日记中包括社交信息和

个人信息,4 天的日记,每天包括 7 个事件)。结果表明经历被拒绝的被试对日记中社交信息的回忆率更高。可见,社会疏离可能促进了人们对社交信息的注意和认知加工。

也有观点认为人们通过一种机制监控着与归属或接纳有关的社交线索,人们可能对包含社交价值线索的加工本身就存在偏向,但是当人们感知到接纳未得到充分满足时,可能对拒绝线索尤其敏感(Pickett,Gardner,2005)。Pickett、Gardner 和 Knowles(2004)的研究发现,归属需要确实与人们辨认声音和面部表情的正确率呈显著正相关。归属需要与人们对社交线索的敏感性显著正相关,可能是因为在归属需要受到威胁后人们会努力去获取信息以帮助他们恢复破裂的人际关系或避免继续被拒绝。但也有研究者认为虽然社会疏离会促使人们对社交线索更加敏感,但长期处于社会疏离中的个体也可能会表现出对社交信息的拒绝。由此可见,社会疏离可能会影响人们对社交线索的注意加工,但目前缺乏实证研究的支持。另外也有大量研究表明,老年人的认知损伤与他们出现的社会疏离有关(Barnes et al.,2004;Holtzman et al.,2004),但是二者的关系尚未得到深入研究。

二、社会疏离对个体情绪状态的影响

Weiner、Russell 和 Lerman(1978)认为人们对具有效价事件(积极或消极)的情绪反应可分为两类:第一类是普遍、未分化的情绪反应,如愉快、伤心等是对事件结果好坏的反应;第二类是对效价事件自我相关含义的更精确、区别性的反应。它不是简单地对事件本身的积极或消极性质做出反应,而是对事件关于自我价值暗示的反应,这些自我相关情绪也被称为自我价值感(feelings of self-worth)。大量研究支持他人的消极反应与人们的消极情绪情感有关,受到他人无视或拒绝的社会疏离,个体将会产生更多的消极情绪情感。

Kupersmidt、Burchinal 和 Patterson(1995)的研究表明,儿童同伴拒绝不仅会给被拒绝儿童带来较大痛苦,且能预测到儿童将来的负性情感。关于偏见或歧视的研究也发现,诸如种族歧视也会导致负性情绪(Major et al.,1998)。柳友荣(2004)调查发现,大学生负性生活事件与 SCL-90 测查的人际敏感、抑郁有关。国外通过实验研究考察了人们对拒绝的情绪反应,通过各种方式诱导被试感觉到被拒绝,包括让被试相信其他被试表决不让他参加实验小组，他人拒绝进一步了解他，他人没有选择与他交流，在抛球游戏中被他人忽视，被告知他是最后一个被团队选择的等。尽管这些研究采用了不同的情绪测量方法，但大部分的研究结果都表明拒绝诱发了更多的消极情绪。

Buckley、Winkel 和 Leary（2004）发现拒绝比接纳引发了更多的消极情绪，如更多的悲痛、愤怒和更少的快乐。拒绝可能会诱发多种消极情绪（如伤心、孤独、受伤感、愤怒）。有研究者认为与拒绝相联系的主导情绪是"受伤感"，也有学者指出"受伤感"是一种混合情绪，夹杂着伤心、害怕等，同时也有学者认为受伤感并不能解释其他一般情绪。有研究证明，社会疏离会引发孤独感，孤独感是一种消极的、弥漫性的心理状态，儿童长期处于这种状态会导致一系列适应不良。

不仅如此，大量实验研究表明，个体知觉到拒绝引发一般消极情绪的同时也伴随着自我感受的下降（self-feelings）。Leary 等（1995）发现，在模拟社交情境中，相比于拒绝，社交接纳会导致更积极的自我评价，且在社交情境中检测到排斥、拒绝线索时，人们也会经历状态自尊的下降。因此，社会疏离在一定程度上可能会导致个体产生更多的消极自我情绪以及自我价值感的降低。

另外，社会疏离也会导致残疾人诸多情绪问题。Kariuki 等（2011）通过一项关于澳大利亚 136 名残疾青年人心理健康的调查研究发现：大多数残疾人存在孤独、焦虑、自卑等情绪问题（Fitzgerald，Ring，2009）。同样，我国学者张晓丽等（2010）采用 SCL-90 对 163 名残疾大学生的心理健康进行测评发现：残疾人大学生在人际敏感、抑郁、焦虑、敌对等项目上得分均显著高于健全大学生。残疾人自身的限制使得他们对外界环境的刺激比较敏感，社会疏离也会导致他们经常表现出激愤、易冲动等情绪。

三、社会疏离对个体社会适应的影响

个体在社会互动的过程中，遭到外界的无视、拒绝、排斥，从而导致个体产生社会疏离，而这种社会疏离又会导致个体产生冷漠、拒绝等消极的社交行为表现，从而会极大地影响个体的社会交往及社会适应。有研究表明，社会疏离会减弱个体的幸福感，降低个体的生活质量，甚至会对身体健康造成消极的影响。

　　当人们的归属需要遭遇威胁时，短期内寻求社交接纳的动机可能被激发。现实生活中，社交拒绝所引发的接纳和归属感的缺乏会催生社会交往动机。但是长期处于社会疏离可能会增强个体对拒绝的恐惧，从而使其更加害怕被拒绝或排斥。因此，社会疏离可能会导致社交回避行为，不仅仅回避拒绝他们的人，也包括其他人。Vangelisti 等（2005）认为被拒绝的人理所当然不希望将来也受伤，他们对被伤害的恐惧可能导致他们远离那些排斥、疏离他们的人，且在不确定被接纳的社交情境中也容易产生回避行为，也会更容易表现出冷漠、拒绝等消极社会行为。Maner 等（2007）也发现人们尤其不想与排斥他们的人交流，继续与排斥过他们的人交流增加了将来被无视和伤害的风险，因此社交回避反应可能是为了避免归属感再次降低和再次受伤。为了保护自我，人们可能会回避或拒绝一般他人，除非他们确信会被接纳。也就是说，社会疏离可能会降低人们的社交自信，事实上有时候社会疏离会使人感觉到所有人都不如自己想象的那么愿意接纳他，从而产生一种孤独和失败感。但社会疏离在多大程度上会导致社交回避行为，一定程度上取决于人们对于疏离的认知，即人们认为社会疏离在多大程度上反映了他们一般的人际相关价值或社会可接纳性。

　　关于社会疏离对个体社会适应影响的实证研究也大多集中在弱势群体身上，比如流动儿童、移民群体、老年人、残疾人等。首先，对于流动儿童来说，由于文化氛围、价值观和生活习惯等因素的改变，多数流动人员短时间内很难融入新的生活环境，或者由于受到当地人的排挤或歧视，常会出现社会疏离、焦虑等心理问题。流动儿童作为弱势群体，需要面对不同的社会关系排斥和文化排斥（任云霞，张柏梅，2006）。频繁的流动导致他们不能建立稳定的同伴关系，而是否有稳定的同伴关系直接影响到儿童是否会产生社会疏离（孙晓军，周宗奎，2007）。雷有光（2004）的研究发现：有 40.1％ 的流动儿童报告自己没有当地的伙伴，69.1％ 的流动儿童报告不愿意与当地孩子交朋友，而其中主要原因是他们感受到自己被当地孩子嘲笑或讽刺。一项关于 1200 名流动儿童的调查结果显示：流动儿童由于受到排斥和不公正待遇，产生畏惧、自闭和仇恨等心理，他们不断地更换居住地，频繁地与陌生同学、老师、邻居接触，很大程度上增加了他们的社交焦虑心理（蔺秀云等，2009）。

另外,对于老年人来说,随着年龄的不断增长,许多年龄较大的老年人开始出现健康问题,手脚变得不灵活,逐渐失去社会角色、经济地位,甚至失去生活自理的能力,这些都会阻碍老年人参加社交活动,增加他们的社会疏离(Howat et al.,2004;Creecy,Berg,Wright,1985)。同时,社会疏离会导致老年人出现一系列的健康问题(Findlay,2003),Eng 等(2002)关于老年人的研究发现,冠心病与老年人的社会疏离存在一定的相关性。反之,较好的社交网络会对老年人健康产生有利的影响,Fratiglioni、Paillard 和 Winblad(2004)有关老年痴呆症患者的研究发现,高的活动参与率和广泛的社交网络有助于降低老年人患痴呆症的概率。

社会疏离还会对残疾人的社会适应产生重大影响,它能够导致残疾人脱离主流社会群体,在同伴群体中被边缘化。大量研究发现,残疾人在行为上大多倾向于选择自我封闭、回避与他人交往,即便与周围人进行交往,也经常会表现出激愤等情绪,长此以往致使自己无法与周围人建立良好的人际关系(赵美仙,2011;Sharanjit,2006;Shapiro,Martin,2010)。相比于健全大学生而言,残疾大学生的人际关系较差,很少有人愿意与其交朋友(弋鹏,张茂林,2010;Frostad,Pijl,2006)。此外,社会疏离还会导致残疾人出现迷恋网络等一系列心理健康问题(Maina,Anne,Eric,2011;Brian,Howard,2009)。

第五节　导致个体社会疏离的相关因素

社会疏离的形成过程十分复杂,影响因素繁多,但目前对社会疏离相关影响因素的研究大多比较零散,且缺乏系统性和完整性,不利于研究者对社会疏离问题的深入了解和把握。因此,我们对导致社会疏离的相关因素进行了系统梳理,并将其主要分为三类:个体生理条件因素、个体的心理认知因素和社会环境因素。

一、生理条件因素

(一)健康水平

个体的健康水平是影响社会疏离的主要因素之一,健康是个体从事一切活动的基础。有研究发现,尽管残疾人或重症患者(如癌症患者)想努力保持住自身的社会性身份,如仍然从事之前的工作,但由于身体的缺陷或病态,他们不得不离开自己原有的社会环境,远离之前的工作和人际关系。在这个过程中,个体会感受到日益减少的关爱,以及与日俱增的孤独感,从而产生社会疏离。这种状况也会发生在老年人的身上。随着年龄的不断增长,个体开始出现健康问题,而且逐渐失去了社会经济地位,更有甚者失去生活自理的能力,这些原因都可能增加其产生社会疏离的风险(Howat,Iredell,Grenade,2004)。

(二)性别与家庭关系

性别也是引发社会疏离的一个影响因素,不同性别的个体往往拥有不同的社交网络水平。男性,尤其是没有配偶或孩子的老年男性,当他们与之前的工作伙伴失去联系后,他们往往会比女性体验到更多的孤独感,产生社会疏离的风险更高。虽然,丧偶或丧子的女性也有产生社会疏离的高风险,但女性一般会比男性更多地参加社会活动,从而降低了社会疏离产生的风险。

此外,不仅弱势群体自身很容易产生社会疏离,其身边的家人及亲属产生社会疏离的风险也会增加。研究发现,由于自身行动不便,残疾人与外界环境的交流大大减少,这会增加其产生社会疏离的可能性。同时,负责照顾其日常生活的家人由于要耗费很多的时间和较大的精力来照顾、陪伴残疾人,也会减少与外界的沟通交流(Smith,2003)。其中,女性家属会比男性表现出更强烈的疏离感、更多的孤独感以及更低的生活满意度,从而有着更高的产生社会疏离的风险(Foxall et al.,1986)。这个结果与弱势群体自身所反映出的结果恰恰相反。

生理条件因素是个体生存和发展的基础,也是导致个体产生社会疏离的最基本因素。在探讨社会疏离的形成机制时,可以将生理条件因素作为其中最基本的变量之一。但目前对于这方面的研究还比较有限,大多放在弱势群体的内在心理认知和外在社会环境方面。

二、心理认知因素

(一)污名

社会疏离可能会受到污名的影响,因为污名会限制个体与他人的交往。污名(stigma)由 Goffman 于 1963 年引入心理学,他将污名定义为个体的一种不被信任和不受欢迎的特征,这种特征会降低个体的社会价值,污名是社会给某些个体或群体贴上的贬低性、侮辱性的标签(Goffman,1963)。污名本质上是一种消极的刻板印象,它与特殊外表、行为及身份相联系,并存在于特定的场合或情境中(Kurzban,Leary,2001)。被污名者常常会遭到他人的厌恶、歧视甚至拒绝和排斥,这会给被污名者的身心健康和日常生活带来负面影响,使被污名者逐渐与社会脱离,从而导致社会疏离的发生。

首先,污名会对身份认同产生影响。污名作为一种刻板印象,常与某些身份认同相联系。有些被污名者在面对身份认同的威胁时会选择放弃,如表现出性别消极刻板印象的女性被试会在一个非常难的测验中放弃数学问题,而尽量选择完成与词汇有关的问题(Davies et al.,2002),因为一般认为数学与女性消极刻板印象相关,而词汇与女性积极刻板印象相关。这种对身份认同的影响,使得个体会自觉地将自己归入某个小圈子,与外界环境逐渐疏离。

其次,污名会对自尊产生影响。污名对身份认同的影响可能会导致被污名者的自尊水平较低。马克·利里(Mark Leary)提出的自尊的社会计量器理论(sociometer theory)认为,自尊是衡量个体人际水平的一种内在反应,当个体被他人欢迎和接纳时,其自尊水平就会有所上升;而当个体被他人拒绝或排斥时,个体的自尊水平就会有所下降(Leary et al.,1995)。当长期处于一种被排斥和拒绝的状态中时,个体可能会由于长期的低自尊而产生社会疏离。

由于污名可能会对个体造成各种负面影响,个体会因此想藏匿自己的污名,从而能以"普通人"的身份进行日常生活和学习。Goffman(1963)认为当隐匿污名的个体和非污名的个体同时出现在一个相同的情境中时,隐匿性是理解被污名者在复杂社会交往中的经历的关键。然而,研究发现隐匿污名的个体也面临着巨大的风险和压力。隐匿污名可以使个体避开他人的批判和拒绝,但也会使个体过多地回避社会交往情境,引起他们的消极情感体验,如孤独、害羞和社交焦虑等。这又在一定程度上可能会引起被污名者产生社会疏离。此外,个体将污名作为秘密加以隐匿会使得其他相似个体不能发现自己,自己也不了解其他具有一样特征的个体,从而可能很难在外界环境中发现同伴,失去了该群体所提供的社会支持。这也许是导致被污名者产生社会疏离的一个重要因素。

(二)歧视

歧视(discrimination)是可能导致社会疏离的另一个重要因素。Alonzo和 Reynolds 认为,歧视是指个体所能觉察到的一种消极信息,它使带有该消极信息的个体(或群体)受到他人的偏见、排斥和拒绝,或是被动远离正常的社会环境,从而容易产生社会疏离(Alonzo,Reynolds,1995)。

Major 等(2002)认为情境线索、个体身份的集体表征以及个人信念和动机等是联系在一起的。个体为了避免认知失调会对歧视行为进行评估,当情境线索被评估为对个体社会身份有害,并且这种危害已经超出个体能够应对的范围时,就会威胁到个体的身份认同。然后,个体会将有害的消极结果进行归因,归因为歧视或归因于自己。他们很可能会将结果归因为歧视,因为歧视归因可以维护自尊,但同时它也暗示了个体的社会地位低下,反而更加伤害自尊。因此,在更多的时候个体会将消极事件归因于自己,而这又可能使个体与社会环境逐渐疏离。

此外,Branscombe 等人认为,群体认同会使个体对知觉到的歧视和偏见产生更强烈的反应。应对歧视的行为也能增强对群体身份的认同,部分弥补了知觉到的歧视对个体自尊的消极影响(Branscombe,Schmitt,Harvey,1999)。尽管证据表明,对于歧视知觉的反应,群体认同可能是一个有效的应对策略,但群体认同也可能会带来更多的消极影响。例如,妇女知觉到的对妇女普遍的歧视越多,她们的自我概念中关于性别的核心成分就越多,她们作为女人的自豪感就越少。对于群体中的个体而言,这在另一个方面也会导致他们与社会环境的互动减少,从而增加了产生社会疏离的可能性。

心理认知因素反映了个体在面对自身和外界条件变化时,其认知和情绪方面的变化。其中,污名反映的是外界环境对弱势群体的态度,这种态度会对该群体造成负面影响;而歧视反映的是弱势群体对外界环境的态度,这种态度也会对该群体产生负面影响。由此可见,社会疏离是在弱势群体与外界环境互动的过程中逐渐产生的，而社会疏离的形成可能也与该互动过程有着紧密联系，是一种双向互动的过程，但目前对该互动过程的研究还比较缺乏。

三、社会环境因素

(一)社会支持

社会支持(social support)是影响社会疏离的最重要的外部因素。对于社会疏离个体而言，最遭受打击的就是觉察到自己与重要他人的关系并不亲密。社会支持是指个体在社会生活中可以获得的资源支持，这种支持来自他人、群体或其他社会环境等。有学者将社会支持分为情感性支持(emotional support)（如同情、关爱等）和物质性支持（instrumental support)（如家务劳动、财物支持等）。此外，社会支持还可以分为感知的支持(perceived support)和实际支持(actual support)两个方面。前者是指当需要帮助时，个体能感知到的可获得性支持；而后者则是指个体实际可得到的支持(Lin et al. , 1999)。

国外从 20 世纪 70 年代起就开始关注社会支持对个体日常生活的影响。许多研究表明，良好的社会支持所形成的巨大的社交网络会提供给个体（或群体）重要的情感帮助、信息传递和物质资源。社会支持不仅能为个体提供实质性的帮助、情感支持，而且还能够规范人们的思想、情感、行为。此外，社会支持会通过社会的、心理的、生物的机制影响健康。社会支持能够缓解压力，使人们免受某些压力的影响，因此能够增进健康，改善精神状态（Cobb，1976；DiMatteo，Hays，1981；Stephens，Bernstein，1984）。

然而，不良的社会支持（如缺乏亲密伴侣）会使人感到孤独，甚至患上社会疏离（Dannenbeck，1995；Dykstra，De Jong，2004；Peters，Liefbroer，1997；Waite，Gallagher，2000；Wenger et al. ,1996）。Wright 等人的研究发现，当个体得绝症一段时间后，会逐渐被很多亲友所疏远，这时个体有患社会疏离的高风险。然而，如果个体能获得良好的社会支持和人际往来的话，他会慢慢产生心理上的满足感，从而有效降低发生社会疏离的可能性（Wright，1995；Zimmer，Hickey，Searle，1995）。其中，配偶的情感支持积极影响最大，朋友次之，之后是子女，亲属则没有影响（Dean，Kolody，Wood，1990）。

（二）文化差异

随着经济发展与文化交流进程的不断加快，不同国家、不同民族之间的交往越来越密切，人类社会已经进入全球化时代。人们的迁移活动变得相对频繁，从进城务工、工作调动、出国留学到移民无一例外。在这种不断迁移和变动的过程中，文化背景的影响引起了越来越多的重视，人们需要去不断学习和接受新的文化、价值观甚至宗教信仰。在这种多元文化、多重价值观和多重宗教信仰的压力下，再加之语言和传统生活习惯的不同，势必会对个体的社会适应能力产生影响。

此外，外来人群通常会比本地人拥有更少的社会支持、更长的工作时间、更低的工资，他们缺少必要的社会保障，且家庭生活方式和生活安排发生改变，这可能会导致个体长期处于消极的情绪状态中甚至出现心理问题（社会认同障碍、焦虑等症状）。蔺秀云等（2009）关于北京市流动儿童心理健康水平的研究发现，与当地学生相比较，流动儿童的心理健康状况普遍较差，尤其表现在社交焦虑和孤独感上（蔺秀云等，2009）。Zlobina 等（2006）以居住在西班牙的移民为对象的研究发现，文化适应与歧视知觉有显著的负相关（Zlobina et al.，2006）。这些有着非主流文化背景的个体并没有真正被主流文化所接纳，他们处于社会边缘，更可能会患上社会疏离。

（三）社会经济状况与社会角色转变

社会经济状况不理想（如失业或低收入）也会导致社会疏离的产生。研究发现，较低的社会经济地位和较低的经济收入都会对个体的健康状况和社交网络产生消极的影响，其结果导致个体产生孤独感，从而引发社会疏离（Williams，Bury，1989）。在一项关于重度残疾人的研究中，一半的被试没有工作，这影响了他们的家庭收入，而家庭经济拮据导致他们不能在社交方面花费过多，如经常性地拜访亲友等，与亲友的疏远最终导致他们产生了社会疏离（Kinsella et al.，1989）。

此外，社会角色的突然改变也会对社会疏离产生影响。研究发现，如果个体突然遭受到社会角色的减弱或丧失，如突然身患重病、落下残疾、婚姻解体（配偶去世或离婚），或是遭遇了生命中的其他重大事件，那么这对他们将会是一个沉重的打击，这种打击可能会使他们沉浸于这种消极的情绪状态而难以自拔、自我封闭，甚至拒绝与他人沟通交流，这很可能会使个体产生社会疏离问题。例如，那些失去家人、朋友以及突然丧失社会地位和权力的人通常会感到自己毫无价值，并对外界表现出冷漠和拒绝的姿态。

（四）特殊身份

特殊身份是指个体具有某种敏感特征，这些个体由于自身具有的特殊身份很容易产生污名，或招致他人的歧视，从而带来很多的情绪和行为的问题，导致其产生社会疏离。其中，艾滋病作为一种被高度污名化的社会疾病，由于其高致死率、多途径传染和目前不可治愈的特征，在世界各地引发了社会恐惧及相伴随的排斥与歧视，这使得艾滋病患者很容易产生社会疏离。艾滋病个体体验到拒绝、侮辱或暴力带来的心理压力，然而如果隐藏自己艾滋病患者的身份就要经历情绪上的压力。有研究发现，那些已表明自己艾滋病患者身份的被试表示表明身份完全是自愿行为，但他们也报告说在表明自己的 HIV 信息之后，他们仍然有着强烈的焦虑感、不适感和悲伤感（Lévy et al.，1999）。也就是说，不管表明身份与否，艾滋病患者都承受着巨大的心理压力，长期处于一种精神高度紧张、情绪消极压抑的状态下，这种状态下的个体很容易产生社会疏离。

社会环境因素是影响社会疏离发生的外部因素，也是个体不可控的因素。这些外部因素往往是个体难以避免的，然而却是对个体伤害最大的，因为个体始终是一个社会人，无论逃避与否，个体始终生活在社会的大环境中。因此，在探讨社会疏离的形成机制时，我们应该在当前的社会背景和文化背景下进行讨论。

社会疏离的产生是一个多方面的、复杂的过程，这个过程会受到生理条件、心理认知以及社会环境等综合因素的影响。对这些影响因素的探索为未来揭示社会疏离的形成机制奠定了良好的基础。在未来的研究中可以在此基础上建立起一个社会疏离形成机制的理论模型。首先，该模型可以考虑在当前的社会背景和文化背景下进行讨论，因为社会环境因素是个体不可控的因素。其次，在该模型中，可以将生理条件因素作为最基本的变量之一。再次，可以考虑社会环境因素与个体心理认知因素的互动过程，并突出个体心理的动态变化过程。利用该模型对未来的相关研究进行指导，帮助研究者对社会疏离问题进行深入了解和把握，也有助于突破见仁见智的分歧，使不同研究结果之间具有更强的可比性。最后，该模型建立后还可以帮助临床研究者们针对弱势群体的社会疏离问题进行更为有效的干预。

第二章　残疾人常见的心理问题与一般心理特点

人具有生物性和社会性的双重属性,而人的心理是客观世界在人脑中的反映。个体或群体的心理形成,既受到其先天遗传素质和身体生理成熟的影响,同时也受到其生活条件、教育环境、社会地位、实践活动和生活经历的影响。不同类型的残疾人通常都有着一些共性的生理缺陷以及类似的社会生活经历,因而形成了各类残疾人所具有的一些共性的心理特点。不同类型的残疾人由于其生活的社会环境不同,形成的认知特点和情绪反应模式也不同,这也是导致其容易出现社会疏离问题的重要心理成因。

第一节　残疾人群体常见的心理问题

一、残疾人群体心理健康的基本状况

残疾人的心理健康状况令人忧虑,这在全球范围内都是一个普遍存在的问题(李祚山等,2011)。有研究发现,残疾会影响个体的身体健康、社会关系、个人独立性和心理状况等(冯敏良,2015)。就心理状况来说,残疾人在许多方面都面临着出现心理问题的风险(李楠柯等,2015)。例如,残疾人更可能生活在贫困线之下,难以获得接受高等教育的机会,工作受阻,甚至更容易引发仇恨和犯罪,这些情况都可能有损于残疾人个体的心理健康(闫洪丰等,2013)。

国外的临床和调查研究中都有许多证据表明,残疾人的心理健康状况与普通人群相比较差,有较高的心理问题检出率(李强等,2004)。吴秀丽等(1999)对山区 833 名残疾人展开了随机抽样调查,结果得出有 36.33%

的残疾人对未来的生活缺乏信心,15.99%的残疾人曾经或者经常出现厌世心理。

情绪问题也是残疾人心理健康的高发问题。有研究指出,有听力残疾的青少年可能有情绪障碍,另一项调查也发现,青年残疾人承受着焦虑问题和抑郁问题(周姝毓,2012)。除情绪问题外,残疾可能对个体的自我认识产生消极影响。一些研究发现残疾人的自尊和自我效能感与他们的同龄人相比较低,且残疾人的主观幸福感与普通人群相比也较低。国内的许多研究也表明,残疾人的心理健康状况值得关注。一项使用 SCL-90 作为工具对高中听力残疾学生进行的心理状况研究表明,残疾中学生心理健康状况比一般中学生明显要差,总体上心理问题检出率接近,躯体化、强迫、偏执是其中最普遍存在的心理问题。

多方面的原因导致残疾人心理健康问题高发。其一,残疾是一种不可逆的损伤,残疾人总在与残疾带来的种种困境作斗争,当个体发现怎样也无法适应困境时,就容易痛苦、焦虑甚至绝望。其二,残疾会对个体造成慢性压力,身体上的痛苦、经济困难、社会生活中的困难等难以解决的困扰,使一些残疾人长期处于应激状态下,情绪紧张,负面情绪增多。其三,残疾人在生活的许多方面都需要他人的帮助。例如,肢体残疾人和视力残疾人需要在他人的帮助下进行活动,总是向他人求助可能使个体产生自责感和无用感,从而产生负面的情绪和自我认知,容易影响其心理健康。其四,残疾人由于空间和方式上的限制,社交范围较小,缺乏建立友情的技能,很多内心的困扰没有倾诉对象,不知道通过何种渠道和什么方式进行宣泄,也容易产生心理压力。导致残疾人心理健康问题的因素是多方面的,因此,解决残疾人心理健康的问题要深入挖掘成因,找出现象背后的根源,提出有针对性的解决方案。

二、残疾人常见的心理问题和典型表现

(一)渴望交往又害怕交往的矛盾心理

小史是一个 26 岁的女孩,先天小儿麻痹,行动不便,小学毕业后就没有上学,辍学在家两年。而后,在残联机构引导下去一家电脑技术培训学校学习了一年,但收效甚微。现在父母帮助下,做起了小百货生意。由于生意不好,经常一个人在店里面,平时除了父母和少数的朋友,基本上没有其他接

触对象,总感觉心情很压抑,很空虚,孤独无助。

原先上学的时候,她是一个性格比较开朗的人。自从毕业以后,常常一个人独处。小史觉得自己之前大脑反应非常快,说话也很幽默,而现在常常不敢和陌生人接触,不想说话,对别人说话的反应也慢了很多,而且有些自卑。一方面她希望和他人交往,想要获得友谊和爱情;但另一方面,她又总怕别人发现其身体缺陷,会嘲笑、看不起或者议论她,这样的感觉让她很焦灼。

人际交往是人运用语言或非语言符号交换意见、交流思想、表达感情和需要的过程,是通过交往而形成人与人之间的心理关系,反映的是人与人之间的心理距离,其基础是人与人之间的相互重视、相互支持。人际交往能力是在交往过程中不断提高的。

残疾人与健全人的心理没有"质"的差别,只有"量"的差异,仅仅是大家感知世界的渠道和方式不同。从心理上讲,每个人都是天生的自我中心者,每个人都希望别人能承认自己的价值,支持自己、接纳自己、喜欢自己,残疾人也一样。因此,在社会交往中,他们更重视自我表现,更希望引起别人的关注。而事实上残疾人因自身行动不便或社会环境的制约,活动机会很少,就很有可能会产生孤独的感觉。像上文中提到的小史一样,很多残疾人虽处在孤独之中,但同样渴望与人交往和被别人理解,希望通过人际交往去认识世界,获得友谊,满足自己物质上和精神上的各种需要。而现实生活中,他们会因为语言障碍、社会人群有意无意的"别样眼光",以及残疾人自己的敏感觉知,把这种交往的欲望深深埋在心底。他们渴望交往,但又害怕被拒绝,害怕被歧视的心理感受,使得他们和主流人群之间的心理距离甚至空间距离越来越大。需求得不到满足的长期郁积,使其人际适应力下降。另一方面,残疾人的人际关系也更为脆弱,容易由于交往受挫引发心理障碍。

(二)独立意识与依赖行为的矛盾

小明,11 岁,某校学生。因与母亲外出时遇车祸,右腿截瘫。事后,小明不爱与人交往,变得沉默寡言,且与父母关系疏远。治好后,虽然学校同意小明返校读书,但因没有经验,学校迟迟没能落实好小明返校的工作。小明的母亲也因此次事件陷入深深的自责当中,觉得对小明内疚,所以对小明的要求有求必应。小明的父亲觉得"倒霉"的事都让自己碰上了,整天唉声叹气。

小明不想事事都靠爸妈,就连去卫生间这样的小事都要爸爸帮忙,这让他很不开心。在看到张海迪、保尔的事迹以后,小明决心要成为他们那样的人,体现自己存在的价值,但这个过程无比艰辛,妈妈又担心,舍不得小明吃苦,慢慢地小明也觉得自己就是个平凡而普通的残疾人,无论他再怎么努力都无法达到令人们仰慕的程度,小明因此万念俱灰,内心十分焦虑。

独立意识是指个体希望摆脱监督和管教的一种自我意识倾向。依赖性则主要表现在,对自己没有信心,认为自己无法去做一些实质性的事情,希望得到他人的帮助。在人格上表现为,优柔寡断,唯唯诺诺,特别希望周围人帮助他做决定。如果依赖心理不能得到及时解除,长期发展下去就会表现为消极被动、害怕被抛弃、没有安全感、高焦虑等。

一方面,由于家庭对残疾人的过分保护、残疾人本身的缺陷,以及周围其他人的怜悯和施舍,残疾个体受到的关注度更高,处处有他人代劳,事事有他人为其做好准备。长时间浸淫在"爱护"中,使得他们解决问题的能力不强,选择意识低,独立人格发展欠缺,只得依赖父母和家庭。当然,其中也有残疾人普遍缺乏经济自主权和独立生活能力的原因。另一方面,残疾人也希望以一个"成人"的角色进入社会,要求取得与成年人同等的权利,要求社会承认他们的社会资格。他们喜欢独立地观察、认识、判断事物,独立地思考和行动。他们渴望独立地安排自己的学习和生活,积极组织并参与各种社会活动,喜欢与同龄人聚在一起探讨问题、交流思想、更新认识,探索人生的奥秘,喜欢自己动手解决问题,不喜欢别人过多地指责、干扰和控制他们的言行。但是由于行动困难带来的学习、就业问题,以及由此而带来的经济上不能独立等问题,他们又必须要依赖别人的帮助才能解决某些力不从心的实际问题,但又不愿让人们看到他们的依赖性,体现了独立性与依赖性之间的矛盾。

(三)执拗与易激惹

老王是一名退休工人,一次偶然的事故导致他听力产生一些障碍。在家的时候,他脾气一直不好,儿子在没有和他商量的情况下,把他的床铺移到了向阳的位置,他不顺心就大动肝火,以绝食要挟,即便他也知道儿子是希望他好。平日里和老伙伴们下棋、聊天,一旦和别人意见不一致,就会据理力争、面红耳赤。有一次在与对方下棋时,因为对方未留意误"吃掉了"他的一个棋子,他就极其愤怒,和对方吵得不可开交,还差点打起来。时间一长,由于经常和人因为小事而闹不开心,周围的人也就更不愿意和他在一起了。

由于生理局限,残疾人的认知受到相应的限制,知觉范围窄小,对事物的感知过程不完整,用局部、感性的认识来取代全面的、理性认识。而且,在对事情的加工和处理上也不灵活,行为表现也较为冲动。易于脱离实际去思考问题,带有浓厚的幻想色彩,而且思想方法表现出明显的片面性,还会表现出偏执倾向。常常坚持自己的意见不肯改变,"一条道走到黑",即使在错误面前也会诡辩。他们希望周围的人都能顺从自己,一旦不如自己所愿,就很容易产生挫败感,心情不愉快,自我约束能力下降,脾气一发不可收拾,进而出现攻击性行为。当然,出现上述现象,也有被过多溺爱导致的放纵迁就,以及保护自己自尊的原因。

以上仅仅列出了残疾人群体中普遍存在的一些常见的心理问题和典型行为表现。在现实生活中,残疾人常见的心理问题还包括以下几种:

首先,残疾人的自我价值感低,部分残疾人由于身体残缺,自我效能感低,他们总会产生一些消极心理,认为自己对社会没有贡献,对未来没有希望,从而消极地应对生活,常常会表现为意志低沉,情绪低落,缺乏行动力。一旦受到不公平待遇,就可能会辱骂甚至动手打人。二是情感缺失,残疾人在生活中常常会将自己封闭起来,不将自己内心的情感表达出来,很少与人交流,因此他们往往会被人们忽视,内心的情感需求也会得不到满足。事实上他们也渴望与人交流,也想积极地融入社会,参与社会生活,但缺乏表达的能力,不善于与人交流也变成他们心理的一大问题。三是过度敏感,残疾人一般会比健全人要敏感许多,他们会十分注重自己的隐私,还会隐藏自身的缺陷,对于别人对自己的议论也会变得十分敏感,情绪也会随之受到影响。四是强烈的自卑感,残疾人在学习、生活、婚姻、家庭、就业中会遇到比常人更大的挑战。当这些挑战得不到外界的支持与帮助时,他们就会产生消极情绪,并且会用逃避来掩饰自身的自卑感。

此外,残疾人还存在着内心孤独、抱怨、情绪不稳定等消极心理,这些问题都会给残疾人的生活保障方面带来许多隐形的挑战。因此,在发现这些问题的同时,更应该思考如何帮助残疾人更好地适应生活和应对来自生活的挑战,避免其陷入社会疏离。

第二节　残疾人的社会认知与情绪特点

自有人类社会开始就有残疾人存在,残疾一直伴随着人类的发展进程。在 2013 年度的残疾人社会参与调查中我们发现,有一半以上的残疾人还没有真正走出家门、融入社会。那么,残疾人的哪些共性心理特征会影响他们与其他成员的社会互动呢? 有研究表明,残疾人个体对外界存在的不公正、消极或者伤害性行为,拒绝性态度的敏感性知觉因素,是导致残疾人产生社会疏离的重要心理因素。因此,接下来我们从认知、情绪和行为方面,重点分析残疾人群体的一般心理特点,以及这些特点如何导致其容易出现心理问题。

一、不同类型残疾人群体共性的心理特点

残疾人是一个特殊的群体,是社会人群的一部分,他们既有着与一般人相同的心理特点,还有着由生理上的欠缺导致的一些独特的心理表现和认知特点。残疾人同健全人相比,在感知觉能力、记忆、思维等方面并不存在显著的差异,但是肢体上的残疾往往导致他们缺失某些活动能力,在社会生活中遇到某些困难,以及一些不公正的待遇和歧视,这导致了不同残疾者的心理特征有着不同于健全人的一些特点,但同时又具有一些共有的特性(雪湘明,2009)。以下心理特性是不同类型的残疾人的共性特点。

(一)有强烈的自卑感与负罪感

自卑感是多数残疾人都会有的一种情感体验。自卑与自尊相对,而每个人都有自尊的需要,这既包括自我对个人的认同,也包括他人对个人的认同。而残疾对于个体以及家庭或者社会是非常沉痛的打击和巨大的损失。首先给个体的生活带来了极大的不便和苦难,从心理上来讲更是严重地打击了个人的自信心。尤其是一些后天残疾的人,往往经受不住这个打击,情绪完全崩溃,从此一蹶不振。残疾人在生理上或心理上的缺陷,决定了他们不能正常参与家庭生活及社会生活。常常低估自己,轻视或看不起自己,对自己的生理缺陷和别人的评价很敏感,交往中缺乏勇气、畏首畏尾。所以,同自卑的人打交道常常感到压抑、沉闷,而自卑的人自己也害怕或回避与人

交往。残疾人由于生活不能自理或者功能丧失经常需要别人帮助,有些个体便会产生一些"无用感",他们认为自己丧失生活自理的能力,给家庭带来了负担,因此非常自卑,自我评价比较消极,认为自己是废人(马海蛟,2009)。同时,因为生理上或心理上的缺陷,他们会觉得给家人、朋友带来了负担与他人的非议,所以,大多数残疾人也会有负罪感。如果从他人或亲属那里又得不到足够的帮助,甚至遭到厌弃或歧视,其自卑情绪体验会更加严重。他们在婚恋、家庭和就业等方面存在的困难比普通人更多,自尊心受到伤害也可能加重自卑的情感体验。

(二)普遍具有孤独感、性格孤僻

孤独感是残疾人普遍存在的一种情感体验。在马斯洛需要层次论中,归属与爱的需要是不可或缺的一个层次。由于在生理上或心理上存在某种缺陷,他们的活动范围很狭窄,缺少可以交流沟通的朋友,甚至没有适合交流的场合。而事实上他们非常渴望与人交往,希望参与各种活动,希望被他人了解,想要建立丰富的人际关系,当这些需要得不到满足时,残疾人往往会产生孤独的情感体验(石开铭,2014)。肢体残疾者自身行动的不便或社会环境的制约,也限制了他们与其他人交往的机会。这种孤独感随着年龄的增长会日益增强。这种心灵上的孤寂使其找不到或者说根本就不想找到知音。大多表现为,把自己的真实想法、感情、欲望掩盖起来,对别人怀有戒心,自我防御心理很强。对残疾人来说,由残疾造成的学习、生活、社会交往的障碍,过重的心理负担所产生的困扰,有时超过身体造成的障碍,使他们陷入异常悲观、自顾不暇的境地。这种对外部世界变化的不适应、不了解,使相当多的残疾青少年缺乏社会群体意识和社会交往、合作的能力,从而进一步导致孤僻性格的形成。

(三)对别人的评价敏感、自尊心强

残疾人由于自身存在生理上的欠缺,往往更加关注自己,非常在意自己的隐私,甚至在一些情况下隐藏自身的缺陷(赫琳,张翔,2010)。残疾人的自我保护意识很强,对于别人的评价非常敏感和在意,尤其是当有人说出对他们带有歧视性的话语时,会引起他们的强烈反感(朱丽莎,2006;任能君,李祚山,2009)。因此也有一些残疾人拒绝和健全人交往和接触,基于自我保护的机制,把自己限制在一个狭小的活动范围里。他们很希望自己能够像健全人一样参与社会生活,可是具体的情况却不能完全如意。从生活上到经济上，他们想要自我独立，却又不得不依赖他人的帮助，因此常存有矛盾的心理。

（四）对同类残疾人群体更富有同情心

残疾人对自己的同类有特别深厚的同情心，互助行为更多。但是如果不是同类的残疾人，他们很少交流。如盲人很少与聋哑人交流，更少通婚，不是因为没有同情心，而是因为残疾类型不同，"话不投机"以及交流不方便（宓淑芳，曹华，2009）。

除了上述特点外，残疾人还常存在猜疑、自我封闭、焦虑等心理特点。不同类型的残疾人也各有一些独有的心理特点。例如，盲人由于视力障碍，缺乏甚至没有视觉空间概念，脑中没有对周围事物的完整图像。由于对外界环境了解少，信息缺乏，其认识事物、看问题更容易片面。聋哑人视觉敏感，形象思维非常发达，而逻辑思维和抽象思维就相对差些，往往只看到事物的表面现象，而不太注意事物的内在联系，他们偏重物质世界，直接表达情感，而不习惯于深入探索。肢体残疾人的心理特点主要表现为倔强和自我克制，自我封闭、孤僻、内省，不主动与人交往。行为和人格偏离的某些智力残疾者，由于情绪极不稳定，自我调节和自我控制能力极差，其行为受情绪的影响很大，易于脱离实际去思考问题，带有浓厚的幻想色彩，而且思想方法表现出明显的片面性，还会表现出偏执倾向，严重时可有妄想。至于智残人，特别是严重智残者，只能由生物本能来支配自身的行为（雪湘明，2009）。

二、残疾人对社会信息的认知加工特点

（一）对自我相关信息过度聚焦的特点

认知活动通过感官进行，残疾人的躯体缺陷，是其对事物的感知受限的首要因素，而自我聚焦的认知偏向，则是产生上述心理活动的首要机制。根据经典的社交焦虑认知模型，Clark 和 Wells（1995）曾提出社交焦虑个体在社交情境中会将自我作为加工的客体，密切关注自身的一切变化，正是这种对自我聚焦的注意导致了残疾个体社交焦虑的形成及维持。

Ingram（1990）将自我聚焦定义为，一种内部产生的对自我相关信息的觉知（包括生理唤醒、想法、情绪、表情等），是相对于感官获得的外部信息而言的。Spurr 和 Stopa（2002）发现社交焦虑者的自我聚焦程度显著高于控

制组。除了自我报告的证据,研究者通过使用镜子、录像、照相以及加入观众等方式提高被试的自我聚焦水平,发现被试的焦虑水平也显著提高。而利用暴露技术,使社交焦虑者关注外部线索则可以降低焦虑水平。根据认知模型,社交焦虑者一旦进入社交情境,会更加关注自我相关信息,而研究中也发现社交焦虑者对内部线索的反应显著快于外部线索(Mansell,Clark,Ehlers,2003);同时,对交往情境和交往对象的回忆分数也显著低于控制组。这说明社交焦虑者普遍存在过度的自我聚焦特点。

过度的自我聚焦注意,会产生大量的负性认知及负性的自我图像。残疾个体倾向于夸大他人观察到的自己糟糕的外在体貌特征和行为表现,并担心他人对其进行负性评价或给予负性反馈(Voncken et al.,2006),存在很多对自我及社会评价的负性偏差(Alden,Wallace,1995;Mellings,Alden,2000),而且常将注意转向内部,集中于过去的糟糕经历或被歧视的遭遇,无意识地自我强化"我很糟糕""别人会看不起我"的信念,头脑被各种糟糕表现的记忆所围困。这个过程会占用大量的认知资源,导致可以用来观察外界信息的资源相对减少,精神固着在自我系统上。长此以往,这种自我聚焦注意偏向,会造成信息传递不对称,对自我的督查苛刻,让个体体验到更多的焦虑情绪,促使其产生不安全感或回避行为,最主要的表现为回避参与类似的社交活动(Brozovich,Heimberg,2008)。例如,当社交焦虑个体注意聚焦于脸红的症状时,为了不让该症状被人发现,其会采取一些保护措施防止自己出丑,如扇扇子或者直接退出社交场合。自我聚焦注意会促使安全行为出现,安全行为可以增强自我聚焦注意,从而进一步证实他人会对其糟糕表现进行负性评价。残疾人在行为上大多倾向于选择自我封闭、回避与他人交往,即便与周围人进行交往,也经常会表现出激愤等情绪,长此以往致使自己无法与周围人建立良好的人际关系(赵美仙,2011;Sharanjit,2006;Shapiro,Martin,2010)。此外,有研究表明相比于正常大学生而言,残疾大学生的人际关系较差,很少有人愿意与其交朋友(弋鹏,张茂林,2010)

(二)对社交威胁线索的注意偏向特点

除了自我聚焦,残疾个体还对社交威胁刺激存在注意偏向。研究者使用多种实验范式(点探测、视觉搜索范式、Stroop 范式、眼动技术等)发现,社交焦虑者对威胁性刺激存在注意偏向,主要表现为注意警觉、注意回避和注意固着。早期研究者使用视觉搜索任务,要求被试从中性面孔矩阵中搜索愤怒面孔,结果发现高社交焦虑者的反应显著快于控制组。同样,使用点探测范式也发现,高社交焦虑者在对齐条件下,对威胁性面孔的反应时间显著短于低社交焦虑者。但当点探测范式中刺激的间距(SOA)时间延长到500ms时,注意警觉现象消失,而出现了注意回避现象(Stevens, Rist, Gerlach, 2009)。同样,使用眼动技术发现,社交焦虑者对所有情绪面孔都存在初始的注意警觉,但是他们比正常被试注视时间更少(Garner, Mogg, Bradley, 2006)。这说明社交焦虑者对威胁性刺激存在最初的自动化的注意警觉,随后出现策略性的注意回避现象。近期,研究者使用空间线索范式,发现当SOA大于300ms时高社交焦虑者才能对愤怒面孔进行有意识的识别,说明社交焦虑者还存在注意固着现象(Moriya, Tanno, 2011)。这一特点也同样存在于具有较高社交焦虑的残疾人群体中。

其他特殊群体(如低自尊、高攻击性、抑郁等)也都存在注意偏向,这一结论已经得到了大量证据的支持。例如,张林等(2015)的研究表示,残疾人对社交拒绝词的颜色命名反应时显著长于健全人,表明残疾人的注意更容易维持在词语的意义上,从而干扰了他们对该词语颜色的判断。而且,残疾人对愤怒面孔的检测显著快于健全人,表明残疾人对威胁性情绪刺激注意敏感。不同类型情绪障碍群体都具有一个共同特征,即对那些代表或反映自己内心想法的外界环境刺激尤为敏感。个体由于存在负性偏向而产生偏见,这种偏见又进而继续影响个体的心理和行为反应,最终形成一种恶性循环。残疾人同样由于存在负性注意偏向而更加容易注意到外界环境中的拒绝性信息,而非接纳性信息,他们往往会认为自己受到社会排斥(Wright et al., 2012)。长此以往,个体会将这种被排斥的观念变成自我实现的预言,从而增加了被他人拒绝或丧失社会支持的概率(Murray, Holmes, Griffin, 2000)。而健全人则不存在对拒绝性信息的负性注意偏向,他们反而会对接纳性信息投入更多的注意(张林,曹华英,2011),这样会使个体更少受到外界负性信息的干扰,增加了其被他人接纳和包容的感受,对个体起到了积极的促进作用。残疾人对负性社交刺激的注意警觉可能表明他们容易注意负性信息源,而这又可能增加残疾人自我的负面程度。然而,与健全人相比,残疾人并不存在对负性社交反馈线索的注意锁定,即残疾人在警觉到负性反馈刺激源后,很可能更容易做出社交回避行为。

（三）对模糊信息的负性解释偏向

注意偏向发生在信息加工的早期阶段，而解释偏向发生在后期的评价与解释阶段，两者是相互作用的。对威胁刺激和自我相关信息的注意偏向，使得个体形成负性期望，导致其倾向于对模糊社交信息进行威胁性解释。解释偏差是指个体以更消极或更具有威胁性的方式对社交刺激进行错误解释的倾向。Hirsh、Clark 和 Mathews（2006）将解释偏向分为延时和即时两种类型，当有更多的时间进行回顾和沉思时，个体对已经经历过的情境事件带有一定倾向的理解方式为延时解释偏向；而即时解释偏向是指个体对刚刚经历或正在遭遇的情境事件表现出快速的理解偏差。

研究者发现，社交焦虑者不仅存在对模糊社交刺激的解释偏向，还存在对积极社交刺激的解释偏向。早期，研究者使用同形异义词（sentence，句子或刑罚）要求被试进行造句，发现社交焦虑者更倾向于使用威胁性的意义（Taghavi et al.，2000）。后来，研究者（Coles，Heimberg，Schofield，2008）制定解释偏向量表，由模糊情境和三种解释（积极、消极和中性解释）组成，发现社交焦虑者更偏向于选择消极解释。Beard 和 Amir（2009）使用语句联想范式，要求被试对启动词和语句的关系进行判断，发现社交焦虑者对模糊社交情境更多地进行消极解释，且对消极解释反应更快。研究者还发现，除了对模糊刺激存在解释偏向，社交焦虑者倾向于对积极社交事件进行消极解释。Alden 等（2008）使用积极事件的解释量表发现，社交焦虑者更倾向于对积极事件做出消极解释。同样，使用正性情绪面孔和社交情境相结合，发现社交焦虑者更倾向于对正性面孔做出消极解释（姚泥沙等，2013）。研究者认为这可能是由于社交焦虑者习惯于使用消极的方式处理信息，或者认为正性评价容易引发未来的负性评价（张林等，2015）。由于个体的消极自我意象，个体在自我报告时有更多的时间回顾过去的经历，更容易以扭曲的自传体记忆对当前社交情境进行消极的回顾性评价，忽略了外部线索，即社交焦虑者并不依赖对外部线索的即时加工来理解当前情境，更多地存在延时解释偏向。

总的来说，大多数人所处的社交情境是模棱两可的，情境本身并不存在明显的负面反馈信息，然而残疾个体对消极社交反馈线索比健全人更敏感，更容易注意到外界环境中的拒绝性信息，并将其解释为受到社会排斥，从而提高了被他人拒绝或丧失社会支持的概率。

（四）对负性刺激的记忆偏向及事后加工

由于社交焦虑者对负性信息进行精细编码与加工，他们对负性信息会有更好的记忆，而负性记忆驱使个体对负性信息进行反复的提取和加工，这一特点对残疾人群体的社交焦虑维持也有重要的作用。研究者向被试呈现表情图片，发现社交焦虑者对负性表情图片有更高的记忆水平，而控制组对正性表情有更高的记忆水平（Coles，Heimberg，2005）。然而，在焦虑诱导情境和正常情境下向被试呈现词语，社交焦虑者并没有表现出对威胁信息和自传体记忆的记忆偏向（Rapee et al.，1994）。William 等人认为社交焦虑者只存在对威胁信息的早期自动化加工，而后期主要表现为回避行为，因此社交焦虑者不存在外显的记忆偏向，只存在内隐的记忆偏向。Amir 等使用噪声判断范式，先让被试听一些社交威胁的句子或中性句子，然后向被试呈现夹杂噪声的旧句子和新句子，要求被试对噪声的音量进行判断，发现社交焦虑者对社交威胁信息的内隐记忆好于中性信息。同样，研究者使用视频清晰度的判断任务进行实验，发现社交焦虑者将消极视频判断为更清晰（实验假设是评价旧视频比新视频更清楚），说明社交焦虑者对负性信息存在内隐记忆偏向（Amir et al.，2003）。

以上出现记忆偏向结果不一致的原因，可能是研究者通常在社交情境之后立即进行回忆再认任务，而忽略了事后加工的作用。Mellings 和 Alden（2000）发现，社交焦虑者在离开社交情境之后，倾向于对社交细节进行反复沉思，并且回忆的内容大多是与焦虑有关的负性信息。同时，事后加工水平可以预测记忆偏向水平，社交焦虑者在经历一段时间后，对负性事件的回忆成绩更好，并且对先前社交成绩的评价更加糟糕（Abbott，Rapee，2004）。这说明事后加工与社交焦虑者的记忆偏向具有密切的联系。Morgan 和 Banerjee（2008）进一步考察了事后加工方式（沉思与反省，沉思是一种倾向于对自己不良的行为和感受进行反复、被动的思考的反应方式；而反省是一种开放的反应方式，能够承认并接受消极想法，并主动探索其本质）对记忆偏向的影响，发现沉思型的社交焦虑者比反省型的社交焦虑者对负性信息有更高水平的记忆偏向。基于以上研究我们认为，残疾人也同样存在对负性刺激的记忆偏向及事后的反复提取加工特点，而这也正是残疾人难以脱离消极认知偏差的主要原因。

三、残疾人的情绪理解与情绪调节特点

情绪能力(emotional competence)是指情绪建立、维持和改变个体与外界关系的能力,包括情绪理解(emotion understanding)和情绪调节(emotion regulation)两方面。情绪能力是心理理论的重要内容,良好的情绪理解和情绪调节是个体与他人进行社会交往、完成自身发展的重要保障。而残疾人群体往往在情绪能力方面相比健全人存在一些发展的局限与不足。

(一)残疾人个体的情绪理解特点

情绪理解是指个体如何感受和理解情绪的过程。情绪理解能力是指个体对所面临的情绪线索和情境信息进行解释的能力,是情绪智力的重要组成部分。Izard 和 Fine(2001)认为,情绪理解是有关情绪-认知发展相关研究中的一个关键因素,它为高效情绪交流和良好社会关系的建立提供了基础,也是个体发展和社会适应的良好反映指标,需要给予特别的关注。我国学者徐琴美和何洁(2006)认为,情绪理解包括两个部分,分别为对情绪状态和情绪过程的理解。对情绪状态的理解主要包括表情识别、情绪情景识别和混合情绪理解等。对情绪过程的理解主要包括对情绪原因的理解、对情绪引发结果的理解、对愿望和信念对情绪作用的理解、对情绪表达规则的理解和对情绪调节的理解等。

一般来说,8 个月左右的婴儿就能够再认各种面部表情,4~5 岁的儿童能对高兴、愤怒的表情进行识别。幼儿对于积极表情的识别能力要优于其对消极表情的识别(Garner,Jones,Miner,1994)。在四种基本情绪中,幼儿对高兴的理解水平显著优于其对伤心、生气和恐惧等消极表情的理解水平。研究表明,自闭症儿童在识别、理解和表达基本情绪(如高兴、伤心等)上不存在困难,但在理解他人的认知性情绪如"惊讶""惊奇""尴尬"等时存在明显困难(Baron-Cohen,Spitz,Cross,1993),这说明他们并不存在情绪理解能力的全面缺失,他们只是在理解某些类别的情绪上存在着障碍。Michael 人(2000)对焦虑症儿童情绪理解的研究发现,与正常儿童相比,焦虑症儿童对情绪隐藏和情绪改变的理解水平较低。但是,两组儿童在情绪线索和混合情绪的理解上不存在差异。兰岚(2009)发现智障儿童面部表情识别与智商显著正相关。王小英等(2010)发现 3~6 岁儿童对积极情绪的识别能力高于消极情绪。叶欢(2013)研究了 70 名 7~15 岁智障儿童在 4

种基本面部和语音表情上的识别特点,发现其识别高兴面部表情的能力显著高于伤心、害怕和生气,而语音表情识别中对生气的识别显著优于伤心、害怕,与面部表情识别相反。

这些研究都说明,很多残疾个体在情绪理解能力的发展上可能存在障碍,主要集中于部分领域,并非全面丧失,而这也可能是残疾人群体与他人难以建立良好人际关系的原因。

(二)残疾人个体的情绪表达特点

情绪表达指的是人们用来表现情绪的各种方式,其功能就是纾解情绪,使情绪水位下降。而残疾人情绪表达的特点是,情绪反应强烈但不稳定。例如,聋哑儿童的喜爱厌恶的情绪,大多表现得很直接,而且持续时间短,容易"血冲脑门、激动上火",与他人发生冲突。盲人的情绪反应则更多藏在内心深处,虽然情绪体验激烈,但表现并不明显,且爆发性的情绪冲动较少。但有时,残疾人情绪的外部表现和内心体验并不一致,甚至相反。残疾人有意识地掩饰自己的真实情绪,这是由于其自尊心较强或者心理闭锁。他们一般不肯轻易吐露内心的秘密、真实想法,且有时表现出内隐、含蓄的特点。

(三)残疾人个体的情绪调节特点

我国研究者孟昭兰(2005)认为,"情绪调节是对情绪内在过程和外部行为所采取的监控、调节,以适应外界情景和人际关系需要的动力过程"。可以看出情绪调节是一个复杂的概念,是对正、负两种情绪的调节,包括内部调节和外部调节两个过程,也具有情境性,没有好与坏之分。一般情况下,情绪活动会随外部刺激消失或转移而变化。个体管理情绪的任何努力都属于情绪调节策略,如认知策略、表情行为调节策略、人际策略。

个体的情绪调节可以根据实际情况采取不同的情绪调节策略。对自身情绪的调控能力已经成为个人能否适应社会、取得成就和生活幸福的一个重要指标。正常儿童 2 岁起就能控制自己的情绪,年龄越大控制能力越强。大部分儿童会采用自我保护和亲社会的行为模式来调节情绪。王小英等(2010)研究发现,正常儿童在运用情绪调节的策略上存在显著年龄差异,3~6岁儿童主要采用回避性策略,其次是情绪释放策略,建构性策略的使用频率呈上升趋势,破坏性策略使用较少。姚端维等(2004)发现,情绪观点采择能力能促进情绪调节能力的发展。而智力障碍儿童无法正确表达自己的情绪情感,情绪的意识性较低,对自身情绪的控制能力较差。赵玉兰(2009)

发现,智力障碍儿童运用积极策略进行情绪调节的频率随着年龄增大而上升。

　　由于内心比较敏感,残疾人的情绪活动一旦被激发就很难改变和调节,即使刺激消失或产生变化,情绪的持续时间也会比较长,转变成心境,对后续的活动产生影响。例如,残疾人的抑郁、焦虑、孤独等情绪都具有心境化特点。而残疾人的情绪问题,轻则影响日常学习、生活、工作,重则可能形成情绪障碍,影响个体的思维和行为。

第三节　残疾人的社会适应与社会交往困境

　　残疾人的社会适应性是指残疾人在日常生活中,能够根据周围环境、事物的变化,及时调整自己的身心状态,并且能够将这种状态与周围环境保持一致,克服因变化而产生的困难的能力(陈玉珠,2014)。具备了这种能力,残疾人就能够更好地生活、学习和工作。在实际情况中,一方面由于自身存在的身体缺陷,有些残疾人难以接纳和适应自己,自卑心理比较强烈;同时,这些缺陷所带来的功能性障碍还会导致残疾人在现实中遇到各种困难。另一方面则是因为周围环境对残疾人产生的一些消极的负作用,例如,有些社会成员对残疾人群体的歧视造成残疾人难以就业、受教育权利遭到剥夺等,这使得残疾人的适应性比健全人更弱,进而产生更深远的社会疏离现象。因此,在研究残疾人社会疏离问题时,不可避免地需要先考察其社会交往的困境与现状,以期找出相应的干预办法。

一、残疾人面临的社会生活现实困境

　　2011—2014 年度中国残疾人联合会(简称中国残联)工作报告显示,残疾人群体的就业、医疗、教育、康复等工作已逐步改善:残疾人家庭人均收入明显提高,住房面积增加,住房状况有所改善,适龄残疾人婚姻状况基本稳定,接受康复服务的比例有较大提高,残疾儿童义务教育总体比例稍有波动,残疾人就业比例上升,社会保障状况有较明显改善,无障碍建设法规、标准进一步完善等。但是,残疾人群体在社会生活参与与社会适应方面仍存在以下问题:

一是残疾人就业难,家庭的经济收入较少而开支却较多,比一般健全人家庭的经济状况有更明显的困难。二是住房困难,这是当前城市居民生活中普遍存在的大问题,残疾人家庭的这种困难在相当长的时间里难以解决。三是在婚姻恋爱方面,不仅残疾人本身困难重重,残疾儿童的丧偶父母再婚和残疾人的兄弟姐妹寻偶也会受到影响。四是残疾人家庭在成员患病时,大都面临比健全人家庭更大的困难。这个问题在夫妻双方都是残疾人的家庭中特别突出。五是残疾人家庭大多数存在着社会交往方面的困难。由于世俗的偏见、物理性障碍和心理负担,残疾人的配偶或父母参与社会交往的机会很少,有时不得不放弃。

除了上述问题,对于生活在农村的残疾人来说更为突出的困难是,交通不便严重影响残疾人求学、就医、就业和其他社会交往。由于大多数农村地区道路崎岖、交通工具少,或山路狭窄、泥泞,或缺乏轮椅、支具,残疾人很难出行。由于难于从事繁重的体力劳动,生活缺乏保障。农村一些地方还没有在贯彻《中华人民共和国残疾人保障法》时颁布相应的优惠政策和具体措施,残疾人家庭照样负担分配的耕地及各种摊派款项,而残疾人本身无力参加繁重的田间劳动,使很多残疾人家庭困难重重;农村缺医少药,也使残疾人家庭求医治病比城市残疾人有更多的困难。

一项针对浙江省某市残疾人幸福指数的调研报告也指出:残疾人就业率不容乐观。残疾人不仅就业难,而且失业风险大,就业环境不稳定。残疾人对社区服务满意度较高,但活动参与率较低。残疾人生理健康水平较高,但身体康复水平一般。残疾人主观幸福感较高,但精神状态一般,缺乏生活预期。

二、残疾人社会交往困境的主要表现

社会交往是人类的一种基本需要,是个体适应社会环境、融入社会生活、实现社会价值的有效途径,更是个体社会化的必要途径(冯敏良,2015)。而且它能满足人与人之间知识、技能、信息的交流。通过交往可以获得人与人之间的爱护、关怀、信任、友谊,对人十分重要。然而,在环境制约、社会排斥、心理自卑等多重因素的影响下,残疾人的社会交往呈现范围小、频率低、强度弱等特点。

残疾人更愿意与残疾人交往,并且表现出更高的利他与合作水平(谢文澜,2014)。这和客观原因有关,同类群体生活习惯相同,交往相对容易进行,比如聋哑人之间的交流,就比聋哑人和一般健全人的交流更方便。从心理层面分析,残疾个体不同程度上会遭受冷遇或歧视,因此他们同类群体之间思想上更易于相互理解,产生共鸣,行为上也会获得更多的帮助。如,2012年的中国残联报告就指出,残疾人在与残疾人交往时比与健全人交往时表现出更高的合作水平和利他倾向。

由于交往对象集中在家庭成员或其他残疾人,残疾人的社会交往活动不可避免地就带有局限性和交往的狭窄性。部分残疾人由于缺乏社会交往机会、社会技能,很难适应和维持友谊、爱情。还有些行动不便的残疾人,很少走出家门,他们的社会接触面更小,形成了封闭的人际活动网。更进一步,在某种程度上,一个人的语言边界,就是他的生活边界。在互联网全球时代,掌握电脑技术和基本的英语能力,几乎是现代人的基本技能。对于聋哑群体来说,不能熟练掌握主流语言,与健全人或者外国人很难打交道,促使信息传递过程存在障碍,严重影响他们的学习和工作质量。

残疾个体的人际互动存在被动性(任能君,李祚山,2009)。一些生理局限使其生活圈子缩小,很难融入主流社会,边缘化趋势明显。但事实上残疾人很渴望与人交往,渴望通过参与各种活动,建立与他人的联结,进而更深一步地认识世界,实现个人价值,满足被理解、被认同的需要。在实际交往活动中,语言障碍、思维眼界、社会歧视、自我聚焦、对负性信息解读的认知偏向,以及本身的耐挫力不够,使得他们压抑交往欲望,在人际互动中变得很被动,导致其人际适应能力下降。

在心理层面上,残疾人在与残疾人进行交往的过程中会感受到更高的公平感和更高的满意度。残疾个体在与同类交往时,相互的认知和生活圈近似,很容易产生惺惺相惜之感。并且,相互的交往,比之于健全人交往,更加直接而又有"默契",因此交往满意度相对较高。

三、导致残疾人社会交往困难的原因

从社会接纳和交往来看,残疾程度越严重,残疾人参与社交活动频率越低(Badia et al.,2011),尤其是那些有动作障碍、感知障碍和交流障碍的残疾个体(Abells,Burbidge,Minnes,2008;Bray,Gates,2003;Zijlstra,Vlaskamp,2005)。残疾人在人际关系中较为敏感(李文涛,谢文澜,张林,

2012),其人际交往技能、社会活动和适应能力差(Lord et al., 1990; Hutzler, Chacham-Guber, Reiter, 2013)。部分残疾个体在与他人交往时由于会表现出愤怒等情绪,而无法和周围人建立良好的人际关系,较难融入社会(邱洪锋,2009;赵美仙,2011;Hall et al., 2005;Orsmond, Krauss, Seltzer,2004)。研究表明,一方面,残疾人身边非残疾同伴较少,多为家人和残疾同伴(Pecora et al., 2006; Lippold, Burns, 2009; Eriksson, Welander,Granlund,2007),或者那些帮助他们的社区员工(Hall et al., 2005);另一方面,残疾个体也更愿意和自己的残疾同伴交往,他们与残疾同伴维持的人际关系也更积极、更持久(Matheson,Olsen,Weisner,2007)。

由此可见,残疾人社会交往状况并不乐观。社交网络单一化、交往技能欠缺是残疾人社会交往困难的主要表现。在残疾人所面临的各种问题中,其社会交往现状尤其堪忧。虽然近些年来我国从经济、政治、法律、就业、公共环境等方面开展了一系列相关措施来改善残疾人生活环境,提高残疾人社会参与度,但残疾人实际社会参与度却并不乐观。《2012 年全国残疾人状况及小康进程监测报告》表明,残疾人参与社区文体等活动的人数虽然有所增加,但整体依旧较低:2008—2012 年经常参加社区文体活动的残疾人比例分别为 5.7%、5.4%、5.4%、6.3%、7.8%,偶尔参加活动比例分别为 24.5%、24.5%、28.3%、32.4%、36.5%(陈功,吕庆喆,陈新民,2013)。由此可见,到 2012 年为止,全国还有一半以上的残疾人未参加社区文体活动。本章被试所在省的残疾人社会参与状况亦不理想。浙江省统计局及浙江省残疾人联合会(2013)通过调查发现,参加社区活动的残疾人占 41.0%(其中经常参加社区活动的占 13.5%),而一半以上(占总人数的 59.0%)的残疾人从未参加过社区文体活动。

导致残疾人社会交往困境(残疾人不愿意融入社会,不愿意与健全人交往;同时,健全人也回避与残疾人交往)的一个重要原因可能在于残疾人和健全人之间不同的社会交往模式。例如,残疾人在与健全人交往过程中可能会考虑到自身经济实力以及社会地位,而在资源分配中分配给残疾人的额度相对减少,从而表现出较低的合作水平。健全人的交往模式亦会受到残疾人所处情境以及残疾人交往模式的影响。考察残疾人与健全人的社会交往模式有助于理解残疾人的社会交往困境,提高残疾人的社会参与度。

总的来说,残疾人本身的生理局限、社会环境以及自我歧视知觉的存在使得他们在社会适应方面,对社交拒绝信息更加敏感,对社会交往也更加焦虑和犹豫。其可能会使用更多的心理防御机制,否定、潜抑社会活动中的一些念头、情感和行动,进而和主流群体之间的心理距离拉大,空间距离变远。对他们自身来说,这也会使其孤独感增强,自卑感加重,对外在刺激也更加敏感。情绪和反应的不稳定性对他们的社会交往和人际互动也会产生不良的影响,这使得其社会适应性降低,也进一步加剧残疾个体的社会疏离现象。

第三章　社会认知偏差对残疾人社会疏离的影响

事实上,残疾人在行为上大多倾向于选择自我封闭、回避与他人交往,即便与周围人进行交往,也经常会表现出敏感和激愤等情绪,长此以往致使他们无法与周围人建立良好的人际关系(赵美仙,2011;Sharanjit,2006;Shapiro,Martin,2010)。相比于正常大学生而言,残疾大学生的人际关系较差,很少有人愿意与其交朋友(弋鹏,张茂林,2010;Frostad,Pijl,2006)。残疾人存在着一种日益强烈的想要与他人增进感情的需要或想法,但不能被满足,甚至体验到被拒绝感、寂寞感、孤独感、不安全感,以及感到缺乏有意义的关系。简单地说,就是残疾人普遍体验着较高的社会疏离感,而这种社疏离感使残疾人脱离主流社会群体,在同伴群体中被边缘化,进而导致较多的心理适应问题,包括孤独、焦虑、自卑、人际敏感、抑郁、焦虑、敌对等(Fitzgerald,Ring,2009;张晓丽等,2010)。因此,只有帮助残疾人克服这种社会疏离感,才能使残疾人更好地融入社会生活,提高残疾人的生活质量。了解残疾人社会疏离产生的原因,能够有效地制定社会支持政策,帮助残疾人克服社会疏离、回归正常生活。

以往研究发现,导致残疾人出现社会疏离的因素,主要包括残疾人自身的心理因素和社会环境的客观不利因素,而残疾人自身的社会认知偏差才是其发生社会疏离的主要原因。根据前文的研究可知,很多残疾人会存在一些注意偏差、记忆偏差和解释偏差等认知加工缺陷,这些认知加工缺陷往往与其社会疏离的发生存在密切相关;同时,残疾人也存在一些社会认知态度和社会知觉的缺陷,而这可能也是导致残疾人出现社会疏离现象的重要原因之一。因此,本章主要结合残疾人自身存在的一些心理问题,从认知加工偏差和社会认知障碍两个方面,深入剖析残疾人的这些认知加工缺陷给其社会疏离带来的不利影响。

第一节　残疾人的认知加工特点及其对社会疏离的影响

认知心理学是 20 世纪 50 年代中期在西方兴起的一种心理学思潮,是一种作为人类行为基础的心理机制,其核心是信息输入和行为输出之间发生的内部心理过程。它与西方传统哲学也有一定联系,其主要特点是强调知识的作用,认为知识是决定人类行为的主要因素。研究者将个体对这些知识的加工方式和心理机制叫作心理加工方式和心理加工过程。目前,学术界对于个体认知加工特点的研究大多集中在三个方面:注意特点、解释特点和记忆特点。我们接下来主要结合残疾人对社会信息的认知加工特点来分析其对社会疏离的影响。

一、残疾人的注意偏差及其与社会疏离的关系

(一)残疾人对负性社会线索存在注意偏差

以往研究证实,个体对令人不愉快的,尤其是具有威胁性的负性刺激表现出心理加工和行为反应的优先效应,即信息加工的负性偏向(negative bias)。但低自尊和具有焦虑情绪的个体往往比高自尊的、不具有焦虑情绪的个体产生更明显的负性偏向。Baumeister 等(2003)在针对不同自尊水平个体的认知行为研究中发现,高自尊个体倾向于对信息进行积极的加工,更多地表现出乐观、自信和期望成功;低自尊的个体更多地与焦虑、抑郁和攻击性等消极情绪和行为相关。研究者认为,可能是不同类型自尊个体的认知加工偏好导致了这种行为的差异(Dandeneau,Baldwin,2004)。确切地说,低自尊个体由于经常处于消极的社会评价和反馈之中,因此可能对社会环境中的负性信息非常敏感,表现出负性的注意偏向;而高自尊个体则由于经常得到肯定和赞扬,更倾向于注意到社会环境中的积极信息(Dandeneau,Baldwin,2009)。国内研究者李海江等(2011)的研究也证实了上述观点,低外显自尊个体在注意偏向上表现为对负性情绪信息(愤怒)的注意解脱困难。杨智辉和王建平(2011)发现,焦虑个体对于情绪性刺激也表现出较强的敏感性。除此之外大量的研究也发现,除了低自尊和焦虑障碍个体外,情感障碍、摄食障碍、物质成瘾、暴力攻击、慢性疼痛的个体也会对相应的威胁

或相关刺激表现出明显的注意偏向。

赵美仙(2011)调查了 300 名残疾人发现,他们都具有焦虑、抑郁等心理问题,与健全人相比残疾人均表现出显著的焦虑情绪。并且有研究发现,残疾人的自尊大多处于一个较低的水平。由此,我们推测残疾人作为同样具有低自尊、高焦虑的特殊群体,他们可能也存在负性注意偏向。李文涛(2013)采用"情绪 Stroop 任务"和"同中选异任务"实验范式,探讨了残疾人对不同类型社交反馈信息的注意加工特点。结果证实残疾人对社交拒绝词的颜色命名反应显著快于健全人,即残疾人对负性社交反馈言语刺激存在注意偏向。张园(2015)采用情绪 Stroop 范式和点探测范式考察高拒绝敏感性个体的注意特点,研究结果也证实了残疾人群体对负性社交反馈言语刺激确实存在显著的注意偏向。

(二)对负性社会线索的注意偏差与社会疏离的关系

研究发现,认知因素、情境因素和个体差异是残疾人歧视知觉产生的三大主要原因,而其中最核心的是认知因素。认知因素是残疾人产生歧视知觉的基础,同时也是导致残疾个体出现行为差异的主要原因。注意加工作为认知加工的主要成分之一,可能影响着歧视知觉的产生,因为个体存在负性注意偏向,导致其对外界人际威胁信息过于敏感,进而才可能会导致其歧视知觉的出现。李文涛(2013)采用残疾人歧视知觉问卷和残疾人社会疏离量表分别测量了残疾人的歧视知觉和社会疏离感。通过建立中介模型发现,歧视知觉不仅对残疾人社会疏离有直接的影响,而且通过降低残疾人自尊间接地也对社会疏离产生影响。歧视知觉之所以导致残疾人出现社会疏离问题可能是因为他们感受到歧视的存在,在人际交往过程中会出现担忧和焦虑等情绪(Tally,2010),从而阻碍了他们与外界交往,无法与周围人和谐相处,使自己处于孤立的、封闭的境地,最终导致社会疏离问题的产生。

事实上,残疾人的注意偏差与歧视知觉之间可能存在相互影响。一方面,以往研究者证实,被排斥的知觉可能会导致个体对社会拒绝信息更加警觉、敏感;另一方面,认知因素也是影响歧视知觉的核心因素和首要原因(Brown,Bigler,2005)。其中,注意加工是个体认知加工的一个重要成分,可能会影响个体的歧视知觉形成。残疾人群体对负性社会信息的加工可能会进一步加剧该群体的歧视知觉。残疾人存在的负性注意偏差和歧视知觉两者循环作用,进而给残疾人的社会交往行为带来不利的影响。

综上所述,残疾人对负性社会线索的注意偏差可能会影响歧视知觉,而歧视知觉对社会疏离具有预测作用。据此,我们推测残疾人对负性社会线索的注意偏差可能正是残疾人产生社会疏离问题的首要心理原因。

二、残疾人的记忆偏差及其与社会疏离的关系

(一)残疾人对负性社会线索存在的记忆偏差

记忆偏差特点是指个体对回忆或再认某些记忆信息的能力优于或劣于其他信息的现象。考察记忆偏差特点最基本的任务范式是回忆范式。回忆范式的实验流程如下:首先给被试呈现一系列不同效价的词语,如积极词、消极词和中性词;接着要求被试对这些词进行想象,想象这是他人对自己的评价,如看到"善良"想象到"大家都觉得我是善良的人";在给定时间内对所有词语进行想象,然后将这些词语收回,让被试尽可能多地回忆刚刚见过的词语并写下来,书写过程中不用考虑词语出现的先后顺序,考察指标是对不同效价词的正确回忆量(Lundh,Czyzykow,1997)。研究者运用回忆范式考察了不同拒绝敏感性个体的记忆特点,结果发现:高拒绝敏感性者对社交情境中的消极信息回忆量多于积极信息,即对消极社交线索信息存在记忆偏向;低拒绝敏感性者对社交情境中的积极信息回忆量多于消极信息,即对积极社交线索信息存在记忆偏向。

以往研究证实,个体的自尊水平会导致他们产生记忆偏差,即高自尊个体对正面积极特质词回忆的正确率高于负面消极的特质词;低自尊个体对负面消极特质词回忆的正确率高于正面积极的特质词(Story,1998)。残疾人作为具有低自尊、高焦虑特征的特殊群体也可能存在着对负面消极特质词更好的记忆。残疾人的元刻板印象可能影响个体记忆。记忆并非准确无误的,刻板印象、信念、期待和道德关注都有可能导致记忆偏差。残疾人群体本身对自己存在元刻板印象(残疾人群体认为别人怎样看自己),认为外群体成员对自己存在歧视、排斥等态度。这可能会导致残疾人群体更容易记住与该元刻板印象相一致的线索,因此导致记忆偏差。然而,目前残疾人群体是否确实存在这种对负性社会线索的记忆偏差,还需要更多的实证研究证据进一步给予证实。

(二)对负性社会线索的记忆偏差与社会疏离的关系

以往研究表明,残疾人的记忆偏差和社会疏离之间可能存在着相互影

响的关系。有研究证实,社会排斥会影响知觉者的工作记忆。研究者采用传球任务诱发被试产生被排斥感或被接受感,随后要求被试进行 N-back 任务。结果发现,被排斥组的被试在 N-back 任务中再认正确率显著低于被接受组的被试(刘文雯,2014)。相比于一般的健全人,残疾人往往会认为自己在工作场遭受过他人的歧视,而且大多数残疾人的这种歧视知觉从儿童时期就已经开始(Mukolo,Heflinge,Wallston,2010)。这种被歧视的感觉可能也会导致残疾人在主观上产生强烈的被排斥感,进而影响残疾人对社会事件的正确回忆。

同时,残疾人对负性事件的记忆偏差也会影响其心理疼痛感和生活满意度,进而导致残疾人社会疏离的发生。这种忽视积极的记忆体验和对负面消极信息的深刻记忆,可能会导致该群体对负性社交事件记忆深刻,进而使残疾人群体更容易产生社会疏离。例如,李斌和马红宇(2013)的研究证实,当个体对美好的记忆进行回忆时,往往会带来积极的情绪体验,如温暖感、舒适感等,使人产生一种想回到过去的渴望;但同时也可能会引起消极的情绪体验,如感伤过去等,因为过去已经一去不返。当个体在遭遇挫折、失恋等事件处于心理疼痛时,更容易怀旧;而通过怀旧人们似乎又能获取一定的正能量来缓解心理疼痛(一种心痛的感觉)。研究者通过社会排斥使被试出现心理疼痛,随后要求被试进行回忆任务——怀旧,比较怀旧前和怀旧后个体的心理疼痛感程度。研究发现,回忆任务后个体的心理疼痛感显著低于社会排斥后回忆任务前;与普通回忆相比,怀旧组的心理疼痛更低,心理疼痛减少的量更高。这说明怀旧可以在一定程度上缓解由社会排斥导致的心理疼痛。换句话说,通过对过去美好事件的回忆可以降低个体不好的情绪体验。根据前文可知,残疾人群体往往倾向于对负性事件记忆深刻,而对积极事件的记忆效果相对较差。这也可能导致残疾人在遭受社会排斥后更难减轻心理疼痛,更容易沉浸在负性情绪中。同时,残疾人的生活满意度较低,会使残疾人更容易产生情绪记忆的偏差,进而导致残疾人高估负性情绪体验的强度。以往研究证实,个体在回忆过去的情绪体验时,除了直接提取还会对情绪体验的记忆进行重构,这种重构的过程导致个体无法精确地回忆当时的情绪体验。而研究者证实,在这个情绪重构的过程中,个体的生活满意度会影响其对情绪体验的加工,产生情绪记忆偏差。表现为生活满意度高的个体往往会低估过去负性情绪体验的强度,而生活满意度低的个体则往往会高估过去的负性情绪体验强度。残疾人作为生活满意度较低的群体,也会产生对负性情绪体验的高估,使得残疾人难以从负性情绪中摆脱出来,这可能也是残疾人更容易产生社会疏离问题的另一个重要原因。

总之,残疾人本身存在的排斥感可能导致残疾人对积极事件的记忆相比于健全人更少。同时,残疾人群体普遍存在过度关注负性体验、忽视积极体验的现象且他们的生活满意度普遍较低,这也进一步导致了残疾人容易产生记忆偏差,并促使残疾人更容易产生社会疏离现象。然而,目前对残疾人是否存在记忆偏差特点,记忆偏差是否确实是导致其产生社会疏离的原因,研究证据还十分缺乏,也需要在未来的研究中进一步证实。

三、残疾人的解释偏差及其与社会疏离的关系

(一)残疾人对模糊社会线索存在的解释偏差

解释偏差是指个体以消极或者威胁性的方式对社交刺激做出错误解释的现象。社交焦虑的认知理论认为,对社会信息的加工偏差是社交焦虑的重要发生和维持因素(Clark,Wells,1995;Rapee,Heimberg,1997)。以往研究关注了社交焦虑个体对负性信息的加工偏向,并认为恐惧和回避负性的社交信息是社交焦虑者的典型特征(Clark,Wells,1995)。近来,研究者们认为社交焦虑个体对正性的社交刺激也具有消极的解释偏向(Weeks,Heimberg,Rodebaugh,2008;Weeks et al.,2008)。而残疾人作为高社交焦虑的群体之一,和其他高社交焦虑者一样也可能存在着解释偏差。

研究证实,社交焦虑者对不同形式的社会刺激普遍存在解释偏差。Higa 和 Daleiden(2008)以模糊社交情境故事为材料,发现社交焦虑程度与威胁解释偏差存在联系。后来的研究者采用了模糊的面部表情或特定的面部表情(如厌恶)为刺激材料,也得出高社交焦虑者更容易对模糊或特定面部表情做出消极解释的结论(Coles et al.,2008;Schofield,Coles,Gibb,2007)。另外,与西方文化的研究结果一致,中国学生对社交故事的威胁解释与社交焦虑也存在正相关(Lu W L,Daleiden,Lu S E,2007),高社交焦虑者更倾向于对正性面孔做出负面解释(姚泥沙等,2012)。并且青少年社交焦虑者与成人社交焦虑者一样都存在解释偏差(Miers et al.,2008),这说明不同文化、不同年龄的社交焦虑者普遍存在解释偏差的现象(Kanai et al.,2010)。

此外，研究者亦证实，社交焦虑者对性质不明的模糊情境的消极解释具有跨文化的一致性（Stopa，Clark，2000）。高社交焦虑者既会以消极方式解释模糊社交事件，还会以灾难化方式对消极情境进行解释和推断。个体以更消极的方式对信息进行解释，可能反映的是一种稳定的信息加工模式，这种信息加工模式一旦形成，也会对积极的社交线索做出消极解释。研究者还发现，高社交焦虑者往往会以折扣的方式看待积极线索，他们对积极事件做出更多的消极解释（Laposa，Cassin，Rector，2010），对正性面孔的积极解释更少，而消极解释则更多（姚泥沙等，2012）。

值得注意的是，残疾人群体中普遍存在较高的社交焦虑-高拒绝敏感性群体，这个群体可能也存在这种类似的解释偏向。张园（2015）的研究发现，高拒绝敏感性残疾人的消极解释得分显著高于积极解释和中性解释，存在明显的负性解释偏向。然而，有关残疾人群体的解释偏向的研究仍然较少，也需要在未来研究中进一步展开探讨。

（二）残疾人的消极解释偏向与社会疏离的关系

以往研究证实，消极解释偏向会导致三种消极的社会后果：从负性生活事件中获得更多的消极情感体验，积极事件打折扣，过高估计负性社会事件的概率以及这类事件发生时自己所需要付出的代价。

首先，具有消极解释偏向的个体会从负性生活事件中获得更多的消极情感体验。社交焦虑个体倾向于将带有消极性质的负性生活事件解释得过于悲惨，有研究对 30 名社交焦虑障碍患者、30 名强迫症患者和 30 名正常个体进行测试，问卷包含 10 个消极的社交情境（Gilboa-Schechtman，Franklin，Foa，2000）。采用主试向被试阅读情境内容的方式，每听完一个社交情境被试需要回答以下问题：①该事件在你身上发生的可能性有多大？②你会在多大程度上做出消极反应？③这种消极反应持续的时间有多长？结果显示，社交焦虑障碍患者从消极社交事件中体验到更大幅度的消极情感。同时，在持续时间的预期上社交焦虑障碍者与正常个体之间表现出巨大差异。社交焦虑障碍者预期一个典型的消极社交事件带给自己的影响的持续时间约为两天，而正常个体对持续时间的预期通常少于两个小时。这种持续的情感体验会使个体对上述的社交情境产生强烈的预期焦虑。在Stopa 和 Clark（2000）的研究中，让患有社交恐惧症的病人和具有同等焦虑的另外一种焦虑障碍的被试，以及正常的控制组描述当他们面对略微带有负性性质的社会事件时会做出何种反应,这类事件包括在工作中出错或被老板召见或发现一个新朋友不喜欢自己等。与低社交焦患者相比,社交恐惧症患者更容易将略带消极性质的负性生活事件归因为自身的消极特质(如我是一个失败者,他们对我感到厌烦和乏味),或假设事件会给自己带来持久的灾难性后果(如我会失去工作,失去朋友,我会变得很孤独)。高社交焦虑个体在负性社会事件发生后产生更深层次的消极体验,当现实的或假想的社交失败真实发生时,这个消极事件的典型性和暗示作用就被更加夸大。对社会情境中认知威胁的增加易产生直接的焦虑诱导效应,并且这种对社会事件的消极解释可能破坏社交焦虑个体对自我效能的感知,增加未来回避社交情境的可能性。

其次,高社交焦患者用更消极的方式解释社会事件不仅仅体现在模棱两可的事件或略带负性的事件上,在积极事件上同样也有所体现。近几年,社交焦患者如何处理积极社会信息开始被关注。尤其是高社交焦虑个体可能更倾向于将积极事件打折扣,也就是将积极事件看得不那么积极甚至带有否定含义。Voncken 等向被试展示简短的社会事件(从积极到消极),发现社交恐惧症患者倾向于将积极的社会事件解释得更消极化(Voncken, Bögels, Vries, 2003)。Vassilopoulos 和 Banerjee 针对高社交焦虑组和低社交焦虑组的两组大学生各 36 人进行了对比研究,用积极社会事件折扣问卷对被试进行了测量,发现高社交焦虑个体倾向于将明确的积极社会事件用消极的方式来解释,并认为事件对自己或未来有着某种消极的暗示(如虽然他/她对我很有礼貌,但实际上对我并不满意)。他们期待从社交互动中获得积极的情感体验,而实际体验到的情感却往往与此相反。Vassilopoulos 认为高社交焦虑个体倾向于将积极社会事件解释为消极事件,这种错误的解释减少了从积极的社交互动中获益的可能。即使他们对积极社会事件有所感知,也很难对信息进行适当的处理。他们易于将好的结果归因为自己所采用的安全行为(Vassilopoulos, Banerjee, 2008)。

最后,社交焦患者通常过高估计体验负性社会事件的发生概率,他们认为在生活中消极事件发生的可能性更高,而积极事件发生的可能性更低,并认为消极事件发生时自己会付出更高的情感代价(Mcmanus, Clark, Hackmann, 2000)。有研究对 30 名社交焦虑障碍患者、30 名强迫症患者和 30 名正常个体进行测试,简单的主效应分析显示,对于消极事件发生的可能性评估存在显著的组间差异（Gilboa-Schechtman，Franklin，Foa，2000）。社交焦虑障碍患者评估消极社交事件发生的可能性显著高于其他两组。Rheingold 等考察了 37 名青少年社交焦虑被试与 29 名无社交焦虑被试的社交焦虑状况。结果发现，高社交焦虑青少年认为消极社会事件发生的频率更高且为此需付出的代价更大，在控制抑郁症状的条件下高社交焦虑被试与无社交焦虑被试间仍呈现显著差异。高社交焦虑青少年过度评价消极社会事件发生的可能性和严重程度，这将触发焦虑的心理症状和行为模式，从而影响个体的社会互动并增加回避社交活动的可能。由于回避可能性的增加，这种障碍性的思维模式并未受到挑战，由此青少年期形成的社交焦虑就会延续到成人期（Rheingold，Herbert，Franklin，2003）。

综上所述，消极解释偏向会导致个体对模糊或者中性的刺激趋向消极解释，并影响个体的积极体验。而残疾人作为高社交焦虑的群体，也具有这种消极解释偏向，这往往会导致残疾人将一些中性事件或模糊事件解释得更加消极，而对社会交往中的积极体验更弱，这可能会导致残疾人回避社会交往，并进一步产生社会疏离问题。

第二节　残疾人的社会知觉特点及其对社会疏离的影响

社会认知是指"人对各种社会刺激的综合加工过程"，是个体的社会动机系统和社会情感系统变化的基础，它主要包括社会知觉、归因评价和社会态度形成三个主要方面（王智，2006）。以往的研究表明，残疾人在社会知觉加工方面可能存在着一些异常，而这些对社会信息认知加工的异常可能也是残疾人容易出现社会疏离问题的一个重要原因。

一、残疾人的社会知觉加工缺陷与其社会疏离的关系

社会知觉是指个体觉察到社会性事物的刺激，从而表现出自己对应性的态度或者行为，同时也是人们试图了解和理解他人的社会心理过程。在传统普通心理学中，知觉不包括判断、推理等认识过程。个体在加工社会信息时，既包括对人的外部特征的知觉，也包括对人的个性特点的理解和对人的行为动机的判断和解释，研究者将这个过程称为社会知觉加工。而残疾

人在社会知觉上与健全人存在着明显的知觉加工方式差异,主要体现在以下两个方面。

(一)残疾人的面孔表情加工缺陷对社会疏离的影响

1. 残疾人在对面孔表情的加工上存在缺陷

个体的社会知觉的一个重要方面就是面孔表情的识别。面孔表情识别是一种个体识别他人的面部特征、识别和解释他人表情的能力。与社交焦虑者不同,社交中比较成功的人往往非常善于利用社会化信息,其面孔表情识别能力也通常较高。面部表情是社会互动中的一种重要交流形式,能够传递社交环境中的重要信息(如潜在的威胁或奖励)(Haxby,Hoffman,Gobbini,2000),对正常的社会交往至关重要。

通过面孔表情这一重要的外部线索,人们可以在社会互动中获得很多关于他人的情感和意图的信息。例如,快乐表情通常代表了"喜欢和认可",愤怒表情代表了"敌意和攻击",而厌恶表情则代表了"拒绝和逃避"。大量研究表明,社交焦虑者对面孔表情的加工存在异常,对面孔表情的加工异常可能是其产生社会交往障碍的一个重要原因。而残疾人作为高社交焦虑群体,在面孔表情加工方面可能与其他高社交焦虑群体有类似的加工特点。

残疾人作为高社交焦虑个体,可能会出现对积极面孔表情的加工缺陷。健全人会表现出积极面孔的加工优势,即人们识别积极面孔的速度显著高于消极面孔(Leppänen,Hietanen,2003),这种积极面孔加工优势可能源于对现实生活尤其是对他人的积极反应偏向。但社交焦虑者却无法表现出这种积极加工优势。如 Silvia 等(2006)的一项研究,要求被试对屏幕上呈现的快乐和悲伤表情进行积极/消极判断。结果表明,高社交焦虑被试的快乐加工优势效应相比于低焦虑被试显著减小,主要原因在于高焦虑被试对快乐面孔的加工较慢。在 Campbell 等(2009)的研究中,给社交恐惧症个体和其他个体依次呈现人脸,要求他们评定在社会交往中趋近该人和被吸引的可能性。结果发现,相比于其他人,社交恐惧症被试认为快乐面孔更不可接近。

残疾人作为高社交焦虑的群体,可能会表现出对消极面孔表情加工的偏向。相比于对积极面孔的加工缺陷,社交焦虑障碍者对消极面孔表情表现出了加工的增强和偏向效应。如 Winton、Clark 和 Edelmann(1995)的研究发现,当非常快地(60ms)给被试呈现中性或消极面孔,并要求他们判断面孔表情是中性还是消极时,高社交焦虑被试更倾向于判断为消极。这表明,社交焦虑的个体倾向于将他人的表情知觉为更不快乐/更消极,研究者认为这反映了社交焦虑个体的潜在解释偏向。Gilboa-Schechtman 等(2005)也发现,广泛性社交恐惧被试倾向于将中等程度的不赞成(disapproving)面孔群(crowd)评估为更消极。在一项研究中,研究者将一个积极面孔和一个通过变形(morph)技术构造的 40% 程度的消极面孔同时呈现给被试,强制要求他们判断哪一个面孔情绪的程度更高,结果发现相比于正常控制组,社交焦虑障碍组更多认为消极面孔的情绪程度更高(Yoon,Joormann,Gotlib,2009)。关于记忆的研究也为此提供了支持,如 Foa 等(2000)发现,社交恐惧的个体能够再认更多的消极面孔(相比于积极面孔),而这种模式在对照组没有发现。

2. 表情加工缺陷对残疾人社会疏离的影响

根据上文可知,高社交焦虑残疾人群体存在面孔表情的加工缺陷,主要体现在两个方面:残疾人群体可能存在面孔积极表情的加工缺陷,即积极表情优势的缺失;残疾人群体表现出对消极面孔表情加工的偏向,即相比于对积极面孔的加工缺陷,残疾人群体对消极面孔表情表现出了加工的增强和偏向效应。这两方面的表情加工缺陷可能导致残疾人社会疏离产生。

残疾人群体的积极表情优势的缺失可能导致残疾人的社会疏离。健全个体通常具有对积极面孔加工的优势,而高社交焦虑的残疾人则将他人看作是挑剔的和有威胁的(Rapee,Heimberg,1997;Silvia et al.,2006),因此无法表现出这种积极加工优势。此外,还存在积极面孔表情加工的缺陷,这种加工缺陷可能导致残疾人无法像健全人一样理解他人的积极情绪和善意,从而产生社会疏离。残疾人群体表现出对消极面孔表情加工的偏向可能也会导致残疾人社会疏离的产生。大部分研究发现,社交焦虑者表现出了对情绪面孔的积极加工减弱和消极加工偏向。社交焦虑者对情绪面孔加工表现出的这种特定偏向,可能是由他们对人际关系的敏感等因素造成的(Foa et al.,2000)。社交焦虑的认知模型指出,信息加工偏向在社交障碍中起到了核心的作用,注意和记忆的消极偏向被认为会加剧和维持社交焦虑(Silvia et al.,2006)。残疾人对消极面孔表情的注意偏向,可能导致残疾人群体在与他人交往过程中的社交焦虑增加,进而影响残疾人与健全人的社会交往,导致社会疏离的产生。

(二)残疾人的歧视知觉及其对社会疏离的影响

1.歧视知觉的概念及其消极影响

歧视(discrimination),是针对特定群体成员,由他们的种族、性别、性取向、性别认同、国籍、语言以及残疾等特征所引起的一种偏见或区别性对待。它影响外界对这类个体的行为表现,限制其机会与权利,导致其受到非理性排挤。而歧视知觉(perceived discrimination)作为个体对外界歧视的感知,是指个体感受到的消极性或者伤害性对待,可以表现为实际的行为动作,也可表现为拒绝性的态度或者某些不合理的社会制度。

大量实证研究发现,歧视知觉会带来一系列的消极影响,对个体的心理健康造成很大伤害。歧视知觉个体感受到自己被其他群体排斥、孤立并感受到其他群体对自己带有较大的偏见,因此经常会感觉到自己一无是处,往往会选择逃避,进行自我贬低。Finch 等(2000)一项关于墨西哥移民的调查发现,移民群体的歧视知觉直接影响他们自身的抑郁水平,被调查者中歧视知觉得分高的人常会表现出更严重的抑郁问题。Foster(2000)的研究也发现,感知到的歧视越多,被试报告出来的焦虑和抑郁症状越多,二者之间存在显著的正相关。歧视知觉所产生的问题还表现在残疾人开始怀疑自身社交能力,认为自己比不上别人,并产生强烈的自卑感,严重者将导致其对自身价值感产生怀疑(Alecia,2011;Miyahara,Piek,2006)。行为上表现为开始过分关注别人的态度,并将自己封闭起来,不与外界进行社交互动(Sharanjit,2006)。就连对自己最亲近的同伴,残疾人也会表现出回避等行为。Tally(2010)的调查发现,其中有62%的残疾人报告有受到同伴歧视的经历,因此导致他们之间的友谊破裂;而且有46%的残疾人报告称自己同样受到家庭成员的歧视,他们常对自己表现为不信任、怜悯等,这些问题进一步加剧了残疾人的孤独、抑郁和自我封闭等问题。

研究发健全人群体对残疾人的态度和行为并非都是消极的,换句话说,对于残疾人的歧视并非社会的普遍现象。研究者针对比利时青少年的调查发现,他们对残疾同伴有着相对积极的态度,而且这种态度在女性上尤为明显(Goreczny et al.,2011;Geline et al.,2009)。Vilchinsky 等(2010)有关健全人群体对残疾人行为反应的研究发现,健全人对残疾人群体既有积极的行为反应,也有消极的行为反应。既然健全人群体对于残疾人并非都存在歧视问题,那么为什么残疾人仍然会出现歧视知觉,导致一系列社会疏离等问题的产生呢?

Brown 和 Bigler(2005)提出的有关儿童歧视知觉的形成模型认为,认知因素、情境因素和个体差异因素是歧视知觉产生的三大主要原因,而其中最核心的是认知因素。认知因素是歧视知觉的基础,同时也是歧视知觉个体差异的首要原因。Crosby 等(1986)的一项关于歧视知觉认知偏向的研究表明,在某些情况下,认知因素可以单独对个体的歧视知觉水平产生影响。根据 Dodge 和 Price(1994)提出的社会信息加工理论,个体歧视知觉的产生首先需要对外界环境发出的信息(尤其是行为和语言)进行编码,进而从长时记忆中提取相关信息进行评估,做出判断。而在整个信息加工过程中,注意阶段则是其关键所在。

Beatty 和 Kirby(2006)的一项关于残疾人工作的研究发现,大多数残疾人报告其在工作场所遭受过歧视,而且大多数残疾人的这种歧视知觉从儿童时期就已经开始(Mukolo,Heflinge,Wallston,2010)。这种歧视现象农村比城市更严重,相比于女性而言,男性残疾人遭遇到更多的歧视,并且歧视知觉与年龄之间呈显著负相关,残疾程度与歧视知觉呈显著正相关,表现为,随着年龄的增长,残疾人逐渐习惯这样的环境,自身的歧视知觉有了明显下降(Moore et al.,2011)。Richeson 和 Trawalter(2008)针对健全人对残疾人态度的一项研究发现,多数健全人表示他们与残疾人群体交流会感到很不舒服,因此常常不愿意与残疾人进行交流,表现出一定的社交回避行为。

基于以上分析,我们推测残疾人歧视知觉的产生可能与其认知特点存在密切关系,可能是由于残疾人对外界负性社交信息过于敏感,由此产生歧视知觉,最终产生社会疏离。为此,我们对以往特殊群体的注意加工机制进行了梳理,意图理清残疾人社会疏离的内在机制。

2.残疾人的歧视知觉对其社会疏离的影响

针对残疾人社会疏离的成因问题,国外研究者重点探讨了残疾人的社会认知特点——歧视知觉,认为残疾人对外界不公正、消极或者伤害性的行为或拒绝性的态度的敏感性知觉,导致其社会疏离的发生。Alonzo 和 Reynolds(1995)认为歧视是指个体所能觉察到的一种消极信息,它使带有该消极信息的个体(或群体)受到他人的偏见、排斥和拒绝,或是被动远离正常的社会环境,从而容易产生社会疏离。

歧视与污名其实是密切相关的,如果说污名是外界对某类群体消极的刻板印象,而歧视是这种消极刻板印象之下的行为反应,那么歧视知觉便是被污名群体对外界行为反馈的一种自我觉知。大多数残疾人报告在工作场所可感受到来自他人的歧视,感觉到不公正的待遇(Beatty,Kirby,2006;Moore et al.,2011)。

二、残疾人的消极归因风格与其社会疏离的关系

(一)残疾人群体普遍存在悲观的归因风格

所谓归因(casual attribution),是指原因的归属,简单说来,归因就是寻求结果的原因。心理学上将归因理解为一种认知过程,即根据行为或事件的结果,通过知觉、思维、推断等信息加工过程确认造成该结果之原因的认知活动。归因方式,也称"归因风格"或"解释方式"(attributional style or explanatory style),是指个体对事件发生的原因习惯上倾向于做出怎样的解释,具有个性的特点,通过个体对多个事件发生的原因判断来评定(陈洁,2009)。

20世纪80年代,以塞利格曼等人为代表的美国心理学家兴起了以人的积极心理品质为研究内容的积极心理学运动,积极心理学开始从关注人类的疾病和弱点转向关注人类的优秀品质。其中归因风格也是研究的热点之一,他们认为,积极、乐观的归因风格对于个体的认知加工、情绪体验、社会行为等都会产生积极的作用,也影响着个体的心理健康水平。

塞利格曼将归因风格分为两种:乐观的归因风格和悲观的归因风格。如果人们把消极事件归因为暂时的,是特定性的情景事件,是由外部原因引起的,或者把积极事件归因为持久的、普遍性的,是由内部原因引起的,则称为乐观的归因风格,反之则为悲观的归因风格。当遇到一个不可控的负性事件时,悲观型归因风格的人会将事件的发生归因于内在的、自身的、稳定的原因,则个体的自尊、自信心会受到很大的打击,无助感会持久存在,个体会失去做出反应的努力;而乐观型归因风格的人则会将事件归因于外在的、他人的、不稳定的原因,则其自尊完好无损,无助感会很快消失,个体会努力改变现状。塞里格曼认为,悲观型归因风格的人容易形成压抑、焦虑等心理问题(任俊,2006)。因此,研究积极的归因对于提高个体的心理健康水平具有重要的理论和实践意义。近年来,许多研究者从不同的角度研究

了个体的归因风格与学业成就、人际关系、心理健康水平的关系。其中归因风格与个体心理健康的研究是目前一个研究热点。

残疾人作为高社交焦虑、低自尊的群体往往会存在悲观的归因风格。具有高社交焦虑的残疾人群体可能倾向于将成功进行外归因。社交焦虑者经常体验到对别人负性评价的害怕,社交焦虑者过多地将注意力放在侦察一些信号,而这些信号是在社交中可能遇到的威胁性信号,而与此同时,社交焦虑者对信息的负性注意和判断倾向会干扰他们对信息的解读。残疾人作为高社交焦虑的群体,往往也会存在这种对信息的误解,导致对事件发生原因产生不合理的解读。陈洁(2009)发现,社交焦虑同归因方式中的能力归因、情境归因、运气归因、外控归因、内控归因、外控失败归因、内控失败归因、外控成功归因显著正相关,即社交焦虑程度越高的被试,越倾向于将人际交往情境中的成功归因于外界因素,将人际交往情境中的失败归因为稳定的或是外控的因素。范晓玲等(2007)采用分层随机取样抽取高中生329人,用多维度-多归因量表(MMCS)的人际关系分量表、交往焦虑量表(IAS)对各班进行团体施测。结果发现,人际交往失败的归因对社交焦虑有显著影响。

作为低自尊的群体,残疾人倾向于将负面事件归因为稳定的、自身因素,而将正面事件归因为不稳定的、外部因素。以往研究指出,低自尊被试有自我抨击的悲观型归因倾向,且对低自尊的人而言意味着整体的不胜任——我是一个很差的人,这也反映了低自尊的个体在应对失败时倾向于做出内部的、稳定的、普遍的归因,从而贬低自己的总体价值。此外,Baumeister和Tice(1985)的研究发现,低自尊被试倾向于把负面事件归因于内部的、稳定的、普遍的因素,把正面事件归因于外部的、不稳定的和特殊的因素。

综上所述,具有社交焦虑、低自尊特点的残疾人群体可能倾向于对正面的事件进行不稳定的、外归因,认为这种成功是偶然的、不稳定的、靠运气的;而倾向于将负面的事件进行稳定的、内归因,认为这种失败是由于自己是差劲的人,进而蔑视自己的价值。

(二)残疾人的悲观归因风格对其社会疏离的影响

正如前文所述,残疾人倾向于对成功事件进行外部因素归因。这种归因方式使残疾人认为社交的成功主要依赖于外界环境因素,导致其在社交互动中处于较被动的地位;同时,残疾人也更倾向于将交往失败进行稳定的、内部归因,这种归因方式则进一步导致残疾人在社交活动中更加缺乏自信,甚至感到自卑。

以往研究亦表明,残疾人的这种悲观归因方式可能是其产生社交焦虑的原因。例如,陈洁(2009)发现,被试的社交焦虑程度与其能力归因、情境归因、运气归因、外控归因、外控失败归因均存在非常显著的负相关,与其内控归因、内控失败归因、外控成功归因存在显著负相关。即社交焦虑程度高的被试,遭遇失败的人际交往情境时,将原因归结为自身能力的欠缺或是外部因素的影响,而这些外部因素的共性在于不可控;遇到成功的人际交往情境时,他们又将原因归结为任务简单或是运气使然。这种认知方式使得残疾人群体不认为自己对人际交往事件可以发生正向影响,一直坚持认为自己对事件缺乏控制和胜任力的信念,从而也使得他们对人际交往的焦虑状态一直持续下去(陈洁,2009)。而正是这种人际交往中的焦虑状态往往又会导致他们产生社会疏离。

三、残疾人的消极社会态度与其社会疏离的关系

社会态度是指主体对外界事物一贯的、稳定的心理准备状态或一定的行为倾向。1862年美国心理学家 K. W. 斯彭斯最早注意到态度现象,认为是一种先有之见;1885年,丹麦社会心理学家 C. G. 朗格在关于情绪的实验中发现,被试有思想准备和无思想准备,对刺激物的反应不一样。美国社会学家 W. I. 托马斯与 F. W. 兹纳尼茨基在《波兰农民在欧洲和美国》(1909年)一书中首次使用态度概念。以往研究证实,残疾人作为一种身份标签,会导致其他群体对残疾人群体以及残疾人对自身产生一种稳定的心理准备状态或行为倾向,即社会污名。

(一)污名效应的概念、类型及消极影响

Goffman(1963)认为,污名(stigma)是指个体因其"受损的身份"(spoiled identity)而受到社会排斥以及贬低的过程。污名包括刻板印象、偏见和歧视三部分。残疾群体在生理、心理或智力上的缺陷,使他们"身份受损",社会群体对他们"受损的身份"形成认知上的负面刻板印象。这种负面的刻板印象导致情绪上的偏见反应,并最终产生对残疾群体的歧视,如不公正待遇,或社会排斥和贬低等。

对群体本身的污名可划分为公众污名（public stigma）和自我污名（self stigma）两类（Werner et al.，2012）。公众污名指公众群体对受污名群体的反应，如刻板印象形成、歧视等。被个体内化的公众污名也称为自我污名，即个体对自己所处群体文化刻板印象的认可，并将该刻板印象应用于自己。残疾群体会因为公众污名而感到羞愧，进而减少与他人的交往。相比于公众污名，自我污名对残疾群体的伤害更大，自我污名会破坏残疾群体的自我保护机制（如自尊、自我效能感的降低等），甚至出现自我歧视的行为。同时，残疾个体也会因为自我污名而出现自我验证，进一步验证了外界对其产生的消极刻板印象与错误预期，亦伴有残疾个体自我知觉与他人预期一致的改变。此外，污名也会影响那些与残疾群体紧密相连的人群，包括他们的家人、朋友，甚至与该群体一起工作的专业人员，这一现象被称为连带污名（courtesy stigma/ affiliate stigma）（Kurzban，Leary，2001；Davies et al.，2002）。尤其是家庭成员会因有残疾的亲人而被他人取笑、辱骂、责备等。家庭成员也会因他人对自己的负面反馈，对自身形成负面评价或产生负面情绪，甚至出现社交回避等现象，严重影响家庭成员的社会功能。由此可见，公众污名、自我污名和连带污名对残疾群体及其亲近人群的生活都会产生较大的影响，且不同类型的污名对残疾群体的影响是不同的。

公共污名对残疾群体的影响主要体现在残疾群体外出活动、医疗服务和就业过程中。残疾个体外出活动时可能会遭受他人嘲笑、长时间注视，或他人的有意回避；在接受医疗服务过程中，残疾人也会被过分限制活动环境或区别治疗；在求职过程中，雇主可能会通过限制雇员数量来拒绝残疾个体就业。公共污名会导致社会对残疾人的接受度降低。

自我污名通过残疾群体自身认知和体验影响他们的社会互动。许多残疾人在与他人的交往中都有过受伤的经历，他们通过隐藏自己的残疾作为避免遭受歧视的一种方式。也有残疾人会将曾经经历的受伤体验泛化到整个社会互动活动中，他们会认为所有人的负性行为都是专门指向自己的，从而产生了对他人广泛的敌意性情绪（Alonzo,Reynolds，1995）。有学者发现，残疾学生普遍存在污名内化的现象。残疾学生所拥有的残疾身份证可使他们获得一定的外界额外帮助，如学校与社会的支持，但这也会成为一种污名的来源，表明残疾学生确实与其他学生不同。残疾学生会因为陌生人对他们的注视而感到羞愧和尴尬，其自身较慢的学习进度也会引来老师的不满而被认为是"麻烦制造者"。研究者认为,这种学习环境会使得残疾学生承受更多来自污名的消极影响(Branscombe,Schmitt,Harvey,1999)。

"残疾"也会通过连带污名使残疾人周边群体受到社会的排斥和边缘化,其中残疾群体的家人与照顾者受到的影响最大。残疾儿童的母亲常常会因为孩子不听话而受到他人责备,或为自己孩子不恰当的行为而道歉,也会在公众场合受到他人长时间的注视或打量。Edwardraj 等(2010)在印度对 62 名残疾群体相关人员(29 名母亲、17 名社区健康工作者、16 名老师)进行调查发现,母亲因为污名影响而很少受到其他成员的援助,因为其他成员认为"残疾"是他们祖先犯下的罪恶报应在后代上的结果;政府给予的经济支持也微乎其微,学校频繁地拒绝他们的孩子入学,母亲也只能待在家里无法向他人寻求帮助(Leary,Tambor,Terdal,1995)。照料和看护残疾人的个体进行社会互动时也会因为连带污名而遇到困难。Mirza 等(2009)对巴基斯坦的 100 名残疾人的照看者进行调查发现,污名会限制照看者和其残疾孩子参加社区活动,40%的照看者担心自己孩子在参加社会活动时会受到他人的嘲笑和戏弄(Alonzo,Reynolds,1995)。有残疾孩子的家庭在社会互动中也经常会频繁陷入两难的困境,应该告诉他人自己家里有残疾的孩子而获得他人支持,还是应该避免被他人歧视对他们形成负面评价而隐藏自己家庭的情况。

李强、高文珺、许丹(2008)总结前人研究,从三个角度对污名的形成进行了解释,分别为功能主义观点、生物文化观点、污名发展理论。功能主义研究者认为个体通过对他人施加污名可以进行自我提升,增强内群体认同,合理化个人所处的社会地位,缓解焦虑等。生物文化观点认为对他人施加污名是为了使人能够在有效的群体中生活。进化心理学家认为减少内部群体威胁,才能使群体生活有效适应人类的生存和基因遗传,于是群体成员对那些危害群体或妨碍群体功能发挥的个体贴上污名的标签,使被贴标签的人无法从群体中获利,必要时将会把该类人群从群体中分离出去,从而保证群体的生存和繁衍。而污名发展理论主要对污名的形成进行了探讨,认为个体或社会层面知觉到某种特性具有威胁时,这种知觉会由于认知偏向而被夸大,污名群体的负面刻板印象也会在信息搜寻中被扩大,而该信念在沟通中形成了一致的社会表征,最终形成污名。

"残疾"象征着个体完整性的缺失,无法有效适应群体生活,从而被他人知觉为妨碍群体功能发挥的威胁信息；这种知觉在认知过程和信息搜寻中被扩大，最后对残疾形成一致的社会表征，最终导致残疾污名的形成。

（二）残疾人的污名效应对其社会疏离的影响

残疾人往往会因为自身的生理或心理的缺陷产生污名问题，而受到污名的影响更容易导致残疾人群体出现社会疏离，因为污名往往会限制和影响残疾人个体与他人的交往。

首先，污名对身份认同的影响。污名作为一种刻板印象，常与某些身份认同相联系。有些被污名者在面对身份认同的威胁时会选择放弃，如表现出性别消极刻板印象的女被试会在一个非常难的测验中放弃数学问题，而尽量选择完成与词汇有关的问题（Mak，Cheung，2008），因为一般认为数学与女性消极刻板印象负相关，而词汇与女性积极刻板印象正相关。这种对身份认同的影响，使得个体会自觉地将自己归入某个小圈子，与外界环境逐渐疏离。

其次，污名对自尊的影响。污名对身份认同的影响可能会导致被污名者的自尊水平较低。马克·利里提出的自尊的社会计量器理论（sociometer theory）认为，自尊是衡量个体人际水平的一种内在反映，当个体被他人欢迎和接纳时，其自尊水平就会有所上升；而当个体被他人拒绝或排斥时，个体的自尊水平就会有所下降。当个体长期处于一种被排斥和拒绝的状态下时，个体可能会由于长期的低自尊而产生社会疏离。

最后，由于污名可能会对个体造成各种负面影响，个体会因此想藏匿自己的污名，从而能以"普通人"的身份进行日常生活和学习。欧文·戈夫曼（Erving Goffman）认为，当隐匿污名的个体和非污名的个体同时出现在一个相同的情境中时，隐匿性是理解被污名者在复杂社会交往中的经历的关键。然而，研究发现隐匿污名的个体也面临着巨大的风险和压力。隐匿污名可以使个体避开他人的批判和拒绝，但也会使个体过多地回避社会交往情境，引起他们的消极情感体验，如孤独、害羞、社交焦虑等。这又在一定程度上可能会使被污名者产生社会疏离。此外，由于个体将污名作为秘密加以隐匿，其他相似个体不能发现自己，自己也不了解其他具有一样特征的个体，因而可能很难在外界环境中发现同伴，失去了该群体所提供的社会支持。这也许是导致被污名者产生社会疏离的另一种重要因素（Goffman，1963）。

通过以上梳理，我们发现残疾人社会疏离的产生与内在自身因素有着密切关系。残疾人群体作为高焦虑、低自尊的特殊群体,存在负性注意偏差、负性记忆偏差和负性解释偏差的认知加工缺陷,这些会导致社会疏离的产生。具体地,残疾人存在以下认知加工缺陷:注意偏差方面,残疾人对社会环境中的负性信息非常敏感,表现出负性的注意偏向;记忆偏差方面,残疾人群体存在过度关注负性体验和忽视积极体验、生活满意度低等心理特点,这些特点会导致残疾人产生记忆偏差;解释偏差方面,残疾人对模糊或者中性的刺激趋向消极解释,影响了个体的积极体验。这些认知加工缺陷都会导致残疾人社会疏离的产生。

残疾人群体作为高焦虑、低自尊的特殊群体,还存在社会知觉加工缺陷、悲观归因风格和污名化的社会态度,这些缺陷也会导致社会疏离的产生。据前文可知,残疾人存在以下社会认知加工缺陷:首先,社会知觉加工方面,残疾人群体可能存在面孔积极表情优势的缺失和对消极面孔表情加工的增强效应,相较于健全人,残疾人往往更多知觉到被歧视的线索(即使这种歧视不是真实存在的)。其次,在归因风格方面,具有社交焦虑、低自尊特点的残疾人群体可能更倾向于对正面的事件进行不稳定的、外归因,认为这种成功是偶然的、不稳定的、靠运气的,而倾向于将负面的事件进行稳定的、内归因,认为这种失败是由于自己是差劲的人,进而蔑视自己的价值。最后,在社会态度方面,"残疾"这种身份标签的污名化往往导致其他群体对残疾人的身份、残疾人本身对自己的身份产生消极的刻板印象,甚至导致歧视与拒绝。因此,也许正是残疾人本身的这些社会认知加工的偏差才是残疾人出现社会疏离问题的根本性原因。

第四章　残疾人社交回避与社会疏离的发生机制

近年来,我国残疾人的经济收入、教育、就业情况,以及社会无障碍设施配置等客观生存环境已经得到较大改善,但残疾人实际参与社会生活的状况却不容乐观。《2013 年全国残疾人状况及小康进程监测报告》(中国残疾人联合会[残联发〔2014〕47 号])显示:"残疾人参加社区文化、体育活动的比例始终偏低,经常参加的比例基本保持在 7% 左右,偶尔参加的比例不足35%,还有近三分之二的残疾人没有真正走出家门,融入社会。"大量的残疾人表现出了社交回避的行为,甚至产生了社会疏离的问题。这既不利于残疾人群体的长远发展,也不利于我国社会的繁荣稳定,是政府相关部门、社会服务机构乃至全体社会成员都需要面对也亟待解决的问题。

造成残疾人社交回避与社会疏离的原因有多个方面。可能与外部的社会环境有关(如遭受到他人的排斥、拒绝与歧视等),也可能与自身的原因有关(如身体情况、经济状况的不允许,社会交往技能的缺乏,个体较低的自尊等)。这些影响到残疾人与他人交往的机会或影响其在面对外群体成员、面对社会交往情境时的认知与情绪(如使残疾人体验到强烈的歧视,感受到高水平的焦虑等)。残疾人为了减少自己的痛苦体验,为了使自己免受伤害,选择了逃避甚至疏离的方式。因此本章主要从环境因素、个体因素以及残疾人面对他人或面对社会交往情境的认知与情绪因素出发,探寻残疾人短期社交回避以及长期社会疏离问题的发生机制。

第一节　残疾人短期社交回避倾向的发生机制

社交回避(social avoidance)是指个体在社会情境中所产生的一种逃

避、害怕和拒绝交往的不健康的外在行为表现和内部心理体验（Watson，Friend，1969）。在社会交往情境中，存在着很多影响残疾人个体产生社交回避行为的因素。

一、影响残疾人社交回避倾向的情境因素

人类是一种社会性动物，维持人际关系、满足归属需要是人类的基本需要之一。Lakin 和 Chartrand（2003）发现即使在无意识层面上，人们也在努力与他人建立社会联系以满足归属需要。而在社交情境中的一些拒绝、排斥、忽视、歧视等信息威胁到了人们的归属需要，并构成了一种社交拒绝（social rejection）的情境（Williams，Forgas，Von Hippel，2005），从而对个体的整个社会交往过程产生重要的不良影响。

首先，社交拒绝会影响个体对于社交情境的认知，包括对于拒绝的解释和归因等。个体在面对社交拒绝时，可能把拒绝归因为自身的不足、他人的缺点或者周围的环境（Kelly，1973）。被拒绝的个体可能认为拒绝者不喜欢自己从而贬低自己（Pepitone，Wilpozeski，1960），也可能认为是拒绝者本身存在着问题才会拒绝自己（Cheuk，Rosen，1994）。例如有研究表明，相比较于接纳情境，个体面对拒绝情境时会对他人进行更加消极的评价（Bennett，Dewberry，1994）。此外，被拒绝个体还可能会认为是因为整个外部情境的不可控自己才被拒绝（Toner，Munro，1996）。

其次，社交拒绝还会影响个体在社会交往中的情绪。对于儿童来说，来自同伴的拒绝会给他们带来更多的痛苦，甚至会影响到他们成年后的情感（Kupersmidt，Burchinal，Patterson，1995）；类似的，Bourgeois 和 Leary（2001）的研究发现，当被试得知自己是团队最后考虑的对象时会产生最高的受伤感；相比较于接纳情境，拒绝情境会让个体产生更多的消极情绪，如悲伤、愤怒和更少的快乐（Buckley，Winkel，Leary，2004）。

最后，社交拒绝会影响个体的社交行为。Cheuk 和 Rosen（1994）认为个体在感知到拒绝之后会产生一种强烈的回避社会交往的意愿；Twenge、Baumeister 和 DeWall（2007）通过孤独终老（future-alone）范式来引发被试的被拒绝感。结果发现，被拒绝个体的公益行为、助人行为、合作意愿更少，也更不愿意进一步参加研究；对于拒绝自己的个体，被试与他们的交流意愿也更低（Maner et al.，2007）。Vangelisti 等（2005）认为造成这种社交回避

倾向的原因可能是被拒绝的个体害怕在将来的社会交往中再次受到伤害,因此导致他们会主动远离那些拒绝他们的人,并且在不能确定自己完全被接纳的社交情境中也更容易产生社交回避的行为倾向。

残疾人在现实生活中属于弱势群体,他们常常面临着更多的社交拒绝情境(如歧视、排斥等)。Vilchinsky、Werner 和 Findler(2010)的研究发现,大多数健全人更倾向于以消极的态度和行为对待残疾人。有报告显示,62%的残疾人报告说他们感受到了来自同伴的歧视,46%的残疾人报告感受到来自家庭的歧视(Moses,2010),并且大多数残疾人报告自己在工作场所受到不公正待遇并感受到来自他人的歧视(Moore et al.,2011)。正是这些外界的社会拒绝影响到了残疾人对于社交中的他人以及整个社交情境的认知,影响到残疾人在社会交往中的情绪体验。而这些负性的认知和消极的情绪,会使得残疾人更愿意选择逃避的方式来保护自己免受伤害,因而导致了残疾人群体的社交回避行为。

二、影响残疾人社交回避倾向的个体因素

尽管社交拒绝情境本身的特征会影响人们在社会交往中的反应,但不同的人在同样的社交拒绝情境中会表现出不同的行为反应,可见个体因素同样是影响社交回避的重要因素。

对一般个体而言,性格是影响社会交往的重要因素。Windle 和 Woods(2004)的研究发现,在同样的环境下,有些人很容易就能与他人交往,而有些人则会避免与他人接触,难以与人交往,难以发展友谊。外向型个体性格开朗,善于与人打交道,而内向型个体则相对不热衷于与人交往。代金芳等(2011)的研究也发现性格是影响大学生社会交往的重要因素,相较于外向的个体,内向的个体在社交回避与社交苦恼上有着更高的得分。因此,残疾人自身的性格因素就会对其社会交往的意愿产生影响。虽然残疾人很多都有着类似的社交拒绝经历,都可能会面对他人的社会拒绝,但外向的残疾人可能更愿意与他人进行交往。而即使没有外界的社会拒绝,内向的残疾人也可能会更加愿意独处,而不是与他人打交道。

自尊同样是影响社会交往的重要因素。高自尊的个体具有更多的资源去应对各种社交处境(Santuzzi,2011),且自尊可以有效预测个体的人际关系状况(戈鹏,张茂林,2010)。Rasmussen 和 Pidgeon(2011)的一项关于澳

大利亚大学生的研究也发现,自尊水平与大学生的社交焦虑间存在显著负相关,且自尊在心智觉知(mindfulness)与社交焦虑关系间起到部分中介作用。同样,De Jong 等(2012)的研究也发现青少年的外显自尊能够明显预测其社交焦虑和抑郁水平。

对于残疾人而言,个体残疾的身体状况是其异于常人的重要特征。因此,个体自尊中的身体自尊成分可能对其有着更为重要的影响。身体自尊(也称为身体自我知觉、身体自我概念)是个体对自己身体的不同方面做出的满意或不满意的评价(Secord,Jourard,1953),包含身体能力和身体外貌两个方面(Shavelson,Hubner,Stanton,1976),是整体自尊的一个具体的领域(陈红,黄希庭,郭成,2004)。身体作为"社交客体",有着向他人传递如性别、年龄、民族,甚至社会经济地位等信息的作用。而这些都是影响到社会交往的一些基本信息。此外,若个体觉得自己的外貌有一些残缺时,这种负面的自我评价就会有意无意地传递给社会交往中的他人,久而久之这种负面信息就可能引发各种社交问题(Cash,Pruzinsky,2004)。Kleck 和 Strenta(1980)通过实验证实了这一点,他们通过化妆术在女性被试的脸上画上伤疤,并通过操作被试在与陌生人交流前是否知道自己的伤疤已被擦除来控制被试对自己身体的感知与评价,结果发现与知道伤疤已经擦除的控制组相比,以为脸上有伤疤的女性被试都会觉得陌生人认为她们没有魅力,且在交流过程中她们的目光接触更少。Cash、Thériault 和 Annis(2004)的研究也发现有负面外表评价、高水平身体不满意和更多功能障碍性外表的被试具有更高的社交焦虑水平。国内学者也发现了同样的问题,周丽华等(2005)的研究发现,相比较于没有体像烦恼的青少年学生,有体像烦恼的个体存在更多回避社会交往的倾向与人际交往的苦恼。残疾人由于有先天或后天的身体缺陷,更容易产生对于自己身体的负面评价,产生较低的身体自尊。一项对残障学生与健全学生的调查发现,残障学生在身体自尊的各个方面均不如健全学生(牛翠萍,杨剑,2004)。而这种较低的身体自尊可能影响到社会交往中他们对于他人看法的感知,他们可能认为别人都觉得自己是没有魅力的,觉得自己是有缺陷的,从而导致他们产生更多的社交焦虑乃至社交回避行为。

拒绝敏感性(rejection sensitivity)也是影响残疾人社会交往的重要因素。它是指个体焦虑地预期社会交往情境中他人言语和行为的拒绝,并对拒绝线索过于敏感以及做出过度反应的一种倾向或可能性(Downey,Feldman,1996)。Downey 等人认为拒绝敏感是一种由早期拒绝经历所导致的人格倾向,是一种在与他人的社会交往过程中存在个体差异的防御性动机系统,与消极的社会心理反应和不良人际功能密切相关。高拒绝敏感性的个体往往具有神经质、抑郁的倾向,并且通常会采用消极的问题解决方式(Brookings,Zembar,Hochstetler,2003)。他们在社交过程中常常会预测自己将遭遇对方的拒绝,并提前做好被拒绝的心理准备。即使面对一些意义模糊的社交线索,他们也会感受到对方明确的拒绝,随之产生沮丧、愤怒、攻击行为等过度反应。而这些负性的行为反应又往往会使社交中的对方给予其真正的拒绝,使其被拒绝的预测成为现实;最后,这些被拒绝预测的实现又会反过来强化他们的拒绝意识,导致恶性循环(Downey,Feldman,1996;Downey,Freitas,Michaelis,1998;Ayduk et al.,2000)。因此,相对于低拒绝敏感性的个体而言,高拒绝敏感性的个体会体验到更多的孤独(Levy,Ayduk,Downey,2001)。并且会表现出更低的人际信任与更高的社交焦虑(孙晓玲,吴明证,2011)。赵艳林、李文涛和张林(2011)在他们的研究中发现,拒绝敏感性与个体的人际敏感、社交回避及苦恼呈显著的正相关,与自尊呈显著的负相关。也就是说,个体的拒绝敏感性也像自尊一样,会对其社交回避与苦恼产生重要的影响。

对于残疾人来说,其拒绝敏感性主要表现在两个方面:身份拒绝敏感性和身体拒绝敏感性。身份拒绝敏感性是指在社会交往中,残疾人接收到非残疾人群体的非确定性评价后,通常以内化了的污名身份来解释这些信息,并且在面对可能因残疾人的身份而遭遇拒绝的情境时,保持较高的焦虑性预期,当现实中真正遭遇到他人拒绝时就可能表现出过度的反应(Mendoza-Denton et al.,2002;Romero-Canyas,Downey,2008)。身体拒绝敏感性是指个体对肢体的完整性和身体功能的有效性方面产生的拒绝的焦虑性预期及过度反应倾向。残疾人因为其身体存在着一定的缺陷,对自己的身体缺陷十分在意,对与其相关的评价也比较敏感(Mischel,Shoda,1995)。而残疾人产生拒绝敏感性的原因可能来自他们的早期经验。拒绝敏感性的社会认知模型认为,个体的早期被拒绝的经历会促使其习得对于拒绝的焦虑性预期,在后来的实际社会交往情境中遭遇到类似的情境时,这种拒绝的预期很容易被激活,从而促使他们把模糊线索或中性线索知觉为拒绝性的线索

(Romero-Canyas et al.，2010a；Romero-Canyas et al.，2010b)。残疾人正是由于其身体的特殊性,很可能在社会交往中有着更多的被拒绝的经验,而这种早期的屡次被拒绝的经历,就很可能使残疾人在社会交往中更多地使用防御性的人际交往方式,他们会对拒绝性信息表现得更为敏感,以致会提前为自己被拒绝做好心理准备,从而使自己免受更多的伤害。而这又进一步导致其与他人在实际交往中拒绝的真实发生,从而加剧了他们的社交回避倾向。

三、影响残疾人社交回避倾向的认知因素

影响残疾人社会回避的认知因素主要包括早期的注意与后期的解释,两者相互作用影响残疾个体对于社会交往情境的认知加工。

我们知道个体早期的认知过程为随后的高级认知和行为选择提供了基础。注意就属于早期的认知加工过程,它包括注意的定向、维持、解除和转移等成分(Posner，Petersen，1990),主要负责对相关有用的信息进行选择与激活,同时对无关信息进行抑制(Hopfinger，2000)。这些基本的认知过程是社会知觉转化为行动的重要内部机制(Tipper，Weaver，Houghton，1994),若其产生了特定的加工偏向,则会对随后的认知加工产生直接的影响。

注意偏向是个体对特定刺激的高度敏感性反应,并伴随着选择性注意(高笑,陈红,2006)。大量在社会交往中存在问题的特殊群体(如低自尊、高焦虑、抑郁个体等)都表现出了注意偏向的特征。低自尊个体会对社会交往中的拒绝信息产生注意偏向(Dandeneau，Baldwin，2009),并且表现为对于拒绝信息的注意脱离困难(李海江等,2011),也就是说,他们对于社交情境中的拒绝信息更加敏感,同时也会给予更多的关注。高社交焦虑的个体在负性评价词和受他人关注词上的 Stroop 效应显著大于低社交焦虑组,也就是说,高社交焦虑个体对负性评价和他人关注的词语存在着显著的注意偏向(钱铭怡,王慈欣,刘兴华,2006)。对于问题更为严重的抑郁个体来说,同样也存在着注意偏向的特征。例如有研究发现,抑郁患者在点探测任务中会对呈现1000ms 的负性面孔产生注意偏向,具体表现为对负性刺激呈现之后出现的靶刺激的反应时缩短(Joormann，2004);也有通过改良的线索一靶子范式进行研究的,结果发现,抑郁症患者不仅表现出了对于负性刺激的注意脱离困难,并且对于正性刺激存在着注意回避的现象(Jongen et al.，2007)。

对于残疾人来说,国内外针对其注意特点的研究相对于其他特殊群体来说还比较薄弱,但已有研究发现,相较于健全的个体来说,残疾的中学生普遍存在着更低的自我价值感以及更为负面的身体自我(邵义萍,2010)。也就是说残疾个体很可能像那些低自尊个体一样存在着对于特定信息的注意偏向。事实上,通过情绪 Stroop 任务和同中选异任务对残疾人进行研究发现,残疾人对于社交拒绝词的颜色命名反应要显著快于健全人,并且在对于愤怒面孔的检测上,残疾人也要显著快于健全人。也就是说,残疾人不仅对社会交往中消极的言语反馈线索存在着注意偏向,并且对于消极的情绪反馈线索也更加敏感(张林等,2015)。残疾人的这种负性偏向,会使他们在社会交往中更容易注意到消极的信息,而个体的认知资源是有限的,在社会交往中可能会有更多的负性信息进入到残疾人的认知加工当中,而使得残疾人有更强的被拒绝感和更为负性的心理体验,进而影响到其随后的行为,这些行为又会影响到社交对象的反应,最终形成一种恶性循环(Williams,Mathews,MacLeod,1996;Wright et al.,2012),对残疾人个体在日常生活中的社会交往产生不良影响。

解释偏向则是一种以消极或威胁性的方式解释模糊信息的倾向(Beard,Amir,2008)。不同于注意偏向处于信息加工的早期阶段,解释偏向处于后期的评价与解释阶段,两者相互作用共同影响个体对信息的后期加工过程。在社会交往中这种对于社交情境的解释偏向,会对个体的自我概念形成和行为反应产生影响(Butler,Mathews,1983)。类似于注意偏向,大量在社交上存在问题的特殊群体也存在着解释偏向的现象。对于问题较小的害羞者来说,他们缺乏对于模糊情境的积极解释偏向,但还没有达到消极解释偏向的程度(金一波,李娇,张锋,2014)。而对于更严重的社交焦虑个体来说,他们却会对模糊的情境产生更消极的解释。Amir、Beard和 Bower(2005)的研究发现,当分别把包含积极信息、消极信息和模糊信息的社交内容的视频给社交焦虑个体和一般个体来看时,相较于一般个体来说,社交焦虑个体会对模糊信息的社交视频有着更消极的解释。为了更贴近实际的社交场景,也有研究者采用了在线的方式,先给被试呈现一个启动词(如积极的启动词"表扬",消极的启动词"批评"),然后呈现一个模糊的语句(如"老板想要见你"),要求被试对启动词和模糊语句的关系进行判断。结果发现,社交焦虑个体会对模糊的社交情境进行更多的消极解释,并且对消极解释反应更快（Beard，Amir，2009）。更严重的焦虑障碍患者（Mathews，2012）及惊恐障碍患者（Harvey et al.，1993）的身上也会出现同样的问题。有研究发现，先天残疾的人从出生开始就接收到来自周围人的歧视，性格变得孤僻和敏感，他们倾向于将原本中性的外界刺激解读为带有更强的负性色彩的信息（Mukolo，Heflinger，Wallston，2010）。这种对于中性情境的负性解释，会让残疾人在中性的社会交往情境中会有更为负性的情绪体验。也就是说，即使外界并没有给予残疾人歧视与拒绝，残疾人个体也可能因为这种偏差式的解释而自以为受到了歧视与拒绝，从而产生一系列的负性体验，导致更多的社交回避行为。并且，如果这种社交情境信息被解释为敌意性信息，则更有可能产生攻击性行为（Crick，Grotpeter，Bigbee，2002），从而给个体的社会交往带来更为恶劣的不利影响。

四、影响残疾人社交回避倾向的情绪因素

焦虑情绪也是影响社交行为的重要情绪因素，这也是高社交焦虑的个体会表现出更多的社交回避行为的原因。并且大量的研究表明残疾人的抑郁和焦虑水平显著高于健全人（Kariuki et al.，2011）。张晓丽等（2010）对163 名残疾大学生进行研究后发现：残疾大学生在人际敏感、抑郁、焦虑、敌对等项目上得分均显著高于正常大学生。残疾人有更多焦虑的原因可能在于外界对于残疾人的歧视与拒绝，使得残疾人在面对社交情境时总是会产生被拒绝的预期，进而会产生较高的焦虑情绪。也可能源于残疾人的自身原因，例如有研究发现残疾人经常对自身的社交能力产生怀疑，常感觉自己不如别人，有强烈的自卑感，严重者甚至对自身存在的价值产生怀疑（Santuzzi，2011；Miyahara，Piek，2006），进而会给他们带来较为严重的焦虑、抑郁等情绪障碍（Finch，Kolody，Vega，2000；Foster，2000）。因此，无论是源于外界环境因素，还是源于残疾人的自身因素，对于残疾人来说，这种不舒服的负性情绪体验都是伴随着社交情境而来的，因此为了快速有效地减少这种不舒服体验，残疾人个体往往会选择社交回避，通过回避社交的方式避开给自己带来不愉快体验的情境，从而对自己进行保护。

五、残疾人个体社交回避行为的发生机制

通过对于影响残疾人个体短期社交回避行为因素进行梳理，我们提出

了如图 4-1 所示的残疾人个体层面短期社交回避行为的发生机制。

图 4-1　残疾人个体社交回避行为的发生机制

当残疾人处于社交情境中时,情境中的一些社会拒绝信息(如排斥、忽视、歧视等)会很容易被残疾人个体注意知觉到,从而获得进一步的认知加工,这些拒绝信息会直接影响到残疾人的解释和归因方式(Pepitone,Wilpozeski,1960;Cheuk,Rosen,1994;Bennett,Dewberry,1994),导致他们在社交过程中感受到消极的情绪体验(Buckley,Winkel,Leary,2004)。在这个心理过程中,某些个体因素(如自尊、拒绝敏感性)会在拒绝信息到负性解释与消极情绪体验之间起到一个调节作用。例如,有研究发现有负面外表评价、高水平身体不满意和更多功能障碍性外表的被试会表现出更高水平的社交焦虑(Cash,Thériault,Annis,2004);高拒绝敏感性的个体会把模糊线索或中性线索更易于知觉为拒绝性线索(Romero-Canyas et al.,2010a;Romero-Canyas et al.,2010b),从而产生更强的负性情绪体验。当社交情境被解释为负性社交信息,产生更强的负性情绪体验后,残疾人为了使自己能够更好地免受社交拒绝的伤害,减少那些负性的情绪带来的不舒服体验,则更有可能采取社交回避的行为方式。而残疾人的性格则可能单独地对残疾人的社交回避产生进一步的影响。其中,外向性格的残疾人可能会与他人进行社会互动、社会交往,而内向的残疾人则更可能会愿意选择独处,而不是与他人打交道,这在一定程度上也增加了他们社会回避的可能性。

第二节　残疾人群体长期社会疏离的形成机制

社会疏离是个体脱离自己所在的群体,这种“脱离”既可能是积极的主动脱离,也可能是消极的被动脱离(Biordi,1995)。Carpenito-Moyet(2006)从群体的角度强调了社会疏离的消极结果。他把社会疏离看作是社交意愿得不到满足,并伴有孤独、寂寞或者无意义感等情绪的一种社会生存状态。这种社会疏离的状态会导致更低的社区参与度、更差的健康状况与生活质量,也会导致更低的生活满意度与幸福感(Hawthorne,2006),因此是一种亟须解决的问题。

一、影响残疾人群体出现社会疏离的环境因素

类似于残疾人的社交回避,残疾人群体的社会疏离也会受到外部社会环境因素的影响,这些因素主要包括群体污名、社会排斥以及社会支持与社会保障条件等。

污名是一种不被信任和不受欢迎的特征,这种特征会降低个体的社会价值,它是社会对某些个体或群体贬低性、侮辱性的标签(Goffman,1963),其本质上是一种消极的刻板印象。它与特殊外表、行为及身份都存在着联系(Kurzban,Leary,2001),并且会伴随着歧视出现。残疾人因为其生理或心理学上的缺陷在很多情况下不能像健全人一样,这种"异样"使得该群体与其他群体被区别开来,因而极易被污名化,并对其社会交往带来一系列的不良影响。有研究指出,污名身份会加大群体之间的社会距离(赵德雷,2013),甚至会造成社交拒绝的产生(Lucas,Phelan,2012),也就是说群体一旦被污名化,便会背负起"异类"的标签,就要面对本群体与其他群体的区隔,并可能遭受到其他群体的社交拒绝。污名还会导致残疾人产生更多的消极自我评价和更大的心理压力,进而影响到他们社会交往的平等性和幸福感(Dagnan,Waring,2004)。并且公众对残疾人的污名会通过残疾人的内化来影响其求助的态度,继而影响其向其他群体求助的意愿(Vogel,Wade,Hackler,2007),这也就减少了残疾人通过参与社会交往获得更多社会支持的机会,不利于残疾人群体情况的改善。此外,因为污名的影响,残疾孩子的照看者也会因为担心自己的孩子在参加社会活动中受到他人的嘲笑和戏弄,而限制自己及其孩子的社会交往活动(Mirza et al.,2009)。总之,污名会导致残疾人生活压力的不断增加以及社会交往频率的降低,更严重的甚至会使残疾人开始逃避治疗,难以康复(Watson,Larson,2006)。可见污名与歧视的社会环境,对于残疾人的社会交往有着巨大的破坏作用。

污名因其影响的方式不同可以分为公众污名(public stigma)和自我污名(self stigma)(Werner et al.,2012)。公众污名表现为公众群体对受污名

群体的反应,如刻板印象、歧视等。其降低了对残疾群体的接受程度,并表现在外出活动、医疗服务和就业过程等各个方面。残疾个体在外出活动时可能会遭受他人嘲笑、长时间注视,或他人的有意回避;在接受医疗服务的过程中,残疾人也会被过分限制活动环境或区别治疗;在求职过程中,雇主可能会通过限制雇员数量来拒绝残疾个体就业(谢文澜,张林,2013)。这种包含在生活、工作各个方面的污名反应,会对残疾人群体带来大量的伤害。为了保护自己,残疾人也可能更不愿意出门,更不愿意就医,更不愿意与健全人一起工作,久而久之与社会其他群体越来越远,产生了社会疏离。自我污名则指个体将本群体的污名进行了内化,即个体认可了所属群体的刻板印象,并认为自己也符合于这种刻板印象。此外,污名还会影响到与残疾群体关系紧密的群体,如他们的家人、朋友甚至是同事,这种现象被称为连带污名(courtesy stigma/ affiliate stigma)(Birenbaum,1992;Mak,Cheung,2008)。Francis(2008)通过访谈发现,有残障子女的父母,因为连带污名的影响很难和其他父母建立和维持友谊。也就是说,连带污名会把公众污名与自我污名对于残疾人群体的影响范围扩大,使残疾人的亲朋好友也被污名所累,以一种更间接的方式影响到残疾人群体的社会交往范围,减少了他们通过亲朋好友这一中介来与其他群体进行交往的可能,甚至也可能会影响到他们与朋友之间的友谊的维持。

说到外群体对于残疾人群体的污名就不得不提残疾人群体受到的社会排斥。在社会科学的研究中,社会排斥的含义是比较泛化的,通常用来表示社会主流群体对于其他弱势群体的排斥或歧视。在心理学研究中,研究者通常把它与社会拒绝、社会放逐放在一起,三者存在交叉混用的现象(程苏,刘璐,郑涌,2011)。因此就像社会拒绝对于残疾人社交回避的影响一样,在心理学的研究中社会排斥也会影响到残疾人的社会交往。而这里我们从社会学角度来说明社会排斥对于残疾人群体的影响。

社会学上的社会排斥包含很多的内容,对残疾人影响比较大的就是制度上的排斥、文化观念上的排斥。顾名思义,制度上的排斥是指由于制度上的局限与缺漏,某一部分群体遭受制度的排斥而无法获得必要社会资源的支持,从而沦为弱势群体的过程和现象。在中国,就残疾人的就业这一项来说,虽然《中华人民共和国残疾人保障法》规定:"国家保障残疾人的劳动权利。各级人民政府应当对残疾人劳动就业统筹规划,为残疾人劳动就业创造条件。"但这只是原则上的规定,并不是具体的指导,因此就出现对残疾人的残疾认定的矛盾现象。根据民政部、劳动部、卫生部、中国残疾人联合会《社会福利企业招用残疾职工的暂行规定》(民福字〔1989〕37号),残疾职工应包括:视力残疾者;肢体残疾者;听力、语言残疾者;智力残疾者。而国家税务总局在对残疾职工的认定上则只包括聋、哑、盲及肢体残疾,智力残疾就被排除在外。类似的制度上的不完善,就使得残疾人在就业上不能享有健全人的权利,也给某些用人单位在排斥残疾人时提供了制度上的空子,从而减少了残疾人通过就业融入社会的可能。文化观念上的排斥表现在社会主流文化对于残疾人的认识上,它与社会上人们对于残疾人群体的污名有着重叠的地方。在中国社会中,"残"与"废"往往联系在一起,而"废"代表着"不行""无能"的意思。在漫长的传统社会中,这些对于残疾人的扭曲观念逐渐融入文化当中。虽然随着社会的发展人们对于残疾人的认识逐渐改观,但把残疾人认为是无用的,将残疾人视为负担的观念并没有从根本上改变。这一方面使健全人对残疾人群体产生偏见;另一方面也可能使残疾人的照看者把残疾人当作包袱而对其生活的各个方面进行限制,例如有的残疾儿童家长将拥有残疾儿童看作是累赘,视其为耻辱,因此限制残疾儿童的生活、交往和活动范围,致使周围的邻居不知道其是残疾儿童,甚至造成儿童与世隔绝,自生自灭(孟万金,刘玉娟,刘在花,2007)。可见,社会制度上的排斥可能只是无法为残疾人的权利提供合理的保障条件,而文化观念上的排斥可能才是残疾人脱离主流群体的真正社会根源。

如果说污名与社会排斥会对残疾人的社会交往带来破坏性的作用,那么社会支持(social support)则能够减弱它们带来的负面影响。社会支持是指个体从其所拥有的社会关系中获得的精神上和物质上的支持(社会关系是指家庭成员、亲友、同事、团体、组织和社区等),这些支持能减轻个体的心理应激反应,缓解精神紧张状态,提高社会适应能力(刘晓,黄希庭,2010)。社会支持能够有效地保护人们免受应激事件的不良影响(Cohen,Wills,1985)。它影响着个体对于潜在的压力性事件的知觉评价,当知觉社会支持的内容和强度足以应对潜在的压力事件时,潜在的压力性事件就不会被个体知觉为压力性事件。即使个体知觉到压力事件,有足够的社会支持也能够引发其对压力事件的再评价,从而降低甚至消除压力反应症状(刘晓,黄希庭,2010),而当他们缺乏足够的社会支持时,就会表现出不良的身心反应,例如孤独感与社会疏离等(Dykstra,De Jong,2004;Waite,Gallagher,2000)。研究发现,流动儿童获得的社会支持越少(如获得同性朋友和教师的价值肯定、指导和情感支持越少,互选朋友越少,同伴接纳水平越低),其孤独感越强(邹泓等,2008);反之若获得的社会支持越多,其感受到的孤独感就越弱(刘芳斐等,2010)。对于残疾人来说,污名和歧视是他们常常不得不面对的压力问题,它会给残疾人的社会生活带来严重的消极影响,而当社会支持比较薄弱的时候,他们会变得更加具有破坏性(Finch,Vega,2003;Jasinskaja-Lahti ,Liebkind,2001;Noh,Kaspar,2003)。因此,提供给残疾人群体足够的社会支持,对于他们应对压力事件、降低社会疏离具有非常重要的意义。

社会保障更像是一种制度上的社会支持,它是指国家给予残疾人特别扶助以保障他们的基本生活权利的一种制度安排(王齐彦,谈志林,2006),也是国家为了保障有残疾的公民在年老、患上疾病、缺乏劳动能力及退休、待业、失学等情况下,能从国家和社会获得足够的物质和精神帮助,而建立起来的特定的保护性援助制度(刘婵婵,2004)。它为残疾人群体更好地生活和参与社会活动提供了制度上的保障。

社会保障制度的演变有着一定的过程。早期对于残疾人的认识采纳的是生物医学模型和慈善模型的观点。前者以个体健康、疾病与残障经验为主,并不考虑外界环境与社会结构因素对于残疾经验的影响,因此保障的核心是降低疾病对人体的影响,进而预防残疾人的产生。后者则认为残疾是一种个体悲剧,可借助健全人的协助或者残疾人自身的勇气、毅力来克服,因此核心则侧重于对于残疾人的经济补偿,将残疾人视为施舍的对象。但根据这两种观点制定的社会保障制度并不能很好地解决残疾人的问题。

随后有研究者提出了残疾问题的社会模型(Oliver,1996),该模型认为生理或心理系统受到了损伤是残疾的事实,但残疾的过程是外部社会造成的。外部社会环境的障碍是残疾人残疾经验的来源,改善社会环境、制度、社会价值与公正政策等对残疾人的偏见与歧视才是制定残疾人政策的重点。因此,我国学者彭宅文(2008)认为残疾过程包括两个方面:一是个体由于疾病、事故或者生理、心理系统失调出现损伤,进而导致生活功能的限制;二是由于社会结构的障碍或者缺乏外在环境的支持,上述功能限制者无法顺利地扮演自己的社会角色,进而阻碍了其社会参与。并且提出残疾人问题的关键就在于社会的排斥因素阻碍了其对于社会活动的参与。若他们被长久地排斥在正常的社会活动之外，则会造成社会疏离。

因此，有研究者提出残疾人社会保障应包括生活保障、就业保障、教育保障、康复保障、生活照顾服务等几个方面（高圆圆，2009）。良好的社会保障能够帮助改善残疾过程中的两个问题。首先，社会保障中的生活保障、康复保障、生活照顾服务等能够预防残疾人的损伤及促进康复，这就为残疾群体参与社会活动提供了基础。其次，生活保障、就业保障与教育保障不仅能够减少残疾人经济上的风险，也能够帮助残疾人重新参与社会劳动，通过就业来回归社会，增加了其社会交往的机会，促进了其与社会的融合。反之，如果没有良好的残疾人社会保障制度，则会使残疾人面临更多的社会排斥因素，增加残疾人群体社会疏离的风险。

二、影响残疾人群体发生社会疏离的个体因素

健康是个体从事一切活动的基础。个体的健康水平是影响残疾人参与社会活动的主要客观条件。对于残疾人来说，尽管其想要努力保持自己的社会性身份，但由于身体的缺陷或病态，其很可能不得不离开自己原有的社交网络，远离之前的工作和人际关系。在这个过程中残疾人会感到日益减少的关爱，以及与日俱增的孤独感，从而导致社会疏离问题的发生。个体的社会经济状况（就业或收入）不理想也会导致其社会疏离的发生。较低的经济收入会影响到个体的健康状况以及社交网络，会导致个体产生孤独感，从而引发社会疏离问题（Cox，Spiro，Sullivan，1988；Williams，Bury，1989）。一项有关重度残疾人的研究也发现，有一半的残疾人由于没有工作，其家庭收入受到影响，导致他们不能在社会交往方面花费过多，最终导致他们产生了社会疏离（Kinsella，Ford，Moran，1989）。无论是残疾人的身体健康状况，还是残疾人的社会经济收入，这些客观条件的不理想或者缺乏都会迫使残疾人降低他们的社会交往频率，缩小他们的社会交往范围，久而久之就会使残疾人被动地产生了社会疏离。

自尊则更多的是通过残疾人主动的方式影响他们的社会疏离。在社会交往中，低自尊的个体更容易感受到外界的歧视（Norman et al.，2011），并且自尊与个体的社交焦虑之间存在着显著的负相关（Rasmussen，Pidgeon，2011；De Jong，Sportel，De Hullu，2012）。残疾人群体本身处在一个易被

污名的情况之下,相比较于正常个体,他们更容易遭受到外界的歧视(Vilchinsky, Werner, Findler, 2010; Moses, 2010; Moore et al., 2011)。而此时残疾人的自尊就会对他们的社会交往产生影响。Park 和 Maner (2009)的研究发现,当外貌受到他人的负性评价时,低自尊者倾向于回避社会交往,而高自尊者与亲密他人的交往意愿更高。张林和曹华英(2011)认为,这是因为特质自尊就像是人们知觉过去、现在和将来社交价值的晴雨表,也就是说低自尊者经常怀疑他们的社交价值,而高自尊者通常感觉自己是被重视的,这种自我价值感的作用使高自尊个体的社交意愿较少受到他人的接纳或拒绝(如歧视)的影响。也就是说,即使同样是受到外界的歧视与拒绝,不同自尊水平的残疾人也会有不同的表现,低自尊的残疾人可能因为感受到更多歧视与拒绝,而受到更大伤害。为了保护自己免受伤害,他们主动地选择逃避,进而产生社会疏离。

此外,残疾人的社会交往技能缺乏也会导致其主动地选择社会疏离。社会交往技能也叫社会技能,是个体介入、适应、发展、协调和处置社会关系的本领(秦启文,黄希庭,2001;秦启文,2002)。Halford 和 Foddy(1982)认为社会技能的缺乏是引发社交焦虑的重要原因。郭晓薇(2000)也认为社会技能是影响社交焦虑的重要因素之一。研究发现,青少年与同伴的人际交往能力越强,他们越善于应对不同人际交往情境,从而更为同伴所接纳,更容易建立高质量的友谊关系,进而体验到更少的孤独感与社交焦虑(王明忠等,2012),而不良的社会技能有可能导致个体适应困难,甚至会对成年后的社会适应造成消极影响(王美芳,董振华,2004)。也就是说,缺乏社会交往技能的残疾人会在社会交往情境中有更多的不适感,残疾人为了降低这种不舒服的体验,就可能大大降低其社会交往的频率,从而可能导致其产生社会疏离。

三、影响残疾人群体发生社会疏离的心理因素

如果说其他群体对于残疾群体的污名与歧视是导致残疾人出现社会疏离的客观环境因素,那么残疾人自身的歧视知觉则是实际上影响其社会交往行为的主观认知因素。歧视知觉主要是相对于客观歧视而言的主观体验,是指个体知觉到由于自己所属的群体成员身份(如种族、户口身份等)而受到的不公正的消极性或伤害性的对待,这种不公正的对待可以表现为实

际的行为动作,也可以表现为拒绝性的态度或者某些不合理的社会制度等(Major,Quinton,McCoy,2002;Pascoe,Richman,2009)。

歧视知觉反映了弱势群体的一种重要的心理事实,正是这一心理事实影响了其心理与行为的发展(Dion,Kawakami,1996)。社会比较中的相对剥夺理论认为,个体主要通过与他人的比较来评价自身的地位和处境,因此弱势群体成员经常会体验到基本权利被剥夺的感觉,这种被剥夺的感觉不仅使他们丧失现实生活中的很多机会,还会对其心理发展带来损害(Mummendey et al.,1999)。符号互动理论则认为,个体的自我概念主要通过与重要他人的社会互动而建立,个体在很大程度上需要借助他人的反馈性评价来建立自我概念。长期感受到歧视的个体,最终可能会把他人的偏见内化为自己的观点,从而影响其自我价值感,并逐渐表现出与他人的消极刻板印象相一致的行为方式(Brownfield,Thompson,2005)。实证研究也证明了歧视知觉对于弱势群体社会交往的不良影响。国外对于移民人口的研究发现,感知到的歧视对孤独感具有非常显著的预测作用,移民群体感知到的歧视越多,其感受到的孤独就越多(Neto,2002),并且移民群体中歧视知觉越多的个体,会表现出越严重的抑郁问题(Finch,Kolody,Vega,2000)。国内对于流动儿童群体的研究也得出了类似的结果。研究发现,流动儿童的歧视知觉与孤独感、社交焦虑和抑郁均呈显著正相关(蔺秀云等,2009),对流动儿童的社会适应会产生不良影响(范兴华等,2012)。

残疾人群体作为社会弱势群体的一类,也深受歧视知觉的不良影响。国外学者 Moses(2010)的调查发现,有 62% 的残疾人报告有受到同伴歧视的经历,因此导致他们之间的友谊破裂;而且有 46% 的残疾人报告称自己同样受到家庭成员的歧视,家庭成员常对自己表现出不信任、怜悯等,这些问题进一步加剧了残疾人的孤独、抑郁和自我封闭等问题。歧视知觉会使残疾人怀疑自身社会能力,认为自己比不上别人,并产生强烈的自卑感,严重者甚至会对其自身价值产生怀疑(Santuzzi,2011;Miyahara,Piek,2006),并在行为上表现为开始过分关注别人的态度,并将自己封闭起来,不与外界进行社交互动(Uppal,2006)。国内学者付传彩(2009)对听障大学生社会疏离感的研究发现,听障大学生的自我疏离感、亲人疏离感、社会孤立感、总体疏离感显著高于普通大学生。造成这一结果的原因就是听障大学生感知到歧视和不理解,这会加重他们对生活环境的疏远,甚至对生活环境产生否定的态度。

焦虑则是影响残疾人社会交往的另一重要情绪因素。群际交往的质量会因个体控制自己焦虑情绪和不确定感的差异而产生不同（Gudykunst，1998；Amodio，2009）。在与不同的群体进行交往的过程中，人们越是能够控制好自己的焦虑情绪，就越会与外群体进行积极交往，外群体成员也越容易以积极的态度来进行回应，进而使跨群体间的交往进入良性循环（于海涛，杨金花，张雁军，2013）。残疾人的自卑感为他们带来严重的焦虑问题（Foster，2000）。这种焦虑若表现在群际交往时，则会对交往的质量产生消极影响，从而不利于未来社会交往的再次进行，久而久之社会交往的频率会逐渐下降，最终可能导致社会疏离的发生。

四、社会疏离给残疾人个体社会生活带来的不利影响

社会疏离就是表现出"脱离"了社会这个大群体的一种生存状态（Biordi，1995）。从短期来看，该状态可能给残疾人带来心理上的安逸。因为社会疏离状态使得残疾人更少地与社会上其他群体进行接触，这就减少了他们直接受到拒绝与歧视的风险，从而使他们更少地受到社交拒绝带来的伤害。但是从长远来看，社会疏离则会带来诸多不良的影响。

首先，社会疏离会使个体降低参与社会生活的程度，导致其更差的健康状况与生活质量，以及更低的生活满意度（Hawthorne，2006）。其次，社会疏离会促使残疾人进一步远离主流的社会群体，从而产生诸多的心理适应问题（张林，张园，2015）。有研究发现，若社会疏离个体的社交意愿得不到满足，则他们常常会处于孤独、寂寞或者无意义感的情绪状态（Carpenito-Moyet，2006）中。Kariuki 等（2011）对 136 名青年残疾人的研究也发现，其中大多数的残疾人都存在着孤独、焦虑及自卑等心理问题。

此外，社会疏离可能对残疾人的社会交往技能也会产生消极影响。Riggio（1986）认为完整的社会技能应该是一个包含社会信息的接受、解释和传递等技能在内的多维结构体。这些基本技能从功能上分为表达、感受和控制三类，并且在非言语的（或称为情感的）沟通与言语的（或称为社会的）沟通两个层面进行操作。即社会技能应包含情感表达性、情感感受性、情感控制性、社会表达性、社会敏感性和社会控制性六个方面。我国学者秦启文（2002）认为，社会技能包括自信、认知能力、回馈、非言语交流技能、言

语交流技能、同理心与合作。总之,无论是国外学者的观点还是国内学者的观点,都认为情感的感受和体验都是社会技能的重要组成部分之一。而社会疏离会导致个体处于一种麻木的状态,其中包括情感上的麻木与生理上的麻木(Baumeister,De Wall,Ciarocco,2005)。被疏离的个体就是通过这种麻木的状态来降低自身感受到的痛苦的。但是这种情感上的麻木会降低个体的共情能力(Twenge et al.,2007),从而影响到个体的情感体验与感受,即影响到个体的社会技能。社会疏离还会降低个体的自我控制能力(Baumeister et al.,2005),而社会技能中的情感控制与社会控制都需要自控能力的参与,一旦自控能力降低,就会对社会交往产生不利影响,甚至还可能会引发攻击行为(DeWall et al.,2007;Denson et al.,2011)。

社会疏离对儿童社会技能发展的影响尤为严重。国内外研究者一致认为社会技能是在成长过程中从外界习得的(McFall,1982;Riggio,1986;Cartledge,1995;周宗奎,2002)。儿童的同伴关系在其人际交往能力的发展中扮演着重要的角色(万晶晶,周宗奎,2002),儿童在与同伴的交往中学习如何与他人沟通与交流、如何与他人建立和保持良好关系、怎样有效地解决人际冲突、怎样给予和接受帮助等(王美芳,董振华,2004)。而在残疾人家庭中,残疾孩子的照看者可能会因为担心自己的孩子在参加社会活动中受到他人的嘲笑和戏弄而限制自己的孩子与其他孩子的社会交往(Mirza et al.,2009)。这种社会疏离的状态就非常不利于孩子社会技能的学习和发展。一项关于4~6岁儿童的纵向研究也发现,社会疏离会对儿童自控能力的发展带来破坏性的作用,而这种自控能力的减弱则会进一步促进儿童的社会疏离问题的发生(Stenseng et al.,2015)。

最后,社会疏离不利于残疾群体偏见的消除以及他们与外群体关系的改善。国内外学者一致认为积极的群际接触是减少群际偏见的最有效手段之一(李森森等,2010;刘毅,2007;Pettigrew,Tropp,2006)。对于弱势群体或者被污名的群体来说,与外群体的积极群际接触能够增加外群体成员对本群体成员的观点采择或者共情能力的发展,从而改善外群体成员对本群体的态度(Dovidio,Gaertner,Kawakami,2003;Pettigrew,Tropp,2008)。随着不同群体间人际交往的进行,人们还会逐渐淡化本来的社会分类,潜移默化地建立起信任感,而这种信任感将有助于减少群际交往中的焦虑和不适感(Miller,2002)。总之,不同群体间可以通过积极的群际接触减少群际偏见,增加群际信任,从而改善群际关系(Allport,1954;Pettigrew,1998;Pettigrew,Tropp,2006)。大量的实证研究也证明了这一点。然而,残疾人的社会疏离减少了外群体与残疾人群体进行积极群际接触的机会,不利于其他群体成员更好地了解残疾人群体,也不利于残疾人与其他群体成员建立跨群体的友谊,因此残疾人社会疏离非常不利于改善外群体对于残疾人群体的态度,不利于改善外群体与残疾人群体间的关系。

五、残疾人群体社会疏离问题的产生和形成过程

如前文梳理的那样,众多因素的共同影响导致了残疾人社会疏离的产生。具体可以分为外部的环境因素(如社会环境中对于残疾人的污名与歧视、社会支持以及国家对于残疾人的社会保障)、自身的个体因素(如个体的身体健康状况、社会经济收入以及自尊、自身的社会交往技能)和社会交往中的认知与情绪因素(如对于歧视的感知、群际交往中的焦虑)。而这些因素分别会导致残疾人群体被动的社会疏离(见图 4-2)或主动地选择社会疏离(见图 4-3)。

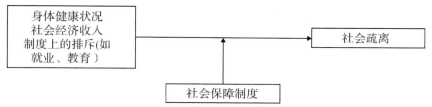

图 4-2 残疾人群体被动社会疏离的发生模型

个体因素中不良的身体健康状况、较差的个人社会经济状况,环境因素中的制度上的排斥(如教育、就业的不公),会导致残疾人群体被迫地减少其社会参与,进而被动地产生社会疏离现象。而此时,若能有良好的社会保障制度给予保障,如通过生活保障、康复保障、生活照顾服务改善残疾人的身体健康状况,通过生活保障、就业保障与教育保障减少残疾人经济上的风险,去帮助残疾人重新参与社会劳动,则可以减弱这些不良因素所产生的影响。也就是说,残疾人残疾的现实状况,导致他们很多时候不能像健全人一样进行社会活动。此时若没有完善的社会保障制度,残疾人就可能因此失掉学习、工作的机会,降低家庭的经济收入,从而进一步减弱了其社会参与的程度,最终导致残疾人群体被动地产生社会疏离问题。

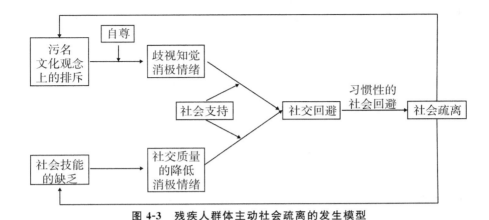

图 4-3　残疾人群体主动社会疏离的发生模型

　　环境因素中的污名与文化观念上的排斥会使得残疾人群体感受到歧视并产生消极的情绪体验。调查报告显示,有 62% 的残疾人报告感受到来自同伴的歧视,46% 的残疾人报告感受到来自家庭的歧视(Moses,2010),大多数残疾人报告在工作场所可感受到来自他人的歧视,感觉到不公正的待遇(Beatty,Kirby,2006;Moore et al.,2011)。歧视的知觉会伴随着产生社交焦虑(蔺秀云等,2009),使残疾人开始怀疑自身社交能力,认为自己比不上别人,产生强烈的自卑感,严重者甚至会对其自身价值产生怀疑(Santuzzi,2011;Miyahara,Piek,2006),并在行为上表现为开始过分关注别人对自己的态度,将自己封闭起来,不与外界进行社交互动(Uppal,2006),久而久之就可能导致残疾人的社会疏离。而环境因素中的社会支持则会在残疾人感受到歧视时起到保护的作用。一旦社会支持变得薄弱,个体对于污名和歧视的感知会变得更加具有破坏性(Finch,Vega,2003;Jasinskaja-Lahti,Liebkind,2001;Noh,Kaspar,2003)。个体因素的自尊则会对歧视知觉和社交焦虑的产生起到调节作用。研究发现,在社会交往中,低自尊的个体更容易感受到外界的歧视(Norman et al.,2011),并且自尊与个体的社交焦虑之间存在着显著的负相关(Rasmussen,Pidgeon,2011;De Jong et al.,2012)。个体的社会交往能力从另一条路径影响残疾人的社会疏离。社会交往能力的缺乏会导致社交焦虑的产生(Halford,Foddy,1982;郭晓薇,2000),从而影响到与他人社会交往的质量。若残疾人总是表现出高水平的社交焦虑,为了减少这种焦虑,就可能逃避社交情境,久而久之就可能导致社会疏离。社会支持同样在其中起着缓冲的作用,充足的社会支持能够降低残疾人把社会交往看作是压力事件的可能,使残疾人群体能够更多地去与其他群体进行交流,而不是把自己封闭起来。

残疾人群体产生社会疏离之后,社会疏离又会反过来对残疾人的社会技能以及残疾人群体的污名与被排斥状况产生影响。首先,社会疏离的状况不利于残疾儿童社会能力的学习。对于成年个体,社会疏离也会降低其共情能力(Twenge et al.,2007)以及自我控制能力(Baumeister et al.,2005;Stenseng et al.,2015),从而对个体的社会能力产生不良影响。其次,社会疏离会减少残疾人群体与其他群体接触的机会与经历。而积极的群际接触能够减少群际偏见(李森森等,2007;Pettigrew,Tropp,2006)、增加群际间的信任感、减少群际交往中的焦虑和不适感(Miller,2002),进而改善群际关系(Pettigrew,1998;Pettigrew,Tropp,2006)。也就是说,社会疏离不利于减少外群体对残疾人群体的偏见,也不利于改善残疾人群体与外群体之间的关系。无论是对残疾人社会技能的削弱,还是残疾人的污名与排斥状况,都会使残疾人的社会疏离状况进一步恶化。因此,一旦产生了社会疏离,如果不能尽快想办法进行解决或改善,则会产生恶性循环,会使残疾人群体社会疏离的程度变得越来越严重。

总的来说,无论是残疾人群体的被动社会疏离,还是残疾人群体的主动社会疏离,其根源在于残疾人的特殊身体状况,以及外界对于残疾人群体的污名与社会排斥。前者因为医学条件的限制,很难从根本上去改变,而我们更多是从后者导致残疾人群体社会疏离的环境条件入手,通过全社会的共同努力,去改善残疾人的生活环境,解决他们的社会疏离问题。

研究篇

第五章　残疾人社会疏离问题现状的调查研究

第一节　残疾人的社会活动参与对其社会融入的意义

第二次全国残疾人抽样调查数据显示,我国的残疾人总数有 8269 万人,占全国总人口的 6.34%。在家庭层面,全国共有 7050 万户残疾人家庭,占总家庭数的 17.8%(国家统计局第二次全国残疾人抽样调查领导小组,2007)。无论是从残疾人个体还是从残疾人家庭数量来看,残疾人群体规模大,在社会人群组成中占有重要的比例。为了保障残疾人的基本权益和提升残疾人的生活质量,国家和政府一直高度重视残疾人事业的发展。2008 年,中共中央、国务院《关于促进残疾人事业发展的意见》提出,进一步完善残疾人组织,提供残疾人平等参与社会事务的环境,并鼓励残疾人自主发展。然而,《2013 年度残疾人状况及小康进程监测报告》(残联发〔2014〕47 号)显示,残疾人参加社区文化、体育活动的比例始终偏低,经常参加的比例基本保持在 10% 以下,很少参加的比例不足 40%,还有约三分之二的残疾人没有真正走出家门,融入社会。由此可见,我国残疾人的社会疏离现象依然十分普遍。

2016 年,国务院出台了《“十三五”加快残疾人小康进程规划纲要》(国发〔2016〕47 号),提出到 2020 年,残疾人权益保障制度基本健全、基本公共服务体系更加完善,残疾人事业与经济社会协调发展;残疾人社会保障和基本公共服务水平明显提高,共享全面建成小康社会的成果。特别提出残疾人平等权益得到更好保障,受教育水平明显提高,就业更加充分,文化体育生活更加丰富活跃,自身素质和能力不断增强,社会参与更加广泛深入。残疾人基本公共服务基础条件明显改善,服务质量和效益不断提高,基层残疾人综合服务能力显著增强,形成理解、尊重、关心、帮助残疾人的良好社会环境。

大量研究表明,有规律的社会参与是残疾人心理健康的基本保障,高质量的社会参与更能提升残疾人的幸福感水平。而要弄清残疾人社会疏离现象产生的原因和残疾人面对社会疏离现状的心理感受,首先要明晰残疾人现实社会参与的基本现状及其心理感受,并在此基础上深入分析、探讨残疾人社会参与时面临的现实困境和存在的心理障碍,才能为政府相关部门和社会服务机构提出扭转残疾人社会融入困境的有效对策,以提高残疾人生活质量。因此,本章将首先厘清社会疏离和社会参与的关系,在此基础上开展残疾人社会参与状况的调研,通过编制残疾人社会活动参与调研问卷的量化指标,考察我国残疾人社会疏离的主要特征,提出改善残疾人社会参与的对策与建议,以引起相关管理部门与社会服务机构的重视。

一、残疾人的社会疏离和社会参与活动的关系

残疾人社会疏离包括客观社会疏离和主观社会疏离两个部分。客观社会疏离是指残疾人社会参与的实际情况,因此调查残疾人的社会参与情况可以体现残疾人的客观社会疏离状况。而主观社会疏离则主要是指个体所感受到的孤独感、无助感、消极情绪等心理感受,可以将残疾人对社会参与的满意度作为评价的指标。残疾人社会疏离在客观层面上主要体现为就职就业困难、政事参与能力低、受教育进修机会少等三个方面(罗秋月,2001)。在就职就业方面,徐洁(2010)认为阻碍残疾人就业的最主要原因就是国家的就业政策存在漏洞,政策在实施过程中未能达到理想水平,并且缺乏监管机制。在政事参与方面,主要是由于社会体系的不完善导致残疾人无法享有平等的参与权或选举权。李志明、徐悦(2010)提出"社会模式+权利模式"的观点,特别指出了残疾人与非残疾人一样拥有公民权利,应该得到大家的尊重。兰花(2008)则认为要从社会福利入手来保障残疾人的权利。在受教育或技能进修方面,刘莹(2009)认为残疾人产生社会疏离的原因在于普通教育排斥残疾人,如此往复的结果便是形成恶性循环。虽然有特殊教育,但特殊教育无论是在内容、方式上,还是心理支持上,都无法满足残疾人群体。

二、从社会学的视角对社会参与的理解与认识

"社会参与"是一个社会学名词,由于学者的关注点不同,对其也有不同的界定。在国外,研究者对社会参与主要存在四种主流的研究角度(段世江,张辉,2008)。第一种为介入角度,是指社会中的人员对各种社会活动的参与度以及在社会团体组织中的介入程度,介入角度强调的是个人在组织或活动中的参与深度。第二种为活动角度,该角度更加突出社会参与的活动功能,社会参与就是个人和他人在一起参加组织的活动。日本总务厅统计局对公民的社会生活调查报告指出,社会参与中的活动可以分为无偿的和有偿的两大类,无偿的活动主要指为他人服务的或者奉献社会的活动,有偿的活动则是包含个人目的在内的活动。谢布鲁克大学医学院老年研究中心认为,社会参与不光是参与正式的社会活动,也包括如吃饭、运动、洗澡、聊天等日常的活动,因为这些日常活动是与社会联系的必要活动。第三种为角色角度,关注点在于把社会参与看成是由多维角色构建而成的,这些角色包括正式的和非正式的社会角色。第四种为资源角度,体现了社会参与中资源共享和配置的功能,社会参与就是个人在社会层面的资源分享。从资源角度来看,社会参与成了衡量个体生活质量的风向标。依据资源的种类,就可把社会参与分成生产性或经济性社会参与、政治性社会参与、集体性社会参与。生产性或经济性社会参与是指为他人提供商品、劳动或者其他利益;政治性社会参与是指社会团体和资源配置的决策行为;集体性社会参与是指团体中成员共同消耗的时间以及才能、技巧、资历的共享。分析总结上述四种研究取向,虽然四种研究角度下对社会参与的定义各异,但还是共同强调了其社会性、互动性、功能性的特征。

在我国,提到残疾人的社会参与,一般是指残疾人能够融入社会或者参加社会交往,对于残疾人社会参与的概念主要是从活动角度和资源角度来进行界定的。2007年,我国签署的《残疾人权利公约》中就提出,要促进残疾人有平等机会参与政治、经济、社会和文化生活。2008年开始实行的《中华人民共和国残疾人保障法》进一步指出:平等地参与社会生活,充分享受社会物质文化成果是残疾人的合法权益,这些合法权益包括康复、教育、劳动就业、文化生活、社会保障等内容。以上的规定既指出了残疾人参与各项活动的现实性与平等性,也指出了残疾人能够从活动中享有资源并且获得

自身发展。根据我国学者李志明和徐悦（2010）的总结，残疾人社会参与包括社会基本生活和发展生活，这是残疾人对环境和社会的积极意识和行为。在残疾人社会参与的维度划分上，主要存在三种分类依据：第一，根据活动的种类，可分为经济参与、政治参与、文化参与、教育参与四类；第二，根据活动参与的范围和层次，可分为参与社会经济发展活动、参与社会和社区的文化活动、在家庭范围内参与活动；第三，依据临床经验和社会参与所需要的能力标准，残疾评定量表（WHO-DASⅡ）从理解和交流、身体移动、生活自理、与人相处、生活活动和社会活动参与这六个维度来评定残疾人活动参与状况。

在前文分析的基础上，结合活动类型、参与范围、活动难度三个标准，本书把残疾人的社会参与理解为残疾人参加或从事与社会发展有关的活动，并包括社会活动必备的基本生活和发展性活动两个维度。其中，基本生活主要指残疾人的日常生活起居，发展性活动是指残疾人在政治、经济、社区、文化领域的参与。

三、残疾人在社会活动中的角色定位与发展变化

随着经济水平、医疗技术、时代观念的发展，残疾人事业也在不断推进发展，人们对残疾人在社会生活中角色定位的认识和态度也在发生变化，这也决定了他们的社会参与价值。

在早期的医学模式框架下，残疾人被定义为是"不正常"的、"病态"的、"依赖他人"的。他们的残疾是个人生理或者心理的缺陷和疾病造成的，要依靠医学手段来进行治疗和康复。因此，残疾人问题的解决的关键在于医疗的干预，而周围的社会环境、物质条件对残疾人而言没有什么作用。在此种观点下，残疾人在社会中不光处于弱势群体的位置，还被认为是需要救济且无法独立的群体，他们的价值创造功能被忽略了。在社会活动上，就区分了残疾人能够参与的范围和无法参与的范围。在基础设施方面，可以明显地看出很多公共设施和社会服务都是为残疾人量身定做的，这在一方面方便了残疾人的生活，但在另一方面增加了残疾人社会疏离的可能性。人们只会鼓励残疾人凭借毅力和身体康复来战胜自我去适应社会，却很少让社会来满足残疾人的需求。虽然在硬件上有很多为残疾人设计的专属设施，但在社会角色定位和分工上却很少有残疾人的一席之地。在这个阶段，残疾人很容易被社会忽视和隔离，甚至被歧视。尤其是"病态异常"的标签，让

健全人认为,甚至残疾人自身都承认残疾人不能或者不需要参与到社会活动中,因此导致了残疾人严重的社会疏离现象。

　　残疾人事业发展到一定阶段,社会逐渐认识到残疾人社会疏离现象不仅仅是残疾人自身缺陷造成的,而且与社会对残疾人的偏见以及社会制度的不完善存在紧密的联系。为此,社会模式理论认为残疾人在社会参与方面面临的困境在于社会对缺陷人群施加了障碍和压力,主要表现为偏见、排斥、缺乏计划性、缺乏足够的通道和防护措施。可见,行动的限制不仅是因为身体的缺陷,更重要的是社会组织的结果。基于这种视角,残疾群体在社会中逐步得到接受,并且人们承认了他们具有创造财富的价值以及参与社会活动、享用社会成果的平等资格(王新宪,2001)。为了改善残疾人社会疏离的状况,促使残疾人能够积极参与社会、融入社会,社会模式理论指出首先要改善他人对残疾人的态度,赋予他们足够的尊重感和平等感,进而使他们参与到社会的各种活动中。其次,则是要改变公共设施和环境来适应残疾人的活动特点,使他们的肢体活动更加方便和自如。

　　从医学模式到社会模式,可以看到残疾人从被动承担疾病、社会累赘、与主流社会隔离的角色变成了可以主动融入社会并且创造价值的角色,这种思维模式的转变也为解决残疾人社会疏离问题提供了可能性。

四、社会活动参与对残疾人社会融入的促进作用

　　鼓励残疾人参与社会活动,减少社会疏离现象是残疾人事业发展中的基础工作。根据社会参与的资源角度学说,残疾人不光可以在社会活动中分享自己的资源,更能够得到其他社会成员的资源。因此,参与社会活动最直接的作用在于可以让残疾人公平地享受到社会、社区的资源以及在社会进步过程中带来的成果。《中共中央、国务院关于促进残疾人事业发展的意见》指出:"促进残疾人事业发展,有利于维护残疾人合法权益,促进社会公平正义;有利于调动残疾人的积极性、主动性和创造性,发挥残疾人在促进改革发展稳定中的重要作用,实现经济社会又好又快发展。"残疾人作为社会中的一个群体,他们只有通过参与到社会的各个事务中,才能进入社会的视野,才能享有自身权利和履行对社会的义务。

　　对残疾人个体而言,参与社会活动对残疾人的身心康复有着举足轻重的作用(黄东锋等,2010)。残疾对于个人的影响无论是对心理还是身体都

是重创。尤其是后天疾病或突发症状导致的残疾,会使个体情绪出现极大的波动,行为暂时发生改变。依据每个人的认识能力、经验,从一次打击中恢复的时间长短各异,能够恢复的水平也存在很大的差异,而社会活动就是人类精神活动能够产生、维持和改善的主要支柱。在医学上,医护工作人员会将残疾人参加活动的状态作为检验其躯体康复水平的主要指标;在心理学上,心理健康工作人员会把社会交往过程中的表现和后续的感受评价作为判断残疾人心理健康的依据。

参与社会活动对于残疾人而言,主要具有信息交流、心理保健、改善自我认识、协调人际关系的功能。残疾人在社会活动中,可以和他人交流信息、知识、经验、感情和思想。信息的交流是他们得以适应环境、适应社会生活、承担社会角色的前提和保障。社会活动可以满足人们合群、交往的心理需求。尤其是残疾人,对于归属感的需求更为迫切,信息的交流促使残疾人增进和他人的情感共鸣,能够使他们在心理上产生归属感和安全感,进而维护和增进他们的心理健康。在生活中可以观察到,在损伤程度相同的情况下,沟通时间较长、社交范围较大的残疾人,其精神生活更加愉快;而欠缺沟通或无法进行有效沟通的残疾人往往有较多的烦恼和不良情绪。社会心理学的实验研究也表明,当人处于危机、孤独和焦虑状态时,与人沟通的需求会急剧上升,而沟通和交往则能够减轻焦虑和恐惧。可见,对于突然转变为残疾状态的人而言,社会活动对保障心理健康更为重要。

同时,残疾人经常陷入来自他人甚至自我所营造的自我负面形象中,进而产生社会疏离。而参与社会活动能够深化残疾人对自己的认识,进而更客观地评价自己建立起来的自我形象。人们对自己的认识是基于沟通交流所产生的。在社会交往中,人们可以以他人为参照,从和他人的比较中认识自我,对他人的认识越具体全面,对自身的形象就越明晰。除了个体形象之外,人们还通过他人对自己的态度和评价,以及交往对象间的关系来认识和了解自己在他人心目中的形象和在社会中的地位及角色。因此,当社会提供了开放、积极的环境和氛围时,残疾人可以客观地认识自己,一方面承认自己的价值和挖掘自己的潜能,另一方面弱化以往对自己的负性认知。

残疾人的交际圈往往较小,他们的人际发展能力较弱。而人际协调能力就是在日常的生活中不断锻炼和发展起来的。参与社会活动能够使残疾人在实践中发展与他人的关系,协调自身的行为。直接的沟通交流可以增进了解,化解误会,统一双方的观点。随着交往的频率和深度加强,人际的亲密关系自然会得到发展。可见,无论是在家庭范围还是在社会范围中,参与到具体活动中,既可以锻炼残疾人的身体,也可以提高残疾人的人际协调能力,促使他们通过自身能力拓展朋友圈,降低产生社会疏离的可能性。对国家而言,提高残疾人的社会参与程度能够实现社会各个群体间的交流,更能促进各社会阶层关系、社会元素的整合。加强各群体间的交流活动,是减少对残疾人社会偏见、排斥最有效的策略之一。加强对残疾人社会疏离问题的关注,体现了国家深层次地关注到民生问题。这不仅具体体现了"以人为本"的理念,也体现了社会的发展进步,体现了政府执政理念的转变,是建设和谐社会的需要。

第二节　残疾人社会参与的调研设计——以宁波市为例

要深入剖析残疾人发生社会疏离的心理机制问题,首先就要从对残疾人社会参与现状的调查入手,重点探讨残疾人在经济领域、社会领域中的活动状况,才能反映出残疾人社会疏离的客观情况,进而揭示残疾人在社会参与中的心理感受和存在的问题。其次要考察社会疏离对残疾人社会生活质量的影响作用,以增强社会学、心理学研究者对残疾社会疏离问题的关注。本研究将通过剖析调查数据和深度访谈去发现残疾人社会疏离的典型表现和产生问题的原因。在此基础上,提出完善和发展残疾人救助机制的对策和建议,以便更好地为社区残疾人工作提供指导和帮助,从而进一步加快我国残疾人事业的发展,促进社会的稳定与和谐。

一、本次社会参与调研的对象选取与样本分布

全国人大常委会 1990 年 12 月 28 日通过的《中华人民共和国残疾人保障法》第二条规定:残疾人是指在心理、生理、人体结构上,某种组织、功能丧失或者不正常,全部或者部分丧失以正常方式从事某种活动能力的人。全国第二次残疾人抽样调查结果显示,宁波市有各类残疾人 35.5 万人,占全市人口的 6.36%。目前,已持证的残疾人总数达 10.89 万人,其中农业户口残疾人 8.75 万人,占 80.34%;非农业户口残疾人 2.14 万人,占

19.66%。

基于残疾人入组的上述标准,课题调研小组主要抽取了宁波城区中的海曙区、江北区、镇海区部分残疾人作为样本,其中包括 10 个街道 20 个社区的共计 236 名残疾人。其中,青年人(18～44 岁)40 人,中年人(45～59 岁)98 人,老年人(60～89 岁)92 人,未报告年龄 6 人;男性 127 人,占 53.8%,女性 109 人,占 46.2%。

调研工作开展的时间为 2012 年 3 月 1 日至 2012 年 8 月 31 日。

进一步分析参与本次调研的残疾人群体的样本分布,基本情况可归纳如下。

1. 家庭户规模

2010 年度全国 1 人户残疾人家庭比例为 11.6%。本次调研结果显示,2012 年宁波市 1 人户残疾人家庭比例仅为 9%,明显低于全国平均水平,残疾人与家人共同居住的比例为 91%,大部分残疾人与家人居住在一起。

2. 残疾人婚姻状况

如图 5-1 所示,本次调研结果表明,宁波市适龄残疾人已婚率为 86%,明显高于 2010 年度全国适龄残疾人的已婚率 62.5%。

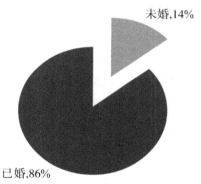

未婚,14%

已婚,86%

图 5-1 宁波市适龄残疾人婚姻状况

3. 经济收入情况

本次调研结果显示(见图 5-2),宁波市城区残疾人的平均月收入在 1001～2000 元的比例最高,占总人数的 35.80%;其次为 500～1000 元,占 32.10%;2000 元以上占 7.70%,生活完全依靠社会保障救济的人数占总数的 24.40%。说明残疾人目前的经济收入水平普遍较低,还有相当一部分的残疾人经济来源主要为政府的社会保障救助。

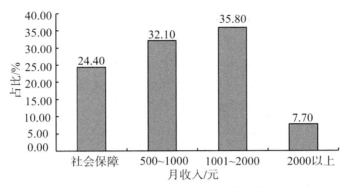

图 5-2　宁波市城区残疾人月收入状况

二、残疾人社会参与的问卷编制与计分标准

本次调研活动通过调查宁波市残疾人的社会参与现状,从一个侧面对残疾人社会疏离问题的现状进行了分析。根据上文对"社会参与"的概念和维度的分析,本调查将主要考察残疾人在发展性活动、基本生活中的参与状况。通过对收集访谈资料的分析和参考相关主题的问卷,发现残疾人在社会参与中的实际状况差异较大,因此本次调研中主要采用"满意度"这一残疾人的主观感受作为对他们社会参与活动的测量指标,并据此确定了调查的具体项目,并最终编制形成了附录一所示问卷。

残疾人社会活动参与现状的调查问卷主要包括两部分的内容。其中,第一部分为对残疾人社会参与基本情况的调查,具体包括对社会生活保障基本情况、对文化活动参与基本情况、对家庭活动参与基本情况的满意度调查。第二部分是基于社会参与对残疾人身心康复的作用而提出的,主要调查了社会参与对残疾人整体生活质量的影响作用。主要包括残疾人的身体健康、情绪状态、精神状况及未来生活预期四个方面的内容。调研问卷采用5点计分,其中,1表示"非常不满意",2表示"不太满意",3表示"一般",4表示"比较满意",5表示"非常满意"。调研结果可以统计各部分的总分和满意度的人数比例。

三、本次调研活动的实施过程与数据统计分析

在调研中,采用问卷调查、深度访谈、实地走访等方法进行数据资料收

集。调研问卷由课题组招募的社区志愿者进入残疾人家庭或残疾人社区进行发放,可由志愿者或残疾人家属指导作答,但不得干扰调查对象的选择。问卷调研对象为残疾人,深度访谈、实地走访的对象涉及残疾人、残疾人家属、残疾人社区工作人员。

在调研资料的分析上,主要采用 SPSS18.0 统计软件包对调查数据进行定量分析。力求增强调研数据的分析深度和扩大资料收集的广度,以保证调研结果科学性与普适性。

第三节 残疾人社会生活保障与社会活动参与的基本情况

一、残疾人社会生活保障条件的基本状况分析

残疾人社会生活的基本保障主要体现在就业、社会保障和住房三个方面。只有就业稳定了,残疾人才能在社会生活中有持久的立足能力。从另一个角度来说,残疾可能让他们失去了工作机遇或者公平竞争的机会,可见社会保障就显得尤为重要了。此外,住房也是立足社会生存的基础,因此我们将从就业、社保、住房三个方面来展示残疾人对社会保障的满意度。就业是残疾人改善生活状况,实现自强自立的主要途径,也是残疾人获得生活保障的基础。

对调研结果的分析表明,本次被调查的残疾人中只有 30.10% 的被调查者对目前工作状况持比较满意或非常满意的态度,有 14.00% 的被调查者持不满意的态度(见图 5-3)。同时,此题的平均分为 3.20,表明残疾人对工作状况总体上持一般的满意态度。残疾人身体的特殊性,决定了其就业机会相对较少,因此建议政府能够提供更多合适的工作岗位给残疾人。总体来看,残疾人对自己目前的工作满意程度一般。就业满意度在一定程度上能够反映残疾人的生活和就业基本状况。从本次调研的结果发现,残疾人就业状况的满意度数据不仅可以直接反映残疾人的基本生活状况,也表明了残疾人在社会生活中的心理感受较差。

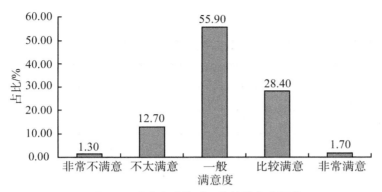

图 5-3　残疾人群体对工作的满意度评估

保障贫困残疾人的基本生活，是健全和完善我国社会保障制度的重要内容。图 5-4 的调研结果表明，本次调研中的残疾人对社会保障的满意度为 43.70％，仍有 16.10％的人持不满意的态度。此题的平均分为 3.31，表明残疾人对社会保障机制持有一般满意的态度。政府还需进一步完善残疾人保障机制，使受益面更广，受益幅度更大。进一步的访谈结果也发现，残疾人的不满意之处主要在于保障种类不完善、实施过程烦琐、遇到问题难以得到帮助。可见，政府还需进一步完善残疾人保障机制，无论是在医保、就业、子女教育方面，还是在住房方面，都要考虑残疾人的实际情况进行制度制定或调整，在实施过程中更要简洁明了，方便残疾人操作。

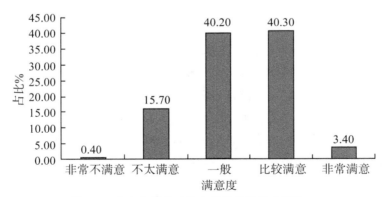

图 5-4　残疾人群体对社会保障的满意度评估

从图 5-5 的调研结果可见，有 42.00％的被调查者对目前的住房条件持比较满意或非常满意的态度，有 18.20％的被调查者持不满意态度。此题的平均得分为 3.32,表明残疾人对居住条件持一般满意的态度。从总体上看,残疾人对居住条件的满意情况持一般态度。在走访过程中也发现,有很大一部分残疾人的居住条件较差,尤其是光线、漏水和环境卫生方面的问题较为突出。同时,残疾人对住房条件的意见也可能与当前房价过高有关,这一问题同样也存在健全人群体中。鉴于居高不下的房价,目前对于残疾人的经济扶持成效显得微乎其微。

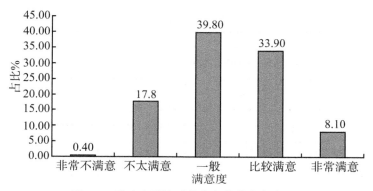

图 5-5 残疾人群体对住房条件的满意度评估

二、残疾人参与社区文化活动的基本状况分析

社区工作人员是残疾人服务的主要提供者和实施者,社区服务满意度直接反映残疾人社会服务水平和残疾人工作社会化水平,也反映和谐社区建设的水平。同时,所居住的社区也是残疾人走出家庭、融入社会的主要场所,社区活动参与率直接反映残疾人的社会参与水平。

从图 5-6 的调研结果来看,对于社区组织的各种社会文化业余活动,只有 38.60％的被调查者持比较满意或非常满意的态度,有 49.60％的被调查者持有一般满意的态度。此题的平均得分为 3.31,表明残疾人对业余活动总体上持有一般的满意态度。而在实地走访的过程中,我们也发现社区平均 2～4 周会组织一次残疾人集体活动,活动形式以志愿者为残疾人表演为主。如果有志愿一对一的协助,会举办一些体育、游艺等互动性节目。这可能与残疾人身体特殊性有关,建议社区活动要具有针对性,从精、从简。把残疾人从"观众"的身份转变为"参与者"的身份,是减少残疾人疏离的重要举措。

在对社区服务的满意度问题上,有 51.30％的被调查者对社区服务持

比较满意或非常满意的态度,只有 13.20% 的调查者持不满意的态度。此
题的平均得分为 3.42,表明残疾人对社区服务总体上持满意的态度。社区
的服务与社区活动的不同之处在于服务是否渗透于残疾人日常生活中。通
过走访我们发现,很多社区设置了残疾人专门的活动区域,也有专职工作人
员陪同指导或聊天,并提供一些康复知识咨询。因为在社区的专门活动区
域内残疾人士是主要活动群体,所以残疾人的融入感较高,参与频率也较
高。

从总体来看,参加本次调研的残疾人群体在当前社区活动中的疏离现
象不算明显。

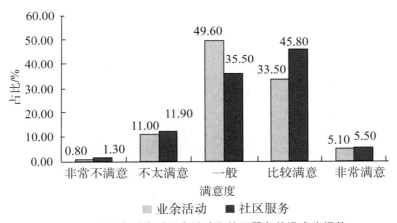

图 5-6　残疾人群体对业余活动和社区服务的满意度评估

三、残疾人对社会交往中人际关系满意度的基本状况

人际关系作为残疾人群体重要的社会支持系统,是每个残疾人基本的
社会需求,也是他们参与社会生活和获得社会接纳的途径之一。从图 5-7
的调研结果可见,参加本次调研的残疾人对自己的人际关系总体比较满意,
残疾人对自身的人际关系状况满意度处于较高水平。

在与家人的关系问题上,有 74.20% 的被调查者对与家人的关系持有
比较满意或非常满意的态度,仅有 8.00% 的被调查者持有不满意态度。此
题的平均得分为 3.82,表明残疾人对与家人的关系总体上持满意的态度。
因为家人是残疾人最主要的相处对象,无论是物质上的帮助还是精神上的
帮助,都主要源自家人的支持。在对残疾人家属的访谈中,他们也表示,可

以感受到残疾人对他们深深的信任和依赖,虽然残疾人的生活不便或有时候情绪较差,但他们都表示可以理解,并愿意一起克服困难。

在与朋友的关系问题上,有 67.80% 的被调查者对与周围朋友的关系持比较满意或非常满意的态度,仅有 12.70% 的被调查者持有不满意的态度。此题的平均得分为 3.65,说明残疾人对与周围朋友的关系总体上持有满意的态度。残疾人的交际圈显现出"少而精"的特点,其原因在于他们的再发展朋友圈的能力较弱,导致他们只能和原先的朋友保持高质量的关系。因此在社会参与的过程中,既要提高残疾人较好地保持和维护与原来朋友的友谊的能力,又要发展他们学会结识新朋友的社会交往技能。

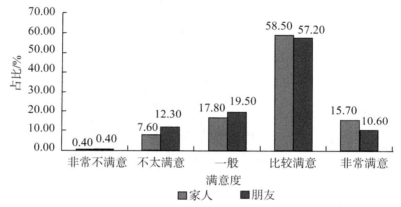

图 5-7　残疾人群体对社会人际关系状况的满意度评估

四、残疾人日常生活环境与生存质量的基本状况

睡眠与饮食是每个人最基本的生理需求。良好的睡眠和饮食状况反映了个体的基本生存情况,并通过保障和调节各种组织细胞的代谢活动来影响人体的生理活动,修复机体的损伤以及还原组织功能。因此,个体的饮食和睡眠是生存的基本保障,更是开展社会活动的必备生理前提。

从图 5-8 的调研结果可见,参加本次调研的被调查者对自身的饮食状况和睡眠情况总体持较为满意的态度。有 69.10% 的被调查者对自己的饮食状况比较满意或非常满意,仅 15.70% 的被调查者对饮食不满意。此题的平均得分为 3.69,表明被调查者对自己的饮食状况总体上持有满意的态度。而在睡眠情况方面,有 62.20% 的残疾人对自己的睡眠质量持比较满意或非常满意的态度,26.20% 的残疾人持不满意的态度。此题的平均得分为 3.50,说明残疾人对睡眠质量总体持满意态度。

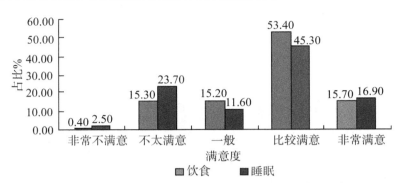

图 5-8　残疾人群体对饮食状况和睡眠质量的满意度评估

因此,总体上来看,参与本次调查的残疾人群体基本的生存保障条件还是令人满意的。

第四节　残疾人社会生活质量与心理满意度的基本状况

残疾人社会参与的情况直接关系到其生活质量的好坏。首先残疾人的身体健康状况是其生活质量好坏的直接结果。其次,情绪状态、精神状况也是其生活质量的重要体现。再次,对未来生活的预期也是残疾人未来生活质量的预测指标。因此,接下来我们将从残疾人对生活现状、身体健康状况、情绪状态、精神状况的满意度以及对未来生活的预期等几个方面综合考察残疾人的社会参与情况及其对其整体生活质量的影响。

一、残疾人对生活现状的满意度情况分析

在生活现状的满意度方面,参加本次调研的残疾人中有 68.00% 对生活现状持比较满意或非常满意的态度,仅有 8.8% 对生活现状持有不满意的态度。总体而言,残疾人群体对生活现状持比较满意的态度,调研结果见图 5-9。

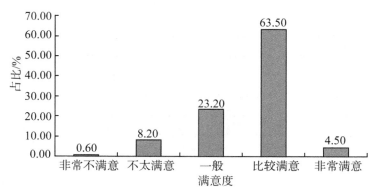

图 5-9　残疾人群体对生活现状的满意度评估

二、残疾人对当前身体健康状况的满意度情况分析

根据图 5-10 的调研结果可知,参加本次调研的残疾人群体对自己身体状态总体的满意程度一般。其中,有 38.90% 的被调查者认为自己的身体健康或非常健康,但仍有 19.10% 的被调查者感觉自己的身体较差或很差,这与残疾人生活小康的目标的差距还是较大的。此题的平均得分为 3.19,说明残疾人身体状况总体一般。虽然残疾人可能会由于躯体的缺陷,从生理的角度上更容易生病,且在心理上也更容易夸大其病痛的程度,但是我们必须意识到,当前为残疾人群体提供的身体康复治疗与服务的总体水平还不高,仍需大力推进和提高。

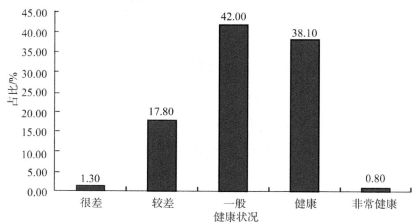

图 5-10　残疾人群体对自身身体健康状况的满意度评估

三、残疾人对自身日常情绪状态的满意度情况分析

情绪健康状况是人们各种感觉、思想和行为的一种综合的心理状态,可以反映残疾人对外界刺激所产生的综合心理反应。从图 5-11 中可以看出,有 55.50% 的被调查者拥有积极的情绪状态,表现为愉快、幸福、满足、开心;有 44.50% 的被调查者日常情绪状态较为平淡或消极,表现为无聊、发愁、沮丧、焦虑。此题平均得分为 3.35 分,说明残疾人的情绪状态总体较为积极。

通过对残疾人的进一步访谈了解到,他们虽然不会持续保持积极的情绪,但生活中遇到不顺心的事情时,能通过及时调节克服消极情绪。当残疾人脱离社会活动时,他们容易表现出抑郁、担忧和易被激怒的情绪,虽然他们对自身的情绪状态能够察觉,但表示有时会难以克制而陷入消极情绪状态中。这一方面和残疾人原先的性格有关,另一方面是由于残疾人对自身残疾状况的不接受或是受到他人评价的影响,而残疾人对生活中的负性刺激尤为敏感,这往往也是造成社会疏离的主要原因。

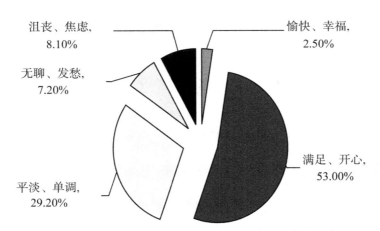

图 5-11　残疾人群体对自身日常情绪状态的满意度评估

四、残疾人对自身精神状态的满意度情况分析

与短暂的日常情绪状态不同,精神状况体现了个体长期的生理及心理健康水平。充沛的精力可让人们能够高效地投身于生活和工作活动,而在活动中所产生的成就感又可反过来促进人们维持良好的精神状况,形成良

性循环。

图 5-12 的调研结果显示,被调查的残疾人中有 44.90％的被调查者表示自己的精神状态较好,也有 44.90％的被调查者表示自己的精力有限。此题的平均得分为 3.36,说明残疾人群体的精神状态总体一般。这可能与残疾人自身的生理缺陷有关,在日常生活中难免会出现精力有限的现象。在进一步细致了解精神状态良好的残疾人后我们发现,他们普遍具有较为规律的生活习惯,并坚持进行力所能及的体育锻炼,积极参加社区活动。而精神状态较差的残疾人则较为沉闷,他们表现出对社会活动没有太大的兴趣,不爱参加社区活动或社交活动,在运动或做家务方面容易疲惫。可见,精神状态不仅与个体的身体素质有关,更与个体的生活环境和活动内容有关,而社会疏离往往是导致其精神低迷的主要原因。

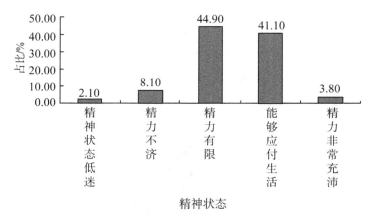

图 5-12　残疾人群体对自身精神状态的满意度评估

五、残疾人对未来生活预期的基本情况分析

与残疾人的精神状态紧密相连的是残疾人的生活预期。残疾人存在社会疏离现象,较少得到良好的社会支持,这也相应降低了他们对未来生活的预期。图 5-13 的结果表明,被调查者中有 42.80％认为未来的生活会变好,而有超过 50％的被调查者认为会维持原状或变差。此题的平均得分为 3.35 分,说明残疾人总体上认为未来生活没有太大变化。

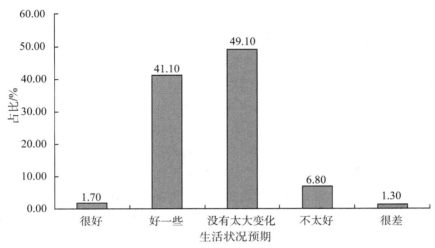

图 5-13　残疾人群体对未来生活预期的状况评估

通过深入了解残疾人的内心想法,我们认为,主要是经济能力、就业能力和社交能力限定了他们生活的改善或发展。对于经济基础较差的残疾人,他们虽然表现出对更好生活的向往,但无法融入社会生活和提出改善生活的具体规划。那么他们表示更愿意向生活妥协,如果没有强有力的社会支持来改变现状,他们只要维持现在的生活状况就可以了。对于经济基础较好的残疾人,他们表示有想过发展更好的生活,但要保证自己具有足够的精力,且对未来生活的建设限定在低风险的前提下,因为残疾,他们不光对自己身体的控制力降低了,对生活中风险的控制能力也下降了。但也有个别残疾人表示对未来生活充满期待,这类残疾人的典型特点是具有开放性人格、较为稳固的交际圈,以及获得较多的社会支持。

第五节　残疾人面临的社会参与问题的主要表现

通过对上述残疾人社会参与基本状况的调查,以及对其给残疾人生活质量造成的消极影响的分析,我们总结归纳了当前残疾人群体面临的社会参与问题的主要表现。

一、残疾人的经济收入与就业率水平普遍偏低

经济是使人类生存和发展得以满足的物质基础,大量研究表明,收入和财富是决定人们幸福感的重要因素。从调查问卷得出的数据可知,残疾人整体经济收入水平偏低,加之目前市场的物价水平较高,对此他们表示经济压力较大。在访谈过程中,他们也屡屡表示自己在生活中面临的最大问题就是经济问题。根据马斯洛需要层次论,人的需要由低到高可以划分为五个层次,分别是生理需要、安全需要、归属感的需要、尊重的需要以及自我实现的需要。人的需要是由低到高不断发展变化的,通常是在低一层次的需要被满足的基础上,人们才会继续追求下一个更高层次的需要。因此,提升残疾人生活质量的首要保障是满足其生理需要和生存安全需要等基本物质性需要。

就业是残疾人改善生活状况,实现自强自立的主要途径(王雪梅,2006)。但从调查的结果来看,残疾人的实际就业状况也不容乐观。从社会角度来看,由于残疾人身体条件的限制,能提供给他们的工作机会本身就比较有限,如他们不能从事劳动强度大、风险高、工作时间过长的工作,这在一定程度上也降低了他们的就业可能性。残疾人不仅就业难,而且失业的风险大,就业环境也不稳定。被调查的残疾人中大多为个体商贩、工厂工人,甚至有不少人是无业者,他们中很少有人就职于环境稳定的,有着国家正式编制的工作岗位。他们工作环境的不稳定性,也导致他们比普通人有着更高的失业风险。从残疾人自身角度来看,他们在工作适应方面的能力较差。在访谈中发现,尽管对工作条件、就业政策有不满意之处,但是大部分残疾人并没有向相应的部门表达过自己的意见。他们认为即使他们提出建议,也难以有所成效。可见政府或单位企业不光要主动征求和了解残疾人对就业工作的意见,同时更要配套相应的沟通和反馈渠道,让残疾人更好地了解就业信息,增强就业适应能力。

残疾人的经济压力大,不仅表现在就业难、失业风险大上,还体现在残疾人的社会保障机制上。保障贫困残疾人的基本生活是健全和完善我国社会保障制度的重要内容。目前,在政府和社会的帮助下,残疾人的社会保障机制已经基本健全,可以保障残疾人最基本的生活。但在本次调查中也发现,仅有 43.70% 的残疾人对自己所享有的社会保障感到满意,仍有

16.10％的受访者感到不满意。这说明,目前我国对残疾人的社会保障机制仍需进一步完善。

当残疾人的自身利益受到损害或面对不公正的对待时,他们中部分人已经开始尝试运用适当的手段来保护自己的权益,如找有关部分投诉或者运用其他法律手段,但大部分人依旧持"多一事不如少一事"的想法选择忍气吞声。可见,残疾人的维权和权益意识随着社会宣传的推进相比过去有了一定的提高,但普及程度依旧不够。同时,调研进一步凸显了残疾人在工作中遭遇的不满和不公正的现象,如随意被要求加班加点,工作提供的吃住条件太差,不能提供针对残疾人的劳动保护条件等。可见,残疾人的收入和就业双低是社会疏离中非常典型的问题。

二、残疾人社区活动的参与率和活动满意度较低

残疾人是社区居民的一个特殊群体,他们生活在社区,需要社区的关心和爱护。社区工作人员是残疾人服务的主要提供者和实施者,他们着眼于解决残疾人最关心、最直接、最现实的生活问题,维护残疾人的合法权益,改善残疾人状况,扶残助残,促进残疾人事业的发展。

残疾人对社区服务的满意度直接反映了社区工作在残疾人服务工作中的社会化水平,也反映了和谐社区建设的水平。从调查数据来看,残疾人对社区服务满意率达到 51.30％,满意度较高。这说明社区在残疾人服务方面已经在较大程度上获得了残疾人居民的认可,取得了很好的成绩。在访谈过程中,有部分残疾人表示目前的社会服务仍存在重形式、走过场的现象,有针对性、立足于残疾人的实际生活的服务还较为欠缺。经常化、个性化、普及化的活动和服务可能更有利于解决残疾人的实际问题,如志愿者上门点对点的菜单式服务等。

同时,社区也是残疾人走出家庭、融入社会的主要场所,社区活动参与率直接反映残疾人社会参与水平。调研发现,残疾人对社区组织的各种文化活动的参与度较低。存在的原因有以下三点:首先,从活动范围来看,社区为残疾人组织的业余活动仅仅在家庭和社区中,几乎很少组织残疾人去城市周边风景区、图书馆、博物馆、电影院等地,活动空间较为单调。其次,从交际范围来看,参与社区活动的人仅为社区的内部人员,难以结交一些新朋友。在走访中也发现,虽然生活在同一个城市中,但不同社区的群体交流

很少,似乎是几个隔离的群体,各自过着自己的生活。残疾人如果依靠自身去结交朋友,会存在交流上和接纳度上的担忧。最后,从活动形式上来看,虽然社区组织的活动形式多样,但缺乏互动类型的活动,也缺乏低难度、适合大众参与的体育活动和文化活动。在访谈过程中,一些残疾人表示,那些能参加残奥会、文艺会演等活动的残疾人毕竟不多,而有些助残日的活动更多地停留在宣传、咨询、营造气氛上,他们感觉自己并没有真正地融入进去,他们更希望在各种节假日举办各类大型文化活动的基础上,社区能在平时多组织一些小型多样贴近残疾人实际生活的文化交流活动,让他们真正地以主人翁的身份融入这些活动。

在社区活动中,残疾人对社区服务的满意度虽然较高,但对社区组织的活动参与率还依旧较低。这也是目前改善残疾人社会疏离,提升残疾人社会参与中面临的难点问题。

三、残疾人的社会支持不足、社交意愿不强

马斯洛需要层次论提出,人有归属与爱的需要。人人都是社会中的一员,只有在群体中归属与爱的需要才能得到满足。人际关系作为重要的社会支持系统,是每个人基本的社会需求,也是自我实现和获得肯定的有效途径。残疾人由于自己身体的缺陷,交往的范围往往局限在自己狭小的圈子内,一般仅限于身边的亲属和邻居,以及通过社区活动认识的一些残疾人朋友等。他们的交际范围并不大,对自己目前的人际交往情况较为满意。调查结果表明,残疾人对自己的人际关系状况较为满意。具体来看,74.20%的残疾人表示自己对与家人的关系满意,67.80%的残疾人表示自己对与周围朋友的关系满意。这说明大部分残疾人的人际交往生活并没有因为自身的残疾而受到影响。而且,这也从一个侧面反映出,他们的家人和周围的社会环境给予了他们足够的爱与信任,让他们能够真正地感受到爱与归属感。

除了现有的交际圈外,残疾人还需要在社会中、工作中发展新的交际关系。但残疾人普遍觉得他们较难和他人形成新的人际关系。大多数残疾人表示他们或多或少会在乎陌生人对他们的看法,只有在一定的把握下才会主动与他人交往。残疾人这种"自我保护"的心理,也造成了残疾人和普通群体的疏离和隔阂。除了鼓励残疾人主动与他人交际,他人能够提供温暖的交往氛围也是十分重要的。因此,提高残疾人周围积极社会支持系统的

作用、创设积极温暖的社交氛围是帮助残疾人克服社会回避倾向,提高其社会参与积极性的重要方面。

四、残疾人的身体康复和康复服务满意度偏低

个体的生理健康水平可以以近期睡眠质量和饮食情况作为衡量指标,因为睡眠与饮食是每个人最基本的生理需求,能保障和调节各种组织细胞的代谢活动来影响人体的生理活动。一个人的食欲情况和睡眠质量良好的话,他一般会有着较好的生理健康水平。调查数据显示,残疾人对自己的睡眠质量与饮食情况的满意度普遍较高,分别为 62.20% 和 69.10%。这是残疾人对自己健康水平满意度的自评结果,也可以在很大程度上反映出他们的生理健康水平。

然而,与生理健康水平不同的是,参加本次调研的残疾人的身体康复状况并不十分理想。残疾人的身体康复状况是指他们在身体致残后,通过系统、科学的矫正和训练,身体机能所能恢复的程度。从调查结果来看,残疾人身体状况的满意度仅为 38.90%,而且还有 19.10% 的残疾人持不满意的态度。残疾人对自己身体康复状况的不满意,可以从主观上反映出他们的身体康复水平比较有限。而且,通过走访也发现,社区当前为残疾人提供的身体康复服务总体水平还不高,几乎不会提供实质性的器具和服务,更多停留在政策咨询的层面上。即使在城市内设有针对残疾康复的医疗机构,很多残疾人也由于负担不起费用而无法得到有效治疗或不得不中断治疗。此外,较多残疾人对于康复不抱希望,认为康复治疗时间长、效果差、花费大,因此无论是从客观条件还是主观意识来看,残疾人的身体康复效果还不甚理想。可见政府对残疾人康复训练等方面的关注和投入还比较有限,仍需大力推进和提高。

五、残疾人普遍对未来生活缺乏积极的预期

心理感受作为最重要的非经济因素,是社会运行状况和民众生活状态的"晴雨表"。残疾人对生活质量的满意度无疑也是这个城市全面发展的"风向标"。本次调研把残疾人的社会参与现状调查从对物质生活的关注提升到了对精神生活领域的重视,从而有利于更加全面地评估残疾人的生活质量水平。

　　从调查结果来看,残疾人的总体生活满意度较高,情绪状况普遍较为积极。情绪是人各种感觉、思想和行为的一种综合的心理状态,可以反映残疾人对外界刺激所产生的综合心理反应。本次调查研究中,有 55.50% 的残疾人拥有积极的情绪状况。这说明大部分残疾人对待生活的态度比较积极、乐观,能够看到生活中阳光的一面,这在一定程度上有益于个人的身心健康,这与本次调查中"残疾人的生理健康水平"一项的结果也是相吻合的。此外,积极的情绪状态与个人所处的周围环境也有关系,如处于爱与关怀的环境里,个体会更多地体验到积极的情绪感受。本次调查的结果显示,残疾人的人际交往状况普遍良好,对与家人和周围朋友的关系都较为满意,这可能也在一定程度上会积极地影响残疾人的情绪状态。

　　但是,本次调查结果也表明,参加调研的残疾人精神状态一般,精力有限,缺乏对未来生活的预期。其中有 44.90% 的残疾人表示自身精力有限,这点可能与残疾人身体的特殊性有关。与健全人相比,由于生理上存在缺陷,残疾人在日常生活中难免出现心有余而力不足的现象,这也相应降低了他们对未来生活的预期,仅有 42.80% 的残疾人认为未来生活会变好。当压力或负性情绪不可避免时,很容易消耗个人的精力,这时就需要合理的情绪处理方式。然而在访谈中只有一半的残疾人表示会采用述说、娱乐、发泄等相对合理的方法来处理情绪问题。而剩下一半的人员则倾向于选择抽烟、喝酒、憋在心里这类消极的情绪处理方式,甚至有人表示不知道如何处理这些消极情绪,这就为心理问题留下了隐患,大大地消耗了个人心力,也慢慢消磨了这些残疾人对生活的热情和预期。

第六节　促进残疾人社会参与、改善社会疏离问题的
对策建议

　　针对上述残疾人社会参与问题的典型表现,我们认为应该从以下五个方面出台相应的政策和提供配套的管理措施,以大力促进残疾人的社会参与,改善残疾人的社会疏离问题。

一、大力提高残疾人成功就业率,改善残疾群体的客观生存状况

　　就业是民生之本,同样也是残疾人改善生存状况、融入社会生活、自强

自立、实现个人价值的主要途径。参加本次调研的残疾人的就业状况满意度仅为 30.1%，因此，首先，我们需要强调更加全面地贯彻好《残疾人就业条例》，继续做好残疾人职业培训、就业咨询、求职登记、失业登记等基础工作，进一步完善并落实残疾人就业保护和促进政策。通过经济、行政、法律手段，加大安排残疾人就业力度（徐洁，2010）。

其次，我们需要扩大残疾人集中安置就业面。政府相关部门和社区可以扶持残疾人自主创业和灵活就业，促进社区就业、居家就业和辅助性就业。同时，可以在工业园区企业中宣传安置残疾人就业的税收优惠政策，引导和动员企业提供一批适合残疾人就业的岗位，扩大残疾人的就业范围。

再次，相关部门要对残疾人个体提供有效的就业指导。一方面，创造有利于他们正确定位自我发展的环境，通过积极整合社会资源，改善社会管理，加强创新宣传，为残疾人发现自我优势提供良好的发展氛围。另一方面，指导他们了解城市的经济发展形势和政策走向，让他们以理性的眼光来看待就业的环境和意义。而对于残疾人自身来说，要充分发挥自我的主观能动性，主动地面对挑战和提高自己的能力，积极调整自己的心态，适应现有的工作方式。

最后，我们还要加强残疾人就业服务体系建设，使有就业需求的各类残疾人普遍得到就业服务和培训，使他们能够提高自身的技能，从而增加他们成功就业的筹码。

二、提高残疾人的社会参与率，为残疾人提供量身定制的社区服务

调查发现，残疾人对业余活动满意度较低，仅为 38.4%。丰富、活跃残疾人群体文化体育生活，发掘残疾人特殊艺术和竞技体育方面的能力，是残疾人自强不息、平等参与社会生活的重要内容。

首先，要科学开展社区文化活动，要加大经费投入，提升对残疾人的文化保障水平。需要政府有计划地兴建适合残疾人特点的综合文体活动中心，各县（市）、区可以有计划地建立一些适合残疾人的文体娱乐活动场所。根据就近方便原则，公共健身场所要配备适合残疾人使用的健身器材，社区文化宫要增设符合残疾人特点的文化体育器材。

其次，要努力为残疾人提供多样化的文化服务。以各残疾人协会为支点，组建符合不同类型的残疾人需求的文化体育团体，定期开展适合残疾人

身心特点的多样化活动,积极搭建展示残疾人特长的多种平台,加强对残疾人文化艺术体育运动的指导扶持,举办残疾人特殊文化艺术比赛和演出,创造条件支持残疾人参加国内外文化艺术交流和体育比赛。

最后,在精神层面上给予残疾人以更多支持。政府要做好表率,对残疾人持平等与支持的态度,鼓励他们走入体育场、图书馆、游艺室等场所,扩展他们的活动范围与活动形式。同时,也要鼓励残疾人多参与社会事务,增加他们的自信心。单位企业可定期举办活动,请他们共同参与活动策划而不只是被动地参与活动。单位企业中的领导或同事应该树立起互帮互助的意识,营造良好的互动环境,提升残疾人的交际能力,激发他们的兴趣。如在交流中,非残疾群体可积极寻找彼此的相似性以拉近心理距离。领导可创造机会和鼓励成员进行相互交谈,并带领团队一起多聆听残疾人的想法和意见以增加残疾人的归属感,消除大家的隔阂。

总之,社区管理部门要充分结合残疾人自身需要的独特性,策划切合实际、简单易行、形式多样的文化活动。在丰富文化活动内容的同时,也要注意有效提高残疾人参与文化活动的满意度,要切实把握活动要精、要少、要深这个"三要"原则。

三、鼓励残疾人互帮互助,借助志愿者组织提升残疾人社交技能

残疾人除了在自己所在的社区参与活动以外,残疾人联合会还要发挥其"联合"的优势和作用,组织残疾人间的联谊活动。由专业的心理咨询师组织各类团体间的联合活动,以增强残疾人在新环境中的适应能力以及结识新朋友的社交能力。

首先,在各个团体中,要指导残疾人与残疾人,或残疾人与健全人间发现彼此的共同性。双方可通过相互交流和倾诉,来发现彼此类似的遭遇、共同的困难和体验,获得一种释然的感觉。风雨同舟的感受可以让人们放松自我,减少心理防卫,互相帮助,共同面对问题。

其次,要让残疾人通过组成"朋友圈""互助伙伴"等,来体会互助互利的满足感。残疾人因为在社会生活中不能肯定自己的价值而感受到焦虑不安,缺乏自信。但在结对互助活动中,通过长期的互助和交往,残疾人可感受到自己存在的价值、满足感,提升自我效能感。这种体验不光在组织的活动中可以感受到,也会进一步拓展到残疾人平时的生活实践中去,继而保持

助人的责任感和行为习惯。

最后，社区可教授给残疾人一些生活和社交技巧，或在举办类似活动时邀请残疾人同非残疾群体一起参与。如化妆技能培训、服装搭配技巧培训、演讲能力培训、普通话培训等，都有助于残疾人提高与陌生人交往的能力。

四、落实残疾人社会保障制度，提高残疾人身心康复的成效

保障贫困残疾人的基本生活，是健全和完善我国社会保障制度的重要内容。本次调查发现，仍有 16.1% 的残疾人对社会保障机制持不满意态度。因此，政府要进一步完善残疾人参加社会养老、医疗等保险的优惠措施，提高社会保障在残疾人群体中的覆盖率和保障水平，逐步扩大残疾人社会福利范围，加大财政资金投入，同时适当提高残疾人社会福利水平（张琪，吴江，2004）。

对社区而言，一方面，可规范社区残疾工作档案，摸清残疾人详细情况，深入开展助残服务管理。社区为本社区内的残疾人逐一建立残疾人档案，并按照一户多残、老残一体、生活困难等条件进行分类，全面掌握残疾人的信息。另一方面，可开展社区"一帮一"活动，结对帮助残疾人，发挥社区党员、居民组长的模范带头作用。让残疾人切实感受到社区残疾人协会的关怀。对单位企业而言，要提升企业责任感和人本精神，利用工会组织保障残疾人的安全和权利。政府相关部门要设置相应监管机构，以帮助残疾人更好地实施权益维护、信息沟通与劳务对接等。

医疗康复是帮助残疾人恢复和增强生活自理和社会适应能力，平等参与社会生活的基础（高传宝，2005）。本次调查发现，仍有 19.1% 的残疾人对身体状况持不满意态度。因此，今后还需切实将残疾人医疗康复纳入基本医疗卫生服务体系，建立健全社会化的残疾人康复服务体系，加强康复服务设施建设和人才队伍培养。进一步完善残疾人康复硬件设施，建立残疾人康复场所，配备必要的康复器材，包括康复站点、无障碍设施等。社区残协在稳步开展残疾人工作的基础上着力于残疾人康复工作。利用社区卫生服务中心康复站的资源，与康复医生密切配合，共同为残疾人制订康复方案，帮助他们进行功能训练；在社区有条件时，聘请心理咨询专业人士为残疾人开办讲座，让他们树立正确的人生观。

五、加强残疾人心理疏导服务，帮助残疾人合理规划未来发展目标

除去物质基础和身体基础，丰富的精神文化生活和健康的心理也是促进残疾人参与社会活动的重要支持。为此，心理服务机构要为残疾人提供专业的心理知识辅导。可以设置专门的咨询室、心理活动室或热线电话，提供心理咨询服务。在心理服务活动中，邀请整个家庭或部分家庭成员一起参与，以消除残疾人的紧张心情，并可发挥家庭的支持力量来使服务效果事半功倍。对残疾人的日常生活心理辅导，除了重点关注残疾人如何客观认识自我、发掘自我潜能外，还要为他们提供负性情绪处理技巧的指导，如通过力所能及的体育运动、唱歌、倾诉等恰当发泄情绪，而尽量减少压抑、过激的处理方式。为残疾人进行心境测评、情绪测评，以及时掌握残疾人心理健康状况，坚持"预防为主、治疗为辅"的服务理念。

此外，残疾人的积极情绪还来源于对未来生活的期望和憧憬，而有合理的规划将决定人们对未来生活和职业发展的积极性、开放性和有效性。因此，对于未来，残疾人可在家人的协助下，一起制定一个合理的规划，充分发挥主观能动性，主动地面对自我康复和发展的责任，积极调整自己的心态，提高身体素质。相关部门也要为他们提供有效的指导，一方面，创造有利于他们正确定位自我发展的环境，通过积极整合社会资源，改善社会管理，加强创新宣传，为残疾人发现自我优势提供良好的发展氛围；另一方面，向他们介绍城市的经济发展形势和政策走向，让他们参与到城市的经济生活、政治生活和文化生活中来。

第六章　残疾人社会疏离问题的发生机制研究

《2013 年度中国残疾人状况及小康进程分析》显示:"残疾人参与社区文化、体育活动的比例始终较低。"(陈功,吕庆喆,陈新民,2014)由此可见,社会疏离是当前我国残疾人普遍存在的一个问题。为何在外部生存环境明显改善的情况下残疾人仍难以融入社会生活,也是政府部门与社会服务机构亟待解决的问题。

针对残疾人社会疏离发生的原因,国外的研究者主要关注残疾人的歧视知觉(perceived discrimination)问题,他们认为残疾人通常更容易知觉到由自己所属群体成员的身份而受到的不公正、消极或伤害性对待,对他人的反应过度敏感,从而导致其出现社会疏离。例如,Tally(2010)的调查发现,有 62%的残疾人报告感受到同伴歧视,导致他们的友谊破裂;有 46%的残疾人报告感受到来自家庭的歧视,如对自己不信任、同情和怜悯等,这也促使他们更容易感到孤独、抑郁和自我封闭。而国内的研究者则从特殊群体注意加工机制的角度对此问题展开了探讨。例如,李海江等(2011)的研究发现,低自尊个体更容易对负性情绪信息(愤怒)表现出注意解离的困难;冯文锋等(2010)针对个体认知加工机制的研究也发现,那些具有负面身体自我图式的个体,在其认知加工过程中对身体相关刺激具有自动化加工的特点,较低的身体自我认同会导致其对自己与他人的社会距离判断产生偏差;而残疾人普遍存在较低的自我价值感和负面身体自我图式(邵义萍,2010)。由此我们推测,残疾人可能存在对他人反应的歧视知觉并具有特殊的注意加工特点(例如对身体线索与社交环境线索过度敏感),而这才是导致其出现社会疏离的深层心理原因。

综上所述,关于残疾人社会疏离问题的研究尚存在以下主要问题:一是残疾人歧视知觉与社会疏离之间存在什么关系,导致残疾人出现社会疏离的原因尚不清楚;二是残疾人出现社会疏离的深层心理机制还有待考察。因此,本章拟采用测量学手段考察残疾人歧视知觉与社会疏离的关系,并运用心理实验技术对残疾人的注意加工机制问题进行考察,通过研究残疾人对社交反馈言语线索和社交反馈情绪线索的注意加工特点,深入揭示残疾人群体出现社会疏离问题的内在心理发生机制,为改善残疾人的社会生活质量提供理论借鉴。

第一节　残疾人的歧视知觉对社会回避行为的影响机制

一、残疾人的歧视知觉与社交回避倾向的关系

大量研究也发现,残疾人在行为上大多倾向于选择自我封闭、回避与他人交往,即便与周围人进行交往,也经常会表现出激愤等情绪,长此以往致使自己无法与周围人建立良好的人际关系(Shapiro, Martin, 2010; Sharanjit, 2006)。相比于正常大学生,残疾大学生的人际关系较差,很少有人愿意与其交朋友(Frostad, Pijl, 2006;弋鹏,张茂林,2010)。另外,社会疏离也会导致残疾人产生诸多心理适应问题。Kariuki 等人(2011)关于澳大利亚 136 名青年残疾人心理健康的一项调查发现,大多数残疾人存在孤独、焦虑、自卑等心理问题。我国学者张晓丽等(2010)采用 SCL-90 对 163 名残疾大学生进行心理健康测评发现,残疾大学生在人际敏感、抑郁、焦虑、敌对等项目上得分均显著高于正常大学生;此外,残疾人个体的社交回避还会导致残疾人出现一系列的心理健康问题(Brian, Howard, 2009; Maina, Anne, Eric, 2011),如迷恋网络等(Mari, 2012;张康德,李建伟,孟燕, 2007)。

针对残疾人社会疏离的形成原因,国外的研究者重点探讨了残疾人的社会认知特点——歧视知觉(perceived discrimination)——的影响。他们认为残疾人对外界不公正、消极或者伤害性的行为或拒绝性态度的敏感性知觉,导致了其社会疏离的发生。如果说污名是外界对某类群体消极的刻板印象,而歧视是对这种消极刻板印象的行为反应,那么歧视知觉便是那些被污名的群体对外界行为反应的一种自我觉知和判断。很多残疾人也报告

了在工作场所会感受到来自他人的歧视,以及不公正的待遇(Beatty,Kirby,2006;Moore et al.,2011)。正是由于这种歧视知觉的存在,残疾人对自身的社交能力也会产生怀疑,常常感觉到自己不如别人,有强烈的自卑感,严重者甚至对自身存在的价值产生怀疑(Alecia,2011;Miyahara,Piek,2006),从而产生严重的焦虑、抑郁等情绪问题(Finch,Kolody,Vega,2000;Foster,2000)。因此,我们认为日常生活中的歧视知觉可能是导致残疾人形成社交回避行为倾向的关键性因素。

二、残疾人的歧视知觉特点及其对社交回避行为的影响

(一)研究目的

通过问卷调查法,在了解残疾人歧视知觉与社交回避行为特点的基础上,探讨歧视知觉与个体社交回避行为倾向的关系,并进一步分析自尊在社会疏离与歧视知觉关系间的作用。

(二)研究方法

1.被试

从宁波市 8 个不同的社区随机抽取残疾人被试,共发放调查问卷 150份,收回有效问卷 129 份,有效问卷回收率 86%。其中,男性 80 例,女性 42例,未知 7 例;先天残疾 27 例,后天残疾 73 例,未知 29 例;轻度残疾 27 例,中度残疾 67 例,重度残疾 13 例,未知 22 例;待业 29 例(24.79%),在职 34例(29.06%),退休 38 例(32.48%),其他 16 例(13.68%),未知 12 例;被试年龄为 21~79 岁($M=49.97$,$SD=10.97$)。

(三)研究工具

主要包含个人信息调查表和三份心理调查问卷。

1. 基本信息表

调查表包括性别、年龄、婚姻状况、工作情况、受教育水平、月收入、住房状况、残障年限、残障类别、残障级别和残障程度。

2.歧视知觉问卷

歧视知觉问卷在刘霞(2008)编制的"个体歧视知觉"量表基础上修订而成,共 10 个题目。用于考察残疾人在生活中感受到的歧视知觉情况。例如"在参加活动时,感到周围人不愿搭理我、躲着我"。采用 5 级计分方式:1

代表"非常不符合",5 代表"完全符合",总分越高表示歧视知觉程度越高。本次问卷测定的 α 系数为 0.89。

3. 自尊量表

自尊量表(self-esteem scale)由 Rosenberg 于 1965 年编制,由 10 个题目组成。采用 5 级计分方式:1 代表"非常不符合",5 代表"完全符合",总分越高,表示自尊水平越高。本次测定的 α 系数为 0.79。

4. 社交回避行为量表

社交回避量表(social avoidance and distress scale)由 Watson 和 Friend 于 1969 年编制,由 28 个题目组成,分为两个维度:社交回避与社交苦恼(Watson,Friend,1969)。本章选取其中 16 个题目,采用 5 级计分方式:1 代表"非常不符合",5 代表"完全符合",分数越高表示其社交回避与苦恼程度越高。本次测定的 α 系数为 0.77。

社交焦虑量表(social anxiety subscale of the self-consciousness scale)由 Fenigstein 等人于 1975 年编制,共包含 6 个题目。采用 5 级计分方式:1 代表"非常不符合",5 代表"完全符合",总分越高表示焦虑状况越严重。本次测定的 α 系数为 0.78。

孤独感量表(loneliness scale)由罗素(Russell)等人于 1987 年编制,由 20 个题目组成。本章选取其中 8 个题目,采用 5 级计分方式:1 代表"非常不符合",5 代表"完全符合",总分越高表示其孤独感越强。本次测定的 α 系数为 0.90。

(四)研究程序

从 8 个社区随机选取残疾人被试,采用纸笔集中施测的形式进行,施测结束后当场收回问卷并赠予礼品。运用 SPSS16.0 对数据进行统计处理。

(五)研究结果

1. 残疾人社交回避行为的一般特点分析

分别从性别、残障类别和婚姻状况三个变量上对残疾人社会疏离一般特点进行方差分析,结果见表 6-1。

表 6-1　残疾人社交回避行为特点的分析结果

变量	类别	社交回避		社交焦虑		孤独感	
		M	SD	M	SD	M	SD
性别	男($n=80$)	2.77	0.45	2.82	0.77	2.65	0.93
	女($n=42$)	2.82	0.57	3.08	0.78	2.96	0.70
残障类别	先天($n=27$)	2.89	0.53	3.13	0.69	2.98	0.76
	后天($n=73$)	2.75	0.48	2.84	0.78	2.63	0.88
婚姻状况	未婚($n=24$)	3.01	0.42	3.23	0.62	3.14	0.62
	已婚($n=81$)	2.72	0.51	2.81	0.81	2.57	0.86

注:* $p<0.05$;** $p<0.01$;*** $p<0.001$。后同。

如表 6-1 所示,社交焦虑在性别上差异边缘显著($p<0.10$),孤独感在性别上差异显著($p<0.05$),女性社交焦虑与孤独感均显著高于男性;社交焦虑、孤独感在残障类别上差异均边缘显著($p<0.10$),即先天残疾人显著高于后天残疾人;社交回避、社交焦虑、孤独感都在婚姻状况上差异显著($p<0.05$;$p<0.05$;$p<0.01$),表现为未婚残疾人的社交回避、社交焦虑、孤独感显著高于已婚残疾人。

进一步分析发现,残障类别与婚姻状况的交互作用在社交焦虑[$F(1,80)=6.78$,$p<0.05$]上差异显著,后天未婚残疾人社交焦虑最高,之后依次为先天已婚、先天未婚和后天已婚;残障类别与性别的交互作用在社交回避、社交焦虑、孤独感上差异均不显著。

2.残疾人在歧视知觉方面的一般特点分析

分别从性别、残障类别和婚姻状况三个变量上对残疾人歧视知觉一般特点进行方差分析,结果见表 6-2。

表 6-2　残疾人歧视知觉特点分析结果

变量	类别	M	SD
性别	男($n=80$)	2.60	0.82
	女($n=42$)	2.64	0.74
残障类别	先天($n=27$)	2.88	0.84
	后天($n=73$)	2.53	0.76
婚姻状况	未婚($n=24$)	2.93	0.62
	已婚($n=81$)	2.50	0.78

如表 6-2 所示,残疾人歧视知觉在性别上差异不显著;在残障类别上差异边缘显著($p<0.10$),先天残疾人歧视知觉显著高于后天残疾人;婚姻状

况上差异显著($p<0.01$),未婚残疾人歧视知觉显著高于已婚残疾人。

从歧视知觉量表得分情况来看,其中得分最高的三项,分别为"用人单位或学校以不合理理由拒绝我的就业或入学申请($M=2.89$)""周围人跟我说话的口气让我感觉不愉快($M=2.81$)""周围人看我的眼神让我不舒服($M=2.80$)"。

3.残疾人的歧视知觉、自尊水平对社交回避行为的相关分析

对残疾人歧视知觉、自尊与社会回避三个成分进行相关分析的结果见表 6-3。

表 6-3　歧视知觉、自尊与社交疏离的相关分析

变量	M	SD	1	2	3	4	5
1.歧视知觉	2.60	0.78	1				
2.自尊	3.71	0.58	-0.43^{***}	1			
3.社交回避	2.79	0.48	0.42^{***}	-0.47^{***}	1		
4.社交焦虑	2.89	0.77	0.71^{***}	-0.43^{***}	0.59^{***}	1	
5.孤独感	2.74	0.86	0.69^{***}	-0.47^{***}	0.47^{***}	0.70^{***}	1

注:$n=129$;*** $p<0.001$。

如表 6-3 所示,歧视知觉与社交回避、社交焦虑、孤独感都存在显著正相关($p<0.001$),与自尊存在显著负相关($p<0.001$);自尊与社交回避、社交焦虑、孤独感均存在显著负相关($p<0.001$);社交回避、社交焦虑、孤独感三者之间存在显著正相关($p<0.001$)。

4.残疾人歧视知觉对社交回避行为的影响机制——自尊的中介效应分析

依据 Baron 和 Kenny(1986)的标准,中介效应的成立需要满足以下四个条件:一是预测变量(歧视知觉)必须与中介变量(自尊)存在相关;二是预测变量(歧视知觉)必须与因变量(社交回避、社交焦虑和孤独感)存在相关;三是中介变量必须与因变量(社交回避、社交焦虑和孤独感)存在相关;四是控制住中介变量(自尊)对因变量(社交回避、社交焦虑和孤独感)的影响效应,预测变量(歧视知觉)与因变量(社交回避、社交焦虑和孤独感)间的相关关系显著下降。通过三步回归分析,以检验自尊在歧视知觉与社交回避(社交焦虑和孤独感)间的中介效应(见表 6-4 和表 6-5)。第一步,歧视知觉对自尊有显著的预测作用($\beta=-0.43$,$p<0.001$),歧视知觉对自尊变量的解

释量为 18.4％；第二步，歧视知觉对社交回避、社交焦虑和孤独感均有显著的预测作用（$\beta=0.42$、0.71 和 0.69，$p<0.001$），歧视知觉对社交回避（社交焦虑和孤独感）三个变量的解释率分别为 17.9％、50.5％和 47.4％；第三步，歧视知觉与自尊同时对社交回避（社交焦虑和孤独感）有显著的预测作用（$\beta=-0.36$，$p<0.001$；$\beta=-0.15$，$\beta=-0.21$，$p<0.05$）。最终，中介模型对社交回避、社交焦虑和孤独感三个变量的解释率分别为 28.3％、52.7％和 51.1％。

表 6-4　歧视知觉对社交回避的多重回归分析

变量	方程	社交回避			社交焦虑			孤独感		
		b	SE	β	b	SE	β	b	SE	β
歧视知觉	一	0.26	0.05	0.42***	0.70	0.06	0.71***	0.75	0.07	0.69***
自尊		−0.30	0.07	0.36***	−0.20	0.09	−0.15*	−0.32	0.10	−0.21*
歧视知觉	三	0.17	0.05	0.27**	0.64	0.07	0.65***	0.65	0.08	0.60***

表 6-5　歧视知觉对自尊的回归分析（方程二）

变量	自尊		
	b	SE	β
歧视知觉	−0.32	0.06	−0.43***

自尊在歧视知觉对社会疏离影响的中介模型（见图 6-1）表明，当歧视知觉单独预测社交回避（社交焦虑和孤独感）时，标准回归系数为 0.42。当引入自尊中介变量时，歧视知觉对社交焦虑的标准回归系数由 0.71 下降到 0.65；对社交回避的标准回归系数由 0.42 下降到 0.27；对孤独感的标准回归系数由 0.69 下降到 0.60。进一步采用 Sobel 检验发现：自尊在歧视知觉与社交回避（社交焦虑和孤独感）间具有显著的中介效应（$Z=4.18$，$p<0.001$；$Z=1.59$，$p<0.05$；$Z=1.99$，$p<0.05$）。依据 Baron 和 Kenny（1986）的标准，如果在控制中介变量（自尊）影响的情况下，预测变量（歧视知觉）对因变量（社交回避、社交焦虑和孤独感）无显著的预测作用，则完全中介效应成立，否则说明部分中介效应成立。图 6-1 的结果表明，自尊在歧视知觉与残疾人的三类社会回避行为之间起着部分中介的作用。

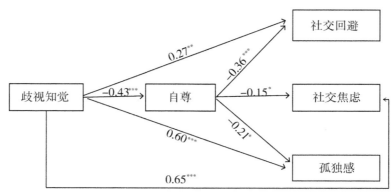

图 6-1 残疾人的歧视知觉、自尊与社交回避关系的路径

5. 残疾人的歧视知觉对社交回避行为的影响机制——自尊的调节效应分析

为减少交互项与主效应间的多重线性影响，在进行调节效应分析之前，需要对两个预测变量（歧视知觉与自尊）进行标准化处理，将其原始分数转化为 Z 分数（Frazier，Tix，Barron，2004）。依据 Baron 和 Kenny（1986）的标准，采用分层回归来检验自尊在歧视知觉与社交回避（社交焦虑和孤独感）间的调节效应。首先，将预测变量（歧视知觉）与调节变量（自尊）纳入回归方程；其次，将交互项（歧视知觉×自尊）纳入回归方程，如果交互作用显著，则表明自尊在歧视知觉与社交回避（社交焦虑和孤独感）间的调节效应显著。

表 6-6 中数据分析的结果显示，歧视知觉（$\beta = 0.42$，$p < 0.001$）与自尊（$\beta = -0.36$，$p < 0.001$）显著预测社交回避。在这个模型中，高歧视知觉和低自尊与高社交回避有关，且歧视知觉与自尊的交互项交互效应显著（$\beta = 0.17$，$p < 0.05$），表明自尊在歧视知觉与社交回避间起到调节作用。

表 6-6 自尊在歧视知觉与社会回避关系中的调节效应分析

	变量	B	SEB	β	R^2	R^2 change	F change
因变量 1：社交回避	歧视知觉	0.42	0.08	0.42***	0.18	0.18***	27.40***
	自尊	−0.36	0.08	0.36***	0.28	0.10***	18.14***
	歧视知觉×自尊	0.19	0.09	0.17*	0.31	0.03*	4.75*
因变量 2：社交焦虑	歧视知觉	0.71	0.06	0.71***	0.51	0.51***	130.60***
	自尊	−0.15	0.07	−0.15*	0.53	0.02*	4.72*
	歧视知觉×自尊	0.08	0.07	0.07	0.53	0.00	1.17

续表

	变量	B	SEB	β	R^2	R^2 change	F change
因变量3：孤独感	歧视知觉	0.69	0.07	0.69***	0.47	0.47***	113.763***
	自尊	−0.21	0.07	−0.21**	0.51	0.04**	9.46**
	歧视知觉×自尊	0.07	0.08	0.06	0.52	0.00	0.91

进一步分析歧视知觉与自尊在社交回避上的交互作用，绘制了社交回避与歧视知觉在高低自尊下的斜率交互作用图。依据 Aiken 和 West (1991)的程序，使用简单斜率(simple slope)来表示社交回避与歧视知觉在高自尊(高于平均数一个标准差)和低自尊(低于平均数一个标准差)两种条件下二者的关系。

如图 6-2 所示，在高自尊水平条件下，残疾人的歧视知觉与社交回避存在显著的正相关(simple slope=0.47，t=3.86，p<0.001)；而在低自尊的情况下，残疾人的歧视知觉与社交回避行为之间的相关则不显著(simple slope=0.08，t=0.68，p>0.05)。这说明，在高自尊水平的残疾人中，歧视知觉是社交回避的一个重要决定因素；相反，在低自尊水平的残疾人中，歧视知觉对社交回避则无明显的影响。

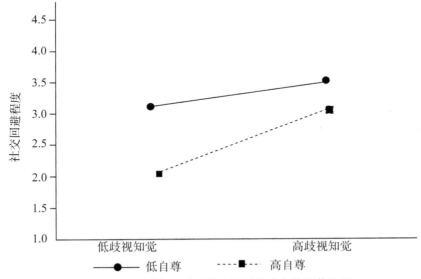

图 6-2 自尊在歧视知觉对社交回避影响中的调节作用

三、残疾人的歧视知觉对社交回避行为的形成机制

残疾人个体的社交回避行为是我国残疾人社会疏离所面临的首要问题。社交回避不仅给残疾人的生活质量带来了严重的影响,同时还导致残疾人出现一系列的心理问题。例如,残疾人逐渐脱离了主流社会群体,在同伴群体中往往被边缘化。赵美仙(2011)对 300 名肢体残疾人的调查发现,多数残疾人在行为上倾向于选择自我封闭、回避与人交往,致使无法与周围人建立良好人际关系。然而以往有关残疾人的研究分别对歧视知觉与心理健康、心理健康与社会疏离进行了单独的考察,缺乏对残疾人歧视知觉与社会疏离关系的整合探索。例如,Tally(2010)调查发现,近三分之二的残疾人报告由于受到歧视,他们的友谊破裂,变得孤独、抑郁和自我封闭。本章考察了歧视知觉对残疾人社交回避行为的具体影响过程,结果发现,歧视知觉可以显著地预测社交回避行为中的社交回避、社交焦虑和孤独感三个方面,解释率分别为17.9%、50.5%和47.4%。从相关分析可知,残疾人的歧视知觉水平越高,其社交焦虑和孤独感水平越高,社交回避行为也就越明显。

自尊的恐惧管理理论(terror management theory,TMT)和社会计量器理论(sociometer theory)认为,自尊具有缓冲和减少个体受到外界心理伤害的功能。相关分析表明,自尊与歧视知觉、社交回避、社交焦虑和孤独感均呈显著负相关,长期的歧视知觉降低了个体的自尊水平,而自尊的降低反过来又增加了个体的社交回避行为,提高了他们的社交焦虑和孤独感水平或者歧视知觉对于残疾人社会疏离的影响受到自尊的调节。为此,我们假设自尊可能在歧视知觉与残疾人社会疏离关系间起中介或调节作用。通过中介效应检验程序,我们发现歧视知觉对社交回避、社交焦虑和孤独感的提高具有直接促进作用,同时也可以通过降低自尊水平这条路径来间接促进个体的社交回避行为,即自尊在歧视知觉与社会疏离关系间起到了部分中介效应。另外,进一步的调节效应分析结果表明,自尊在歧视知觉与社交回避间起调节作用,具体来讲,高自尊水平可以有效缓解歧视知觉对于残疾人社交回避的影响。总之,自尊在歧视知觉和社交回避间存在中介和调节效应,这一结论有助于我们更好地解释残疾人的歧视知觉与社交回避行为之间的关系。

综上所述,多种类型的社交线索(如面部表情、言语、肢体动作等)都会

对残疾人的社会交往产生一定的影响,而残疾人由于自身的一些特质(如敏感、焦虑、抑郁等)会对社交线索产生过度反应,这种过度反应会导致残疾人自身歧视知觉的产生,而歧视知觉又会加剧残疾人的社交回避行为,这便是残疾人社交回避倾向形成的心理过程(见图6-3)。由于主客观因素的影响,残疾人较普通人而言更容易产生社会疏离。然而,社会疏离又会进一步促使残疾人远离主流社会群体,并产生诸多心理适应问题。残疾人自身的限制使得他们对外界环境刺激较敏感,在行为上倾向于选择自我封闭、回避,即使与他人交往,也常表现出激愤、易冲动等不良情绪,很难与周围人建立良好的人际关系(Shapiro,2010)。

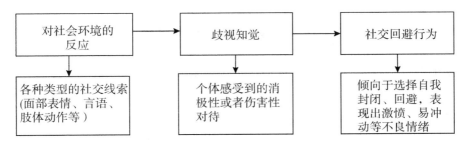

图 6-3 残疾人个体社会回避行为倾向的形成过程

四、针对残疾人歧视知觉和社交回避行为问题的总结与建议

我们的研究发现,残疾人的歧视知觉对社交回避、社交焦虑和孤独感均具有正向预测作用,说明歧视知觉与社会回避行为存在直接预测关系,这与本章的预期结果一致。由于以往研究者对歧视知觉与残疾人社会疏离间关系的关注较少,因此相关的证据相对比较薄弱。我们的研究结果进一步表明,歧视知觉对残疾人社会回避有很大的促进作用,弥补了前人研究的不足。残疾人由于感受到外界歧视的存在,在人际交往过程中会出现担忧和焦虑等情绪(Tally,2010),阻碍了他们与外界的交往,无法与周围人和谐相处,使自己处于孤立的、封闭的境地,最终导致社会疏离问题的产生。另外,我们的研究分别检验了自尊在残疾人歧视知觉与社会回避关系间的中介和调节效应。相关分析发现社会回避的每个组成部分与歧视知觉、自尊均存在中等程度的关联。同时,这一发现与以往有关社会回避与自尊(De Jong et al.,2012;Rasmussen,Pidgeon,2011)和歧视知觉关系(Lysaker et al.,

2010;Sanjuán et al.,2013)的研究结果一致。此外,即使在控制性别、年龄和歧视知觉的情况下,自尊同样对残疾人社会回避有显著的预测作用。这一结果为以往有关自尊是社会回避的最重要预测变量这一理论观点提供了有力的证据。

我们的研究结果发现,自尊在歧视知觉与社会疏离各组成部分间起到部分中介效应。换句话说,歧视知觉高的残疾人一般具有较低的自尊水平,而较低的自尊水平往往会加剧残疾人的社交回避、社交焦虑和孤独感。正如蔺秀云等(2009)的研究发现,自尊在流动儿童歧视知觉与社交焦虑、孤独感间起中介作用。自尊作为一个积极的判断和评价能够促进个体发展良好的人际关系(Dekovic,Meeus,1997),从而使个体感受到较少的歧视。因此我们认为,在自尊的帮助和调节下,歧视知觉将减少社会疏离的负面影响。本研究同时也发现,自尊在歧视知觉与社交回避间起到调节作用,而在歧视知觉与社交焦虑、孤独感间未发现类似特点。也就是说,高自尊水平残疾人中,低歧视知觉的残疾人在社会回避得分上显著低于高歧视知觉的残疾人,而在低自尊水平残疾人中,高低歧视知觉残疾人在社交回避得分上并无显著差异。基于此,我们提出自尊在歧视知觉对社交回避的负性影响中起到一定的缓冲作用(Frazier,Tix,Barron,2004)。

总体而言,我们的这项研究揭示了歧视知觉对残疾人个体的社会回避倾向的形成机制。歧视知觉不仅对社会回避有直接的影响,并且间接地通过降低自尊对社会回避产生影响,即自尊是歧视知觉与社会回避间的重要中介变量。同时也揭示了自尊在歧视知觉与社交回避间起调节作用,即高的自尊水平可以有效缓解歧视知觉对社交回避的负面影响,起到一定的缓冲作用。因此,在今后对于残疾人社会疏离的预防和干预工作中,不仅要从外界社会歧视行为入手,更应该重视的是残疾人本身的自尊水平及其自我认知系统在其中的作用。

第二节 残疾人个体社交回避行为发生机制的实验研究

一、残疾人的社交回避与其对社交线索注意加工机制的关系

残疾人社交回避形成过程的调查研究揭示了残疾人歧视知觉对社交回

避的影响机制,结果发现,歧视知觉既对社交回避具有直接影响,也通过自尊对残疾人社交回避行为产生间接影响。由此可见,歧视知觉在残疾人社会疏离的形成过程中具有重要的推动作用。研究发现认知因素可以影响个体的歧视知觉水平,而在整个认知加工过程中,注意特点正是其关键所在(Brown,Bigler,2005)。大量研究表明,低自尊、高焦虑的特殊群体均存在负性注意偏向特点。那么具有低自尊和高焦虑特质的残疾人个体是否也存在负性的注意偏向特点?在人际交往中他们是否更倾向于注意负性语言以及负性的面部表情,对负性语言和表情是否更容易解读为歧视线索?搞清楚这些问题将有助于我们更好地揭示残疾人社会回避行为形成的内在机制。

另外,目前对于注意偏向的产生机制主要存在两种解释:一种观点认为注意偏向发生在定向阶段,是由个体对特定刺激的敏感导致的,即注意受到特定刺激的吸引;另一种观点认为注意偏向是由特定刺激影响到个体注意解脱导致的,即注意解脱困难(Brosch et al.,2008;Cisler,Olatunji,2010)。杨智辉和王建平(2011)采用"同中选异"任务研究发现,高焦虑特质个体对威胁性刺激并非特别敏感,而是存在注意脱离困难。

我们从社交反馈的言语线索和社交反馈的情绪线索两个角度出发,以社交词语(拒绝、接纳、中性)和情绪面孔图片(愤怒、快乐、中性)作为实验材料,采用情绪 Stroop 任务和"同中选异"任务,探讨残疾人对不同类型社交反馈信息的注意加工特点,并进一步揭示了导致残疾人社会疏离发生的内在机制。

二、残疾人对不同类型社交言语线索的注意加工特点

(一)研究目的

以社交拒绝词、中性词、社交接纳词三类社交言语线索为实验材料,采用情绪 Stroop 任务,考察在三类不同类型社交反馈言语线索下残疾人的注意加工特点。

(二)研究方法

1.研究被试

选取某市四个不同社区的 64 名居民,其中,残疾人 33 名,健全人 31 名;男性 34 名,女性 30 名;平均年龄为 47.3 岁(SD=9.2)。选取的残疾人符合国家残疾人持证标准且智力正常,主要为肢体残疾二级和三级;残疾时

间平均为 29.8 年,最短的为 3 年,最长的为 35 年;小学及以下学历占 32.4%,初中学历占 33.8%,高中学历占 22.9%,中专及以上学历占 10.9%;已婚占 72.3%,未婚占 10.4%,离婚占 8.2%,丧偶占 9.1%。所有被试视力或矫正视力正常,无色盲或色弱,能熟练使用计算机。整个实验过程完全遵循被试自愿的原则,实验过程中被试可以随时停止或退出(数据作无效处理),完成实验任务的被试均可获得礼品。

2. 实验仪器和材料

采用 12 寸 ThinkPad X201 液晶显示器,分辨率为 1024×768,颜色为真彩色,刷新率为 60Hz 的计算机。利用 E-Prime 2.0 编写实验程序,刺激呈现时间、被试反应时和正确率均由计算机自动记录。被试与显示器距离 60cm 左右,所有刺激均呈现在显示器中心,背景为白色(RGB 值为 255、255、255)。实验在隔音室内单独进行,被试不受任何干扰。

采用情绪 Stroop 任务,选取该任务中使用的三种类型词语,即 12 个社交拒绝词(如拒绝、排斥等)、12 个中性词(如茶叶、客车等)和 12 个社交接纳词(如接纳、包容等)。参照以往相关研究(Dandeneau,Baldwin,2004),分别预选出日常生活中常见的 23 个社交拒绝词和 23 个社交接纳词。集中组织 21 名社区居民对两类词语进行评定,根据评定结果分别选出密切度最高的 12 个社交拒绝词(拒绝、排斥、讨厌、排挤、鄙视、反感、抛弃、蔑视、厌烦、耻笑、回避、冷漠)和 12 个社交接纳词(接纳、包容、爱护、赞成、关怀、亲近、亲密、支持、赞许、赞同、钦慕、关心)。中性词选自国内外相关研究中经常使用的词语,经过评定后最终确定为如下 12 个:茶叶、锄头、大豆、法则、客车、鼠标、树木、铁皮、橡皮、椅子、阅读、数字。其中,拒绝词的拒绝感受程度平均值为 3.62(SD=0.35),接纳词的消极感受程度平均值为 3.58(SD=0.26)。两类词语所引发的积极或消极感受的程度无显著差异,$t(9)=-0.53,p=0.61$。

3. 实验设计和程序

采用 2(被试类型:残疾人、健全人)×3(社交线索类型:社交拒绝词、中性词、社交接纳词)两因素混合实验设计,其中被试类型为组间变量,社交线索类型为组内变量,因变量为被试对词语的颜色命名反应时。

采用 E-Prime 2.0 编写实验程序,包括 2 个 block:block 1 为练习部分,包含 12 个 trials;block 2 为正式实验部分,包含 72 个 trials。练习部分开始时,屏幕中央呈现一个持续时间为 1000ms 的红色"＋"注视点,主试提醒被试将注意力集中于注视点上;其消失后,原位置随机呈现一个红色或绿色词语,要求被试在保证正确率的前提下尽可能快地对所呈现词语的颜色进行按键判断,红色按"Q"键,绿色按"P"键。若判断错误,屏幕中央将出现一个红色的"错误"提示,直到被试正确反应后提示才会消失;被试反应正确后,出现 800ms 的白屏,程序自动进入下一个 trial,系统自动记录被试的反应时与错误率。参加实验的另一半被试做红色判断时按"P"键,做绿色判断按"Q"键,以此平衡实验的顺序效应。正式实验部分,被试判断错误将不会有错误反馈提示,直接进入下一个 trial。

4. 数据分析

在进行正式数据分析前进行预处理,删除被试按键反应出错的数据及反应时在 3 个标准差以外的数据(占原始数据 2%),两组被试的反应正确率均高达 98% 以上。根据高鹏程和黄敏儿(2008)的研究,正确率一般仅作为数据整理的依据,因此本实验的因变量是反应时。

(三)结果分析

残疾人、健全人被试在情绪 Stroop 任务中对社交拒绝词、社交接纳词和中性词反应时的平均数和标准差见表 6-7。

表 6-7　不同类型被试对社交词语颜色判断的反应时($M\pm SD$)

单位:ms

组别	社交拒绝词	社交接纳词	中性词
残疾人	818.67±270.06	777.28±296.80	766.39±294.49
健全人	536.01±161.27	539.29±147.63	536.97±148.00
总体	681.76±264.00	662.00±263.61	655.26±260.45

为进一步比较不同类型被试对不同种类社交词语的注意加工特点,参照张林和吴晓燕(2011)的研究,将被试对中性词的颜色命名反应时作为基线水平,将对社交拒绝词的颜色命名反应时与基线水平的差值作为被试对社交拒绝言语线索的注意偏向指标,即 $RT_{社交拒绝言语线索} = RT_{社交拒绝词} - RT_{中性词}$;将对社交接纳词的颜色命名反应时与基线水平的差值作为被试对社交接纳言语线索的注意偏向指标,即 $RT_{社交接纳言语线索} = RT_{社交接纳词} - RT_{中性词}$。两组被试在社交拒绝与接纳言语线索注意偏向指标上的平均数

和标准差见表 6-8。

表 6-8 社交词语颜色判断的反应时之差($M\pm SD$)

单位:ms

组别	社交拒绝词	社交接纳词
残疾人	52.28 ± 82.43	10.88 ± 50.33
健全人	-0.95 ± 39.85	2.32 ± 40.43

进行 2(被试类型:残疾人、健全人)×2(线索类型:社交拒绝词、社交接纳词)两因素重复测量方差分析。结果表明,被试类型主效应显著,$F(1, 63)=6.55,p<0.05,\eta_p^2=0.095$;线索类型主效应显著,$F(1, 63)=6.78,p<0.05,\eta_p^2=0.099$;两因素的交互作用显著,$F(1, 63)=9.32,p<0.01,\eta_p^2=0.131$。进一步的简单效应分析表明,在社交拒绝言语线索条件下,残疾人的反应时显著高于健全人[$t(24)=3.117,p<0.01$],即残疾人对威胁刺激比健全人更加敏感;在社交接纳言语线索条件下,残疾人的反应时和健全人无显著差异[$t(20)=1.181,p=0.242$],即残疾人对非威胁刺激与健全人在注意上无显著差异。

三、残疾人对不同类型社交情绪线索的注意加工特点

(一)研究目的

以愤怒面孔、快乐面孔、中性面孔图片为实验材料,采用同中选异范式(杨智辉,王建平,2011)考察残疾人对社交反馈情绪线索(消极、积极与中性)的注意敏感与注意锁定特点。

(二)研究方法

1.研究被试

选取某市 4 个不同社区的 63 名居民,其中,残疾人 33 名,健全人 30 名;男性 33 名,女性 30 名;平均年龄为 46.5 岁(SD=9.4)。选取的残疾人符合国家残疾人持证标准且智力正常,主要为肢体残疾二级和三级;残疾时间平均为 32.3 年,最短的为 2 年,最长的为 38 年;小学及以下学历占 29.6%,初中学历占 38.3%,高中学历占 25.4%,中专及以上学历占 6.7%;已婚占 68.2%,未婚占 17.9%,离婚占 7.2%,丧偶占 6.7%。所有被试视力或矫正视力正常,无色盲或色弱,能熟练使用计算机。整个实验过程完全

遵循被试自愿的原则,实验过程中被试可以随时停止或退出(数据作无效处理),完成实验任务的被试均可获得礼品。

2.实验材料

采用 12 寸 ThinkPad X201 液晶显示器,分辨率为 1024×768,颜色为真彩色,刷新率为 60Hz 的计算机。利用 E-Prime 2.0 编写实验程序,刺激呈现时间、被试反应时和正确率均由计算机自动记录。被试与显示器距离 60cm 左右,所有刺激均呈现在显示器中心,背景为白色(RGB 值为 255、255、255)。实验在隔音室内单独进行,被试不受任何干扰。

实验材料从中国化面孔情绪图片系统(龚栩等,2011)中随机选取,包括 12 张愤怒面孔、12 张快乐面孔和 12 张中性面孔,选择过程中对性别做了平衡处理。参照高鹏程和黄敏儿(2008)的研究,采用 Adobe Photoshop CS5 制作出包含 12 张情绪面孔的面孔组合图片,分为 3 行,每行 4 张。共制作 42 张面孔图片,一半用于注意警觉任务,其中包含 6 张由 11 张中性面孔和 1 张愤怒面孔组成的组合图片、6 张由 11 张中性面孔和 1 张快乐面孔组成的组合图片和 6 张由 12 张中性面孔组成的组合图片;另一半用于注意维持任务,其中包含 6 张由 11 张愤怒面孔和 1 张中性面孔组成的组合图片、6 张由 11 张快乐面孔和 1 张中性面孔组成的组合图片、6 张由 12 张愤怒面孔组成的组合图片和 6 张由 12 张快乐面孔组成的组合图片(示例面孔图片见图 6-4,其中左图为 12 张中性面孔,中图为 11 张愤怒面孔＋1 张中性面孔,右图为 11 张快乐面孔＋1 张中性面孔),在所有实验材料中愤怒面孔、快乐面孔和中性面孔在组合图片中出现的位置均进行随机化处理。

图 6-4　示例面孔图片

3.实验设计

注意警觉任务:采用 2(被试类型:残疾人、健全人)×3(实验条件:以中性面孔为干扰背景的愤怒面孔识别、以中性面孔为干扰背景的快乐面孔识别、以中性面孔为干扰背景的中性面孔识别)的两因素混合设计,其中被试类型为组间变量,实验条件为组内变量,因变量为被试在中性面孔背景下识别愤怒/快乐/中性面孔的正确率和反应时。

注意维持任务:采用2(被试类型:残疾人、健全人)×2(实验条件:以愤怒面孔为干扰背景的中性面孔识别、以快乐面孔为干扰背景的中性面孔识别)的两因素混合设计,其中被试类型为组间变量,实验条件为组内变量,因变量为被试在愤怒/快乐面孔背景下识别中性面孔的正确率和反应时。

4. 实验任务和程序

采用 E-Prime 2.0 编写实验程序,包括 2 个 block:block 1 为练习部分,包含 6 个 trials;block 2 为正式实验部分,包含 42 个 trials。练习部分开始时,屏幕的中央呈现一个持续时间为 1000ms 的红色"+"注视点,主试提醒被试将注意力集中于注视点上;其消失后,原位置随机呈现一张由 12 张面孔组成的图片(这 12 张面孔表情要么完全相同,要么有 1 张面孔表情与其余 11 张不同),要求被试在保证正确率的前提下尽可能快地对这两种情况进行按键判断。如果面孔表情相同,则按"Q"键,如果其中 1 张面孔表情不同于其余 11 张,则按"P"键。若判断错误则屏幕中央将会出现一个红色的"错误"提示,直到被试正确反应后提示才会消失;被试反应正确后出现 800ms 的白屏,程序自动进入下一个 trial,系统自动记录被试的反应时与错误率。参加实验的另一半被试,如果面孔表情完全相同,则按"P"键;如果其中 1 张面孔表情不同于其余 11 张,则按"Q"键,以此平衡实验的顺序效应。正式实验部分,被试判断错误将不会有错误反馈提示,直接进入下一个 trial。

5. 数据分析

在进行正式数据分析前进行预处理,删除被试按键反应出错的数据及反应时在 3 个标准差以外的数据(占原始数据的 2%),两组被试的反应正确率均高达 98% 以上。根据高鹏程和黄敏儿(2008)的研究,正确率一般仅作为数据整理的依据,因此本实验的因变量是反应时。

(三)结果分析

1. 不同类型被试对社交反馈情绪线索的注意警觉特点

残疾人、健全人被试在以中性面孔为干扰刺激、以愤怒面孔和快乐面孔为靶刺激情况下的反应时平均数和标准差,见表 6-9。

表 6-9　不同类型被试识别愤怒、快乐和中性面孔的反应时($M \pm SD$)

单位:ms

组别	愤怒面孔	快乐面孔	中性面孔
残疾人	2574.91±270.06	3447.30±1391.77	3994.90±1459.31
健全人	2421.93±1169.69	2627.61±1104.25	3489.85±1768.63
总体	2500.89±1084.25	3056.97±1319.24	3750.52±1622.99

为进一步比较不同类型被试对不同种类情绪面孔的注意警觉特点,将被试识别中性面孔的反应时作为基线水平,将识别愤怒面孔的反应时与基线水平的差值作为被试对愤怒面孔的注意敏感指标,即 RT$_{愤怒面孔敏感}$ ＝RT$_{愤怒面孔}$－RT$_{中性面孔}$;将识别快乐面孔的反应时与基线水平的差值作为被试对快乐面孔的注意警觉指标,即 RT$_{快乐面孔敏感}$＝RT$_{快乐面孔}$－RT$_{中性面孔}$。两组被试在识别以中性干扰背景下的愤怒、快乐和中性面孔的注意警觉指标的平均数和标准差见表 6-10。

表 6-10　不同类型被试识别愤怒、快乐和中性面孔的反应时之差($M \pm SD$)

单位:ms

组别	愤怒面孔	快乐面孔
残疾人	－1331.27±917.83	－528.27±1287.92
健全人	－1067.92±1037.12	－862.24±949.54

进行 2(被试类型:残疾人、健全人)×2(实验条件:以中性面孔为干扰背景的愤怒情绪面孔识别、以中性面孔为干扰背景的快乐情绪面孔识别)两因素重复测量方差分析。结果表明,被试类型主效应不显著,$F_{(1, 59)}=0.02$,$p=0.072$,$\eta_p^2=0.001$;实验条件主效应显著,$F_{(1, 59)}=35.04$,$p<0.01$,$\eta_p^2=0.373$;两因素的交互作用显著,$F_{(1, 59)}=12.29$,$p<0.01$,$\eta_p^2=0.172$。进一步的简单效应分析表明,在靶刺激为快乐面孔条件下,正常人被试的反应时显著低于残疾人被试[$t(18)=1.307$,$p<0.01$];在靶刺激为愤怒面孔条件下,残疾人被试的反应时显著低于正常人被试[$t(15)=1.051$,$p<0.01$]。

2.不同类型被试对社交情绪线索的注意维持特点

残疾人和正常人被试识别中性干扰面孔背景下的愤怒、快乐和中性面孔反应时的平均数和标准差见表 6-11。

表 6-11　以情绪面孔为背景的中性面孔判断的反应时($M \pm$SD)

单位：ms

组别	愤怒面孔	快乐面孔	中性面孔
残疾人	3620.97±2573.96	3600.25±1481.02	3994.90±1459.31
健全人	2857.15±1397.14	2904.65±1359.16	3489.85±1768.63
总体	3257.25±2116.69	3258.15±1453.46	3750.52±1622.99

为进一步比较不同类型被试对不同种类情绪面孔的注意维持特点,将被试中性面孔背景下识别中性面孔的反应时作为基线水平,将识别愤怒面孔背景下中性面孔的反应时与基线水平的差值作为被试对愤怒面孔的注意维持指标,即 $RT_{愤怒面孔维持}=RT_{愤怒面孔干扰}-RT_{中性面孔干扰}$;将识别快乐面孔背景下中性面孔的反应时与基线水平的差值作为被试对快乐面孔的注意维持指标,即 $RT_{快乐面孔维持}=RT_{快乐面孔干扰}-RT_{中性面孔干扰}$。 对不同类型被试在情绪干扰面孔背景下识别中性面孔的注意维持指标进行描述性统计,见表 6-12。

表 6-12　以情绪面孔为背景的中性面孔判断的反应时之差($M \pm$SD)

单位：ms

组别	愤怒面孔	快乐面孔
残疾人	−321.57±2146.72	−253.32±1474.76
健全人	−632.70±1164.09	−585.21±1596.76

进行 2(被试类型:残疾人、健全人)×2(实验条件:以愤怒面孔为干扰背景的中性面孔识别、以快乐面孔为干扰背景的中性面孔识别)两因素重复测量方差分析。结果表明,被试类型主效应不显著,$F(1, 59)=0.83, p=0.064, \eta_p^2=0.014$;实验条件主效应不显著,$F(1, 59)=0.07, p=0.076, \eta_p^2=0.001$;两因素的交互作用不显著,$F(1, 59)=0.01, p=0.069, \eta_p^2=0.001$。

四、残疾人对不同类型社会交往线索的注意加工特点

社会疏离是当前我国残疾人普遍存在的一个现实问题,它不仅影响残疾人生活质量,降低幸福感,还会诱发残疾人情绪、行为、认知等方面一系列心理问题。 目前,国内有关残疾人的研究大多集中于心理测评或心理干预等理论分析上,缺乏针对残疾人社会疏离问题的系统性研究。大量证据表明,低自尊的特殊群体均存在负性注意偏向特点,而残疾人普遍存在较低的

自尊,由此我们推测,残疾人可能对外界社交信息存在特殊的注意加工特点,进而导致其出现社会疏离。对于注意偏向发生在注意警觉还是注意锁定阶段,或者两者均存在,目前尚无一致性的研究结论。因此,我们的研究首先从残疾人注意加工特点分析,进而探讨残疾人对社会交往刺激线索是否存在负性注意偏向的特点,以及这种注意偏向发生的具体加工过程。

（一）残疾人对社交反馈中消极言语线索的注意偏向机制

情绪 Stroop 任务的研究结果发现,考察残疾人和正常人对社交反馈言语线索的注意偏向,结果与预期一致,残疾人对消极社交反馈言语线索比正常人更敏感,即存在注意偏向。结果表明,残疾人被试对社交拒绝词和社交接纳词的反应时均短于中性词,可能是由于他们具有的这两类社交反馈言语线索的图式均被激活,而正常人被试对这三类词语的反应时无显著差异。我们认为这可能与被试自身的差异有关:残疾人和正常人本属于两类不同群体,即使实验做到严格匹配也不能保证两组被试是完全同质的。因此,被试的基线水平和差异性在数据分析时同样需要考虑。进一步分析的结果表明,社交拒绝词的 Stroop 干扰效应显著高于社交接纳词,即残疾人对消极社交信息存在注意偏向。

本研究结果与以往的研究一致,Mogg 和 Bradley（2005）采用 Stroop 任务检测焦虑个体的注意特点时发现,高焦虑个体对威胁性词语的颜色命名显著快于中性词。在 Stroop 任务中,低自尊个体对拒绝性词语的颜色命名表现出更大的 Stroop 干扰效应（Dandeneau，Baldwin，2004）。对威胁性（拒绝性）词语的颜色命名干扰可能表明高焦虑和低自尊个体在信息加工的早期对威胁性（拒绝性）词语分配了更多注意资源,即存在注意偏向。残疾人由于存在负性偏向,更容易注意到外界环境中的拒绝性信息,往往会将他人的一些消极反应理解为被他人排斥,而这种偏见又进而继续影响个体的心理和行为反应,最终导致一种恶性循环（Williams et al.，1996；Wright et al.，2012）。长此以往,个体就会将这种错误观念变为自我实现的预言,对拒绝信息的注意偏向则会进一步增加残疾个体被他人拒绝或丧失社会支持的可能（Murray，Holmes，Griffin，2000）。正常人对接纳性信息容易投入更多的关注,不存在对拒绝性信息的注意偏向（张林,曹华英,2011）。这使其更少受外界负性信息的干扰,增加了被他人接纳和包容的感受,对个体的心理健康起到积极的促进作用。

（二）残疾人对社交反馈中消极情绪线索的注意偏向机制

从情绪 Stroop 研究任务的结果发现,残疾人对社交拒绝词的颜色命名显著快于正常人。这表明残疾人的注意更容易维持在词语意义上,从而干扰了对词语颜色的判断。然而,由于 Stroop 任务无法解释注意警觉和注意维持的成因(冯文锋等,2010),因此该结果不能有效阐明残疾人注意偏向发生的具体阶段。另外,残疾人和正常人对中性词的颜色命名反应时存在明显差异,这可能与残疾个体的受教育程度普遍偏低有关(韩梅,张雪慧,王妍,2013)。因此,同中选异任务选择更为直观形象的情绪面孔图片刺激作为实验材料,并采用同中选异任务进一步对残疾人注意偏向的产生机制进行探讨,结果发现残疾人对愤怒面孔的检测显著快于正常人,表明残疾人对威胁性情绪刺激存在注意警觉。

基于以上的研究结果,我们提出残疾人可能具有与其他特殊群体类似的注意特点,即对威胁性情绪刺激较为敏感,也更容易将注意锁定于威胁性情绪刺激而难以脱离。然而,采用同中选异任务进行研究后我们发现了与预期假设不完全一致的结果:在注意警觉特点上,残疾人和正常人对愤怒和快乐面孔的注意警觉有显著差异,即残疾人对愤怒面孔更加敏感,正常人对愉快面孔更加敏感;而在注意维持特点上,两组被试对愤怒和快乐面孔的注意维持无显著差异,即残疾人并没有明显地将注意锁定于威胁性刺激,而正常人也没有将注意锁定于快乐面孔。由此可见,残疾人的注意特点主要表现为对威胁性刺激的注意警觉。这种对负性社交刺激的注意警觉可能表明残疾人的认知资源更容易投入到负性刺激上,而这又进一步增加了残疾人的负面自我评价。在注意维持方面,并未发现残疾人对威胁性刺激存在注意解脱困难。而正常人注意的主要特点是对快乐刺激比较敏感,这与高鹏程和黄敏儿(2008)的研究结论基本一致。这样的结果表明残疾人在警觉到负性反馈刺激源后,很可能更容易产生回避行为。由此我们做出如下推测:残疾人对负性社交反馈线索可能存在一定的解释偏向,而这种解释偏向恰恰能保护残疾人免受负性刺激的进一步伤害,这可能是解释残疾人容易出现社交回避的关键所在。

关于残疾人对威胁性情绪信息的注意警觉,Eva、Edna 和 Nader(1999)采用同中选异任务考察焦虑症患者的注意偏向。结果发现,社交焦虑个体对愤怒面孔的检测显著快于正常人,即焦虑症患者对威胁性情绪刺激敏感。

关于对威胁性情绪刺激的注意维持,本研究并未发现残疾人更多地将注意锁定于威胁性情绪刺激而难以解脱,这与前人的研究不完全一致。杨智辉和王建平(2011)发现高广泛性焦虑个体无论在何种情境下均表现出对威胁性刺激的注意锁定,尤其在不确定情境下,这种注意锁定尤为明显。李海江等(2011)发现低自尊个体对负性情绪信息存在注意解脱困难。显然,本研究尚未发现类似特点,可能是因为残疾人存在注意回避的特点,即威胁性刺激一旦出现,他们就会在短时间内探测到并做出回避行为。如在线索提示任务中,当图片的呈现时间为 100ms 时,创伤后应激障碍青少年会表现出对威胁性刺激的注意警觉;而当呈现时间为 500ms 或 1250ms 时,创伤后应激障碍青少年会表现出对威胁性刺激的注意回避(王海涛等,2012)。这可以解释残疾人不同于其他特殊群体,对威胁性刺激不存在注意锁定。因为与创伤后应激障碍青少年类似,残疾人大多都遭受过严重的生理创伤,或多或少会存在应激性障碍。

五、针对残疾人对社交拒绝线索注意偏向问题的总结与建议

我们的研究发现,残疾人对于社交拒绝词的颜色命名反应时显著长于正常人,而对于社交接纳词的颜色命名反应时二者差异不显著,即残疾人对社交拒绝刺激存在更强的注意偏向;残疾人的注意特点主要是对威胁性情绪刺激的注意敏感,并非存在对威胁性情绪刺激的注意解脱困难。而正常人则对快乐性情绪刺激更加敏感,表现出更多的关注。

针对残疾人社会认知偏差中存在的问题,我们提出可以基于注意偏向训练(attentional bias training,ABT)的原理,从如下两个方面着手进行有针对性的干预训练。

第一,对残疾人社会认知偏差经典的干预方法,如认知治疗模型,检查低自尊者负性认知的内容,试图去改变它。也有理论强调个体对负性认知加工过程的影响,如个体聚焦在某种威胁信息上,或者选择忽略、放下它们。因此,注意的维持在残疾个体的认知偏差中起着更加关键的作用。具体而言,注意系统会使关注的内容狭窄化(选择性注意)并降低一个事件被视为威胁刺激的阈限(注意增强),夸大刺激的威胁程度和个体自身的失控程度,沉浸在更多妨害性的想法中导致残疾人对威胁刺激存在注意解除困难(王曼等,2011)。反复的实验结果证实,ABT 对残疾人的注意偏向、自尊状

态、知觉到的压力和学习工作能力均有比较好的改善。研究结果为缓解残疾造成的不利影响提供了另一个思路:如果负性认知的内容很难纠正,修正对负性认知的加工过程可以成为另外一种选择(王曼等,2011)。

第二,一般认为对威胁刺激的过度警觉会增加残疾人对残疾的易感性(Hofmann,2007;Mathews,MacLeod,2005),而对威胁刺激的持续关注通过让个体过度唤起来维持因残疾而带来的不利影响(Schmidt et al.,2009)。进一步的,这些会增强个体的无效行为,如回避威胁行为和更差的社交表现。因此,有理由认为改变注意偏向会减少因残疾而带来的社交障碍(王曼等,2011)。研究者们对症状改善的机制做了以下阐释:一方面,从信息加工的角度来看,改变个体的注意偏向可以让其从威胁信息转移开来加工其他类型的信息(Mathews,MacLeod,2002)。另一方面,从自我调节的角度来看,在压力状态下对积极刺激的喜好和优先加工可以减少负性认知(Hayes,Hirsch,Mathews,2010),调节负性情绪和压力反应(Johnson,2009;Taylor,Bomyea,Amir,2010)。而对负性刺激的注意偏向会抑制自我调节过程。因此,矫正个体的注意偏向会提高自我调节的水平。

第七章　不对称情境下残疾人与健全人社会交往模式的实验研究

世界卫生组织的统计数据(2001)表明,全世界有 5 亿名残疾人,占人口总数的 10% 左右,其中 80% 分布在发展中国家。我国目前有超过 8500 万名残疾人,如果连同残疾人的亲属在内,涉及数以亿计的中国公民。"残疾"影响到了残疾人的身体、心理健康,人际关系,以及他们家庭生活和社会活动的质量(Barbotte et al.，2001),这使得残疾人作为典型的弱势群体,处在社会的底层和边缘(周美芳等,2008)。例如,从社会交往方面来说,虽然近些年来我国从经济、政治、法律、就业、公共环境等方面开展了一系列相关措施改善残疾人生活环境,提高残疾人社会参与度,但他们的实际社会参与度却并不乐观。浙江省统计局、浙江省残疾人联合会(2013)的调查也发现,仅有 13.5% 的残疾人经常参加社区活动,27.5% 的残疾人偶尔参加,而一半以上(占总人数的 59.0%)的残疾人从未参加过社区文体活动。这些调查数据均表明,全国有一半以上的残疾人没有参加过社区组织的各项文体活动。这充分说明,虽然生活环境改善了,但残疾人社会参与状况并不理想。

客观环境的改善没有使残疾人的社会交往问题(例如,不愿意和健全人交往)得到缓解,究其原因可能是多方面的,例如,其身体活动能力受限(张银,唐斌尧,2003),或其躯体残疾导致的歧视知觉(stigma perception)(Zhang,Li,Liu,2014)等。但一个非常重要却往往被忽视的原因可能在于残疾人的社会交往模式不同于健全人的社会交往模式。并且,利他合作行为是维持社会交往的一个重要因素,而且它也涉及社会主体的利益再分配。因此,利他合作行为对于资源和地位不占优势的残疾人来说尤为重要。例如,残疾人在与健全人交往过程中表现出更低的合作水平,从而使得健全人不愿意与残疾人交往。同时,健全人在与残疾人交往过程中表现出的更高或更低的合作水平或亲社会行为,反过来亦会影响残疾人的社会互动反应模式(也会表现出更高或更低的合作水平)。本章旨在借助社会博弈理论及其范式考察残疾人(与其他残疾人或健全人)在社会互动过程中的行为模式特点。

第一节　残疾人与健全人社会交往的困境

一、残疾人社会交往的现状概述

社会交往是个体间相互往来,进行物质和精神交流的一种活动(邢耀章,2012),包括各种交流形式,如合作、竞争、提问、协商等(Hari,Kujala,2009)。残疾人社会交往可体现在其参加社会活动时和他人的互动,并形成属于自己的人际关系网络。调查表明,目前仍有超过五分之三的残疾人还没有真正走出家门,融入社会(陈功,吕庆喆,陈新民,2014)。残疾个体在人际关系上较为敏感(李文涛,谢文澜,张林,2012),较少参与到正式团体和组织(Hall et al.,2005;Seltzer et al.,2005)。他们身边非残疾同伴较少,多为家人和残疾同伴(Eriksson,Welander,Granlund,2007;Lippold,Burns,2009),或者那些帮助他们的社区员工(Hall et al.,2005)。此外,研究表明,残疾个体也更愿意和自己的残疾同伴交往,他们与残疾同伴维持的人际关系也更积极和持久(Matheson et al.,2007)。残疾个体在与健全人交往时,往往因容易表现出敏感激愤等情绪,而无法和周围人建立良好的人际关系,较难融入社会(Hall et al.,2005;Orsmond,Krauss,Seltzer,2004)。

二、残疾人社会交往中的面临的主要问题

社会交往能够促进人的全面发展(王武召,2002)。社会、人际交往训练可改善个体情绪与社交孤立状态(王卫平,史学英,郭峰,2003)。研究表明,社会交往特别是社交中形成的友谊有助于个体积极的成长。良好的同伴关系能为个体发展提供支持背景,从而促进个体的情绪和认知发展

（Newcomb，Bagwell，1996）。如，稳定的人际关系可以有效地预测个体在创造力、任务掌握、问题解决、利他，以及公开的合作等方面的认知发展（Hartup，1996）。此外，社会交往也可以提高个体幸福感和自尊，使个体在生活中可进行积极的调整，表现出亲社会的行为（Matheson，Olsen，Weiner，2007；Hartup，1993）。

研究表明，残疾人在社会交往及其人际关系上的缺陷会使得残疾个体在自我概念、同一性，以及心理健康上出现一系列问题。躯体残疾个体在参与运动竞赛（如，体育课或体育比赛）时会表现出低自我概念（Miyahara，Piek，2006）。智力残疾个体虽然可能因为他们的智力缺陷而维持一定的积极自我概念（Cunningham，Glenn，2004），但仍然有研究表明智力残疾学生在学业成绩上表现出低自我概念（Marsh，Papaioannou，Theodorakis，2006）。残疾个体的自我同一性形成也会受到日常交流的影响（Renshaw，Choo，2014）。他人的合作和支持可以促进痴呆患者创造有意义的生活，维持自我同一性（MacRae，2011）。人们对残疾人的反应往往被残疾人视为一种社会压力，从而进一步影响残疾人的幸福感（Shapiro，Martin，2010）。

社会交往过程中产生的污名（stigma）——个体因其"受损的身份"（spoiled identity）而受到社会排斥以及贬低的过程（Goffman，1963），也会引发残疾人的焦虑和抑郁，在社交中产生自卑感（Foster，2000）。残疾个体对自身的感知的社交能力的怀疑，将影响其自身的价值感（Miyahara，Piek，2006）。Tally(2010)调查发现，62％的残疾人报告有受到同伴歧视的经历，并因此导致他们之间的友谊破裂；46％的残疾人报告称自己同样受到家庭成员的歧视，他们常对自己表现为不信任、怜悯等，这些问题进一步加剧了残疾人孤独、抑郁和自我封闭的问题。公众产生的公共污名（public stigma）会影响残疾人群的外出活动、医疗服务和就业过程。同时，残疾人也是患抑郁、焦虑，产生社会退缩的高风险主体（Ferreira，Fox，2008；张晓丽等，2010）。

三、导致残疾人社会交往面临困境的原因分析

残疾人社会交往困难的原因可以归结为以下两个方面：一方面来自健全人对残疾人群体的行为态度，另一方面来自残疾人对残疾人群体的态度及行为表现。

（一）健全人与残疾人交往过程中的态度及行为表现

在一项一般公众对残疾人态度的调查中发现，虽然有许多人对残疾人在言语上表示支持，但非言语态度则依旧表示拒绝（Daruwalla，Darcy，2005）。慈善机构 Scope 在英国各地针对超过 2000 个人进行了调查。结果显示，虽然社会大力提倡平等对待残疾人，但事实上很少有人可以真正和残疾人士成为朋友，进行社交活动。残疾个体出行可能会遭到他人嘲笑或被他人长时间注视，有时还会遇到他人回避。他们在接受公共服务时也可能受到歧视待遇，例如，过分限制活动环境，缺乏保护隐私的公共浴室，以及在进行公众服务时，对他们另外安排时间等；在求职就业中，雇主可能会通过限制雇员数量和参加工作的机会来拒绝残疾个体的就业（Werner et al.，2012）。有研究者认为，健全人不愿意与残疾人交往或排斥残疾人的原因包括不知如何与残疾人士打交道，以及避免在与残疾人交流过程中可能遇到的尴尬等。例如，Richeson 和 Trawalter（2008）发现，健全人与残疾人群体在交流时通常会感觉到不舒服，因而常常回避与他们交往。

（二）残疾人与健全人交往过程中的态度和行为表现

残疾个体会将公众污名——公众群体对受污名的群体产生的刻板印象、歧视等内化，即残疾个体认可对自己所处群体文化的刻板印象，并将该刻板印象应用于自己，从而产生自我污名（self-stigma）——自我歧视行为（Corrigan，Kleinlein，2005）。例如，拒绝向他人求助、放弃工作的机会、怀疑自身社交能力等（Alecia，2011）。残疾人开始过分关注别人的态度，并将自己封闭起来，不与外界进行社交活动（Uppal，2006）。精神残疾个体可能会通过隐瞒病情或不接受治疗来回避污名（李强，高文珺，许丹，2008）。此外，由于对智力残疾个体的过分的活动限制，智力残疾个体可能会出现挑衅行为（challenging behavior）（当个体身体安全被置于严重危险下，或者行为严重受限，被拒绝接近或使用一般社区设施时出现的行为）（Došen，Gardner，Griffiths，2007；Heyvaert et al.，2012）。公众污名会使得残疾人感到羞愧，进而减少与他人交往；而自我污名所造成的伤害更大，它会破坏残疾人的自我保护机制（如导致自尊、自我效能感的降低等），进一步出现自我歧视等行为（谢文澜，张林，2013）。

第二节　不对称情境下残疾人与健全人
互动模式的实验研究

一、社会交往中两难困境的相关研究

社会困境是指个体利益与群体利益发生冲突的情境（Kollock，1998）。在该情境中，成员选择不合作的策略所得利益高于合作策略；且与合作策略相比，背叛策略对他人总会造成损失（Messick，Brewer，1983）；但所有人选择合作获益的动机高于背叛获益（刘长江，李岩梅，李纾，2007）。经典的博弈理论（game theory）以"理性经济人假设"为基础，认为博弈双方在两难情境中会按照自身利益最大化进行抉择。的确，现实生活和相关研究中也发现了个体无须付出成本即可获益的行为，即"背叛"（defection）或"搭便车"（free riding）行为（谢文澜等，2013）。但是，在多种社会困境中，博弈双方还是会做出不同程度的非理性选择——合作，且个体分配水平往往接近公平（Camerer，Thaler，1995）。许多学者开始从不同角度关注个体在两难困境中的行为决策。对于残疾人来说，如何权衡好自身和他人的利益关系，处理好他们生活中的社会两难困境（残疾个体和残疾个体或非残疾个体之间的合作与竞争关系）亦是值得我们关注的。

现用于研究社会两难困境的实验范式主要有囚徒两难困境（prisoners' dilemmas）、公共物品困境（public good dilemmas）（即"给"游戏）、资源两难困境（resource dilemmas）（即"拿"游戏）以及该类研究范式的变式，如小鸡范式（chicken game）等（刘长江，李岩梅，李纾，2007）。在囚徒两难困境框架中，背叛总是最优选择，且该范式主要用于两人博弈；而公共物品和资源两难困境则涉及多人博弈：在公共物品困境中，博弈者需将自己拥有的初始资源进行分配，当所有博弈者分配资源到一定数量时，所有人均可从中获益，如公益事业捐款；在资源两难困境中，博弈个体共享某一资源，并可决定从该资源中获取一定收益，由于资源有限，一旦超量，则资源枯竭。研究者认为个体差异、群体特征、任务特征、情境因素等都会影响博弈者在两难困境中的决策（Weber，KoPelman，Messick，2004；胡华敏，2008）。的确，在

现实生活中,资源分配不公、社会地位不平等社会情境等因素均会影响到个体的分配行为(谢文澜等,2013)。

二、不对称情境下残疾人与健全人双人互动模式的实验研究

(一)研究目的

通过双人多次互动模式来探讨社会困境中残疾人"一对一"的社会交往模式,包括残疾人和残疾人互动、残疾人和健全人互动。

(二)研究对象

随机选取某市 4 个不同社区的残疾人 41 名,其中男性 23 名,女性 18 名,平均年龄为 51 岁(SD=10.55)。所有残疾人被试均符合国家残疾人持证标准且智力正常,主要为肢体残疾二级和三级,平均致残时间为 23.6 年;随机选取健全人 40 名,其中男性 22 名,女性 18 名,平均年龄为 50 岁(SD=10.59)。所有被试视力或矫正视力正常,无色盲或色弱,能熟练使用计算机。整个实验过程完全遵循被试自愿的原则,实验过程中被试可随时停止或退出(数据作无效处理),完成实验任务的被试均可获礼品。

(三)研究工具

1.社会交往倾向

采用问题形式进行测量:"您平常生活或工作中喜欢接触/交往的人群为:1=残疾人,2=健全人"。

2.合作水平

在 Tazelaar 等(2004)研究的基础上,采用重复的"给"游戏设置本实验中的社会困境。实验开始前,被试拥有一定金额的初始资源(在本实验中为 100 元)。随后,被试可将该初始资源分配给其他人,分配量代表被试的合作水平。随后,被试根据指导语对初始资源进行分配(刘长江,李岩梅,李纾,2007)。

示例程序如下:

现在您拥有价值 0~100 元不等的小礼品。您将和您的搭档进行 10 轮礼品交换。在交换过程中,您只需要填入您需要交换礼品的金额(0~100 元)即可。

随后呈现如图 7-1 所示的界面。

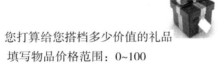

您打算给您搭档多少价值的礼品

填写物品价格范围：0~100

图 7-1 实验程序中被试选择的界面

当被试填写完数字按下空格键后，电脑会出现如图 7-2 所示的界面。

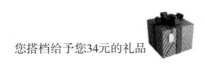

您搭档给予您34元的礼品

按[空格键]继续

图 7-2 实验程序中被试收到的反馈界面

此为一轮互动，被试总共需要完成 10 轮这样的互动。

3.满意度与公平感

采用问题形式进行测量：满意度问题为"您对上一轮互动过程（包括对方和自己的表现，以及整体感受）是否满意"；公平感问题为"在 10 轮分配过程中，您觉得您的搭档给您分配的金额公平吗"。两个问题均采用 5 点计分，其中，1 表示非常不满意或非常不公平，5 表示非常满意或非常公平。

(四)实验设计与程序

采用 2（被试类别：残疾人/健全人）×2（互动对象：残疾人/健全人）的被试间实验设计。因变量指标包括合作行为（被试在社会困境中给同伴的分配量）和心理感受（被试在互动过程中的满意度和公平感）两个指标。

所有实验材料在计算机上呈现，主试告知被试需要在电脑上与一名随机挑选的互动对象进行 10 轮互动交易。在每轮互动交易中，被试和虚拟互动对象各自拥有面值为 0～100 元的礼物，他们需要在彼此间分配这些礼物。每一轮分配结束后，他们会收到虚拟互动对象给自己的分配量。Roth（1991）的研究表明，被试在分配中往往会选择对半分，因此虚拟互动对象模拟真实个体的分配方式，即其 10 轮反馈平均值为 51.4 元（其中 5 轮高于 50 元，5 轮低于 50 元）。随后告知被试，他们 10 轮交易后手头获得礼物的总价值即其在实验后获得的真实礼品价值（实际上礼品价值统一）。被试先完成 5 个分配考察他们是否理解该情境,被试进行正确分配后,方可进行正式实验。在任务开始前,先让残疾人/健全人选择更愿意和谁(残疾人/健全人)来完成实验任务。每轮交易结束后,被试需对此次互动的满意度和公平感进行评价。

(五)研究结果

1.社会交往倾向

在 41 名残疾人被试中,有 56.1% 更偏好与残疾人交往。在 40 名健全人被试中,97.5% 更偏好与健全人交往。卡方检验的结果显示,$\chi^2(4)=42.67$,$p<0.05$。这表明,残疾人更愿与残疾人交往,健全人更愿与健全人交往。

2. 行为指标

以 10 轮分配中被试给对方的物品平均值为因变量,采用 2(被试类别:残疾人/健全人)×2(互动对象:残疾人/健全人)的方差分析。结果表明,被试类别主效应不显著,$F(1, 77)=0.40$,$p=0.530$,$\eta_p^2=0.01$;互动对象主效应显著,$F(1, 77)=6.65$,$p<0.05$,$\eta_p^2=0.08$;交互作用显著,$F(1, 77)=31.31$,$p<0.001$,$\eta_p^2=0.29$。简单效应检验的结果见图 7-3 和表 7-1,残疾人与残疾人互动时的合作水平($M=58.72$,$SD=14.87$)高于与健全人互动时的合作水平($M=49.87$,$SD=14.61$),健全人与残疾人互动时的合作水平($M=68.15$,$SD=14.42$)高于与健全人互动时的合作水平($M=44.15$,$SD=7.27$)。

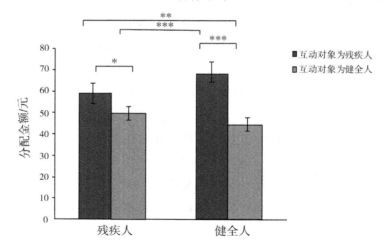

图 7-3 残疾人和健全人在与不同互动对象(残疾人/健全人)互动过程中的合作水平

注:* $p<0.05$;** $p<0.01$;*** $p<0.001$。后同。

　　以虚拟互动对象在 10 轮互动中的平均反馈值（$M=51.4$）为"公平"基线，考察残疾人与健全人在互动时所给出的金钱量是否高于或低于该公平基线。结果表明，残疾人与其他残疾人互动时给予的金钱量与公平基线差异显著（$p<0.05$），与健全人互动时给予的金钱量与公平基线差异不显著（$p=0.645$）；健全人与残疾人互动时给予的金钱量显著高于公平基线（$p<0.001$），与健全人互动时给予的金钱量显著低于公平基线（$p<0.001$）。以上结果表明，残疾人与其他残疾人互动时表现出较高的合作水平，与健全人互动则趋向公平分配；健全人与残疾人互动时表现出更高的合作水平，与其他健全人合作时则表现得相对理性自私。10 轮互动过程中每一轮互动的反馈值和被试的给予值如表 7-1 所示，10 轮互动过程中不同被试合作水平的变化趋势见图 7-4。

表 7-1　10 轮互动过程中，每一轮互动的反馈值和不同被试的合作水平

轮次	残疾人与健全人互动		残疾人与残疾人互动		健全人与残疾人互动		健全人与健全人互动		虚拟被试反馈	
	M	SD	M	SD	M	SD	M	SD	M	SD
第一轮	44.50	22.88	58.57	17.90	67.25	16.82	45.15	10.20	45.00	0.00
第二轮	45.10	19.84	54.57	23.17	65.25	17.13	46.60	10.84	40.00	0.00
第三轮	43.85	22.73	48.67	19.72	63.70	20.78	35.50	16.12	34.00	0.00
第四轮	41.60	25.10	48.14	23.96	59.00	21.50	33.00	8.98	30.00	0.00
第五轮	39.00	26.17	52.19	23.53	57.00	23.42	21.05	13.22	20.00	0.00
第六轮	50.35	21.95	59.05	18.35	66.00	17.89	45.80	11.19	55.00	0.00
第七轮	56.00	23.36	64.52	19.73	72.00	13.61	52.60	17.66	66.00	0.00
第八轮	66.85	23.55	69.57	23.91	78.50	15.65	67.20	20.81	89.00	0.00
第九轮	64.00	25.11	71.00	21.59	83.00	12.18	60.30	22.51	78.00	0.00

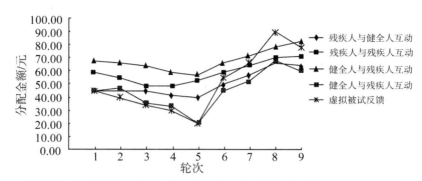

图 7-4 10 轮互动过程中,每一轮互动的反馈值和不同被试的合作水平

注:第 1 轮为被试根据虚拟搭档初次分配的金额进行反馈,因此图中不包括被试的初次分配。

3. 心理指标

2(被试类别:残疾人/健全人)×2(互动对象:残疾人/健全人)的方差分析结果如下:

对于满意度,被试类别主效应不显著,$F(1,77)=1.15$,$p=0.704$;互动对象主效应显著,$F(1,77)=10.54$,$p<0.01$,$\eta_p^2=0.12$;交互作用显著,$F(1,77)=24.66$,$p<0.001$,$\eta_p^2=0.24$。简单效应检验的结果如图 7-5 所示。对于残疾人,与其他残疾人互动时的满意度($M=4.33$,$SD=0.58$)高于与健全人互动时的满意度($M=2.90$,$SD=1.12$);对于健全人,与残疾人互动时的满意度($M=3.70$,$SD=0.66$)和与健全人互动时的满意度($M=3.40$,$SD=0.68$)差异不显著。

对于公平感,被试类别的主效应显著,$F(1,77)=4.59$,$p<0.05$,$\eta_p^2=0.06$;互动对象的主效应显著,$F(1,77)=4.594$,$p<0.05$,$\eta_p^2=0.06$;交互作用不显著,$F(1,77)=1.155$,$p=0.286$(见图 7-6)。

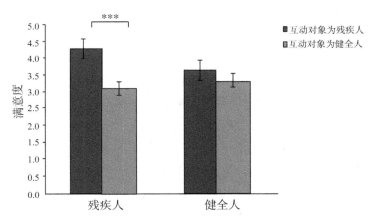

图7-5　残疾人和健全人与不同互动对象

（残疾人/健全人）互动时的满意度

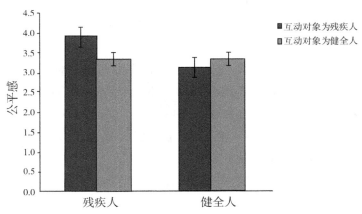

图7-6　残疾人和健全人与不同互动对象

（残疾人/健全人）互动时的公平感

第三节　不对称情境下残疾人与健全人
多人互动模式的实验研究

一、不对称情境下社会困境的研究概述

人们在权衡自身和他人利益时会受到自身资源和博弈情境的制约。社

会困境研究在对困境模型进行设定时通常假定人们在做出分配决策之前已经拥有相等量的初始资源。然而,这往往与现实情境相去甚远。在现实生活中,由于多方原因,相互竞争的双方会形成实力强弱差,进而形成不同的支配等级(dominance hierarchy)。当这种支配等级放入社会博弈中时就形成了不对称博弈。在该博弈情境中,支配等级的产生可以使得部分人群比其他人群拥有更多的机会去获得有助于提高个体生存和繁衍的资源。也正因为如此,支配等级使得处于支配地位的个体和被支配地位的个体间存在不可避免的冲突(Cummins,Allen,1998)。

有研究者发现,不平等(如资源、收益、权力等)会阻碍合作发生。例如,Bardhan(2000)发现,土地持有不平等程度和灌溉系统的维护程度呈显著负相关。Maner 和 Mead(2010)发现,一般情况下,领导者的行为与群体目标相一致。然而,当领导者的权力在领导层变得不稳定,权力受到削弱时,领导者将会把自己的权力凌驾于集体利益之上,并会阻碍集体中有能力的个体发挥作用。然而,另有研究表明,一定程度上的不平等反而会促进合作。例如,Olson(1965)发现,部分人群在合作中获得足够大的收益时,该类人群(占优势者)更乐意去承担合作的成本;当富有者与其群体存在共同利益时能够促进该群体合作和集体行为的发生。Massen 等(2010)发现,处于领导地位的长尾猕猴更有可能会提供食物给非亲缘个体,而处于被支配地位的长尾猕猴则会保留自己的食物。

另有研究发现,不对等地位提升合作还是降低合作取决于该行为的主体是处于劣势地位的个体,还是处于优势地位的个体。Rao 等(2011)对遭遇过汶川地震的灾区居民进行研究,结果发现,灾区居民(劣势地位)比非灾区居民(优势地位)更合作,且受灾程度更重的居民(劣势地位)比受灾程度较低的居民(优势地位)更合作。类似的,Han、Li 和 Shi(2009)采用最后通牒游戏(ultimatum game)和独裁者游戏(dictator game)考察了处于自己地盘(优势地位)和他人地盘(劣势地位)的儿童之间的合作行为,结果发现,当儿童处在他人地盘(劣势)时表现出较多的合作行为(给他人分配更多的糖果),而当其处于自己地盘(优势)时则表现出较少的合作行为。

研究者提出不同的理论来对不对等地位下的合作行为进行解释。经济学家提出"公平观念"假设,认为博弈双方有一种对"公平"认同的"共识"。根据该理论,似乎可以推测,当人们处于优势地位(例如占有更多的资源)

时，为了维持"公平"，处于优势地位的个体会表现出更高的合作水平。处于劣势地位的个体则会表现出较低的合作水平。Rao 等（2011）提出的"劣势让人更合作"理论从进化心理学的角度出发，认为在人类社会早期，相对于大自然而言，人们处于劣势。为了生存繁衍，处于劣势地位的人们需要和他人合作。互惠理论认为，人们是为了利益交换而表现出合作行为，即个体试图通过自身的行为（合作/惩罚）来"交换"对方的行为（合作）。互惠理论又分为直接互惠（direct reciprocity）、间接互惠（indirect reciprocity）和强互惠（strong reciprocity）等不同形式。例如，在多次重复博弈中，博弈双方会形成一项稳定的互动策略——以牙还牙（tit-or-tat）。该策略往往始于合作，在随后的每一回合中，博弈双方倾向于复制对手所采取的策略，即对方合作则自己合作，对方背叛则自己背叛。间接互惠是指，个体提供合作后，其所获得的奖励通过声誉机制（即通过帮助他人获得好名声后，其他个体也更愿意帮助该个体），由群体内其他成员代为实施。强互惠是指，为了保证群体利益，群体中的个体会付出一定代价去惩罚那些不守规则的人，即使所付出的代价得不到补偿（Gintis，2000）。根据互惠理论，处于优势地位的个体愿意帮助处于劣势地位的个体，其原因可能是为了获得"好名声"，从而在以后的交往中获益（间接互惠理论）；抑或是为了避免第三方制裁而选择合作（强互惠理论）。类似的，处于劣势地位的个体合作，可能是为了通过自身的合作来换取他人的合作（直接互惠或间接互惠理论），从而有利于其提高自身生存和繁衍的机会。

二、不对称情境下残疾人与健全人多人互动模式的实验研究

（一）研究目的

通过多人多次互动模式来探讨社会困境中残疾人在群体中的社会交往模式。在多人互动过程中，残疾人会面对不同的群体，包括完全由残疾人组成的公平情境（集成环境）、残疾人人数多于健全人的人数优势情境（逆向融合情境）、残疾人人数与健全人人数对等的公平情境以及残疾人人数少于健全人而处于人数弱势的劣势情境。同样，健全人在社会互动时也会遇到相同情境，相对应的包括完全由健全人组成的情境、健全人人数多于残疾人的情境、双方人数对等的情境以及健全人人数处于弱势的情境。

(二)研究方法

1.被试

随机选取某市四个不同社区残疾人 80 名,其中男性 44 名,女性 36 名,平均年龄为 52 岁(SD＝9.38)。所有残疾人被试均符合国家残疾人持证标准且智力正常,主要为肢体残疾二级和三级,平均致残时间为 22.8 年;随机选取健全人 80 名,其中男性 41 名,女性 39 名,平均年龄为 48 岁(SD＝9.47)。所有被试视力或矫正视力正常,无色盲或色弱,能熟练使用计算机。整个实验过程完全遵循被试自愿的原则,实验过程中被试可随时停止或退出(数据作无效处理),完成实验任务的被试均可获得礼品。

2.研究工具

(1)社会交往倾向

采用问题的形式进行测量:"以下哪类人群是您平常生活或工作中喜欢接触/交往的:A. 其余 3 名均为残疾人;B.其余 2 名为残疾人,1 名为健全人;C.其余 1 名为残疾人,2 名为健全人;D. 其余 3 名均为健全人。请按自己最愿意到最不愿意加入的顺序对以上四种群体进行排序,排序最高的计4 分,最低的计 1 分"。

(2)合作水平

采用公共物品困境范式,假设有 4 人共同完成某一决策任务。每人都有个人和公共 2 个账户,每人都需将自己所拥有的初始资源在个人和公共账户间进行分配,此时分配给公共账户的即为被试的合作水平(刘长江,郝芳,2015)。具体操作见实验程序,示例程序如下:

有一个小旅馆,由你们 4 个人共同投资,每人成本为 100 元。当 4 人投资超过或等于 200 元时,小饭店就可以开始营业,且营业额为 4 人总共投资金额的 2 倍,获得的利润随后会平分给你们 4 人。若不足 200 则无法营业。

为确保被试理解指导语,正式实验开始前先向被试呈现 2 个具体计算例子:当您的另外 3 位搭档总共投资 150 元,而您投资 50 元时,相当于你们4 人一共投资 150＋50＝200 元。此时超过或等于 200 元,可盈利。那么您获得的金额就是 200×2/4＝100 元;当您的另外 3 位搭档总共投资 120 元,而您投资 50 元时,相当于你们 4 人一共投资 120＋50＝170 元。此时不足200 元,不可盈利。并要求被试进行计算:当您的另外 3 位搭档总共投资140 元,而您投资 80 元时,相当于你们 4 人一共投资 140＋80＝220 元。此时是否可盈利？盈利多少？随后将被试随机分配到实验要求的 4 个情境中，如图 7-7 所示。

图 7-7　被试所处的社会互动情境界面

呈现界面如图 7-8 所示。

为了经营这个小旅馆，您打算投资多少钱？
填写金额范围：0~100

图 7-8　实验程序中被试选择的界面

当被试填写完数字按下空格键后，电脑会出现成功或失败反馈，如图 7-9 所示。

😄 恭喜你，你们小组4人总共投资222元，你
们的奖励将会翻倍平均分成四份。

您将获得111元

图 7-9　实验程序中被试选择后的反馈界面

此为一轮互动，被试总共需要完成 10 轮这样的互动。

（3）满意度与公平感

采用问题形式进行测量：满意度问题为"您对上一轮互动过程（包括对方和自己的表现，以及整体感受）是否满意"；公平感问题为"在 10 轮分配过程中，您觉得您的搭档给您分配的金额公平吗"。两个问题均采用 5 点计分，其中 1 表示非常不满意或非常不公平，5 表示非常满意或非常公平。

3.实验设计与程序

采用 2（被试类别：残疾人/健全人）×4（互动情境：身份单一组/人数优

势组/人数对等组/人数弱势组）的被试间实验设计。其中身份单一组的构成有1名残疾人与3名互动残疾人、1名健全人与3名互动健全人两种；人数优势组有1名残疾人、2名互动残疾人和1名虚拟健全人，1名健全人、2名虚拟健全人和1名互动残疾人两种；人数对等组有1名残疾人、1名互动残疾人和2名互动健全人，1名健全人、1名互动健全人和2名互动残疾人两种；人数弱势组有1名残疾人与3名互动健全人、1名健全人与3名互动残疾人两种。除身份单一组外，其他组均为混合组（群体中包括残疾人和健全人）。因变量指标包括合作行为（公共物品投资量）和心理感受（被试在互动过程中的满意度和公平感）两个指标。

主试告知被试需要在电脑上与其他3名随机挑选的被试（虚拟被试）一起完成10轮投资任务，每个人都有个人账户，整个小组有一个公共账户。个人账户属于被试，每次投资前都有100元的初始金额，他们可以将个人账户中的钱（0～100元）投入公共账户。当公共账户中的金额达到或超过200元时，公共账户中的金额将会乘以2，然后平均分配给小组所有成员；无论其是否投资，若账户金额未达到200元则都会被认为投资失败，投出去的钱将被没收。10轮投资后手头获得的礼物总价值即其在实验后获得的真实礼品价值（实际上礼品价值统一）。被试在阅读完指导语后，需完成几道任务相关计算题，即需要根据不同的投资方案计算自己是否可以获益以及获益多少；随后再完成5个分配试次，确保理解该情境。被试只有正确做答和分配才能进入正式实验，残疾/健全被试被随机置于不同的互动情境中。

（三）研究结果

1. 社会交往倾向

残疾人对互动情境的偏好差异显著，$F(3, 237)=5.36$，$p<0.001$，$\eta_p^2=0.06$。由高到低依次为身份单一组（$M=2.86$，$SD=1.05$）、人数对等组（$M=2.58$，$SD=0.87$）、人数优势组（$M=2.49$，$SD=1.04$）、人数弱势组（$M=2.08$，$SD=1.34$）。进一步分析表明，人数弱势组显著低于身份单一组（$p<0.001$）和人数对等组（$p<0.05$）。即残疾人更愿与残疾人互动，而在混合群体中残疾人最不愿参与人数弱势组。健全人对互动情境的偏好差异显著，$F(3, 237)=34.45$，$p<0.001$，$\eta_p^2=0.30$。由高到低依次为身份单一组（$M=3.48$，$SD=1.03$）、人数优势组（$M=2.48$，$SD=0.95$）、人数对等组（$M=2.15$，$SD=0.83$）、人数弱势组（$M=1.85$，$SD=0.92$）。进一步分

析表明,每种互动情境之间差异均显著($ps<0.05$)。即健全人更偏好与健全人互动,且偏好程度随健全人在群体中所占人数的减少而降低。

2.行为指标

以 10 轮被试给公共物品投资值为因变量,采用 2(被试群体:残疾人/健全人)×4(互动情境:身份单一组/人数优势组/人数对等组/人数弱势组)的方差分析。结果表明:被试群体主效应不显著,$F(1, 152)=0.24$,$p=0.622$;互动情境主效应显著,$F(1, 152)=24.64$,$p<0.001$,$\eta_p^2=0.33$;交互作用显著,$F(1, 152)=7.63$,$p<0.001$,$\eta_p^2=0.13$。简单效应检验的结果见图 7-10,群体类型在身份单一组($p=0.081$)和人数优势组($p=0.072$)上差异不显著,在人数对等组($p<0.05$)和人数弱势组($p<0.01$)上差异显著。在人数对等组上,残疾人($M=65.48$,SD$=10.46$)比健全人($M=53.97$,SD$=9.84$)表现出更高的合作水平;在人数弱势组上,健全人($M=79.19$,SD$=12.42$)比残疾人($M=63.88$,SD$=23.08$)表现出更高的合作水平。

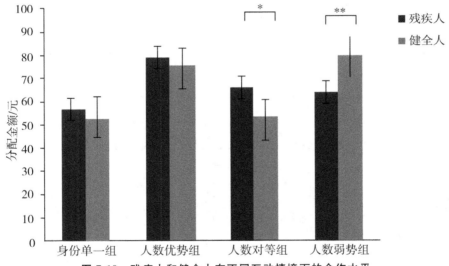

图 7-10　残疾人和健全人在不同互动情境下的合作水平

进一步分析发现,对于残疾人,其在身份单一组的合作水平($M=56.56$,SD$=10.07$)均低于混合条件下(人数优势组:$M=78.80$,SD$=14.14$;人数对等组:$M=65.48$,SD$=10.46$;人数弱势组:$M=63.88$,SD$=23.08$)的合作水平。在混合条件下,随着群体中残疾人人数的降低,合作水平降低。对于健全人,合作水平在身份单一组($M=52.56$,SD$=11.54$)与人数对等组($M=$

53.97，SD＝9.84）无显著差异（$p＝0.081$），而这两种条件下合作水平则显著低于人数优势组（$M＝74.90$，SD＝7.05）和人数弱势组（$M＝79.19$，SD＝12.42；$p_s＜0.05$）。

以 50 为公平基线对残疾人和健全人的投资金额进行分析。结果发现，残疾人在身份单一组、人数优势组、人数对等组和人数弱势组均高于该基线（$p_s＜0.05$）；健全人在身份单一组（$p＝0.175$）和人数对等组（$p＝0.079$）中的投资金额与公平基线无差别，在人数优势组和人数弱势组中的投资水平显著高于该公平基线（$p_s＜0.05$）。这表明人数优势组和人数弱势组凸显了"不对等地位"，导致被试的合作水平高于公平基线。

10 轮互动过程中，每一轮互动的反馈值和被试的给予值如表 7-2 和表 7-3 所示。其中，残疾人和健全人不同情境下在 10 轮互动中的合作水平变化趋势如图 7-11 和图 7-12 所示。

表 7-2　残疾人被试 10 轮互动过程中的合作水平

轮次	身份单一组		人数优势组		人数对等组		人数弱势组	
	M	SD	M	SD	M	SD	M	SD
第一轮	52.90	23.86	87.00	16.25	74.60	24.77	61.15	33.73
第二轮	55.55	23.71	78.75	19.19	79.35	20.90	70.10	25.49
第三轮	59.80	27.26	82.00	19.89	69.45	26.87	59.60	32.99
第四轮	56.10	23.89	84.60	23.67	64.40	23.88	65.15	34.06
第五轮	52.30	24.56	79.10	24.92	58.50	25.91	71.05	25.49
第六轮	47.60	22.00	77.75	23.62	69.05	27.73	55.90	32.47
第七轮	64.75	27.02	71.65	31.15	60.50	26.33	64.80	30.65
第八轮	58.40	23.99	80.90	17.99	65.25	23.77	61.90	33.25
第九轮	57.50	24.71	70.05	26.27	61.25	24.17	65.85	28.09
第十轮	60.65	25.12	76.20	25.81	52.40	29.57	63.25	32.30

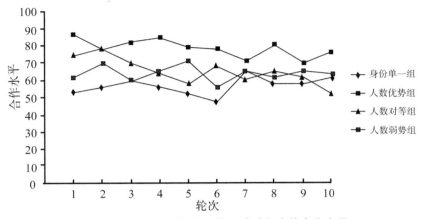

图 7-11 残疾人被试 10 轮互动过程中的合作水平

注:因为反馈包括投资成功和失败(此时被试获得金额为 0),为非连续变量,因此图中未包括反馈基线。

表 7-3 健全人被试 10 轮互动过程中的合作水平

轮次	身份单一组		人数优势组		人数对等组		人数弱势组	
	M	SD	M	SD	M	SD	M	SD
第一轮	47.50	20.99	76.75	24.72	58.05	22.89	80.70	19.02
第二轮	47.55	25.01	77.75	22.85	41.00	16.67	75.30	21.17
第三轮	59.25	18.94	71.25	19.99	42.25	16.02	82.75	17.93
第四轮	56.75	16.96	82.50	18.03	58.75	27.38	86.50	16.93
第五轮	49.70	22.51	78.50	19.27	59.20	24.24	78.35	21.91
第六轮	49.50	19.59	73.30	24.94	62.40	24.80	82.25	25.57
第七轮	47.50	18.60	74.75	22.56	60.75	27.35	77.70	22.01
第八轮	59.20	21.73	66.60	25.85	64.05	28.24	82.70	20.08
第九轮	55.30	19.57	77.45	16.19	42.90	25.10	72.95	17.83
第十轮	45.55	21.03	70.10	16.64	50.30	27.67	72.65	23.58

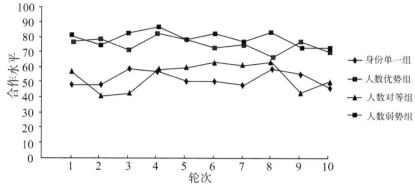

图 7-12　健全人被试 10 轮互动过程中的合作水平

注:因为反馈包括投资成功和失败(此时被试获得金额为 0),为非连续变量,因此图中未包括反馈基线。

3.心理指标

2(被试群体:残疾人/健全人)×4(互动情境:身份单一组/人数优势组/人数对等组/人数弱势组)的方差分析结果如下:对于满意度,被试群体主效应不显著,$F(1, 152)=0.012$,$p=0.911$;互动情境主效应显著,$F(1, 152)=11.42$,$p<0.001$,$\eta_p^2=0.18$;交互作用显著,$F(1, 152)=9.26$,$p<0.001$,$\eta_p^2=0.16$。简单效应检验的结果见图 7-13。健全人($M=4.00$,$SD=0.65$)比残疾人($M=3.10$,$SD=1.02$)在身份单一组中表现出更高的满意度($p<0.001$),残疾人($M=4.40$,$SD=0.50$)在人数优势组中比健全人($M=3.70$,$SD=0.66$)表现出更高的满意度($p<0.01$);在人数对等组($p=0.072$)和人数弱势组($p=0.079$)中,残疾人和健全人的满意度差异不显著。

此外,对于残疾人,其在人数优势组($M=4.40$,$SD=0.50$)的满意度显著高于在身份单一组($M=3.10$,$SD=1.02$)、人数对等组($M=3.70$,$SD=0.80$)和人数弱势组($M=3.10$,$SD=0.64$)中的满意度($p_s<0.05$),而其他三种情境下的满意度无差异($p_s>0.05$)。从混合情境的三种条件来看,随着群体中残疾人人数的减少,残疾人的满意度越来越低;对于健全人,其在身份单一组($M=4.00$,$SD=0.65$)中的满意度最高且显著高于人数对等组($M=3.40$,$SD=0.68$)和人数弱势组($M=3.15$,$SD=0.59$;$p_s<0.05$),在人数优势组($M=3.70$,$SD=0.66$)中的满意度显著高于人数弱势组($M=3.15$,$SD=0.59$;$p<0.05$)。

对于公平感,被试群体主效应不显著,$F(1, 152)=1.62, p=0.205$;互动情境主效应显著,$F(1, 152)=3.20, p<0.05, \eta_p^2=0.06$;交互作用显著,$F(1, 152)=8.49, p<0.001, \eta_p^2=0.14$。简单效应检验的结果见图 7-14,残疾人与健全人在身份单一组($p=0.072$)和人数对等组($p=0.079$)中差异不显著,在人数优势组($p<0.001$)和人数弱势组($p<0.01$)中差异显著。具体而言,在人数占优势时,残疾人($M=4.00$,SD$=0.65$)比健全人($M=3.20$,SD$=0.89$)的公平感更高;在人数弱势时,健全人($M=3.60$,SD$=0.75$)比残疾人($M=2.90$,SD$=0.64$)的公平感更高。

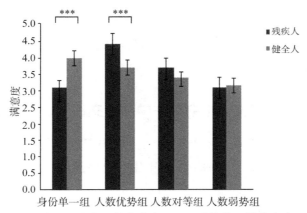

图 7-13 残疾人和健全人在不同互动情境下的满意度

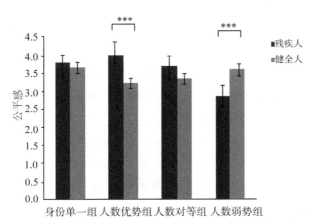

图 7-14 残疾人和健全人在不同互动情境下的公平感

进一步分析发现,互动情境在残疾群体上差异显著,$F(1, 153)=9.71$, $p<0.001$。对于残疾人,其在身份单一组($M=3.75$,SD$=0.72$)和人数优势

组（$M=4.00$，SD$=0.65$）体验到最高的公平感。其中，人数优势组的公平感显著高于人数对等组（$M=3.70$，SD$=0.57$）和人数弱势组（$M=2.90$，SD$=0.64$；$p_s<0.05$）。换言之，从混合群体来看，随着群体中残疾人人数的减少，残疾人的公平感更低。互动情境在健全群体上差异不显著，$F(1,153)=1.92$，$p=0.922$。但身份单一组的公平感最高（$M=3.65$，SD$=0.49$）。在混合情境中，随着残疾人人数的增加，健全人的公平感增加，由低到高依次为：人数优势组（$M=3.20$，SD$=0.89$）、人数对等组（$M=3.35$，SD$=0.67$）、人数弱势组（$M=3.60$，SD$=0.75$）。

第四节　不对称情境下残疾人与健全人的交往困境及对策建议

一、残疾人与健全人社会交往中面临交往困境的原因

大量研究发现，残疾人在行为上大多倾向于选择自我封闭、回避与他人交往，即便与周围人进行交往，也经常会表现出激愤等情绪，长此以往致使自己无法与周围人建立良好的人际关系（Shapiro，Martin，2010；Sharanjit，2006）。相比于正常大学生而言，残疾大学生的人际关系较差，很少有人愿意与其交朋友（Frostad，Pijl，2006；弋鹏，张茂林，2010）。Kariuki等（2011）关于澳大利亚136名青年残疾人心理健康的一项调查发现，大多数残疾人存在孤独、焦虑、自卑等心理问题。同样我国学者张晓丽等（2010）采用SCL-90对163名残疾大学生心理健康进行测评发现，残疾人大学生在人际敏感、抑郁、焦虑、敌对等项目上的得分均显著高于正常大学生；此外，社会疏离还会导致残疾人产生一系列心理健康问题（Brian，Howard，2009；Maina，Anne，Eric，2011）和迷恋网络等（Mari，2012；张康德，李建伟，孟燕，2007）。由此可见，残疾人社交现状并不乐观，尤其是与健全人进行互动时所表现出来的退缩和回避，会直接或间接影响到残疾人的生活质量、主观幸福感，降低残疾人的自我概念，危害残疾人的身心健康。造成这种情况的原因很多，其中一个较为直接的原因可能是残疾人和健全人交往时双方所表现出的交往模式不同。

社会分层（social hierarchy）是现实社会的一个基本特征（Leavitt，

2005；Rieskamp，Todd，2006）。在这种存在高低顺序的社会关系中，不同的人处于社会阶层中的强弱位置上，他们拥有不同的资源或财富，掌握不同的权力，实现利益的机会也不尽相同。依据传统经济学观点，人是理性的和自利的。由此，无论处于社会等级中的哪个位置上，个体的行为都是要实现个人利益最大化。然而，已有研究并没有发现个体出现传统经济学所预期的表现（Van Lange et al.，2013），这说明自利并非个体行为的唯一动机。在实验室情境中，人们总是试图努力提高他人以及集体的福利，尤其那些在社会中占据弱势位置的个体和占据强势位置的个体都有可能限制个人利益而谋求集体利益。

　　社会分层使得个体处于相对强弱位置上，社会关系的这种不对称不仅是个体学习和心理适应的结果（如人们更容易看到、记住、理解和学习这种社会关系；Zitek，Tiedens，2012），也是合作进化的一个关键机制（Janssen，Rollins，2012；Rieskamp，Todd，2006；Wang et al.，2010）。当这些处于不同位置的成员面临个体理性与集体理性相冲突的情境时，他们便陷入不对称社会困境（asymmetric social dilemmas）（刘长江，李岩梅，李纾，2007）。相比于对称社会困境，不对称社会困境更符合社会现实特征。不对称社会困境同样遵循社会困境的基本特征，即如果所有人都合作，那么集体利益得到最大实现；但是如果单方面背叛，那么个人利益得到最大实现（Messick，Brewer，1983）。在不对称社会困境中，不对称表现在很多方面。例如，个体拥有的初始物质资源（如金钱或代币）不等量，所掌握的信息不对称，一些个体比其他个体从公共物品中分享更多利益或是从资源库中索取更多公共资源等。通常，处于社会阶层中强势位置上的个体拥有更多的资源；反之，处于社会阶层中弱势位置上的个体则拥有更少的资源。从社会关系的角度，一些个体比其他个体拥有更多的权力或者机会实现个人价值或者谋取个人利益，这表现为个体在社会地位、权力、领导、沟通等方面上的差异。就像物质利益一样，此类社会因素也是构成不对称的一个基本要素。上述这两个要素体现在对社会困境实验研究的两类任务结构上，即决策结构和社会结构（Weber，Kopelman，Messick，2004）。由此，我们将那些在社会阶层中占据强势位置的个体界定为强势个体（或强者），而那些在社会阶层中处于弱势位置的个体界定为弱势个体（或弱者）。在社会困境（无论是在公共物品困境还是资源困境）领域里，不对称显著地影响到人们的决策行为。一些实验研究表明,强势要比弱势更可能使得个体促进或维护集体利益。例如,拥有更多资源的个体(强势个体)比拥有更少资源的个体(弱势个体)为集体利益贡献更多,而且,贡献的相对量通常与所拥有的资源量成比例;同样,在资源困境中,前者会协调其行为,使得成员最终所得差异最小化(Van Dijk,Wilke,1995;2000)。然而,其他研究并未一致地支持强势个体和弱势个体在行为上的这种差异。例如,Nikiforakis、Normann 和 Wallace(2010)操作了被试执行惩罚的效率(即惩罚者付出 1 个成本导致被惩罚者收益的减少量),结果发现,与惩罚效率更低的被试相比,那些惩罚效率更高的被试给集体贡献是相同的,但是他们有着更高的收益。总的来说,不对称(不均等或社会分层)显著地影响到人们在社会困境中的决策。

尽管残疾人同样为社会公共财富创造贡献,但因其自身生理或心理等方面的缺陷,使得该群体长期处于社会竞争底层。无论在社会资源获取、生存环境分配,还是在社交地位、生活质量的评估中,他们表现出来的边缘化和脆弱性都表明他们是典型的弱势群体。这种弱势使残疾人与健全人互动时的"公平天平"产生一边倒,在双人互动中尤为明显,即搭档是残疾人时,残疾人和健全人均会表现出较高的合作水平。此时资源公平分配不再是平均分配,而是分配给弱势的一方更多的资源才被认为是公平分配。这种弱势的公平感也可体现在多人互动时,当残疾人人数占优势时,其公平感最高。此外,健全人的高合作水平也可看作是一种对"不公平的厌恶",如 Tricomi 等(2010)的研究表明,那些处于强势地位的个体更倾向于减少他们和弱势之间不公平的差距。然而,健全人的"公平感"所带来的"高合作(如额外的社会资助)"可能也会成为污名的来源之一,表明残疾人与健全人不同。

根据"弱势让人更合作"理论,残疾人与健全人博弈时应表现出更多亲社会行为(因为残疾人处于弱势地位)(Rao et al.,2011)。然而该理论似乎不能很好地诠释残疾人与健全人的互动,本章给出的解释如下:一是之前的研究未区分合作对象,而本章进行了区分。且由于残疾人和健全人强弱地位差异太大,健全人与残疾人互动时表现出更高的合作水平而提高了健全人的整体合作水平(包括与残疾人或健全人)。然而,残疾人对残疾人的分配高于健全人对健全人的分配,即当分配对象无地位强弱差异时,残疾人仍表现出较高的合作水平,这在一定程度上支持了"弱势让人更合作"理论。二是残疾人的弱势可能不同于遭受自然灾害以及经济水平上暂时的弱势。

处于暂时弱势地位的个体可通过相互合作来改变弱势地位,提高生存的概率,而残疾人的弱势地位是无法通过他人的帮助就能改变的,且有时来自他人的帮助可能给残疾人造成一种无形的压力,如被残疾人知觉为歧视。这可能暗示,不同类型的弱势对合作的影响也存在差异。

无论合作是依据公平原则,还是弱势促进合作原则,都只是合作程度上的差异。个体的合作行为更多还是依据他人的反馈,即无论是残疾人还是健全人都会随搭档合作水平的高低而变化。即互惠原则可能是互动的根本原则,而"公平"和"弱势促进合作"则影响合作水平的高低。

二、残疾人在双人互动和多人互动中的交往模式与心理感受

个体的日常交往并非只是一对一的互动,往往处于不同的群体之中,如残疾人/健全人可能需要和残疾、健全或混合群体(包括残疾人和健全人)互动。本章比较有趣的发现是残疾人在双人和多人互动时所表现出的合作水平并不一致,人数的改变带来的人数优势效应似乎暂时改变了残疾人与健全人的社交模式。

在双人互动中,残疾人与残疾人的合作水平显著高于残疾人与健全人;而在多人互动中,残疾人与残疾群体的合作水平低于残疾人与混合群体。同样,在双人互动中,健全人给残疾人的分配量显著高于健全人给健全人以及残疾人的分配量;但在多人互动中,健全人在人数对等组(健全人和残疾人人数相等)中的分配量同在身份单一组(所有成员均为健全人)中的分配量并无差异。这均表明,互动人数会影响残疾人与健全人的社交模式。

尽管残疾人与残疾群体合作的水平低,但不代表残疾人与残疾人社会交往不佳,反之,这更可能表明残疾人在该情境下无地位强弱区分,从而可以公平分配。相关研究也表明,当残疾人所属群体中无健全的同龄人时,残疾人的自我感知、反应和技能获取能力会提升,会获得相应的交流技巧以发展友谊和巩固归属感(Schoger,2006)。本章也表明,残疾人更偏好与残疾人或残疾群体互动。

虽然单纯的残疾人交往可在一定程度上提升残疾人的身心健康水平,但这同时也限制了残疾人接触、应对其他新事物的能力,在一定程度上降低了其社会适应能力。因此,残疾人也需要与健全人交往。本章中的另三种情境简化了残疾人可能出现的交往环境,并证实在混合群体中,当残疾人人

数占优势时,会提高残疾人的合作水平,提高残疾人的满意度和公平感。而随着群体中残疾人人数增加,残疾人的合作水平、满意度、公平感也会相应得到提升。如以往的研究表明,不对称社会环境可建立一个既有合作又有竞争的环境,促进参与者积极自我概念的发展(Sherrill,2004),且不对称社会环境下的教学有利于残疾人成长发展(Schoger,2006)。这一发现具有一定的实践应用价值,可为残联、社区等机构开展残疾人活动提供相关理论支持。

三、改善残疾人社交困境促进其社会参与的对策与建议

根据梁佳佳(2012)的研究,针对残疾人的社会交往要考虑到残疾人群体的特殊性,因此针对残疾人的研究需要置于一定的社会环境和特殊情境中进行,研究他们与周围环境的互动以便更好地解决残疾人因为自身的缺陷而处于社交不利的问题。残疾人和健全人交往中涉及残疾人自身的交往体验,因此需要从残疾人的个体条件及其所处环境和社会支持网络的角度,提出以下破解残疾人社会交往困境的对策和建议:

第一,构建多元主体的残疾人社区服务网络。残疾人社区服务网络是一个集政府、社会组织、社区和民间力量为一体的多元主体的体系,要在进一步发展由政府建设和保障的、较为完整的、满足残疾人需要的各项残疾人福利设施的基础上,立足城市街道、社区和农村社区(中心村),积极动员社会力量参与残疾人社区服务的建设,大力支持和发展致力于残疾人康复、教育、收养、职业培训、生活服务等社会福利事业的社会团体和民间组织,逐步建成与社会主义市场经济体制相适应、符合我国基本国情、与当地经济社会发展水平相协调的以政府福利设施为引导、社区综合服务设施为主体、各类专项服务设施相配套、民间社会公益组织服务为补充的社区服务网络(吴晔,2013)。

第二,加大残疾人的就业保障制度建设。积极鼓励在法定年龄内,具有一定劳动能力的残疾人,依法参与社会劳动就业并取得报酬和收入,让残疾人走向社会和参与社会,这也是从根本上解决残疾人弱势地位的有效做法(徐成立,2006)。只有从经济上改善残疾人所处的劣势处境,才能从根本上解决残疾人的社交障碍问题。

第三,建立健全相关法律法规体系。残疾人事务是一个人权问题,必须

全面促进和保障残疾人在政治、经济、社会、文化等方面的权利,才能保证残疾人在平等的基础上,有均等的机会参与社会生活和发展。残疾人立法工作是作为保证国际人权规范得到执行的一个重要环节,而法律是克服文化和社会的负面态度、消除阻碍残疾人充分参与社会生活和发展的各种障碍的重要工具。目前我国已经制定一系列保护残疾人权益和促进残疾人事业发展的法律法规体系,然而这些法律法规体系仍然不能够满足残疾人事业发展的需求,需要不断地健全、完善和创新(刘志春,2013)。

第四,建立和完善社会保障体系。社会保障包括了社会救助、社会保险以及社会福利三个方面,可以满足残疾人的基本生活需求,缩小残疾人生活水平和社会平均水平之间的差距。只有在物质需要得到一定程度的满足时,残疾人才能够有机会参与到社会生活当中。在经济支出上残疾人要比一般人多支出医疗、康复、特殊教育、照顾和辅助器具制作等费用,因而其比一般人更需要经济安全的保障,特别需要政府和社会在就业、教育培训、康复、基本生活保障等方面给予特殊的扶助,这就必然在残疾人社会保障体系与健全人有所区别(许琳,张艳妮,2007)。因而针对残疾人的社会保障不仅要具有一般社会成员的特点,还要在政策上有一定的倾斜和照顾。这种倾斜和照顾既是公平性的表现,也是社会发展进步和社会文明程度的反映。

第五,加强残疾人工作委员会及残联的重要作用。残疾人联合会要发挥"代表、管理、服务"职能,加强残联组织建设,将残疾人工作主动融入社区服务和社区建设等基础工作中;加强残疾人工作队伍建设,建设高素质的专职人员和志愿者队伍,不断提高服务水平。要吸收优秀残疾人进入残联工作,使残疾人在自己的组织中更加活跃;加强对残疾人状况的调查统计和信息化建设,为政府部门制定残疾人事业重大政策提供决策辅助和依据。

第八章　残疾人的拒绝敏感问题及其对社会心理功能的影响

第一节　拒绝敏感研究概述

前面介绍了造成残疾人社会疏离问题的影响因素,例如残疾人对社交拒绝线索存在注意警觉特点等。由于自身的生理缺陷,残疾人在面对外界有意或无意的负面评价或消极回应时,大多数会选择逃避和自我封闭,导致残疾人产生孤独感或社交回避等心理问题(张林等,2015)。但有些残疾人,如残疾人运动员的社会参与反而会更加积极主动(翟方,董翠香,李莉,2004)。本章以残疾人的拒绝敏感为切入点,主要探讨拒绝敏感对残疾人的社会心理功能会带来哪些影响,以及高拒绝敏感的残疾人个体对不同类型社交线索具有哪些认知加工(注意、解释、记忆)的特点。

一、拒绝敏感的概念界定

社交拒绝是在日常交往中普遍存在的现象,但每个人在遭受他人拒绝后的心理反应不同,有些人在面对他人拒绝时会表现出非常强烈的反应,这就是拒绝敏感较高的表现。目前,学界认可度最高和使用率最高的"拒绝敏感"概念(rejection sensitivity)是由 Downey 和 Feldman 等人提出的,他们在进行了大量深入研究的基础上认为拒绝敏感是一种由早期拒绝经历所导致的特殊人格特质,并将其定义为"个体焦虑地预期他人行为中的拒绝,并可能对拒绝产生过度反应的心理倾向"(Downey,Feldman,1996)。拒绝敏感是一个由低到高的连续体,高拒绝敏感个体常担心自己会被他人拒绝,并预测自己可能会遭受他人拒绝;而低拒绝敏感个体并不担心自己会被拒绝,通常认为自己会被他人所接受(Atlas,2004)。

二、有关拒绝敏感的相关理论

(一)Sullivan 的人际关系理论

Sullivan(1953)的人际关系理论认为,婴儿在与看护人互动的过程中逐步形成了一套自我评价标准,即"好我"(good me),"坏我"(bad me)以及"非我"(not me)的心理表征,并会影响到其成年后的社会交往和社会知觉方式。Downey 和 Feldman(1996)的研究表明,高拒绝敏感个体具有消极的自我图式和自我概念,在社会交往过程中可能会出现焦虑或退缩行为。虽然早期经验对个体形成和发展较高的拒绝敏感有着重要影响,但残疾人作为弱势群体和特殊人群的典型代表,其拒绝敏感的形成和发展具有一定的特殊性,用符号互动理论和认知情感人格系统理论来解释可能会更合适些。

(二)Curry 的符号互动理论

符号互动理论中最具代表性的是 Curry 的"镜中我"概念。他认为,个体在与他人交往过程中逐步形成对自己的认识,通过他人的评价逐步形成自我概念,即每个人都可以作为别人的镜子,反映出对方的情况。也就是说,残疾人自我观念的形成可能源于他人的评价。如果外界的评价是积极的,那么残疾人就会形成积极的自我观念和自我评价;如果外界的评价是消极的,那么残疾人就会形成消极的自我观念和自我评价,并由此产生孤独、自卑等消极情绪,甚至否定自我价值,产生较高的拒绝敏感。

(三)Mischel 的认知情感人格系统理论

Mischel 和 Shoda 在整合了现象学和认知系统观点的基础上提出了认知情感人格系统理论,该理论认为人格系统结构是由认知-情感中介单元以某种稳定的组织关系构成的,有效解释了不同情境下人格的不变性和行为的可变性之间的矛盾关系(Mischel,Shoda,1995)。认知情感人格系统理论对拒绝敏感的动态心理加工过程进行了解释,从而揭示拒绝敏感的本质(Ayduk,Gyurak,2008)。该理论认为个体在不同情境下会有不同的行为反应,存在如果(if)……那么(then)……的关系模式,即如果在 A 情境下,个体可能会做出

X 反应;但如果在 B 情境下,个体就可能会做出 Y 反应。在友好情境下,高拒绝敏感个体的攻击性行为等消极行为反应与低拒绝敏感个体无差异;在拒绝情境下,高拒绝敏感个体的"如果……那么……"人格情境系统会产生具有攻击性的消极暗示,他们会比低拒绝敏感个体更加具有攻击性,他们也更倾向于表现出一些被人们接受的行为(如自我沉默、先人后己以及谄媚),即他们希望能被他人所接纳(Mischel,Shoda,1995)。

(四)Downey 的拒绝敏感社会认知加工模型

Downey 和 Feldman(1996)构建了拒绝敏感的社会认知加工模型,来描述社会情境中他人的拒绝对个体的认知、情绪和行为的影响,这些认知和情绪对个体的自我和人际调整有着重要的意义。在有关人格的人际关系理论和依恋理论的影响下,Canyas 和 Downey(2013)进一步完善了拒绝敏感的社会认知模型,由此来解释拒绝敏感的认知机制,他们认为个体在早期成长过程中的拒绝经验会使他们形成一种对他人会拒绝自己的焦虑预期。这一模型如图 8-1 所示,人们会通过学习建立拒绝与特定情境线索的直接联系,这些线索就会启动对拒绝的焦虑预期。高拒绝敏感的个体会对具有社会威胁的线索特别关注,对这些线索的反应阈值也相对较低,而且会对拒绝产生更强烈的情绪反应。这种反应倾向性被认为会导致更明显的愤怒和反应性攻击,而这反过来就可能在对方身上产生一种反馈,而形成自验语言(Pietrzak,Downey,Ayduk,2005)。

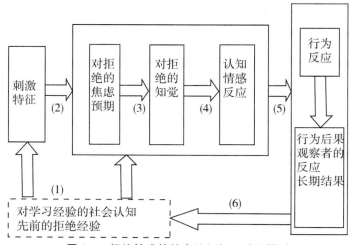

图 8-1　拒绝敏感的社会认知加工过程模型

　　在社会认知模型中,拒绝的焦虑预期被看作是拒绝敏感认知机制的核心成分,家庭暴力、情感忽视、严格管教以及父母有条件的爱等经验都会产生对拒绝的焦虑预期。对拒绝具有焦虑预期的人会更容易将他人相对模糊的消极行为(比如亲密伙伴表现出冷淡和距离感时)感知为拒绝,从而影响到其人际关系(Downey,Feldman,1996)。与低拒绝敏感的人相比,高拒绝敏感的人对可能产生拒绝的同一线索会知觉到更多的拒绝,而且他们对知觉到同一拒绝的反应也更强烈。对拒绝的知觉可以引发强烈的敌意反应和反应性攻击行为,从而对人际关系产生破坏性的影响,这一点也得到了很多实验和现场研究的证实(Ayduk et al.,1999；Crocker,Park,2004；Ayduk,Gyurak,Luerssen,2008)。

　　总的来说,拒绝敏感主要表现在以下三个方面:当一个人注意到社会情境中的拒绝信号时,会增强对被拒绝可能性的觉察和对被拒绝迹象的警觉性;对拒绝信息的注意偏好,将提高个体对社会拒绝信号与其他社会信号相区别的能力;对拒绝产生的厌恶反应,会使个体在觉察到有拒绝威胁时快速形成自我防御(张莹瑞,李涛,2013)。

三、个体的拒绝敏感对其社会适应功能的影响

(一)拒绝敏感和个体自尊的关系

　　许多研究证明,拒绝敏感与自尊水平呈显著负相关,即高拒绝敏感与低自尊相关(Downey,Feldman,1996；Downey,Freitas,Michaelis,1998；Wilcox,Mitchell,1977；Pepitone,Wilpozeski,1960)。Kang 和 Chasteen(2009)的研究发现,老年人的年龄拒绝敏感与一般性拒绝敏感、污名等呈显著正相关关系,但与自尊呈显著负相关关系,说明高年龄拒绝敏感的老年人的自尊水平显著低于低年龄拒绝敏感的老年人。国内研究也发现,老年人的拒绝敏感与自尊存在负相关关系(段莉等,2015)。

(二)拒绝敏感与个体消极情绪、行为的关系

　　拒绝敏感所导致的消极情绪主要有抑郁、孤独和社交焦虑以及与之相关的行为反应。抑郁与个体被接纳的程度呈负相关,且女性比男性更容易产生抑郁。对青春期女生的研究发现,较少的同伴接纳导致其更易产生拒绝敏感,并进一步导致抑郁(Kupersmidt,Parrerson,1991)。高拒绝敏感的女性在对恋爱关系的处理上会比低拒绝敏感的女性表现出更多的恋爱困难,更容易产

生挫折感和持久的抑郁心境(Harper,Dickson,Welsh,2006)。实验室研究发现,高拒绝敏感者在面对不同的拒绝情境时都会产生焦虑情绪(Tomber Leary,1993)。在同伴关系中,较高的拒绝敏感会导致个体体验到孤独感,他们渴望社交却不擅长社交,如在社交过程中出现的回避和退缩行为,可能被同伴曲解为不友好或傲慢无礼的行为,继而对他们做出拒绝反应,加剧了他们的孤独感和社交回避行为(Boivin,Hymel,Bukowski,1995)。此外,高年龄拒绝敏感的老年人比低年龄拒绝敏感的老年人具有更低的生活满意度和更低的社会功能水平,更容易体验到孤独感,并产生抑郁情绪(Debbie,Evelyn,Chi-Yue,2008)。肥胖症患者由于具有较高的身体拒绝敏感,往往比其他人更容易产生情感障碍和人格障碍(Berman et al.,1992)。

(三)拒绝敏感对个体人际关系质量的影响

关于拒绝敏感与人际互动关系,Downey 和 Feldman(1996)认为,较高的拒绝敏感可能导致个体人际交往困难。其中,明显受到影响的人际关系类型是亲密关系和同伴关系。亲密关系是一种特殊的情感关系,以往研究表明,较之低拒绝敏感者,高拒绝敏感者更倾向于将伴侣包含模糊拒绝信息的行为或语言解释为直白的拒绝,对亲密关系感受到较少的安全感和较多的不满。高拒绝敏感的女生在亲密关系中很容易觉察到有敌意的拒绝,并因此做出激烈的反应,如大吵大闹等,甚至出现攻击行为(Purdie,Downey,2000;Ayduk et al.,1999)。在青少年阶段,高拒绝敏感的女生出于维持亲密关系的考虑会采取服从策略,但一再地忍让会导致其产生抑郁或自我沉默的消极后果;高拒绝敏感的男生在亲密关系中往往缺乏责任感,遇到问题时可能更容易表现出攻击行为。对同伴关系的研究发现,高拒绝敏感的儿童难以接受同伴表现出的模糊拒绝信息,面对这些"拒绝",他们感到非常痛苦,并容易出现攻击行为(Purdie,Downey,2000)。

第二节　拒绝敏感对残疾人社会心理功能的影响

综合前人的研究可得,较高的拒绝敏感会对被试产生许多消极影响,如较高的抑郁水平、较低的社会功能水平以及强烈的孤独感和较多的社交回避倾向等(Kupersmidt,Parrerson,1991;Harper,Dickson,Welsh,2006;

Tomber，Leary，1993；Boivin，Hymel，Bukowski，1995）。拒绝敏感对抑郁、孤独、社交焦虑等消极情绪，亲密恋爱关系和同伴关系等人际互动关系以及自尊等自我认知评价有着一定的影响（王江洋，杨薇，申继亮，2012；Debbie，Evelyn，Chi-Yue，2008；Kang，Chasteen，2009；段莉等，2015），即拒绝敏感可能存在对社会心理功能的消极影响。因此，有必要探讨拒绝敏感对残疾人的社会心理功能的影响。

一、残疾人对身体拒绝敏感的表现

残疾人的拒绝敏感主要表现在两方面：身份拒绝敏感和身体拒绝敏感。身份拒绝敏感是指在社会交往中，残疾人接收到非残疾人群体的非确定性评价后，通常以内化了的污名身份来解释这些信息，并在面对因残疾人身份而遭遇的潜在拒绝情境时，持有较高的焦虑性预期，当遭遇真正拒绝时可能有过度反应（Denton et al.，2002；Canyas，Downey，2013）。身份拒绝敏感一般是由个体所具有的特殊身份导致的，这种身份多是社会主流群体所不屑甚至是所歧视的，国内这方面的研究大多集中在对孤儿的相关研究上。针对福利院孤儿的研究发现，孤儿自身的成长经历存在较大差异，导致其身份拒绝敏感程度差异较大，但由于有共同的孤儿身份，他们普遍会对"可能面临的拒绝"提前做好准备（王江洋，杨薇，申继亮，2012）。通过对孤儿学校的调查研究发现，高拒绝敏感的孤儿存在较多的心理问题，即身份拒绝敏感对其身心健康发展具有显著的消极影响（来媛，2012）。残疾人由肢体残疾或功能残疾以及特殊群体的身份特征等导致的身份污名可能使他们遭受更多特殊对待，这对其身份拒绝敏感的形成有一定影响。

身体拒绝敏感是指个体对肢体完整性和身体功能有效性方面产生的拒绝焦虑性预期及过度反应的倾向。关于身体拒绝敏感的相关研究结果发现，男女大学生的身体拒绝敏感程度都会受到社会文化因素的影响，尤其是各类关于身材方面的宣传报道会影响到身体拒绝敏感的发展，如舆论强调"以瘦为美"的观念会影响体态丰腴者的身体拒绝敏感水平。高身体拒绝敏感的大学生对包含形体信息的模糊拒绝线索感受到更多的拒绝，并对进行整容手术的意愿更强烈。而较高的身体拒绝敏感会影响到他们的日常人际意愿和学习动机，甚至可以预测身体畸形恐惧症（Calogero et al.，2010；Park，Calogero，Harwin，2009；Park et al.，2010）。当代中国仍是一个注重肢体完整性和身体功能完整性的传统审美型国家,在这样的社会大环境下,肢体残疾人由于明显的身体缺陷会比健全人遭受更多的非议和不公正的对待,这对其身体拒绝敏感的形成有一定的影响。

残疾人的身体具有一定的缺陷,残疾人对自己身体的缺陷往往十分在意,对与其相关的评价也比较敏感(Mischel,Shoda,1995)。由于这两种拒绝敏感可能会共同对残疾人的心理产生影响,所以我们将身份和身体拒绝敏感二者合并为残疾人的拒绝敏感进行研究讨论。

二、残疾人拒绝敏感测量问卷的编制

拒绝敏感的研究首先集中在测量方面,对于拒绝敏感的研究一般采用问卷调查的方式进行。最具代表性的拒绝敏感问卷是 Downey 和 Feldman 针对大学生群体编制的个人拒绝敏感问卷(RSQ-Personal),该问卷由 18 个假设的情境组成,这些情境均有可能在日常生活中发生。在被重要他人拒绝的事件(如,向老师寻求帮助)中,要求被试想象自己在每个情境下可能做出的反应。该问卷考察被试对于每一种情境下可能被拒绝的焦虑程度和预期水平,即每个情境下包含两个标准化的问卷项目,分别测量对拒绝的焦虑程度和对拒绝的预期程度,均采用六点计分,焦虑维度的得分越高表示被试对拒绝的焦虑和担心程度越大,预期维度的得分越高则表示被试预期他人会拒绝自己的可能性也越大(Downey,Feldman,1996)。最后将两个维度的分数相乘,得到最终的拒绝敏感总分,分数越高表示被试的拒绝敏感程度越高。

该问卷是目前拒绝敏感领域最具有权威性、基础性的测量工具,很多衍生的拒绝敏感问卷都是在该问卷的基础上进行修订和编制的,本章所采用的残疾人拒绝敏感问卷是在该问卷的中文修订版基础上再次修订而成的。首先,对 17 名本校大学生进行访谈,收集了 32 个与残疾人生活相关的模糊性的社交情境材料,编成了 32 个描写含糊情境的句子;其次,将这 32 个句子打印出来,发给 50 名本校大学生,请他们挑选这些模糊情境出现的频率,并写出尽可能多的解释;再次,根据他们写出的频率,选择了其中 10 个描述模糊情境的句子,并根据大学生写出的解释对每个句子编写出积极、消极和中性的解释各一个;最后,为了确保问卷中提供的 3 个解释确实如我们预期分为积极、消极和中性解释,将这些选项打印出来,发给本校大学生,要求其对每个解释进行效价(积极、消极和中性)的评定,对那些评定不一致的解释进行调整,最终确定本章所使用的残疾人拒绝敏感调查问卷。

三、残疾人的拒绝敏感表现及其对社会心理功能的影响

(一)研究目的

目前针对特殊群体拒绝敏感的研究,大多集中于对孤儿的身份拒绝敏感研究(王江洋,杨薇,申继亮,2012)、老年人的年龄拒绝敏感研究(Kang,Chasteen,2009;Debbie,Evelyn,Chi-Yue,2008),较少涉及专门针对残疾人群体的系统性的拒绝敏感研究。目前涉及残疾人拒绝敏感的研究大体可以分为两方面,即对残疾人身份拒绝敏感的研究和身体拒绝敏感的研究,但这两种类型的拒绝敏感对于残疾人的影响是存在交叉作用的,并非独立存在。因此,本研究将对二者进行合并,通过问卷调查的方式系统考察残疾人的总体拒绝敏感及其与社会心理功能的关系。

(二)研究方法

1.被试

本研究分别从浙江省宁波市和安徽省淮北市随机抽取 8 个不同社区的肢体残疾人被试,所选的肢体残疾人被试均是因躯体残疾而导致不同程度的身体部位的功能丧失或功能障碍者,均持有经国家批准的由中国残联统一制发的残疾人证。共发放调查问卷 144 份,收回有效问卷 115 份,有效问卷回收率 79.9%。其中,被试年龄在 25~80 岁,男女比例基本相等。

2.实验材料

本研究采用的《残疾人拒绝敏感问卷》根据赵艳林等人的《大学生拒绝敏感问卷》(中文版)修订而成(赵艳林,李文涛,张林,2012),由 11 个残疾人日常生活中的实际情境构成,如残疾人参加社区组织的残疾人聚会活动等,见附录二。被试对每一情境的反应由两个维度构成:对拒绝的焦虑程度和对接纳的预期程度。对两个维度的测量均采用 3 级计分:1 代表"不担心"或"不认同",2 代表"有点担心"或"比较认同",3 代表"很担心"或"认同"。"对拒绝的焦虑程度"得分越高表示被试对拒绝的焦虑和担心程度越高;"对接纳的预期程度"得分越高表示被试预期他人接纳自己的可能性越高,该维度所有项目均为反向计分。残疾人拒绝敏感总分为"拒绝焦虑程度×接纳预期程度的反向得分",得分越高表明残疾人被试对拒绝敏感的程度越高。

社会心理功能是个体在社会生活及社会交往过程中表现出的心理健

康程度指标，分为情感指标和行为指标两部分。其中情感指标一般又分为正向情感指标和负向情感指标。正向情感指标——主观幸福感，采用生活满意度量表进行测量。本研究采用的是 Diener 的总体生活满意度量表，该量表内容简单凝练，只有 5 个项目，每个项目 7 级评分，信效度均良好，且使用广泛，见附录三（Pavot，Diener，2009）。负向情感指标——孤独感，采用 UCLA 孤独量表（第三版）施测，共 20 个项目，每个项目采用 4 点计分，1 分代表"从不"，4 分代表"一直"，得分越高说明被试孤独体验越强烈，见附录四（Russell，1996；刘平，1999）。行为指标——社交回避，采用社交回避量表进行施测，选自"社交回避及苦恼量表（SAD）"中的社交回避分量表，共 14 个项目，采用"是/否"计分，得分越高表明社交回避倾向越重，见附录五（汪向东，王常林，马弘，1999）。

（三）数据分析

1. 残疾人拒绝敏感特点的情况分析

将残疾人拒绝敏感得分按照平均分分为高低两组，两组残疾人拒绝敏感的得分及其 t 检验的结果，见表 8-1。

表 8-1　高低拒绝敏感残疾人的拒绝敏感得分及 t 检验的结果

组别	N	M	SD	t
高拒绝敏感组	59	465.47	92.55	13.43**
低拒绝敏感组	56	276.43	54.44	

注：** $p < 0.01$。

如表 8-1 所示，对残疾人拒绝敏感进行高低分组的结果有效。采用平均分将残疾人群体分为高拒绝敏感组和低拒绝敏感组（将其简称为高分组和低分组），高分组残疾人的拒绝敏感程度显著高于低分组的残疾人（$p < 0.01$）。

2. 残疾人的拒绝敏感对其社会心理功能的影响

残疾人的社会心理功能（孤独感、社交回避和主观幸福感）的分析结果见表 8-2。如表 8-2 所示，孤独感在拒绝敏感高低分组上差异显著（$p < 0.05$），即高分组残疾人的孤独感得分显著高于低分组残疾人。主观幸福感在拒绝敏感高低分组上差异显著（$p < 0.05$），即高分组残疾人的主观幸福感得分显著低于低分组残疾人（$p < 0.05$）。社交回避在拒绝敏感高低分组上差异不显著。

表 8-2 不同拒绝敏感组残疾人社会心理功能的差异（M±SD）

组别和 t 值	孤独感	社交回避	主观幸福感
高拒绝敏感组	45.76±8.45	6.88±1.62	20.26±6.48
低拒绝敏感组	42.16±8.33	6.38±1.97	23.50±4.30
t 值	$t=2.209^*$	$t=1.414$	$t=2.21^*$

注：$^*\, p<0.05$。

高分组残疾人的拒绝敏感和社会心理功能的相关分析结果见表 8-3。

表 8-3 高分组残疾人的拒绝敏感和社会心理功能的相关分析结果

心理	M	SD	1	2	3	4
拒绝敏感	465.47	92.55	—			
孤独感	45.76	8.45	0.41^{**}	—		
社交回避	6.88	1.62	0.15	0.48^{**}	—	
主观幸福感	20.44	6.62	-0.74^{**}	-0.58^*	-0.61^*	—

注：$^*\, p<0.05$；$^{**}\, p<0.01$。

如表 8-3 所示，高分组残疾人的拒绝敏感与孤独感存在显著正相关（$p<0.01$），与主观幸福感存在显著负相关（$p<0.01$），但与社交回避相关不显著。

低分组残疾人的拒绝敏感和社会心理功能的相关分析结果见表 8-4。

表 8-4 低分组残疾人的拒绝敏感和社会心理功能的相关分析结果

心理	M	SD	1	2	3	4
拒绝敏感	276.43	54.44	—			
孤独感	42.16	8.33	0.21	—		
社交回避	6.38	1.97	0.06	0.64^{**}	—	
主观幸福感	23.50	4.30	-0.46^{**}	-0.34^*	-0.29	—

注：$^*\, p<0.05$；$^{**}\, p<0.01$。

如表 8-4 所示，低分组残疾人的拒绝敏感与孤独感和社交回避的相关均不显著，但与主观幸福感存在显著负相关（$p<0.01$）。

四、拒绝敏感对残疾人社会交往的不利影响

本研究的结果表明，残疾人群体的拒绝敏感程度可以区分为高低两组，

其中高分组残疾人的孤独感得分显著高于低分组残疾人，这说明高拒绝敏感残疾人的孤独感显著高于低拒绝敏感残疾人。这与以往的研究结果一致，较高的拒绝敏感往往伴随着较高的孤独感、抑郁等消极情绪情感体验。但本研究也发现不同拒绝敏感的残疾人，其社交回避的得分无差异，即残疾人群体均不具有明显的社交回避行为，这与以往的拒绝敏感研究结果有所不同。以往研究认为，社交拒绝破坏了个体的归属需要，高拒绝敏感个体在感知到他人拒绝后的反应之一就是消极回避，他们在遭遇拒绝后往往会产生强烈的回避社会交往的意愿（Ayduk et al.，2003；Cheuk，Rosen，1994），在与曾拒绝过他的人交流时，主观上不愿与其交流（Maner，DeWall，Baumeister，2007），并在行为上表现为"坐得离那人较远"（Usher，Waldrip，Jensen-Campbell，2007）。他们更容易表现出社交回避行为，过去的社交拒绝经历会增加其对未来社交拒绝事件出现的预测，他们希望降低被拒绝的概率，往往采取消极回避的方式来应对将来有可能发生的社交拒绝事件，从而更加剧了社交回避的行为倾向。

本研究的结果表明，不同群体的拒绝敏感特点具有特殊性，但其对社会交往的消极影响具有一致性。国内学者针对在校大学生的调查发现，我国大学生的拒绝敏感与孤独感和社交焦虑显著正相关（李霞，2007）。国外对这一群体的调查也发现，拒绝敏感可以预测大学生的孤独感和焦虑感（London，Downey，Bonica，2007）。较高的拒绝敏感不只发生在年轻人群体中，老年人群体的高拒绝敏感问题也值得重视，研究发现高拒绝敏感老年人比低拒绝敏感老年人有着更强烈的孤独感和更低的生活满意度，这会直接影响他们的生活质量（Debbie，Evelyn，Chi-Yue，2008）。本研究发现的高拒绝敏感残疾人情况与高拒绝敏感的老年人非常相似，他们的孤独感程度较高，而主观幸福感程度较低，可能已经影响到他们的生活质量和生活满意度，这需要引起相关政府部门和社会组织的高度重视。

本研究还发现，相比于拒绝敏感度高的残疾人群体，那些拒绝敏感程度较低的残疾人则不存在明显的社交回避倾向，这说明他们在日常生活中拥有与健全人一样的社交活动模式，他们更愿意参加社区举办的各类社会活动，与家人、周围的朋友相处较为融洽。而那些高拒绝敏感的残疾人虽然具有较高的社会参与意愿，但在社会交往过程中往往更容易体验到较强的消极情感，如较高的孤独感和较低的主观幸福感。这启示社会各界在开展残疾人工作时,不能仅关注其外在行为的改变,还应该充分重视残疾人内心的真实感受,要根据不同类型的残疾人尤其是高拒绝敏感残疾人的特殊心理状况和心理需求开展有针对性的相关工作。

第三节　高拒绝敏感残疾个体的社会认知特点的实验研究

一、拒绝敏感残疾人的社会认知特点

(一)拒绝敏感与社交回避的相关研究

拒绝敏感(rejection sensitivity)指个体焦虑地预期他人行为中的拒绝,并可能对拒绝产生过度反应的倾向(Downey,Feldman,1996)。高拒绝敏感个体常预测自己在社交过程中会遭遇对方的拒绝,并提前做好被拒绝的心理准备。即使面对一些意义模糊的人际情境时,他们也会感受到对方明确的拒绝,随之产生沮丧、愤怒、攻击行为等过度反应(刘燊等,2015;Downey,Feldman,1996);而低拒绝敏感个体会有策略地减少对社交威胁刺激的负性评估,并不担心被拒绝(Atlas,2004;Canyas,Downey,2013)。社交回避是当前我国残疾人面临的普遍问题(陈功,吕庆喆,陈新民,2014;张林等,2015)。残疾人由于自身的生理缺陷,会比健全人遭受更多外界有意或无意的负面评价或消极回应,面对这些消极社会反馈信息,大多数的残疾人会选择逃避和自我封闭,导致残疾人产生孤独感或社交回避等心理问题(张林等,2015)。但有些残疾人,如残疾人运动员的社会参与反而会更加积极主动(翟方,董翠香,李莉,2004),产生这种差异的原因可能与残疾个体拒绝敏感水平高低有关。

国内外关于拒绝敏感的研究很多,如年龄拒绝敏感水平较高的老年人比年龄拒绝敏感低的老年人有更高的年龄歧视意识、更高的抑郁、更低的自尊水平和更低的社会功能水平,并感受到更多的孤独感及更低的生活满意度(Debbie,Evelyn,Chi-Yue,2008;Kang,Chasteen,2009);高外貌拒绝敏感的个体其体相障碍程度更大,且表现出对整容手术的高度认同(Park et al.,2010);高身份拒绝敏感的孤儿更多地存在社交焦虑、抑郁和社交回避等问题(王江洋,杨薇,申继亮,2012);高拒绝敏感老年人表现出较低的自

尊和较高的抑郁水平(段莉等,2015)。由此可见,高拒绝敏感会对个体产生许多负面的影响,如较高的抑郁、较低的自尊和社会功能水平等,从而更易于产生较多社交回避行为。因此,相比于健全人和低拒绝敏感的残疾人,高拒绝敏感残疾个体在面临社交情境时可能更容易发生社交回避行为。

(二)高拒绝敏感个体的社会认知加工特点

1. 拒绝敏感个体对社交线索的注意特点

注意偏向特点是指个体对不同类型的刺激会做出不同的注意资源分配(王曼等,2011)。有研究发现,相对于低拒绝敏感个体,高拒绝敏感个体具有更消极的自我图式和自我概念,对拒绝线索更加敏感(Downey,Feldman,1996);高拒绝敏感个体在情绪 Stroop 任务中对社交威胁性线索具有较长的颜色命名反应时,在视觉探测任务中对威胁(愤怒)面孔具有更明显的注意回避(Berenson et al.,2009)。高鹏程和黄敏儿(2008)的研究发现,高焦虑特质者对威胁信息更敏感,更容易将注意锁定于威胁信息,难以摆脱。在杨智辉和王建平(2011)的研究中也发现,不确定性情境会诱发高广泛性焦虑个体对情绪刺激直接的注意敏感性和注意维持。而张林等(2015)在成年期残疾人对消极社交线索注意特点的研究中,发现"相比健全人,残疾人对消极社交反馈情绪线索具有注意警觉特点,但没发现残疾人对消极社交反馈情绪线索存在解脱困难"。基于以上研究结果,我们提出相比于健全人,残疾人对于消极社交线索的注意偏向可能由其注意警觉引起,相比于低拒绝敏感的残疾个体而言,高拒绝敏感残疾个体对社交拒绝线索可能同时存在注意警觉与维持。

2. 拒绝敏感个体对社交线索的解释特点

此外,有研究发现,对社交线索不同的解释倾向也是造成不同拒绝敏感个体行为差异的原因。解释倾向是指个体对某类事件做出某种特定的解释。由于早期的拒绝经历,高拒绝敏感个体倾向于将模糊的拒绝线索理解成真正的拒绝(Maina,Anne,Eric,2011;Brian,Howard,2009),即高拒绝敏感个体倾向于将模糊的拒绝线索作消极解释。以往研究表明,在恋爱关系中,高拒绝敏感者更倾向于将伴侣包含模糊拒绝信息的语言或行为解释为直白的拒绝,并对恋爱关系感受到较少的安全感和不满(Downey,Feldman,1996)。在同伴关系中,高拒绝敏感的儿童难以接受同伴表现出的模糊拒绝信息,面对这些"真正的拒绝",他们感到非常痛苦,并容易出现攻击行为(Downey,Freitas,Michaelis,1998)。在对高外貌拒绝敏感性的大学生研究时也发现,其对包含形体信息的模糊拒绝线索感受到更多的拒绝(Park et al.,2010)。而残疾人由于自身生理和心理的缺陷,常处于消极的社会评价和反馈中,容易把他人的偏见内化为自己的观点(Perrier,Shirazipour,Latimer-Cheung,2015),长此以往也容易形成对社交线索的消极解释偏向。综上,本书提出高拒绝敏感个体往往对模糊情境信息更容易做出消极解释,相对于健全人或者低拒绝敏感残疾个体而言,高拒绝敏感残疾个体也会倾向于将意义模糊的信息解释为拒绝性信息,这可能也是造成其产生社交回避的另一个重要原因。

3.拒绝敏感个体对社交线索的记忆特点

关于不同自尊水平个体的记忆特点研究发现,自尊水平较高的个体对正面积极的人格特征词语回忆准确性较高,而对负面消极的人格特征词语回忆准确性较低;自尊水平较低的被试的回忆情况正好相反(Story,1998),说明高自尊水平者存在对积极人格特质的记忆偏向,即高自尊者更自信,更愿意自我肯定,而低自尊水平者存在对消极人格特质的记忆偏向,即低自尊者更多地出现自我否定。此外,记忆可以通过不同的渠道对社交拒绝线索的维持产生作用(Morgan,2010),如高拒绝敏感个体会自发地选择性提取拒绝线索信息,导致他们在社交活动之前就开始产生较大的焦虑预期,预期自己会遭遇他人的拒绝。

可见,对拒绝敏感的认知偏向研究不能片面地只针对某一方面进行研究,还需要从整体上全面地考察高拒绝敏感个体的多个认知环节,从而对高拒绝敏感个体的认知加工特点形成一个正确的、完整的认识。故本研究拟从注意、解释、记忆三方面入手,来全面考察高拒绝敏感残疾人对社交线索的认知加工特点。

因此,本研究拟探究残疾人拒绝敏感对其社会心理功能的影响,在此基础上分析残疾人拒绝敏感具体表现在认知加工的哪个阶段,即拟通过问卷调查的方式考察残疾人的拒绝敏感特点及其与社会心理功能的关系,并通过计算机实验来考察高拒绝敏感残疾人对社交线索的认知加工特点,从而了解高拒绝敏感残疾人的心理特点。

二、高拒绝敏感残疾人对社交线索认知特点的实验研究

基于以上分析,本研究设计了 3 个实验:实验 1 采用同中选异任务探讨

了高拒绝敏感残疾个体对不同社交线索的注意偏向特点,以情绪面孔图片为刺激材料,研究者多选用愤怒的面孔代表社交拒绝线索(高鹏程,黄敏儿,2008;张林等,2015;Berenson et al.,2009),但由于大多数健全人倾向于以消极的态度和行为(嘲笑或者讽刺等)对待残疾人(Vilchinsky,Findler,Werner,2010),因此本研究选用威胁性较弱的厌恶表情面孔代表社交拒绝线索,微笑表情面孔代表社交接纳线索。实验2采用文本材料范式探讨高拒绝敏感残疾人对社交线索的解释特点,以模糊社交拒绝情境的文本材料为刺激材料。实验3采用再认范式探讨高拒绝敏感残疾个体对不同效价社交词汇的记忆偏向特点,以不同效价(拒绝、中性、接纳)的社交词汇为刺激材料。3个实验均选取低拒绝敏感残疾人和健全人作为对照组。

实验方法与研究思路具体如下。

在实验1中,以中性表情面孔为背景,厌恶和微笑表情面孔为目标刺激,要求被试尽快判断呈现的图片是否属于同一种类型,记录被试的反应时和准确率,从而判断被试对不同表情面孔的注意敏感性,判断反应时越短,表明被试对于情绪面孔越敏感;以厌恶和微笑表情面孔为背景,中性面孔为目标刺激,同样要求被试尽快判断呈现的图片是否同属一种类型,记录反应时和准确率。如果被试的注意力被背景所吸引,难以脱离,就会影响他们对中性面孔的判断反应时,反应时越长,表明被试的注意越容易锁定于情绪(厌恶或微笑)面孔,难以摆脱。

在实验2中,使用修订的与残疾人生活相关的模糊性的社交情境材料,在每一个社交情境呈现后,给被试提供积极、消极和中性三种不同解释,并让被试对每种解释的可能性进行评分,在某种解释类型上得分越高,表明被试越容易做出此种解释倾向。在实验3中,要求被试再认之前所识记的3种不同效价词汇,对某种效价的词汇再认数量越多,表明被试越容易记忆此种效价的词汇。

本研究提出以下研究假设:①相比于健全个体,残疾人个体对社交拒绝线索存在注意偏向,而健全个体对社交接纳线索存在注意偏向。②相比于低拒绝敏感残疾个体,高拒绝敏感残疾个体不仅对社交拒绝线索存在注意敏感特点,而且同时对社交拒绝线索存在注意维持;③相比于健全人和低拒绝敏感的残疾个体,高拒绝敏感残疾个体对模糊的社交拒绝线索存在消极的解释偏向。④相比于健全个体,残疾个体对社交拒绝词存在记忆偏向,而健全个体对社交接纳词存在注意偏向。⑤相比于较低拒绝敏感残疾个体，高拒绝敏感残疾个体对社交拒绝词存在记忆偏向。

（一）实验1:拒绝敏感残疾个体对不同社交线索的注意特点

1.研究方法

（1）被试

从某市5个街道社区随机选取120名残疾人和60名健全人。选取的残疾人符合国家二级和三级残疾人持证标准且智力正常。按照拒绝敏感得分分组，得分前27%为高拒绝敏感组（下文简称为高敏感组），得分后27%为低拒绝敏感组（下文简称为低敏感组）。对被试试验后的数据进行筛选，最终得到高分组22人，低分组22人，高敏感组拒绝敏感得分显著大于低敏感组[$t(42)=7.45$，$p<0.001$]，健全人组43人。男性40名，女性47名，平均年龄46.3岁（SD=8.3）。所有被试视力或矫正视力正常，无色盲或色弱，能熟练使用计算机。

（2）实验工具和材料

采用赵艳林、李文涛和张林（2012）修订的大学生拒绝敏感问卷（中文版），由11个残疾人在日常生活中的实际社交情境构成，对每个情境的反应由两个维度构成:对拒绝的焦虑程度和对接纳的预期程度。对两个维度的测量均采用3级计分:1表示"不担心"或"不认同"，2表示"有点担心"或"比较认同"，3表示"很担心"或"认同"。该量表在本研究中的Cronbach's α值为0.842。

实验材料从中国化面孔情绪图片系统（龚栩等，2011）中随机选取，包括12张厌恶面孔、12张快乐面孔和12张中性面孔，选择过程中对性别做了平衡处理。参照高鹏程和黄敏儿（2008）的研究，采用Adobe Photoshop CS 5制作出包含12张情绪面孔的面孔组合图片，分为3行，每行4张。共制作42张面孔图片，一半用于注意警觉任务，另一半用于注意维持任务。其中包含6张由11张中性面孔和1张厌恶面孔组成的组合图片、6张由11张中性面孔和1张快乐面孔组成的组合图片和6张由12张中性面孔组成的组合图片;另一半用于注意维持任务，其中包含6张由11张厌恶面孔和1张中性面孔组成的组合图片、6张由11张快乐面孔和1张中性面孔组成的组合图片、6张由12张厌恶面孔组成的组合图片和6张由12张快乐面孔组成的组合图片，在所有实验材料中厌恶面孔、快乐面孔和中性面孔在组合图片中出现的位置均进行随机化处理。

（3）实验设计和程序

本研究采用 2（实验条件）×2（被试分组：残疾人、健全人）和 2（实验条件）×2（被试分组：高敏感组、低敏感组）的混合实验设计。在探讨不同类型被试对不同社交线索的注意警觉特点时，两种实验条件分别是中性面孔环境下对厌恶面孔识别和中性面孔环境下对微笑面孔识别；在探讨不同类型被试对社交线索的注意维持特点时，两种实验条件分别是厌恶面孔环境下对中性面孔识别和微笑面孔环境下对中性面孔识别。被试类型是组间变量，实验条件是组内变量，因变量是被试反应时。

首先，残疾人被试完成残疾人拒绝敏感问卷。然后，完成同中选异任务，实验程序采用 E-Prime 2.0 软件进行编写。正式程序也包括练习和实验两部分，其中练习部分包含 6 个 trials，实验部分包含 42 个 trials。每一个 trial 均由注视点、刺激和空屏三部分组成，即首先在屏幕中央出现一个 1000ms 的注视点，用于提醒被试集中注意力；随后注视点消失，屏幕中央随机呈现一张组合面孔图片，要求被试在保证正确率的前提下尽快地对图片做按键反应，如果 12 张面孔的表情完全相同则按"Q"键，否则按"P"键。被试做出按键反应后，呈现一个 800ms 的空屏，随后进入下一个 trail。系统自动记录被试的反应时与正确率，实验流程示意见图 8-2。

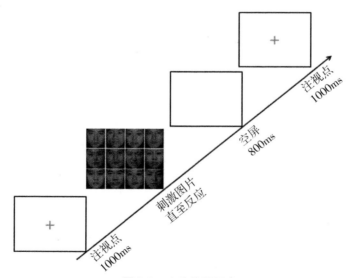

图 8-2　实验流程示意

（4）数据分析

在进行正式数据分析前对实验数据进行预处理。首先，删除中途退出实验或其他意外情况的无效数据；然后，剔除有效数据中被试的错误数据和反应时在平均数上下两个标准差以外的数据；3 组被试的反应正确率均高达 98％以上。根据高鹏程和黄敏儿（2008）的研究，正确率一般作为数据整理的依据，本实验的因变量是反应时。

2. 结果分析

三组被试在"同中选异任务"中对三类表情面孔的检测反应时的描述性统计结果见表 8-5。

表 8-5　不同类型被试对三类表情面孔探测的反应时（$M\pm SD$）

单位：ms

同中选异任务	实验分组	厌恶表情面孔	微笑表情面孔	中性表情面孔
中性面孔背景下对情绪面孔识别	高敏感组	3361.57±1545.07	3957.55±1927.90	4496.84±1983.73
	低敏感组	3081.88±1253.32	3616.25±1931.88	4166.46±1952.07
	健全人组	3699.91±1855.51	3513.81±1811.17	4208.23±1931.38
情绪面孔背景下对中性面孔识别	高敏感组	4313.82±1862.45	4228.93±1737.66	4496.84±1983.73
	低敏感组	4104.21±1865.33	3896.86±1783.10	4166.46±1952.07
	健全人组	4053.09±1908.64	3884.33±1838.83	4208.23±1931.38

参照张林和吴晓燕（2011）、张林等人（2015）的研究，考虑到被试间的差异，因变量采用社交线索注意偏向指标，以被试对全中性面孔判断的反应时为基线水平：①注意警觉指标：在中性面孔背景下，社交拒绝线索的注意警觉指标（下文简称社交拒绝警觉指标）＝$RT_{厌恶面孔识别}$－$RT_{全中性面孔识别}$；社交接纳线索的注意警觉指标（简称社交接纳警觉指标）＝$RT_{微笑面孔识别}$－$RT_{全中性面孔识别}$。②注意维持指标：在情绪面孔背景下，社交拒绝线索的注意维持指标（下文简称社交拒绝维持指标）＝$RT_{厌恶表情环境下对中性面孔识别}$－$RT_{全中性面孔识别}$；社交接纳线索的注意维持指标（下文简称社交接纳维持指标）＝$RT_{微笑表情环境下的中性表情}$－$RT_{全中性面孔识别}$。被试的注意警觉和注意维持指标见表 8-6 和表 8-7。

表 8-6　同中选异任务中不同类型被试的注意警觉指标($M±SD$)

单位:ms

同中选异任务	实验分组	社交拒绝警觉指标	社交接纳警觉指标
中性面孔背景下 对情绪面孔识别	高敏感组	−1135.27±947.95	−539.29±1344.34
	低敏感组	−1084.59±1103.59	−550.21±1066.31
	健全人组	−508.32±865.27	−694.42±961.79

不同类型被试对不同社交线索的注意警觉特点为,残疾人与健全人相比,被试分组主效应不显著,$F(1, 85)=0.427$,$p=0.516$,$\eta_p^2=0.006$,实验条件的主效应显著,$F(1, 85)=11.521$,$p<0.01$,$\eta_p^2=0.138$;被试分组与实验条件的交互作用显著,$F(1, 85)=27.961$,$p<0.001$,$\eta_p^2=0.280$。进一步进行简单效应分析发现:在残疾人被试组,实验条件的主效应显著,$F(1, 85)=32.431$,$p<0.001$,$\eta_p^2=0.311$,其社交拒绝警觉指标小于社交接纳警觉指标($p<0.001$),表明相对于微笑面孔,残疾人个体对厌恶面孔更加敏感。在健全人组,实验条件的主效应不显著,$F(1, 85)=2.140$,$p=0.148$,$\eta_p^2=0.029$,其社交拒绝和社交接纳的警觉指标没有显著差异($p=0.148$)。在实验条件上,社交拒绝的警觉指标分组效应显著,$F(1, 85)=8.976$,$p=0.004$,$\eta_p^2=0.111$,残疾人对社交拒绝的警觉指标显著小于健全人($p<0.01$),表明相对于健全人,残疾个体对厌恶面孔更加敏感。而对社交接纳的警觉指标分组效应不显著,$F(1, 85)=2.561$,$p=0.114$,$\eta_p^2=0.034$,即残疾人与健全人对社交接纳的警觉指标无显著差异($p=0.114$)。

对高、低拒绝敏感组的残疾个体比较发现:被试分组主效应不显著,$F(1, 42)=0.015$,$p=0.905$,$\eta_p^2=0.001$;实验条件的主效应显著,$F(1, 42)=26.191$,$p<0.01$,$\eta_p^2=0.475$;对实验条件进行事后比较发现,被试的社交拒绝警觉指标显著小于社交接纳警觉指标($p<0.001$),表明相对于微笑面孔,高、低拒绝敏感残疾个体对厌恶面孔均存在注意警觉特点。被试分组与实验条件的交互作用不显著 $F(1, 42)=0.009$,$p=0.924$,$\eta_p^2=0.001$。

表 8-7　同中选异任务中不同类型被试的注意维持指标($M\pm SD$)

单位：ms

同中选异任务	实验分组	社交拒绝条件下的注意维持指标	社交接纳条件下的注意维持指标
情绪面孔背景下对中性面孔识别	高敏感组	-190.35 ± 882.20	-275.24 ± 1367.15
	低敏感组	-62.25 ± 1093.81	-269.60 ± 918.67
	健全人组	-155.14 ± 977.20	-323.90 ± 918.08

不同类型被试对不同社交线索的注意维持特点为，残疾人与健全人相比，被试分组主效应不显著，$F(1,85)=0.135$，$p=0.714$，$\eta_p^2=0.002$，实验条件的主效应不显著，$F(1,85)=0.734$，$p=0.394$，$\eta_p^2=0.010$；被试分组与实验条件的交互作用不显著，$F(1,85)=0.612$，$p=0.437$，$\eta_p^2=0.008$。

对高、低拒绝敏感组的残疾个体比较发现：被试分组主效应不显著，$F(1,42)=0.015$，$p=0.905$，$\eta_p^2=0.001$；实验条件主效应不显著，$F(1,42)=0.001$，$p=0.972$，$\eta_p^2=0.001$；被试分组与实验条件的交互作用不显著 $F(1,42)=0.205$，$p=0.654$，$\eta_p^2=0.007$。

3. 小结

实验 1 探讨了残疾人和健全人对不同社交线索的注意偏向特点，以及高、低拒绝敏感残疾个体对不同社交线索的注意警觉和注意维持特点。结果发现：相比于健全人而言，残疾个体对社交拒绝线索存在注意警觉的特点。而高、低拒绝敏感的残疾个体对社交拒绝线索均存在注意警觉，对社交拒绝线索均不存在注意维持的特点。这表明造成不同拒绝敏感残疾个体社交回避行为差异的原因可能并不在其认知加工的初始阶段——注意阶段，而可能在于其延迟的意义选择阶段（Blanchette，Richards，2010），即高、低拒绝敏感残疾个体可能存在对社交线索不同的解释特点。因此，实验 2 进一步探讨两者对不同社交线索的解释特点。

（二）实验 2：高拒绝敏感残疾个体对不同社交线索的解释特点

1. 研究方法

（1）被试

从某市 5 个街道社区随机选取 120 名残疾人和 60 名健全人，选取的残疾人符合国家二级和三级残疾人持证标准且智力正常。残疾人分组标准同实验 1。最终得到高分组 23 人，低分组 24 人，高敏感组拒绝敏感得分显著大于低敏感组[$t(45)=11.02,p<0.001$],正常组50人。男性47名,女性50名,平均年龄46.3岁(SD=8.3)。所有被试视力或矫正视力正常,无色盲或色弱,能熟练使用计算机。

(2) 实验材料

实验中采用的文本材料是在 Butler 和 Mathews(1983)的经典文本材料的基础上修订而成的。通过与残疾人的访谈,修订成10个与残疾人生活相关的模糊性的社交情境材料。在呈现每一个社交情境后,给被试提供积极、消极和中性3种不同的解释。为了确保问卷中提供的3种解释确实如研究者预想的分为积极、消极和中性解释,将这些选项打印出来,发给本校的学生,要求其对每个解释进行效价(积极、消极和中性)的评定,最终确定了本章的材料。例如,题目1:"我和朋友在饭馆吃饭聊天时,看见旁边的陌生人突然看着我笑了,你觉得是为什么呢?"然后给予被试3种解释,"他觉得我讲话幽默风趣"(积极解释)"他在嘲笑我,因为我是个残疾人"(消极解释)"他刚好想到一个笑话"(中性解释)。每一种解释都提供可能性评分,让被试对每种解释的可能性进行评分,1表示"不可能",2表示"有可能",3表示"很可能"。

(3) 实验设计和程序

分别采用3(解释类型:积极解释、消极解释、中性解释)×2(被试分组:残疾人、健全人)和3(解释类型:积极解释、消极解释、中性解释)×2(被试分组:高敏感组、低敏感组)的混合实验设计,被试类型是组间变量,实验条件是组内变量,因变量是对模糊社交线索做出的解释量。

采用纸笔集中施测的形式进行。首先,对被试进行编号,序号与其拒绝敏感问卷的序号对应。其次,给被试讲解实验任务和操作规范及注意事项,待被试理解后自行独立作答。如果在实验过程中遇到不理解的地方随时举手示意主试,主试会在第一时间进行解答。实验过程中被试可随时退出或中止实验,其实验结果按无效数据处理。

2. 实验结果

3种类型被试对模糊社交线索的解释特点的描述性统计见表8-8。

表 8-8　不同类型被试对模糊社交线索解释特点的描述性统计($M\pm SD$)

单位:ms

组别	积极解释	消极解释	中性解释
高敏感组	1.64±0.39	2.28±0.44	2.00±0.36

续表

组别	积极解释	消极解释	中性解释
低敏感组	1.96±0.34	1.94±0.35	2.15±0.40
健全人组	2.11±0.27	1.48±0.26	2.23±0.31

重复测量方差分析的结果发现:残疾人与健全人相比,被试分组主效应不显著,$F(1, 95)=2.017,p=0.159,\eta_p^2=0.020$;实验条件的主效应显著,$F(2, 95)=26.578,p<0.001,\eta_p^2=0.212$;被试分组与实验条件的交互作用不显著,$F(2, 95)=37.340,p<0.001,\eta_p^2=0.274$。

进一步简单效应分析发现:在被试分组上,残疾人实验条件主效应显著,$F(2, 95)=12.209,p<0.001,\eta_p^2=0.199$,其对模糊社交线索的消极解释得分显著大于积极解释($p<0.05$),消极解释得分与中性解释无显著差异($p=0.987$),中性解释显著得分大于积极解释($p<0.001$)。健全人的实验条件主效应显著,$F(2, 95)=52.327,p<0.001,\eta_p^2=0.516$,其对模糊社交线索的积极解释得分显著大于消极解释($p<0.001$),积极解释得分显著小于中性解释得分($p<0.05$),中性解释得分显著大于消极解释($p<0.001$)。

在实验条件上,对模糊社交线索的消极解释得分分组效应显著,$F(1, 95)=10.848,p<0.001,\eta_p^2=0.099$,残疾人的消极解释得分显著大于健全人($p<0.001$),表明相对于健全人,残疾人对模糊社交线索倾向作消极解释。积极解释得分分组效应显著,$F(1, 95)=53.519,p<0.001,\eta_p^2=0.351$,残疾人的积极解释得分显著小于健全人($p<0.001$),表明相对于残疾人,健全人对模糊社交线索倾向作积极解释。中性解释得分分组效应不显著,$F(1, 95)=2.865,p=0.094,\eta_p^2=0.028$。

对于高、低拒绝敏感组的比较发现:被试分组主效应不显著,$F(1, 45)=0.331,p=0.568,\eta_p^2=0.007$;实验条件主效应显著,$F(2, 45)=10.412,p<0.001,\eta_p^2=0.188$;被试分组与实验条件的交互作用显著,$F(1, 45)=11.108,p<0.001,\eta_p^2=0.198$。进一步简单效应分析发现:在被试分组上,高敏感组实验条件主效应显著,$F(2, 45)=12.881,p<0.001,\eta_p^2=0.369$,其对模糊社交线索的消极解释得分显著大于积极解释($p<0.001$),消极解释得分大于中性解释,但差异仅达到边缘显著($p=0.062$),中性解释显著得分大于积极解释($p<0.01$)。低敏感组的实验条件主效应显著,$F(2, 45)=4.654,p<0.05,\eta_p^2=0.175$,其对模糊社交线索的消极解释得分与积极解释无显著差异

($p=0.991$),消极解释得分与中性解释得分无显著差异($p=0.086$),中性解释得分显著大于积极解释($p<0.05$)。在实验条件上,对模糊社交线索的消极解释得分分组效应显著,$F(1,45)=8.751$,$p<0.01$,$\eta_p^2=0.163$,高敏感组对模糊社交线索的消极解释得分显著大于低敏感组($p<0.01$),表明相对于低敏感组,高敏感组对模糊社交线索倾向作消极解释。积极解释得分分组效应显著,$F(1,45)=9.055$,$p<0.01$,$\eta_p^2=0.168$,高敏感组的积极解释得分显著小于低敏感组($p<0.001$),表明相对于高敏感组,低敏感组对模糊社交线索倾向作积极解释。中性解释得分分组效应不显著,$F(1,45)=1.652$,$p=0.205$,$\eta_p^2=0.035$。

(三)实验3:高拒绝敏感残疾个体对不同社交线索的记忆特点

1.研究方法

(1)被试

从某市5个街道社区随机选取120名残疾人和60名健全人。选取的残疾人符合国家二级和三级残疾人持证标准且智力正常。按照其拒绝敏感得分分组,得分前27%为高拒绝敏感组(下文简称为高敏感组),得分后27%为低拒绝敏感组(下文简称为低敏感组)。对被试试验后的数据进行筛选,最终得到高分组26人,低分组27人,高敏感组拒绝敏感得分显著大于低敏感组[$t(51)=8.21$,$p<0.001$],健全人组59人。男性57名,女性55名,平均年龄47.2岁(SD=8.5)。所有被试视力或矫正视力正常,无色盲或色弱,能熟练使用计算机。

(2)实验材料

研究者考虑到社区残疾人被试的年龄普遍偏大,且文化水平偏低,对于记忆偏向特点的考察决定采用再认范式,且再认量选取得较少,尽可能降低被试参与实验的难度,努力避免由实验难度过大而导致的被试成绩不理想,最终影响实验结果,导致出现地板效应。

首先,从《现代汉语词典》中挑选出社交拒绝词30个(如冷漠、反感等),社交接纳词30个(如包容、爱护等),中性词30个(如钢笔、牙刷等)。然后,让8名社区工作人员(负责残疾人工作)和15名心理学专业硕士研究生分别对这些词进行等级评定,综合评定结果,筛选出社交接纳词、拒绝词和中性词各15个,共45个。随后从这45个词中随机选取27个(社交接纳词、拒绝词和中性词各9个)作为需要再认的词语。

再认范式的具体操作流程为,首先,同时呈现给被试 27 个再认词语,请他们在 2 分钟的时间内尽可能多地记住这些词语。2 分钟后将再认词语撤离,让被试做 18 道 10 以内的加减法计算题,以此作为干扰。在完成 18 道加减法计算题之后,被试开始进行再认任务,即同时呈现 45 个词语(之前筛选出的社交接纳词、拒绝词和中性词各 15 个,共 45 个,27 个再认词语完全包含在内),请被试在 5 分钟的时间内努力回忆之前记住的词,出现过的词打"√",没出现过的词打"×"。被试每正确再认一个实验用词计 1 分,错误再认计 0 分。被试对中性词的再认量代表其记忆能力,作基线水平处理。

(3)实验设计和程序

分别采用 3(词汇类型:社交接纳词、社交拒绝词、社交中性词)×2(被试分组:残疾人、健全人)和 3(词汇类型:社交接纳词、社交拒绝词、社交中性词)×2(被试分组:高敏感组、低敏感组)的混合实验设计,被试类型是组间变量,词汇类型是组内变量,因变量是对词汇的再认数量。

2.实验结果

不同类型的被试对 3 类词语再认量的描述性统计结果见表 8-9。

表 8-9　不同类型被试对 3 类词语再认量的描述性统计($M\pm SD$)

单位:ms

组别	社交拒绝词	社交接纳词	中性词
高敏感组	5.00±1.76	4.32±1.49	6.37±1.30
低敏感组	4.50±1.80	4.49±1.59	6.59±1.31
健全人组	5.38±2.38	6.02±1.98	6.95±1.72

不同类型被试对不同词语的记忆特点为,残疾人与健全人相比,被试分组主效应达到边缘显著,$F(1, 110)=3.623$,$p=0.060$,$\eta_p^2=0.032$;词汇类型的主效应不显著,$F(1,110)=1.677$,$p=0.198$,$\eta_p^2=0.015$;被试分组与词汇类型的交互作用不显著,$F(1, 110)=1.219$,$p=0.272$,$\eta_p^2=0.011$。

对高、低敏感组的残疾个体比较发现:被试分组主效应不显著,$F(1, 51)=0.156$,$p=0.694$,$\eta_p^2=0.003$;词汇类型的主效应不显著,$F(1,51)=0.138$,$p=0.712$,$\eta_p^2=0.003$;被试分组与词汇类型的交互作用不显著,$F(1, 51)=2.954$,$p=0.092$,$\eta_p^2=0.055$。

三、高拒绝敏感残疾人对不同类型社交线索的认知特点

(一)高拒绝敏感残疾个体对不同社交线索的注意特点

实验1以生态效度较高的情绪面孔图片刺激为实验材料,采用同中选异任务探讨拒绝敏感残疾个体对不同社交线索的注意偏向特点。结果发现:在注意警觉特点上,残疾人与健全人相比,残疾人对厌恶面孔的反应时均显著小于对微笑面孔的反应时,即残疾人存在对社交拒绝线索的注意警觉,这与张林等(2015)的研究结果一致。这是因为残疾人普遍存在负面身体自我图式(邵义萍,2010),在本研究中,厌恶面孔可能因为与残疾人的自我图式一致,所以探测更快;而微笑面孔与其自我图式不一致,因此探测慢。健全人对微笑面孔的反应时与对厌恶面孔的反应时没有差异,而张林等(2015)的研究发现,健全人对快乐面孔的检测显著快于残疾人,即健全人对积极社交线索更加敏感。这可能与本研究采用的实验材料有关,与愤怒表情面孔相比,选用厌恶表情面孔代表社交拒绝线索,其对健全被试产生的威胁性(相比较于愤怒面孔)较弱,因此健全被试在厌恶或微笑面孔背景下,对中性面孔的检测时间并无显著差异。在注意维持上,3组被试对厌恶面孔或微笑面孔的反应时无显著差异。本章发现高、低拒绝敏感残疾个体对社交拒绝线索均存在注意警觉,但并未发现两者对社交拒绝线索存在注意维持,这可能与残疾人自身特点有关,即社交拒绝线索(威胁性刺激)一旦出现,他们就会在短时间内探测到并做出回避行为(张林等,2015)。

特殊群体对威胁性信息注意偏向的形成机制尚无一致性结论。例如Eva、Edna和Nader(1999)的研究发现,社交焦虑个体对愤怒面孔的检测显著快于正常人,但并没有发现社交焦虑个体对愤怒面孔产生注意维持;高鹏程和黄敏儿(2008)的研究发现,高焦虑特质个体对威胁信息并非特别敏感,而是一旦注意了则锁定其中,难以摆脱;杨智辉和王建平(2011)的研究发现,高广泛性焦虑个体无论在何种(确定和不确定)情境下均表现出对威胁性刺激的注意维持,尤其在不确定的情境下,对威胁性刺激的注意时间更长。还有研究发现,负面身体自我图式者对肥胖人物图片的注意偏向表现为注意警觉-维持模式,具体表现为早期加速探测、注意定向以及最初的注意维持和总体注意维持(高笑,王泉川,陈红,2012)。本研究发现残疾人个体对厌恶面孔的检测显著快于健全人,并未发现残疾人个体对厌恶面孔产

生注意维持。这与 Eva、Edna 和 Nader(1999)的研究结果一致。这些结果表明,与健全人相比,残疾人个体对社交拒绝线索存在注意警觉的特点。

(二)高拒绝敏感残疾个体对模糊社交线索的解释特点

研究结果发现,高、低拒绝敏感残疾个体均对社交拒绝线索存在注意警觉,即两者对社交拒绝线索的注意偏向并无差异,这无法解释两者为什么在面对相同社交线索时表现出截然不同的反应。实验2采用文本材料范式探讨了残疾人和健全人对模糊社交线索的解释特征以及高、低拒绝敏感残疾个体对模糊社交线索的解释特征。本章发现残疾人在面对模糊社交线索时更倾向做出消极解释,而健全人更倾向做出积极或中性解释。高拒绝敏感残疾个体在面对模糊社交线索时,其消极解释的得分显著大于中性解释和积极解释得分,即高拒绝敏感残疾个体存在对模糊社交线索的消极解释倾向,这与Maina、Anne 和 Eric(2011)的研究结果一致。而低拒绝敏感残疾个体和正常组在面对模糊的社交线索时,更倾向于做出积极或中性解释。目前,特殊群体对情境信息的解释偏向研究的结论较为一致,例如害羞者对模糊情境信息缺乏积极的解释偏向特点(金一波,李娇,张锋,2014);安献丽和郑希耕(2008)发现惊恐障碍患者对于模糊信息易做灾难化解释;高社交焦虑大学生对正性评价的消极解释评分高于低社交焦虑大学生,对正性评价的积极解释评分低于低社交焦虑大学生(杨鹏等,2015),本章也发现了基本一致的结论。基于残疾人普遍存在负性身体自我图式,而高拒绝敏感的残疾个体具有更为消极的社会自我图式,即便遇到模糊的社交拒绝线索,也会激活他们已有的负性认知加工图式,使他们运用这些负性认知图式来解释这些环境中的模糊信息,形成消极的认知态度,进而产生拒绝性的预期和社交回避行为。

研究者提出,在面对相同的社交线索时,高、低拒绝敏感残疾个体会表现出截然不同的反应,是因为两者在激活其社交线索的负性图式后,对负性社交线索的解释倾向不同。高拒绝敏感个体倾向于做出消极的解释,而低拒绝敏感个体则倾向于做出积极或中性解释,从而导致两者在相同情况下的社交行为出现差异。

(三)高拒绝敏感残疾个体对模糊社交线索的记忆特点

实验3采用社交词汇作为实验材料,采用再认范式探讨拒绝敏感残疾个体对不同社交词汇的记忆偏向特点。结果发现3种不同类型的被试对不同社交词汇的再认量均无差异,与研究假设和前人研究存在不一致。这可能是由于采用的实验范式不同,后续研究可以选用不同的范式对其记忆特点进行研究。

本研究中还存在一些不足和局限需要在未来研究中进一步完善。首先,样本量较少,且没有区分先天和后天残疾个体,以后的研究可适当增加被试的数量并且对残疾时间进行区分;其次,对于高拒绝敏感残疾个体的认知特点只探讨了注意偏向和解释倾向,因此后续研究可以全面地考察高拒绝敏感残疾个体的认知特点,如对社交线索记忆偏向的探讨,以进一步揭示高、低拒绝敏感残疾个体的行为差异原因;最后,对同中选异任务的情绪图片是否真正激活了被试相应的情绪体验未进行检测,这可能是造成未发现高、低拒绝敏感残疾个体对社交线索注意偏向差异的原因,以后的研究中在选取情绪图片时应该对其是否启动了被试相应的情绪进行检测。

实

践

篇

第九章　残疾人临床康复期的自我心理重建

　　随着社会的发展和人类对自身认识的深化，人们对于健康概念的认识也不断丰富和完善。在现代社会中，健康不仅指生理健康，还包括心理健康、社会适应。同样，对残疾人而言，除了生理方面的治疗，心理康复也是临床康复期的关键。残疾人个体在遭遇身体残疾后，一方面生活方式与健全人相比会发生巨大的转变，另一方面在心理上也会受到严重的打击。在残疾人的临床康复期阶段，其心理方面的问题主要体现在认知、情绪和行为方面。相比于生活上的变化，残疾人在认知、情绪和行为方面存在的心理问题会对残疾个体的社会功能和以后的发展产生更为严重的影响。因此，残疾人在临床康复过程中，积极的自我心理重建是其心理康复过程中极为重要的关键环节。虽然残疾人在一定程度上能够从家人、朋友等处得到精神上的鼓励、支持、疏导，缓解一些轻微的心理问题，但是如果可以了解一定的心理咨询常识，对于改善他们的心理问题，塑造健康、进取的心态，实现自我心理重建，将具有非常重要的价值和作用，自我心理重建是帮助残疾人恢复心理健康的关键。本章将结合残疾人在临床康复期的认知、情绪和行为特点，为残疾人家属和护理人员提供有效的心理咨询方法与技术，以帮助残疾者重塑健康心理，保持积极乐观心态，勇敢面对生活。

第一节　自我心理重建概述

一、自我心理重建的含义及意义

　　所谓自我心理重建就是针对个体在残疾之后出现的认知问题、情绪问题、行为问题,采取一定的方法帮助他们改变这些问题,重新适应新的社会环境,使之向着"成为社会的积极一员"的目标前进的心理过程。开展残疾人临床康复期的自我心理重建,必然要先了解其在临床康复期阶段存在的心理问题。而这些心理问题主要表现在认知、情绪和行为方面。

首先,残疾人的认知心理的特点表现在三个方面:①认知方式的局限性和不完整性。认知活动主要是通过感知觉器官来进行的,残疾人由于躯体的缺陷,对事物的感知觉要受到种种局限,对事物的认识特别是感性认识会受到影响,有时甚至会呈现出主观片面性。例如听觉残疾人由于听不到声音,许多认知方式都是通过观察一些表面现象加上自我的想象形成的,这样的认知方式往往容易导致认知偏差,具有很强的模糊性和主观片面性。②认知内容的波动性。认知内容主要来源于认知活动的广度和频率。由于从健全到残疾的重大转折,残疾人在此期间经历着一个长期的心理和行为的波动期,加上生活空间相对狭小,行动能力与认知范围有限,其在认知内容上也是有限和变化的。例如一些处于康复期的伤残患者,随着社会实践活动的减少和改变,就会增加以往健全时期的回忆和对残疾后的困惑意识,而对康复的意识不强。③认知水平的非理性。认知水平主要依赖于对事物的分析、判断、归纳,从而得出正确合理的结论。残疾人在认知活动中受到时间、空间、群体等种种限制,容易产生先入为主、以偏概全、主观判断等倾向,影响其认知水平。例如有的调查表明,肢体残疾人在致残后与致残前相比,记忆水平明显下降。针对这些问题,可以采用认知方面的心理咨询方法帮助其重建自我,例如常用的合理情绪疗法、贝克认知转变疗法。

其次,残疾人的情绪特点主要表现为:①情绪反应强烈且不稳定。这一特点在许多残疾人身上都相当突出。例如,聋哑人情绪反应强烈,多表现在外部,反应频率高,持续时间短,容易发怒,容易与别人发生冲突;盲人情绪则多隐藏于内部,虽然情感体验很激烈,但是情绪表现却不十分明显,而且爆发性的情感较少。②情绪的内隐性。有的残疾人的情绪外部表现和内心体验并不一致,甚至恰恰相反。残疾人有意识地掩饰自己的真实情绪,这是由于残疾人自尊心较强或心理闭锁。对于内心的秘密、真实想法一般不肯轻易吐露,且有时表现出内隐、含蓄的特点。③情绪易心境化。一般来说,情绪活动会随着外部刺激的消失或转移而变化,但是由于残疾人内心比较敏感,他们的情绪一旦爆发,即使刺激消失或变化,情绪状态有所缓和,情绪的持续时间也会很长,并会转变成一种心境,对后续的活动产生影响。例如残疾人的抑郁、焦虑等情绪都有心境化的特点。对于残疾人的情绪问题,主要是给予其情感上的支持,帮助其宣泄不良情绪。可以采用精神分析中的移情、解释等技术,以及支持性疗法等心理咨询方法帮助其摆脱情绪方面的困扰。

最后,处于康复阶段的残疾人在行为方面也存在一些典型问题,而这些行为问题主要表现在残疾人的人际交往过程中。残疾人的人际交往主要表现出两方面的特点:①人际交往需求的迫切性和交往行为的被动性。残疾人由于生理上的不便,很难像正常人一样广泛地走入社交圈子,但是残疾人的内心比一般人更迫切渴望与人交往,需要友谊和别人的理解,他们希望参加各种活动,寻找和建立温馨和谐的人际关系。然而在实际的人际交往过程中,由于语言障碍、社会人群的歧视、残疾人本身体验人际关系的挫折感较强等种种原因,残疾人在社会交往中显得被动,把交往的欲望长期压抑在心底,从而导致人际关系适应能力下降。②交往对象的局限性和交往范围的狭窄性。残疾人的交往对象主要是家庭成员或其他残疾人,这样的交往群体虽然一定程度上会给予残疾个体关爱、温暖、理解和支持,但是也会导致残疾人封闭在狭小的社交圈,与外界社会脱节。针对残疾人在人际交往中的行为问题,可以在其康复过程中采取适当的行为疗法,帮助其摆脱社交中的畏惧、自卑等心理障碍,帮助其更好地适应新的社会生活。

帮助残疾个体进行自我心理重建具有重大的意义。人和动物不同,除了维持生命的生理活动以外,还有一系列的社会与心理活动。伤残造成生理活动障碍,必然会相应地影响其心理活动,严重者还会影响到社会功能。不论什么原因,造成何种残疾,即使终生不可恢复,只要努力矫正其心理功能,在一定程度上恢复其社会功能就可代偿部分受损的生理功能,使残疾人残而不废,成为对社会有用的一员,而不是成为累赘。因此,残疾人的心理康复问题,是全社会应该关心的问题,应该帮助残疾人重新构建正确的认知、积极的情感,建立起对抗生活中困难与挫折的自信,而不是让他们沉浸在残疾的悲痛之中自暴自弃、自甘堕落,丧失生活下去的勇气。此外,有的残疾人个体存在严重的心理问题,如若放任不顾,可能会致使其由于内心的愤怒与苦闷产生反社会的心理,进而对他人和社会造成极为严重的危害。因此,关注残疾人的心理重建不仅仅能帮助残疾人个体重新适应新的社会生活,也能为促进社会和谐做出一份贡献。

二、危机事件后个体自我心理重建过程

残疾人的自我心理重建并非无章可循。意外遭遇残疾对残疾者而言是一场灾难性事件,毋庸置疑会给残疾个体造成巨大的心理冲击,广义上来讲,意外残疾对个体来讲也是危机事件的一种,因此心理重建也是建立在应对危机事件的理论基础之上的。关于危机的干预模式主要依据贝尔金等提出的 3 种基本的干预模式,即平衡模式、认知模式和心理社会转变模式。这 3 种模式为许多不同的危机干预策略和方法提供了基础。①平衡模式。也称为平衡/失衡模式。危机中的人通常处于一种心理和情绪的失衡状态,在这种状态下,原有的应对机制和解决问题的方法不能满足他们的需要。平衡模式的目的在于帮助人们重新获得危机前的平衡状态。平衡模式最适用于早期干预,这时人们失去了对自己的控制,分不清解决问题的方向且不能做出适当的选择。除非个人重新获得了一些应付能力,否则主要精力应集中在稳定病人心理和情绪方面。在病人重新达到某种程度的稳定之前,不能采取也不应采取其他措施。②认知模式。危机植根于对事件和围绕时间的境遇的错误思维,而不是事件本身或与事件和境遇有关的事实。该模式的基本原则是,通过改变思维方式,尤其是改变认知中的非理性和自我否定的部分,获得理性和强化思维中的理性和自强的成分,获得对自己生活中危机的控制。认知模式最适用于处在危机稳定下来并回到了接近危机前平衡状态的求助者。在埃利斯的合理情绪疗法和贝克等人的认知系统疗法中,这一程序的基本步骤被发现。③心理社会转变模式。这种模式认为人是遗传天赋和从特别的社会环境中学习的产物。因为人们总是在不断地变化、发展和成长,他们的社会环境和社会影响总是在不断地变化,危机可能与内部和外部(心理的、社会的或环境的)困难有关。危机干预的目的在于与求助者合作,以测定与危机有关的内部和外部困难,帮助他们选择替代他们现有行为、态度和使用环境资源的模式。结合适当的内部应付方式、社会支持和环境资源来帮助他们获得对自己生活(非危机的)的自主控制。

残疾人作为一个特殊的群体,有其独特的心理表现,因此开展残疾人的心理重建,首先要了解残疾人的认知特点、情绪特点和行为变化,其次要及时掌握残疾人的动态心理变化过程,在相关理论的指导下科学地开展相应的心理重建工作。

经历身体残疾后的个体一般会经历以下 3 个心理过程的变化：经历生命危机后觉醒到死亡；当意识到这种危机会持续影响他们的生活后，适应这种不确定性；进而区分界定疾病和残疾、保护自我，使自我在经历损失和改变时，能够保持稳定的心态。针对残疾人群体以上特点，帮助其心理康复需要做到以下几点：①帮助其进行认知重建。突发性的灾难发生后，焦虑、恐惧和抑郁等不良情绪反应会严重损坏人们的认知功能，甚至会造成认知功能障碍，会使人陷入无法自拔的境地，突然失去目标，觉得活着没有意思，没有价值和意义，丧失了活动兴趣和能力，甚至出现自杀的想法，此时对残疾人进行诊断、治疗有着非常重要的目的和意义。要帮助其面对残疾的事实，不再逃避现实，让其认识到虽然残疾是一件不幸的事情，但并不代表人生的终结，也不意味着失去生存的意义，要更多的关注生活中积极的方面，残疾人也可以有自己的梦想，实现自己的价值。②帮助其疏导、宣泄不良情绪。对自身情绪的调控能力已经成为个人能否适应社会、取得成就、生活幸福的一个重要指标。很多残疾人在自身残疾后由于缺乏关爱、沟通或者不善表达，出现很多情绪问题。残疾人常见的情绪问题有自卑、抑郁、焦虑、冷漠，心理重建的一个重要方面就是帮助其排解内心的不良情绪，使其保持健康良好的心态，积极面对生活中的困难与挫折，而不是沉浸在不良的消极情绪中逐渐堕落。③帮助其克服人际交往中存在的障碍。许多个体在残疾以后拒绝与外界社会接触，只局限在自己狭隘的生活圈子里，交往的对象只局限于自己身边的家人或者是其他残疾人个体，这种人际交往模式会导致其生活与外界社会生活不断脱节，逐渐丧失一定的社会生活能力。我们要帮助其摆脱心理上的顾忌和畏惧，将自己心灵的大门敞开，与各种各样的人交际，维持正常的社会交往模式。

第二节　帮助临床康复期残疾人自我心理重建的方法

残疾是由遗传或意外事故导致的某种身心功能的缺损甚至丧失，如耳聋、失明、痴呆，以及断肢、瘫痪等症状。残疾对一个人来说是一件非常痛苦的事情，它不仅给他们带来生活、工作上的不便，而且严重困扰着他们的心灵，尤其是后天意外事故导致的残疾，往往对人造成巨大的心理冲击，甚至导致更严重的心理问题，因此自我心理重建对于残疾人而言显得非常重要。虽然家庭和社会给予的关怀和安慰有利于残疾人的自我心理重建，但是如果相关陪护人员能够掌握基本的心理咨询知识和方法，将能够更好地帮助残疾人调节不良认知、情绪和行为，塑造积极乐观的态度和正确的价值观，以迅速恢复其社会适应能力和提高其自我价值感。

一、关于认知疗法的理论与操作技术

认知疗法是根据人的认知过程，影响其情绪和行为的理论假设，通过认知和行为技术来改变求助者的不良认知，从而矫正其适应不良的心理治疗方法。由于气质类型、文化知识水平以及周围环境等的差异，人们对相同问题往往有不同的理解和认知。例如同样是腿有残疾，有的人认为自己不能行动自如就是废物，开始自暴自弃，陷入无止境的自卑和绝望中；有的人却觉得虽然自己肢体残疾，但是自己还有正常的五官，还能借助器械行动，做一些自己力所能及的事情，这种正确的认知让他们能够积极乐观地生活。所以，关键不在于是否患有残疾，而在于自己对于残疾的认知和态度。

认知疗法作为新近发展起来的一种心理治疗方法，其主要的着眼点放在求助者非功能性的认知问题上，企图通过改变求助者对己、对人或对事的看法与态度来改善心理与行为问题，从而帮助残疾者重建对生活的信心，用积极健康的心态迎接新生活。

本节就认知疗法中最常见的合理情绪疗法和贝克认知转变疗法分别进行简单介绍。

(一)合理情绪疗法

合理情绪疗法(rational-emotive therapy，简称 RET)也称"理性情绪疗法"，是帮助求助者解决因不合理信念而产生的情绪困扰的一种心理治疗方法，是 20 世纪 50 年代由阿尔伯特·艾利斯(A. ElliS)在美国创立的。其观点可以归纳如下。

人生来就同时具有理性和非理性两种对立的思维方式。情绪不良者一旦遇到不好的事情就优先选择非理性思维方式，从而产生消极负面的情绪，导致他们变得忧郁、焦虑和痛苦。

情绪是伴随着人们的思维而产生的，也就是说，我们情绪上或心理上的困扰是由不合逻辑、非理性的思维造成的，而不是由所发生的事实本身所引起的。

艾里斯说:"人不是被事情所困扰着,而是被对这件事的看法困扰着。"此话强调了人们的不合理信念对情绪所起的作用。常见的不合理信念有 3 个主要特征:绝对化要求、过分概括化、糟糕至极。

人具有一种倾向性,这种倾向性存在着合理思维和不合理思维。任何人都不可避免地具有或多或少的不合理思维与信念。所以当情绪困扰时,首先不要害怕,要认识到这是任何人都会有的,关键是如何用理性消除它。

人是语言动物,思维活动是借助于语言而进行的。如果不断地用内化的语言重复某种不合理的信念,就会导致某些情绪困扰无法解决。人们反复对自己说的那些话常常会潜移默化地变成自己的情绪和思维。比如说,一个残疾朋友每天无数次地在心里对自己说"我残疾了,我的生活将变得一团糟糕"。这样的内化语言使得他们对生活消极悲观,放弃努力,最终结果可想而知。正像他们无数次对自己说的那样,生活不再美好,可结果却是他们自己一手造成的。

1. 理论基础

ABC 理论是合理情绪疗法的基础理论,其中的 A 是指生活中的诱发性事件(activating events);B 是指个体在遇到诱发性事件之后相应而生的信念,即他对这一事件的看法、解释和评价(beliefs);C 是指特定情景下,个体的情绪及行为结果(consequences)。通常人们认为,人的情绪行为反应是直接由诱发性事件 A 引起的,即 A 引起了 C。但是 ABC 理论指出,诱发性事件(A)只是引起情绪及行为反应的间接原因,而人们对诱发性事件所持的信念、看法、理解(B),才是真正引起人的情绪及行为反应的更直接的原因。

2. 合理情绪疗法的基本步骤

合理情绪疗法的具体治疗步骤如下。

(1)心理诊断阶段。这是治疗的第一个阶段。首先治疗者要与求助者建立良好的咨询关系;其次要收集求助者的相关信息,弄清楚求助者关注的各种问题,将这些问题按其性质进行分类,从其最迫切希望解决的问题入手。

(2)领悟阶段。主要任务是帮助求助者领悟合理情绪疗法的原理,帮助其辨别出非理性信念,使求助者真正理解并认识到以下几点:一是引起其情绪困扰的并不是外界发生的事件,而是他对事件的态度、看法、评价等认知内容,是信念引起了情绪及行为后果,而不是诱发事件本身。二是要改变情绪困扰不是致力于改变外界事件,而是应该改变认知,通过改变认知,进而改变情绪。只有改变了不合理信念,才能减轻或消除他们目前存在的各种症状。三是求助者可能认为情绪困扰的原因与自己无关,咨询师应该帮助求助者理解领悟,引起情绪困扰的认知恰恰是求助者自己的认知。因为情绪困扰的原因与求助者自己有关,所以他们应对自己的情绪和行为反应负有一定责任。

(3)修通阶段。这一阶段的工作是合理情绪疗法中最主要的部分。这一阶段的主要任务是采用辩论的方法改变求助者的非理性思维方式,帮助他们放弃非理性的信念。用夸张或挑战式的发问方式,要求病人回答他有什么证据或理论对 A 事件持这样的看法等。通过反复不断的辩论,病人理屈词穷,不能为其非理性信念自圆其说,使其真正认识到,其非理性信念是不合逻辑的,也是没有根据的,从而让他们分清楚什么是理性的信念,什么是非理性的信念,并用理性的信念取代非理性的信念。

(4)再教育阶段。这是治疗的最后阶段,咨询师在这一阶段的主要任务是巩固前几个阶段治疗所取得的效果,帮助求助者进一步摆脱原有的不合理信念及思维方式,培养其使用理性方式进行思维的习惯,从而使求助者在咨询结束之后仍能用学到的东西应对生活中遇到的问题,以能更好地适应现实生活。

(二)贝克认知转变疗法

贝克认知转变疗法是由美国心理学家贝克创立的,其原理与前文介绍的合理情绪疗法相似,但是此疗法更加强调改变深层次的认识结构,并采用语言交谈和行为矫正相结合的技术,重视解决当前的问题。

1. 理论基础

贝克认知转变疗法的理论基础是贝克的情绪障碍认知理论。他认为,心理障碍并不一定都是由神秘莫测、不可抗拒的力量引起的;相反,生活中的平常事情,如片面的观念、不恰当的自我评价、极端的思想等,都会使人们的心理产生矛盾冲突。在此疗法中,贝克提出了一个核心概念——自动性思维。所谓自动性思维,就是抑郁患者的消极认识,自动反复地出现,表现在对自己、对周围、对未来世界三方面的消极评价。简单地说,就是一遇到问题就自动产生不利于自己情绪的想法。例如,一个身体有残疾的人,一旦看到别人对他笑,就会立马产生别人是在嘲笑自己的草率认识。除非有证据,不然为什么会觉得别人一定是在嘲笑呢? 因此,所有的想法都是猜测和假设,但是这部分人却因此而担心和焦虑。贝克指出,人们的许多错误思想通常都是以"自动思维"的形式出现的。

这些负性自动想法还蕴藏着可怕的逻辑错误概念。

(1)过度概括化。如果把一件事做错了,我们便认为任何事情都是不对的。我们的失败感不断增多,直到后来,我们认为自己做的任何事情都是失败的。一旦出现这种情况,我们就会将挫折和失败看作是永无止境的,做什么都是没有用的,事情总是这样的。

(2)自我中心思维。在自我中心思维方式的控制下,我们都很难相信,其他人对我们与我们对自己有完全不同的看法。我们认为自己看事物的方式就是其他人看事物的方式,即"我认为我失败了,因此他们一定也认为我失败了"。

其实,他人常与我们自己持有不同的观点。因此,假设他人与自己的观点一致是没有用的。我们每个人都有自己的生活经历、人格特点,我们的人生观、价值观各不相同,这种差异能够成为我们成长或人际冲突的源泉。正是因为我们如此不同,世界才如此丰富。遗憾的是,我们常因他人与我们在思维与行为方式上的不同而困扰。

(3)极端化的思考。极端化的思考是指思考或解释事情时用全有或全无的方式,或用"不是……就是……"的思维极端地将经验分类,这种二分法的思考把事情都分为"好"或"坏",我们完全不花时间和心思去考虑其他可能的证据。

人们一旦出现负性自动想法就会出现情绪上的抑郁和焦虑以及行为上的障碍,以致认知、情绪、行为三者相互加强,形成一种可怕的恶性循环,使人无法自拔,问题越来越严重。

2.贝克认知转变疗法的基本步骤

(1)建立良好的咨询关系,收集资料。咨询师首先向求助者耐心解释治疗的目的及方法,让求助者主动参与治疗。全面了解患者的当前问题及有关背景材料,列出关键问题。

(2)识别自动性思维。从易到难逐步分析求助者歪曲的认知,启发求助者寻找不良认知,协助求助者暴露认知曲解或逻辑错误,共同讨论合理化的思维方式。

(3)布置家庭作业,可列出 3 个栏目:自动思维、认知歪曲评定、合理认知。

(4)行为矫正技术。针对不同对象的具体情况设计"日常活动计划表",适用于缺乏动机及活力的患者,遵循"循序渐进,先易后难"原则。

合理情绪疗法和贝克认知转变疗法作为常见的认知疗法,被广泛应用于心理问题的治疗之中,对于矫正错误认知,帮助来访者建立正确的认知方式有明显的作用。残疾人在认知方面存在一些典型的非理性认知特点,例如拒绝承认残疾的事实、乱贴标签、受歧视感、糟糕透顶等,此时采用认知疗法可以帮助其正视残疾的事实,重新审视与接受自我,摒弃"绝对化"的思想,树立信心,发现自我的价值,努力实现自我,为实现康复保持积极正确的心态。

二、关于行为疗法的理论与操作技术

行为治疗是根据学习的原理对个体进行反复训练,由此达到纠正问题行为的一种心理治疗。行为疗法认为无论是适应性行为还是不适应性行为,都是可以通过学习获得的,因此也可以通过学习来矫治不良的行为。具体的行为疗法包括松弛疗法、系统脱敏、满灌疗法等。

(一)行为疗法之松弛疗法

生活中难免会有意外事件,关键是要学会放松情绪。松弛疗法又称放松疗法、放松训练,它是按一定的练习程序,学习有意识地控制或调节自身的心理生理活动,以降低机体唤醒水平,调整那些因紧张刺激而紊乱了的功能。

1.基本理论

松弛疗法的理论假设是,一个人的心情反应包括"情绪"和"躯体"两部分。假如能改变"躯体"的反应,"情绪"也会随之变化。至于躯体的反应,除了受自主神经系统控制的"内脏内分泌"系统的反应不易操纵和控制外,受随意神经系统控制的"随意肌肉"反应,则可由人们的意念来操纵。也就是说,由人的意识可以把"随意肌肉"控制下来,再间接地把"情绪"松弛下来,建立放松的心情状态。在日常生活中,当人们心情紧张时,不仅"情绪"上"张皇失措",连身体各部分的肌肉也变得紧张僵硬,即所谓心惊肉跳、呆若木鸡;而紧张的情绪松弛后,僵硬肌肉还不能松弛下来,即可以通过按摩、沐浴、睡眠等方式让自己松弛。基于这一原理,"松弛疗法"就是训练一个人,可以随意地把自己的全身肌肉放松,以便保持心情轻松的状态。

大量临床实践表明,松弛疗法的效果是显著的。求助者在第一次练习的时候就会感觉到轻松,并且会循序渐进,疗效逐渐地提高。持续一段时间的练习,求助者会明显感觉到自己进入一种高度放松的状态,会觉得轻松愉快,从而消除紧张不安的情绪。

2.松弛训练的基本步骤

进行松弛训练要求求助者首先学会体验肌肉紧张和肌肉放松的感觉,从而达到自己能主动掌握放松的过程,然后进一步加强松弛体验,直到可以放松自如地放松全身肌肉的效果。具体过程如下。

(1)找一间安静、整洁、光线柔和的房间。让求助者坐在一张舒适、高低合适的椅子上,两脚平放,两眼微合。

(2)用鼻呼吸,使其意识到自己的呼吸。当呼气时默诵"一",吸气时默诵"二"。

(3)把注意力集中在脸部,想象脸部和眼睛的紧张感;或者握紧拳头,随着每一次的呼吸慢慢把它们分开。

(4)体验眼部和脸部的舒适感,就像波动的气流涌遍全身。

(5)紧闭双眼,脸部也紧绷,咬紧牙关,然后全部放松下来,让舒适轻松感流向全身。

(6)用上述方法在身体各部分进行训练(颌部、颈部、肩、背部、双臂、双手、胸部、腿部、双脚、脚趾……)。每个部位的练习都配合想象,再紧绷,然后放松。反复循环,直到全身放松。

(7)在感到完全放松时,在舒适安静的意念中静坐 2~5 分钟。

(8)慢慢放松眼皮,睁开双眼,从想象回到现实中来。

这种技术宜每天进行 1~2 次,不要在饭后两小时内进行,因为消化过程可能干扰预期引起的变化。放松训练可以广泛地应用于正常人的保健,如消除运动员、学生的紧张,也可以用于治疗多种心身疾病与神经症。

(二)行为疗法之系统脱敏

系统脱敏是通过循序渐进的过程逐步消除焦虑、恐惧状态及其他不适反应的一种行为疗法。其基本思想是:在求助者处于全身放松的状态下,让一个原可以引起微弱焦虑的刺激在其面前重复暴露,以达到求助者对这一刺激不再焦虑的目的。

系统脱敏疗法的基本过程如下。

1. 放松训练

在对求助者系统脱敏治疗之前,必须教会求助者如何进行肌肉放松。一般需要 6～10 次练习,每次历时半小时,每天 1～2 次,以使全身肌肉能够迅速进入松弛状态为合格。放松训练是系统脱敏疗法的基础,每一次都要认真对待,以确保治疗效果。

2. 建立恐怖或焦虑的等级层次

找出所有使求助者感到恐怖或者焦虑的事件,并报告出他对每一件事情感到恐怖或焦虑的主观程度,这种主观程度可用主观感觉尺度来度量,尺度为 0～100,一般分为 10 个等级,或者 6 个等级,单位为 SUD。

将求助者报告出的恐怖或焦虑事件按等级程度由小到大的顺序排列。

以上两步工作也可以作为作业由求助者自己独自去做,但在再次治疗时,咨询师一定要认真检查,注意等级排列的合理性,以便对脱敏练习做到心中有数。

3. 实施分级系统脱敏

(1)让来访者学会放松并进入放松状态。

(2)从等级层次中最低的一个事件开始诱发其情景感受,并保持 30 秒钟。

(3)重新评价 SUD 值。

(4)重复上述步骤,直至 SUD 值达到 10 左右。

(三)行为疗法之满灌疗法

满灌疗法,又称"冲击疗法""暴露疗法""快速脱敏疗法",它的基本操作就是让来访者直接接触或暴露在使其感到强烈焦虑或恐惧情绪的各种不同刺激情境中,坚持到紧张感觉消失的一种快速行为治疗法。满灌疗法实际上就是前面讲到的系统脱敏的亚型,两个疗法的不同之处在于满灌疗法没有系统脱敏疗法的渐进式的肌肉放松训练,另外就是系统脱敏疗法耗时较长,而满灌疗法能够达到快速脱敏的效果。

满灌疗法常被用来治疗焦虑症和恐怖症。具有简单、疗程较短的特点,但对求助者的心理承受能力要求高,求助者痛苦较大,可能欲速而不达,有时求助者会因为无法忍受而停止治疗。但目前神经症治疗尚无更有效、特异性的疗法,因此满灌疗法在临床治疗上仍占有一席之地。

1. 满灌疗法的基本步骤

(1)确立主要的治疗目标。要认真找出引起求助者恐怖或焦虑的事物、人物或场景,以便安排系统的主攻方向。

(2)向求助者说明咨询与治疗的方法、意义和注意事项,要求高度配合,树立坚强的信心和决心。尤其是要求求助者暴露在恐怖情境下不能有丝毫回避意向和行为,且最好取得家属配合。

(3)咨询者可采用示范法,必要时随求助者共同进行训练,鼓励求助者建立自信,大胆治疗,促进暴露。

(4)咨询与治疗期间要布置"家庭作业",不断训练,巩固效果。

2. 使用满灌疗法的注意事项

虽然满灌疗法主要用于治疗焦虑症和恐怖症,但并不是所有的求助者都适合和愿意接受这样的疗法,心理咨询师必须注意以下几点:

(1)要向求治者说明满灌疗法带来的焦虑是无害的。只有求助者体验到严重紧张,经过一系列先易后难的渐进的满灌暴露作业后,才会起到控制病情的作用。

(2)在整个治疗过程中不允许求助者有回避行为,否则会加剧恐怖,导致治疗失败。

(3)使用暴露疗法,必须对求治者的身心状况有深入的了解,对体质虚弱,有心脏病、高血压和承受力弱的患者,不能应用此法,否则不仅会影响疗效,而且有可能发生意外。

行为主义疗法主要关注的重点是个体的特殊行为,常用来解决具体的行为问题。残疾人自身存在认知偏差和情绪问题,而这些问题最直接反映的就是个体的行为表现。残疾人的行为问题主要表现在残疾后的人际交往过程中,例如交往对象仅局限为自己的家人或者同类残疾人,害怕外出或者与人沟通、社交焦虑等问题,此时采用行为主义疗法可以帮助残疾者摆脱内心的畏惧,恢复正常的人际交往模式,特别是针对社交恐怖症等典型社交不良行为有较好的矫正效果,并且有治疗时间短暂、恢复快等特点。

三、关于精神分析疗法的理论与操作技术

精神分析疗法(又称心理分析疗法)由奥地利精神病学家弗洛伊德所创建。弗洛伊德的精神分析学说认为,人的行为表现是源于人们自己意识不

到的动机和内心冲突。因此,精神分析的基础是无意识的心理过程,其中包括了诸如抗拒、压抑、性欲、攻击、恋母恋父等诸多无意识的心理反应。

(一)精神分析的基本原理

精神分析疗法的理论基础是弗洛伊德提出的精神分析学说,其理论要点简述如下。

1. 潜意识和压抑理论

精神疾病是由被压抑到潜意识中的心理冲突造成的。弗洛伊德认为人的心理包括意识(conscious)、前意识(preconscious)和潜意识(unconscious)三部分。意识是指人能够自觉自知的心理部分;前意识是指介于意识与潜意识之间的,在集中注意认真搜索的情况下可以回忆起来的经验;潜意识是由许多被遗忘的经验组成的,不被本人意识到的深层心理活动。其中,潜意识不仅是人的正常活动的内驱力,而且也是人的一切精神疾患产生的深层基础。按照弗洛伊德的观点,压抑是指借助意识的力量,将潜意识中的内容保存和隐蔽起来,正是因为潜意识中的心理冲突被压抑下来,才导致各种心理疾病的产生。精神分析疗法就是通过咨询师与求助者的自由交谈,找出病人潜意识中的"症结",使之意识化。

2. 人格理论

以潜意识为基础的人格学说是弗洛伊德理论的核心。

弗洛伊德认为人格由三部分构成:①本我,指最原始的、与生俱来的潜意识的结构部分,遵循快乐原则。②自我,指人格中的意识结构部分,是来自本我经外部世界影响而形成的知觉系统,遵循现实原则,是人格的心理成分。它一方面使本我适应现实的条件,从而调节、控制或延迟本我欲望的满足,另一方面还要协调本我和超我的关系。③超我,指人格中最文明、最道德的部分。它代表良心、自我理想,处于人格的最高层,按照至善原则,指导自我、限制本我,达到自我典范或理想的自我实现。

在弗洛伊德看来,人格的发展是一个潜意识、前意识、意识之间,本我、自我、超我之间的对抗与压抑的过程。如果上述三者保持平衡,就会实现人格的正常发展;如果三者失调乃至破坏,就会导致心理疾病的产生。

3. 本能理论

弗洛伊德认为人类的一切行为和心理发生的主要基础就是性本能,性本能的驱力叫作力比多(libido)。他认为人的个体发展中需要经过一系列的心理性欲阶段,每个性欲发展阶段在身体上都有一个能使力比多兴奋满足的中心。

性心理发展可以分为五个阶段:①口欲阶段(0～1 岁),婴儿的主要活动是口腔的活动,快感来源于唇、口等。②肛欲期(1～3),快感区是肛门,儿童在大小便的时候体验到快感。③性器期(3～6 岁),儿童懂得了两性的区别,开始对异性父母眷恋,对同性父母嫉恨,即所谓的俄狄浦斯(Oedipus)情结和厄勒克特拉(Electra)情结。④潜伏期(6～12 岁),此阶段儿童的性欲受到压抑,快感主要来源于对外部世界的兴趣。⑤青春期(12～18 岁),兴趣逐渐转向异性,幼年的性冲动复合,性生活继续着早期发展的途径进行。在弗洛伊德看来,性心理的顺序发展对个体是十分重要的,如果不能顺利地进行,停止在某一个极端,或者个体受到挫折后从高级阶段倒退到某一低级阶段,都可能导致心理上的异常。

弗洛伊德在后期提出了死亡本能,即塞纳托斯(thanatos),它是促使人类返回生命前非生命状态的力量。死亡是生命的终结,是生命的最后稳定状态,生命只有在这时才不再需要为满足生理欲望而斗争。只有在此时,生命不再有焦虑和抑郁,所以所有生命的最终目标是死亡。死亡本能派生出攻击、破坏、战争等一切毁灭行为。当它转向机体内部时,导致个体的自责,甚至自伤自杀;当它转向外部世界时,导致对他人的攻击、仇恨、谋杀等。

4.早期经验理论

弗洛伊德认为,一切神经症都是被压抑在潜意识中的那些早年精神创伤和痛苦体验所致。幼年期形成的症结,到青年或成年后在精神上反映出来,表现为神经症或精神疾患。

神经症形成的根源就是被压抑到潜意识中未能得到解决的欲望,是早在幼年时形成的症结。

(二)精神分析疗法的具体方法

1.自由联想技术

精神分析者使精神病患者处于全身放松状态,鼓励患者尽量报告任何进入头脑中的东西,无论这些东西怎样荒唐,怎样微不足道,怎样不合逻辑,都不应该加以隐瞒。分析者则在适当的时机向患者发问,听患者把致病经过、家庭背景和过去的经历都报告出来。患者必须克服羞恶之心,不进行任何意识评判,让思想自由涌现。在实施自由联想时精神分析者对患者所报告的材料加以分析和解释，直到医患双方都认为已找到病根为止。

2. 释梦

弗洛伊德认为，梦的本质是愿望的达成，是潜意识中的被压抑的欲望通过梦的种种运作，得到象征性的满足。为了说明每一个梦都包含着隐藏着的意义，弗洛伊德把梦分为"显梦"（manifest dream）和"隐梦"（latent dream）两部分。显梦指人们真实体验到的梦，这些梦境中的各种表象是潜意识中的欲望乔装改扮的产物。隐梦指梦的真正含意，即梦象征性表现的被压抑的潜意识欲望。做梦好比制作灯谜，显梦是谜面，隐梦是谜底。

弗洛伊德认为，梦的分析是认识潜意识活动的重要途径，通过梦的解析，可以发现导致神经症的种种本能欲望，并治愈神经症。

3. 移情

在心理治疗的过程中，求助者在潜意识中把咨询师看成是过去某一重要人物的再现或者化身，把用于原型的情感和反应转移到咨询师身上的现象就是移情。在咨询过程中，移情再现的是来访者以前的人际关系。移情分为正移情和负移情两种。正移情是求助者把咨询师当作以往生活中某个重要人物，他们逐渐对咨询师发生了浓厚的兴趣和强烈的感情，表现得十分友好、敬仰、爱慕，甚至对异性咨询师表现出性爱的成分，对咨询师十分依恋、顺从；负移情是指求助者把咨询师视为过去经历中某个给他带来挫折、不快、痛苦或压抑的对象，在咨询情境中，原有的情绪转移到了咨询师身上，从而在行动上表现出不满、拒绝、敌对、被动、抵抗、不配合。

4. 解释

解释是精神分析中最常用的技术之一。咨询师要揭示来访者症状背后的无意识动机，使患者用不同的方式看待自己的思想和行为、情感以及欲望，这样的方法可以使来访者从旧的认知事物的框架中跳出来，让病人正视自己回避的东西。解释的原则是要在来访者有接受解释的准备时对其进行解释，解释时要依据患者以前的评论和描述进行，另外，解释不宜过多，适当即可。通过解释，咨询师可以在一段时间内，不断向来访者指出其行为、思想或感情背后潜藏着的本质意义。

对于残疾者而言，采用精神分析疗法不仅可以缓解其焦虑情绪，也能帮助其认知到问题行为发生的深层原因。精神分析疗法作为深受咨询者青睐的咨询技术之一，有其独特的优势。精神分析疗法侧重于以往的早期经历，探究来访者产生心理问题的原因,解决情绪和行为上的问题,从而达到深度解决心理问题的效果。精神分析疗法采用移情、解释等技术能够为残疾者提供必要的心理支持和慰藉,尤其是对于追求精神高度成长的残疾者,有良好的效果。

四、关于支持性心理疗法的理论与操作技术

支持性心理疗法又称为支持疗法、一般性心理疗法,是一种以"支持"为主的心理治疗方法。其主要特点是运用咨询师与求助者之间的良好关系,积极应用咨询师的权威、知识与关心来支持求助者,使其充分发挥自己的潜力,面对现实处理问题,以度过心理上的危机。它主要运用心理咨询与治疗的基本原则来操作,为求助者应对心理上的问题提供足够的心理支持,是最普遍且广泛运用的心理咨询与治疗方法。

（一）支持性疗法的治疗原则

第一,提供适当的情感支持。当一个人在心理上受到挫折时,最需要的莫过于他人的安慰、同情与关心。因此,这一原则就在于提供所需要的心理上的支持,包括同情体贴、鼓励安慰等,以协助求助者摆脱困境,处理问题,应付心理上的挫折。但需要注意:咨询师的支持要适度,且有选择性,不宜盲目。"支持"不等于"包办",咨询师要考虑求助者所面临的心理挫折的严重性、自身的性格和自我的成熟性,应根据处理问题的方式及应付困难的过程做适当的支持。

第二,调整对"挫折"的看法。协助求助者矫正对困难和挫折的看法,借此来调节并改善其心理问题。一是善于利用各种"资源"。此原则是帮助求助者,对可利用的内外资源进行分析,看是否最大限度运用了资源,来应对面临的心理困难和挫折。所谓"资源",其范围相当广泛,包括家人与亲友的关心与支持、家庭背景、四周的生活环境及社会可供给的支持条件等。当一个人面临心理上的挫折时,往往会忘掉可用的资源,而不去充分利用,经常低估自己的能力,忽略别人可以提供的帮助。咨询师可以在这方面提供指导,助其渡过难关。二是进行适应方法指导。其重点之一就是跟咨询师一起分析,寻求应付困难或处理问题的恰当的方式方法,并指导求助者正确选用。

（二）支持性疗法的使用范围

支持性心理疗法主要适用于下列诸种情况。

（1）求助者遭遇严重的事故或心理创伤。面临精神的崩溃,急需他人的支持来渡过心理上的难关。

（2）环境中长期存在矛盾、紧张或压抑的,致使内心抑郁不安、心境不佳,感到前途渺茫,甚至产生消极观念的病人。

（3）患有各种躯体疾病,对疾病本质不了解,以致顾虑重重、消极悲观或长期治疗不愈,对治疗信心不足,甚至对医护人员产生抱怨、抵触情绪的病人。

（4）患有各种心理疾病,对疾病疑惧,而在治疗中又必须解决其心理疾病,或与躯体疾病同时存在,有心理紧张状态、焦虑抑郁者。

（5）各类神经症病人,通常需要首先进行支持性心理治疗,在此基础上配合其他的心理治疗,结合药物治疗、物理治疗等,能收到事半功倍的疗效。

（6）患有各种顽症、绝症,如恶性肿瘤等病人,为减少其痛苦及绝望心情,支持性心理治疗也是必不可少的。

（三）支持性心理疗法的方法和技术

一般方法为咨询师鼓励求助者说出自己的问题,听取诉述,然后提出建议,指导或劝告,帮助求助者克服危机。在这个过程中有以下几项基本的技巧。

（1）耐心倾听。听是一门艺术,在听的过程中不要急于打断对方的诉说,要善于引导。通过倾诉、畅所欲言让求助者觉得咨询师是在认真关心自己的问题。咨询师的倾听,有时比滔滔不绝的解说教导更有效果。

（2）解释指导。多采用通俗易懂、深入浅出的道理,讲清疾病或问题的性质及对其具体的要求,切忌用复杂高深的术语使病人难以理解。指导意见要简易扼要,必要时可书写下来交给患者,让他们事后反复参照执行。

（3）鼓励保证。鼓励是针对消极悲观、缺乏自信的患者,使他们了解疾病的性质之后能振作精神,鼓起勇气,提高应付危机的信心。保证则是咨询师以充分的事实为依据,用坚定的语调来表达。常针对多疑和情绪紧张的神经症患者。

（4）言语暗示。咨询师的权威、知识和地位是进行暗示的重要条件。语言是一种十分特殊和广泛的信号,它的质和量比任何刺激都显得重要,缓缓道来往往比口若悬河、声色俱厉更富魅力,求助者受到语言暗示作用的大小也因人而异。成功的暗示可减轻求助者的症状,同时也不会留下有意而为的痕迹,从顾全求助者的自尊心考虑,要使他意识到自己是有能力不需要外力便能解决自己问题的。

(5)摆正关系。咨询师多次向求助者提供支持时,要避免求助者产生依赖,失去主见,事事都要咨询师来做主。咨询师应认识到提供支持可动用多方面的资源,如亲属、同事、各种自助团体,以及家庭和社会资源中的其他各类支持系统成分。

支持性疗法可以给来访者提供情感支持,缓解负面情绪。残疾个体在遭遇意外事件残疾之初,心理受到巨大的冲击,面临绝望、焦虑、抑郁等情绪问题,严重的情绪问题可能会导致个体精神崩溃,此时支持性疗法显得尤为重要。咨询师可以通过给予残疾者情感上的陪伴和支持为其提供抵抗不幸的能量,帮助其接受残疾的事实,对于残疾后的困难,勇敢自信地应对,重归正常的生活状态。

本章针对残疾人认知、情绪和行为方面的特点,提供了适合解决其不同心理问题的心理咨询方法,例如针对认知方面问题的合理情绪疗法、贝克认知疗法,针对行为方面问题的行为主义疗法等。实践中,咨询师可以根据残疾者的具体情况采取相应的咨询方法,帮助其克服心理障碍,突破内在的束缚,重建健康的自我心理,恢复自信心和正常的人际交往能力,使其残而不废,更好地适应社会。

第十章　残疾人常见的认知偏差及其心理矫治技术

　　残疾人个体由于身心缺陷问题,常处在消极的社会评价和反馈中,容易把他人的偏见内化为自己的观点,长此以往其认知方面与健全人将会有所不同,在知觉信息方面可能存在一定的偏差,主要表现为注意偏差、解释偏差和记忆偏差,因此了解残疾人的认知偏差并帮助其矫正显得尤为重要。本章将分别针对残疾人自身存在的注意偏差、解释偏差、记忆偏差以及其他认知偏差展开阐述,帮助大家更好地认识这几种认知偏差的概念、特点、发生机制,以及常用的矫正程序。此外,笔者也查阅了相关资料,总结了几种具体的认知偏差矫正技术和训练方法,旨在供康复与治疗人员在帮助残疾人进行认知重建的过程中参考使用。

第一节　残疾人的注意偏差及其心理矫治技术

　　残疾人对负性社交反馈信息存在注意偏向,对威胁性情绪刺激存在注意敏感性。例如,研究发现,残疾人对愤怒情绪面孔图片的检测显著快于正常人。

一、注意偏差的理论概述

　　注意偏差是指相对于中性刺激,个体对威胁相关刺激表现出不同的注意分配。关于注意偏差的成分说主要有两种:二成分说和三成分说。Mogg 等(1997)提出注意偏差的二成分假说,即过度警觉-回避假说,该假说认为焦虑个体先将注意指向威胁,但接下来会避免对威胁资料的细节加工,以减缓自己的焦虑,可实际上这种模式减少了个体对多方信息的吸收与进一步加工,从而使焦虑得以持续。三成分说认为注意偏差过程同时包含了注意增强、注意固着和注意回避：注意增强（facilitated attention），即注意力更容易或更快地被某些信息所吸引；注意固着（difficulty in disengaging），即注意力被吸引后难以从该类刺激转移；注意回避（attentional avoidance），即倾向于将注意力从原本的注意对象转向其他刺激。

二、注意偏差的心理机制

Cisler 和 Koster（2010）回顾了关于注意偏差的理论和研究，对注意偏差的组成成分、各成分间的协调机制、信息处理阶段这三部分进行了系统描述。他们提出注意偏差主要有三个成分，分别是注意增强，指注意力更容易或更快被某些信息吸引；注意脱离困难，指当注意力被某些刺激吸引后，注意力便难以从该类刺激转移；注意回避，指倾向于从某种刺激上将注意力转移。这三部分相互关联，由协调机制驱使。杏仁核活跃是注意警觉机制，与注意增强有关；围绕着前额叶皮质的较高层次的皮质结构是注意控制机制，调节注意对威胁信息的固着；前额叶皮质调节情绪管理，与注意回避有关。而注意偏差的协调机制由信息处理阶段驱使，信息处理一般可以分为两个阶段，自动的和策略的，这两个阶段的边界没有明确的定义。一般来说，自动处理通常指容量无限，不需要意识参与的过程；而策略过程一般指需要注意的、可控的、容量有限的，依赖于意识的处理。注意增强过程更多是一个自动化过程，注意回避过程更多是一个策略过程，而注意脱离困难可能是一个复杂的自动化与策略相结合的过程。

在研究中，注意增强和注意脱离困难共同组成过度警觉过程，两者很难拆分。社交焦虑个体首先将注意转向威胁刺激，然后固着在威胁刺激上。由于注意增强是自动化过程，而注意脱离困难与高级控制机制有关，因此可以推测两者一起发生时，注意增强每次出现都伴随着注意脱离困难，但注意脱离困难独立于注意增强存在。这是由于当刺激足以唤起注意警觉机制引起注意增强，依靠自下而上情感处理过程建立时，会对注意控制机制起重大作用，因此诱发注意警觉的刺激也能导致注意脱离困难，然而注意脱离困难不依赖于最初的注意警觉机制唤起，注意脱离困难也可以发生在注意以非警觉方式分配到刺激物的情况。

事实上对两者的协调机制研究指出，注意偏差的发生可能是由于注意警觉机制的过度活跃,或者注意控制机制不够活跃,或者两者都有(Cisler, Koster,2010)。

过度警觉和注意回避是残疾人社交回避的心理机制。为了解释和协调注意脱离困难和注意回避问题,Weierich、Treat 和 Hollingworth(2008)提出个体显性的回避威胁信息,但又隐性地保持对威胁的注意。比如,社交焦虑个体视线可能会回避威胁刺激(显性回避),但他的认知资源还是会分配给威胁信息(隐性固着)。另外一种解释可能是注意偏差的三种成分具有时间进程,当社交威胁信息出现时,社交焦虑障碍个体对威胁自动化警觉,然后社交焦虑障碍个体在威胁信息上先表现出脱离困难,在注意过程的最后阶段又回避威胁信息。

三、关于注意偏差的心理矫治技术

关于注意偏差的矫正(cognitive bias modification-attention,CBM-A 或 attention bias modification,ABM)是指对信息的选择性注意的矫正。对于注意偏差的矫正采用注意调节策略。注意调节策略是一种调节认知偏差的计算机程序,这种认知偏差对于维持焦虑具有重要作用,其主要作用是易化个体对中性刺激或积极刺激的加工,间接地使个体远离威胁刺激。

注意调节策略一般使用修改的点探测范式。首先,在屏幕上呈现500ms"+"字,然后在屏幕的左右或上下两侧呈现配对的图片或词语(消极-中性或者中性-中性),呈现的时间为 500ms;图片消失后,在屏幕的一侧出现星号或者箭头作为探测刺激,此时要求被试快速而准确地进行左右或上下判断。实验研究表明,采用注意调节策略进行训练可以降低患者对威胁信息的注意偏向。

实验研究表明,采用注意调节策略进行注意偏差的矫正,不仅可以降低患者对威胁信息的注意偏向,而且能有效地改变注意模式,同时对焦虑障碍、物质成瘾及中等程度的抑郁等心理问题产生一定的改善作用。

第二节 残疾人的解释偏差及其心理矫治技术

解释偏差是指个体以消极或者威胁性的方式对社交刺激做出错误解释

的现象。残疾人对社会信息的解释偏差对残疾人个体产生社交焦虑及相关不良社会行为产生重要的影响。

一、解释偏差的主要特点和具体表现

研究者采用多种形式的刺激材料，在不同性质的情境中对社交焦虑者的解释偏差进行了研究。通过这些研究可以将社交焦虑解释偏差的特征总结为，解释偏差在残疾人中普遍存在以及解释偏差具有内容特异性和跨情境一致性。具体表现为以下方面。

(一)解释偏差在社交焦虑者中普遍存在

研究表明，社交焦虑者对不同形式的刺激普遍存在解释偏差。Higa 和 Daleiden(2008)以模糊情境故事为材料进行研究，发现社交焦虑程度与威胁解释偏差存在联系。后来研究者采用模糊的面部表情或特定的面部表情(如厌恶)为刺激材料，也得出高社交焦虑者更容易对面部表情做出消极解释的结论。另外，与西方文化的研究结果一致，中国学生对社交故事的威胁解释与社交焦虑正相关，高社交焦虑者更倾向于对正性面孔做出负面解释，并且青少年社交焦虑者与成人社交焦虑者一样都存在解释偏差。这些结果说明不同文化、不同年龄的社交焦虑者普遍存在解释偏差。但东方文化下的个体更加重视人际关系，更在意他人评价。并且随着年龄增长，个体在社会化过程中对人际关系的需求可能会更强烈，这样或许造成不同文化、不同年龄的个体对社交线索的敏感程度出现差异，社交焦虑解释偏差的程度、内容上也可能出现变化。所以，在注意社交焦虑者解释偏差普遍性的同时，也要考虑它们在不同样本中的差异性。

(二)社交焦虑解释偏差的内容特异性

研究发现，社交焦虑者对社交情境敏感，但对于学习情境等非社交情境没有焦虑反应，解释偏差是社交焦虑产生的重要认知基础，可以推论社交焦虑解释偏差可能只在社交情境中才会出现。多项研究证明社交焦虑个体比没有社交焦虑的人对社交情境做出了更多消极解释，但在非社交情境中并没有表现出这种倾向，支持了社交焦虑解释偏差在内容上存在社交情境特异性的推断。解释偏差在抑郁患者中也较为普遍，社交焦虑解释偏差存在社交情境的内容特异性，可能反映了社交焦虑与其他障碍的解释偏差在内容上存在不同。

（三）社交焦虑解释偏差的跨情境一致性

早期研究关注社交焦虑者对性质不明的模糊情境的消极解释,随着研究的深入,Stopa 和 Clark(2000)发现解释偏差在模糊情境和消极情境中具有一致性,高社交焦虑者既会以消极方式解释模糊社交事件,还会以灾难化方式对消极情境做解释。个体以更消极的方式对信息进行解释,可能反映的是一种稳定的信息加工模式,这种模式一旦形成,个体会对积极的社交线索做出消极解释。研究者还发现高社交焦虑者以折扣方式看待积极线索,他们对积极事件做出更多消极解释,对正性面孔的积极解释更少,消极解释更多。Vassilopoulos 和 Banerjee (2008)则发现,非临床样本的社交焦虑与他们对积极社交事件解释的折扣程度、对消极社交事件解释的灾难化程度有关。从这些结果来看,以消极方式对积极社交信息进行解释会降低个体从积极社交互动中获益的可能性,如果仅仅将社交焦虑者置于积极的社交互动情境中而不改变其解释偏差,并不能让患者获得明显进步。

二、导致个体产生解释偏差的主要因素

相关研究表明,个体的解释偏差主要受以下几个方面因素的影响。

（一）注意偏差的作用

社交焦虑个体容易表现出注意偏差和解释偏差,这两种偏差存在联系。注意偏差反映的是对威胁的早期加工,解释偏差反映的则是后期加工过程,因此注意偏差对解释偏差会产生影响。个体面对模糊信息时,社交焦虑者优先把注意分配给威胁相关信息,使个体突出环境中与威胁有关的线索,而对外部信息没有进行充分的加工,使得威胁性解释更容易出现。最近的实验研究证实了两者的关系,结果发现,当训练个体优先注意威胁性刺激时,他们比控制组更可能以威胁方式对模糊刺激进行解释。

（二）依恋关系的影响

Barrett 和 Holmes (2001)的研究结果显示,相对于与父母存在安全依恋的青少年相比,不安全依恋的青少年更倾向于以威胁方式解释模糊社交情境。依恋理论认为个体与依恋对象在交往互动中形成内部工作模式,这种模式是对他人和自我的心理表征,涉及别人是否可信、自己是否可爱的评价,它用于解释和预测依恋对象的行为与反应,也对关系中有关自我的

行为和反应进行预测和解释。因此儿童期与父母依恋关系较差容易让个体发展出非适应内部工作模式，影响个体对社交互动的解释。

(三)发展经历的作用

经历了虐待和严厉惩罚的儿童会表现出非适应性的信息加工模式，例如有虐待经历的儿童对消极人际线索分配了更多的注意资源，优先注意消极人际线索可能导致消极解释偏差。有研究者检验了社交恐怖患者发展经历与解释偏差的关系，结果表明，面对模糊社交线索时，有与父母敌对经历的患者容易对同伴行为做出不友好的解释，但如果同伴表现出明显的友好行为，则不会出现解释偏差；在模糊情境和积极情境中，父母的过度保护会影响被试对同伴友好的评定。这一结果说明不良的过去发展经历在个体形成消极解释的倾向中有显著作用。

(四)人格的影响

Kimbrel(2008)以人格的强化敏感性理论(reinforcement sensitivity theory)为基础对社交焦虑进行解释。他认为个体在人格、心理病理和强化敏感上的差异可以由3个子系统来解释，它们分别是行为抑制系统(BIS)、行为趋近系统(BAS)和战斗-逃离-冻结系统(FFFS)。BIS通过抑制行为、增加唤起和评估风险来解决目标冲突，是焦虑情绪和神经质人格特征的基础；BAS是追求奖赏行为和冲动的基础，FFFS促使个体对厌恶刺激做出回避和逃离的行为。Kimbrel认为BIS是认知偏差的人格和生物基础，在潜在的威胁情境中，它参与对威胁信息的外部和内部搜索，因此社交焦虑者的认知偏差是由抑制系统敏感性提高造成的。Kimbrel(2008)研究发现BIS和FFFS与威胁的解释偏差正相关，BAS与威胁的解释偏差负相关，三个系统通过影响认知偏差对社交焦虑产生作用。

三、关于解释偏差的心理矫治技术

解释偏差的矫正对减少消极解释偏差和缓解社交焦虑症状都有一定的效果，因此在心理治疗中有重要的启示意义。解释偏差矫正主要是调节个体对模糊信息的解释偏向，使得个体对模糊信息进行积极的解释，从而降低个体的焦虑水平。

解释矫正策略一般使用修改的模拟情境范式。先向个体呈现若干故事情境(每个block包括8个矫正的模糊情境、3个中性情境、2个评估情境)，每个故事由 3 个句子组成（句子的结尾是一个残词），要求被试将自己放在情境中，并快速地按照积极的方式完成残词。随后，屏幕出现一个与故事相关的理性问题来强化积极的解释。通过强化个体积极解释的思维方式，避免产生消极解释，以此达到解释偏向矫正的目的。

第三节　残疾人的记忆偏差及其心理矫治技术

残疾人对负性信息进行精细编码与加工，对负性信息也应该有更好的记忆，而负性记忆驱使个体对负性信息进行反复的提取和加工，导致其社交焦虑的维持。

一、残疾人的记忆偏差及其特点

记忆偏差简单来讲就是一个人的记忆向他提供的某些似乎真实的信息常常能影响他原来的想法，甚至让他"看到"了某些事实上并未发生的事情。

对于存在社交焦虑的残疾人是否存在记忆偏差，并没有一致的结果。但有研究者向被试呈现表情图片，发现社交焦虑者对负性表情图片有更高的记忆水平，而控制组对正性表情有更高的记忆水平。然而，研究者在焦虑诱导情境和正常情境下向被试呈现词语，社交焦虑者都没有表现出对威胁信息和自传体记忆的记忆偏向。威廉等人认为，社交焦虑者只存在对威胁信息的早期自动化加工，而后期主要表现为回避行为，因此社交焦虑者不存在外显的记忆偏向，只存在内隐的记忆偏向。研究者使用噪音判断范式，先让被试听一些社交威胁的句子或中性句子，然后向被试呈现夹杂噪声的旧句子和新句子，要求被试对噪声的音量进行判断，发现社交焦虑者对社交威胁信息的内隐记忆好于中性信息。同样，研究者使用视频清晰度的判断任务，发现社交焦虑者将消极视频判断为更清晰（实验假设是评价旧视频比新视频为更清楚），说明社交焦虑者对负性信息存在内隐记忆偏向。

二、有关记忆偏差的心理矫治技术

目前，记忆偏差矫正（cognitive bias modification-memory）的范式研究仍处于试验阶段，疗效研究较少，因此无法了解这一矫正范式是否能改变个体相应的记忆模式和心理症状。然而，由于其仍具有理论上的参考意义，因此在此对其矫正范式做简要介绍。

记忆偏差矫正范式要求被试将情绪中性的线索词语和情绪消极的目标词语联合记忆。然后将消极的目标词语换成与线索词语相关的替代词语（具有情绪性），再要求被试记忆。之后再通过呈现目标词语、要求被试回答替代词语来强化联系，从而使被试削弱了线索词语和目标词语的联系，达到遗忘目的。初步的研究显示，这一范式能够减少抑郁患对于消极情绪词语的记忆；但对于从未抑郁的普通被试，只有当替代词语为积极的时候，才能促进遗忘。

三、针对残疾人认知偏差的其他心理矫治技术

尽管目前认知偏差矫正的研究主要还是针对一般个体的注意、记忆和解释偏差的矫正，但残疾人的认知偏差也与健全人一样，不仅出现在注意、记忆和解释过程中，在认知过程的其他阶段中也都有可能出现，且对于心理症状也有着不同的影响。虽然，近年来研究者提出了一些矫正范式，但是这些矫正范式的针对性研究较少，在此我们也只做简单介绍。

（一）评价偏差矫正（cognitive bias modification-appraisal，CBM-AP）

评价偏差是指对于信息的重要性、意义等的理解存在偏差。评价偏差具有障碍特异性，不同的情感障碍会伴随着各自不同的评价偏差，如抑郁症患者会出现对于侵入性记忆的负性评价。评价偏差与解释偏差有一定相似之处，在研究中经常被直接表述为解释偏差，其使用的矫正范式也与解释偏差的矫正非常类似。评价偏差矫正也会向被试呈现与评价有关但倾向模糊的句子，通过填空限制最后一个词语的意思来促使被试形成积极的评价模式。在观看悲伤影片一周后，接受了这一范式矫正的普通被试对于侵入性记忆仍然表现出积极的评价模式，而且一周内的侵入性记忆水平更低。这一范式对于矫正其他评价偏差（如与强迫想法相关的事件的评价）也有显著效果。

（二）趋近/回避偏差矫正（approach-avoidance bias modification）

一些心理障碍个体会表现出对于特定刺激的趋近或回避倾向，例如一些残疾人会回避社交场景。趋近—回避任务（approach-avoidance task，AAT）针对的正是这一倾向。在此范式中，被试需要根据指导语控制手柄

将屏幕上的特定图片放大（拉近、趋近）或缩小（推开、回避），从而训练对特定刺激的趋近或回避倾向。已有的应用这一范式的研究显示，酗酒个体在接受矫正后酒精使用减少，一年后酒精依赖的复发率降低；对于强迫性回避肮脏物品的个体，其在矫正后的行为任务中对恐惧刺激的趋近步数更多；然而针对高社交焦虑个体的研究却未能发现该矫正范式对于其回避面孔刺激的改善作用。

（三）抑制偏差矫正（inhibition bias modification）

残疾后抑郁症的患者经常会出现对于消极信息的反刍现象（rumination），即沉浸其中并反复回想。有学者认为这是由于他们无法抑制自己对于消极信息的关注。因此 Daches 和 Mor（2014）设计出抑制偏差矫正范式来改善个体的反刍症状。在此范式中，被试需要排除负性干扰词的干扰，对中性目标词语做出反应。他们的研究结果显示高特质性反刍的被试在接受矫正后对于无关负性信息的抑制有所改善，但仍未达到改善抑郁症状的效果。

第四节　针对残疾人常见心理问题的干预训练方法

一、关于阅读疗法的介绍与实施

阅读疗法（bibliotherapy），也可称为阅读治疗、读书疗法或书目疗法。阅读疗法的基础是阅读者与各种形式的阅读历程之间的交互作用，其基本原理是通过阅读以及反思的过程，激发阅读者的心理作用机制，最终产生治疗、发展以及预防性的辅导效果，实现阅读者与社会之间的相互适应。阅读疗法能够有效地运用于生理残疾、慢性疾病、情绪、人格障碍等问题的辅助治疗，因此，对于非视力受损的残疾人的心理重建过程可以采用阅读疗法加以辅助。

（一）阅读疗法的基本实施过程

首先，咨询师需要为阅读过程营造相对温馨和支持的氛围。一方面，在咨询师的引导下开展适当的暖身活动，有利于残疾者逐步进入治疗的情境，并在暖身活动中与其他组员相互认识和熟悉，彼此建立一个具有支持性的互助小组。另一方面,咨询师需要在活动开始时,简要介绍自己的角色和责任,还要介绍清楚整个活动的时间和进度、阅读材料的基本情况、阅读的规则和隐私保护等。

其次,咨询师需要有针对性地引导残疾者开展阅读活动。一方面,咨询师需要将阅读的规则、阅读的进度、阅读的指导意见告诉他们,以便于他们在阅读的过程中有选择性地提取故事的主要内容、主人公、情节发展以及关键词语。另一方面,咨询师在指导阅读过程中,需要随时注意残疾者的心理和情绪变化,防止过度移情、阅读时间过长以及情绪过度宣泄而导致的负面影响。

再次,治疗师需要在残疾者阅读后引导他们进行适当的讨论和分享,旨在解决他们在阅读过程中所产生的心理冲突和困扰,促使他们获得心理的领悟和个人的成长。协助残疾者讨论的主题应该包括以下五个方面:一是回忆或摘要故事,重点探讨故事所谈论的是什么,故事中发展了什么事。二是确认故事中主角的心理感觉,重点讨论的是主角做了什么事,他觉得如何,你为什么认为他会那么想。三是促进残疾者与故事主角的比较,重点讨论你曾经遇到过相同的问题和境况吗,你曾经有与主角相同的感受吗。四是探寻故事的结果,重点讨论故事中主角的行为是不是引起了改变,他做了其他事情吗。五是归纳故事的结论,重点讨论这个故事告诉我们什么,你同意主角这么做吗;如果是你,你的做法和故事主角会有什么不同;如果你遇到相同的问题,你会和故事主角有一样的做法吗。

最后,在讨论结束之后,治疗师可适当开展一些游戏活动,比如画画、剪贴、雕塑、戏剧、角色扮演、诗歌朗诵或其他具有创造性的文艺活动,提高残疾者对自我认知、情感、态度、价值以及行为的觉醒和反思,并通过活动来强化讨论所带来的成长。

(二)阅读疗法实施的注意事项

(1)阅读疗法师应有较高素质且具有心理学专业背景的人员,并经过专业的培训与考核。

(2)阅读材料的选取要慎重,对于残疾人的阅读材料,要选择一些内容为虽然身体残疾,但仍旧坚强自信地与困难作战,突破重重障碍,取得圆满结局的故事,以便他们能从故事角色和事件中吸取力量。

(3)由于阅读疗法需要阅读相关的书籍,因此适用于具备一定程度文化知识、无视力残疾、在阅读上无障碍的残疾者。

总之,阅读疗法可以让残疾者从阅读中产生共鸣、得到启发,矫正其认知偏差,改善其情绪问题,让残疾个体在阅读中获得鼓舞和激励,在阅读的过程中改变以往消极的观念,重拾生活的自信,在阅读中情绪得到安慰和释放。

二、关于团体咨询技术的介绍与使用

团体咨询是在团体情境中提供心理帮助与指导的一种心理咨询形式。它通过团体内人际交互作用,促使个体在交往中通过观察、学习、体验,认识自我、探讨自我、接纳自我,调整和改善与他人的关系,学习新的态度与行为方式,以发展良好的生活适应能力。残疾人在一定程度上存在认知行为偏差和情绪问题,以团体咨询的方式对他们进行心理咨询可以有效地处理其情绪困扰和偏差行为问题,增加他们互相了解、学习的机会。团体咨询相比于个体心理咨询具有感染力强、影响广、效率高、效果容易巩固等特点。

一般而言,一份完整的团体心理咨询方案应该包括如下项目:

①团体性质与团体名称(结构化程度、学术名称、宣传名称)。

②团体目标(总目标、阶段目标、活动目标)。

③团体领导者(学术背景、带领团体经验、领导者人数)。

④团体对象与规模(参加者特征、团体成员人数)。

⑤团体活动时间(计划总时间、次数、间隔)。

⑥团体活动场所(活动场所要求、环境布置、座位排列)。

⑦团体设计的理论依据(理论名称、主要观点)。

⑧团体计划书(团体过程规划、单元执行计划)。

⑨团体评估方法(评估工具、评估时间、评估内容)。

⑩其他(招募广告、财务预算、所需设备、完成条件)。

下面是一个团体咨询的具体示例。

团体性质:同质的、结构化的及封闭式的发展性团体。

团体目标:在团体咨询过程中,增进小组成员的自我认识与自我觉察,协助小组成员接纳自我并接纳他人,学习建立和谐的人际关系。学习充分利用社会支持系统的力量,练习正确归因与多方面看待事物,学习培养自立自强的生活信心,从而达到提高小组成员心理健康水平的目的。

团体成员:先在社区宣传,争取居委会工作者的支持与帮助。招募符合相关要求的残疾人员,共 6 名,3 名男性 3 名女性,年龄在 40～57 岁不等,其中 3 名下肢残疾,2 名上肢残疾,1 名精神障碍。组员无言语障碍,能参加简单的团体游戏。

团体活动地点:可以选在社区活动室,宽敞安静,有桌椅、茶水。

团体活动时间:每周 1 次,每次 90 分钟,共计 5 次。

团体领导者:接受过残疾人团体领导者的培训,咨询师 1 名,助理 1 名。

评估工具:症状自评量表(SCL-90)、咨询效果评定量表。

团体辅导活动方案具体如表 10-1 所示。

表 10-1　团体辅导活动方案

单元	活动名称	单元目标	活动内容
1	相聚是缘	增加相互了解;增强团体归属感;澄清目标和规范;学习认真聆听	暖身活动(分享小组 PPT);连环自我介绍;分享小组期望卡;做手操;传声筒游戏
2	观他/她识我	了解情绪及其表达;增加对其他组员的觉知;认识并接纳自己的独特性及优缺点	情绪脸谱识别;情绪哑剧;我的橘子;天生我才;我的"○"
3	似水流年	学习颈部保健操;回忆人生的重要时刻或事件,加强对自我人生的认识;展望生命的未来岁月	做颈椎保健操;上周情绪自我评估;生命曲线;回忆人生的重要时刻或事件
4	感谢有你	学习视力保健;分享对残疾的归因;以感恩之心看待生命;了解可能的社会支持系统	做眼部保健操;分享对身体残疾的归因;感恩的心;分享社会支持卡
5	美丽记忆	练习多角度、多层面看待问题;相互留下美好祝愿作为留念;组员才艺表演,庆祝团体活动圆满结束;处理分离焦虑	石头剪子布;双歧图片分享;"我的小花"——组员互赠留言;才艺 show(小提琴独奏、独唱);合影留念

除此以外,心理游戏对心理问题的辅导也有很好的效果,常被用于团体辅导活动设计中。在残疾人心理康复过程中,可以采取适当的心理游戏,一方面可以帮助他们学习情绪管理、增强自信和适应社会能力、改善人际交往状况,另一方面也可以起到康复锻炼的作用。

第十一章　残疾人社区心理支持系统的构建

近年来,我国残疾人的经济收入、教育、就业情况,以及无障碍设施配置等客观生存环境已得到较大改善,但残疾人实际参与社会活动的状况却不容乐观。由此可以推断,残疾人社会疏离问题的深层心理原因可能是症结所在。以往研究发现,残疾人更容易知觉到因自己所属群体身份而受到的不公正、消极或伤害性对待,对他人的反应过度敏感,从而导致其出现社会疏离的倾向。社会疏离使残疾人脱离主流社会群体,在同伴群体中被边缘化,进而产生多种心理健康问题。综合以往研究,残疾人不良心理健康状况主要表现在其容易产生严重的心理问题,表现为孤独与自卑、无助感、自尊心容易受挫、渴望被关注。

社区是社会的基本共同体或群体生活场所,是以地缘关系为纽带的一个群体生活组织,它既包含着住宅、工厂、商店、街道,是居民的一个生活网络或生活系统,同时,它还是人与人之间互动、相互影响的文化群体(金庆英,2010)。社区作为城市社会中新的社会基本组织形态,是残疾人社会生活的主要空间,也是社会支持资源的主要聚集地。可以说社区力量是残疾人社会支持的一个重要来源,社区力量的大小,直接决定着残疾人服务的内容与质量(毛小平,2010)。基于社区可以为残疾人提供具有连续性的心理服务。在社会支持系统中,心理支持是核心成分。通过政府、社会机构、社区、家人、邻里共同努力,给予残疾人心理支持,有利于帮助残疾人养成科学的生活方式,提高残疾人的心理防御力及其个人能力。

本章主要针对残疾人社区心理支持系统存在的问题进行剖析,提出了以"家庭—志愿者—社区"为核心的残疾人社区工作模式,并对残疾人社区康复体系建设进行了阐述与分析,以期为残疾人社区心理支持系统构建提供理论支持和实践指导。

第一节　残疾人社区心理支持系统存在的问题

当前,我国大部分社区并不具备完整的心理机构来为残疾人提供心理服务,社区心理服务还缺乏系统性和规范性。而主要的残疾人社区服务大多以政府和社区居委会为主体,进行的社区服务内容主要是生活保障和生理康复,而较少注重残疾人的政治权益和社会权益保障,忽视残疾人的心理矫正。就残疾人而言,其需要并不局限于物质,还需要更多心理关怀,而通过构建残疾人心理支持系统,可以让人们从思想上意识到残疾人事业的重要性,给予残疾人更多的心理支持,这可能比行政命令更能满足残疾人的需要。营造一个良好的社会环境,更利于残疾人融入社会,解决残疾人社会疏离问题。

心理支持是指个体在社会中受尊重、被支持、被理解的情感体验和满意程度,与个体的主观感受有着密切关系。心理支持包括情绪性支持、尊重性支持、信息性支持、同伴性支持,其支持系统主要包括亲人、朋友、同学、同事、邻里、老师、上下级、合作伙伴等,也包括由陌生人组成的各种社会服务机构。也就是说,心理服务是一项社会化的系统工程,涉及社会的方方面面。然而残疾人心理支持系统处于起步阶段,并未受到重视。当下的残疾人社区服务,从内容来看,主要是康复、疾病预防、就业和扶贫,而心理疏导、教育、文化生活和无障碍环境建设等事关残疾人政治社会权益保障问题和心里矫正等方面的内容缺乏。以往调查研究发现,社区心理健康服务未得到应有的重视,开展心理健康服务的社区少,例如对北京164个社区的调查发现,只有46个社区开展了心理健康服务,并且工作开展存在资金困难。在北京开展心理健康服务的46个社区中,只有7个社区能说出每年投入心理健康工作的经费,其中5个社区表示年投入经费在1500元以下,只有2个社区表示会有数万元的运作经费。

综合以往研究发现,目前我国残疾人社区心理支持系统存在以下几方面的问题。

一、缺乏社区心理康复的专业服务人员

我国专职从事社区残疾人心理健康服务的人员少,残疾人心理健康服

务专业化、规范化程度总体不高,能胜任残疾人心理健康服务工作的人才缺乏。社区残疾人心理咨询服务人员无论是从数量还是质量上看,都远远不能满足需求。而西方发达国家在心理服务的重视程度上远高于我们,在西方发达国家每 3000 人中就有 1 名心理咨询师,成熟的社区都会配有专业的保健医师、社区工作者和心理健康咨询师。在美国,心理咨询服务人员需要获得一定的专业资格证明和一定实践经验才能持证上岗,非营利组织和特殊人群(如高中生、大学生)也是参与社区服务的主体(徐华春,黄希庭,2007)。如果按照西方发达国家的比例,中国 13 亿人口中获得心理咨询资格的专业人数至少应该有 40 多万人,但我国目前通过国家心理咨询认证的人数仅有几万人而已。而且即便是取得国家心理咨询认证的这些人员,也是良莠不齐,其中有长期实践咨询经验的人所占比例也很小。心理咨询服务人员主要来自心理学、医学、社会工作等专业的毕业生,而这些人员大多喜欢在医院或专业的心理机构来展开心理服务工作,很少有人愿意到基层社区来开展专业服务,这给社区顺利开展心理咨询服务工作设置了很大的人才障碍。而在一项针对我国社区心理卫生服务人员的调查中发现,有 54.55% 的医务人员对心理知识有一定的了解,而有 45.45% 的人员不太明确所掌握的心理知识,甚至不太明确如何开展心理咨询服务工作。

社区中从事心理工作的人员不能较好地掌握相关心理知识,这无疑制约了社区心理咨询服务的开展。当下在社区中从事心理咨询服务的人员大多不是心理专业出身,而是由从事其他工作的人员兼任,或是由其他专业的人员经过短期培训、自学等方式速成而来,这些人员基本上没有受过正规、系统的心理知识的培训,所掌握的心理知识还不足以达到解决他人心理问题的水平,所以目前社区心理咨询人员还缺乏正规、系统的专业授课和培训。目前针对社区心理服务仍缺乏有效的保障机制和管理体系。社区心理健康服务工作人员的岗位定位与编制问题可能是导致人才流失的原因。社区、医院、学校和其他社会组织机构如何在社区心理健康服务领域开展有效合作等问题尚未得到妥善解决。

二、残疾人心理支持系统存在区域发展的不平衡

就社区服务整体而言,我国社区服务存在地域差异,发展并不平衡。大城市发展较好,中小城市重视不够,乡镇社区服务非常薄弱。以最能体现社

区服务发展水平的指标——社区服务综合指数（由"社区服务覆盖率"和"每百万城镇人口拥有社区服务设施数"加权平均所得）的数据来观察，目前发展状况较好的城市在 70 分左右，而一些落后的城市则在 30 分以下，在一些中小城镇，这一分数甚至几乎为零（蔡禾，周林刚，2008）。这种不均衡发展状况的存在，是有多方面原因的。从客观上来说，这与地方经济发展水平有很大关系，经济的不发达直接制约了硬件措施的发展和完善；从主观上来说，有关部门对残疾人社区服务建设认识上的不深刻、思想上的不重视、做法上的随意性，致使社区服务没能放到足够的重要位置，结果是各种社区经济等项目随意挤占社区服务资源，社区服务项目缩水甚至取消。

就社区心理服务具体而言，经济发达地区与欠发达地区的社区心理健康服务发展状况存在较大差距，服务水平城乡差异显著，不同地区服务内容需求也有差异。当然这也是由于城乡之间以及不同地区间，在经济发展、社会资源、政策扶持、制度保障、财政投入、基础设施、工作机制、发展理念、人力资本等方面，都存在天然的差别。特别是对于残疾人这一特殊群体而言，这种差别还呈现出放大的趋势。这种差异是在发展残疾人社区心理服务工作中不可避免的问题。

城乡残疾人社区心理服务的发展差距，一是体现在数量上，残疾人社区心理服务机构普遍集中在大中型城市，而小城镇、农村或不发达地区的残疾人基础服务设施规模小、数量少，只能提供一般性的康复指导与训练，专业化程度不高，甚至在一些农村几乎不存在残疾人服务，更没有残疾人心理服务。二是就社会氛围而言，在大中城市地区，残疾人的社区心理服务事业是作为社区发展和服务的重要部分与社区建设同步完善的。但是，在农村地区，残疾人群体更多地代表家庭中的一员，缺乏来自乡镇和社会的关爱与帮助，帮残助残的社会氛围不够浓厚。三是体现在城乡残疾人的收支比例上。城乡经济差异本就存在，而这在残疾人方面更加凸显。大部分农村残疾人并没有工作，甚至只能靠家庭供养或者政府补助生活，其生活水平较低。四是城乡社区康复服务及其资源分布非常不平衡。大部分农村社区，特别是欠发达地区的农村社区，社区康复主要集中在乡镇一级的社区卫生中心，且康复设备不足，康复指导水平较低，还难以惠及散落在广阔乡村的残疾人。城乡残疾人社区服务实践存在差距。

三、残疾人社区心理康复的工作机制不健全

由于我国残疾人社区心理康复工作起步较晚，因此残疾人社区心理康复在实际的工作中，有很多方面不够完善，尤其是在农村地区。具体地，从三个主要方面来分析残疾人社区心理援助与心理康复机制的不完善（刘琳，郭悠悠，2011；曹勇，2007）。

第一，社区残疾人心理康复经费投入不足。由于残疾人群体在社区居民中比重较低，因此没有引起政府足够的重视，残疾人心理康复工作的经费没有纳入各级政府财政的预算，国家财政拨款有限且难以及时到位。康复工作经费主要是向上级残联申请，残联的资金也不宽裕，能申请下来的资金就少得可怜。而社区心理康复工作更由于缺乏经费经常陷入窘境。甚至大多社区并没有心理康复服务，设有心理康复服务的社区也提供不了全面的服务内容，这致使许多残疾人想进行心理康复而无处康复，由此带来的问题是心理康复形同虚设。

第二，社区心理康复严重缺乏专业人员。残疾人心理康复是一门多学科交叉的系统学科，需要专业的技术人才，主要包括心理咨询师、精神科医师等。社区残疾人康复指导站大多数都是依托社区卫生服务机构建设的，社区往往缺乏心理康复人员，而设有心理康复的社区，其心理康复人员基本以中青年为主，学历、职称偏低，从事心理卫生服务的时间较短，且大多是兼职人员。民政系统缺少有医学背景的专业服务人员，卫生系统缺少有心理学背景的专业服务人员。与国外相比，我国社区心理卫生服务体系中专业人才缺乏，队伍结构不合理。社区心理康复人员对于残疾人的心理康复知识了解得并不全面，同时社区残疾人心理康复工作和社区卫生工作叠加在一起，人员少，而工作繁杂，每一位工作人员担任多重身份，农村地区尤为缺少专门的心理康复人才，不能够提供更多有效的服务内容，所能提供的心理康复服务与残疾人的需求有很大的差距。

第三，社区心理康复工作缺少广泛的、有深度的宣传。现阶段残疾人及其家庭对于社区心理康复的了解还不全面。残疾人对心理康复这个概念的认知非常有限，很多从小就残疾的人并未听说过。他们并不了解心理康复工作需要他们主动参与，并积极配合，通过自己持之以恒的毅力让自己的心理状况得到改善。其中不乏残疾人认为"送心理康复服务上门"是与社区心

理服务人员"聊天"。在农村地区,有的残疾人甚至把它当作一项待遇来享受,他们对于自己的残疾大多已经听之任之,并不了解通过不断地进行心理康复,他们能够生活得更有意义。在对很多社区的调查中我们发现,残疾人及其家庭对社区心理康复工作有很大的误区,绝大多数人认为,残疾人维持的不良心理状态是残疾造成的"正常"心理现象,身体残疾定然会心里不舒服,没必要进行专业的社区心理康复。已经参与社区心理康复的残疾人及其家庭认为,社区心理康复是政府、康复机构和社区的职责,将残疾人交给社区,社区就应该负责到底,残疾人及其家庭没有相对的责任。

第二节　构建以"家庭—志愿者—社区"为核心的社区工作模式

一、构建有利于残疾人心理康复的社区生态环境

社区作为残疾人与城市社会相联系的关系纽带,是残疾人融入城市社会的一个切入点。将社区发展作为建构社区心理支持系统,促进残疾人心理健康的一个重要策略是合理的。只有把个人的行为同行为发生的背景联系起来才能够更好地理解人的行为,个人与他所处的环境之间是一种相互作用、互相回报的关系,因此通过社会发展,构建良好的社区环境,有助于塑造良好的社会行为。随着社区的发展,社区的公共设施,社区居民的良好社会行为,都将有利于残疾人融入社区,提高其社会参与程度。促进社区发展,将有助于构建利于残疾人心理健康的生态环境。以往研究发现,社区归属感取决于社区满意度,而社区环境(包括社区社会治安、绿化、道路、环境卫生和居委会工作)、社区日常生活(包括住房条件、日常购物便利程度等)、教育因素(包括附近托儿所、幼儿园、中小学等)是影响人们社区满意度的关键因素(姚配英,2007)。同时根据马斯洛需要层次论,心理健康是基本需求得到满足的自然结果。通过社区资源的整合与有效利用,也就是通过社区的发展,残疾人的这些基本需求可以得到满足,进而更趋于向心理健康的方向发展。

而目前社区心理支持系统的构建实际上是社区建设的一个潜功能,并没有成为其明确的目标,在今后的社区发展中,应该将社区心理支持系统的

构建纳入目标体系中，使之成为更有意识的活动指向。具体地，可以加强社区治安管理、社区环境美化、社区服务的拓展（如职业介绍、社区学校、残疾人服务、司法援助等），还有社区文化的繁荣、人际关系的和谐、生活质量的提升，实际上这些可以有效提升社区残疾人对社区的认同感和归属感，从而使残疾人的心理健康成为一个附带效益。

二、建设"家庭—志愿者—社区"型的社区心理支持系统

目前，残疾人不能够通过现有的社会支持系统获得高质量的心理支持，也就是形成了一种"心理隔离"，这种不良的循环使得残疾人的心理问题不能得到缓解。例如，由于残疾人生理方面的缺陷，他们在学习、工作等方面更容易受到排斥和歧视，进而社交面较窄，缺少朋友，久而久之喜欢自我封闭。强化居民的社区意识可以使得残疾人及其邻里在心理上产生认同感，进而逐步建立起相互之间的信任，有利于残疾人获得心理支持。社区支持网络可以提供一个更便利的互动平台，居住临近是互帮的有利条件，无论是金钱、场地、时间都不需要特意为之。因此，"家庭—志愿者—社区"的心理社会支持系统是最能帮助社区残疾人的支持系统。在本支持系统中，最关键的是要明确社区的职责，社区在一定程度上是政府职能的履行者，在贯彻落实政府的支助政策时应做到个性化，充分了解社区残疾人的需求，使其自身的能动性和潜能得到充分发挥。

"家庭—志愿者—社区"心理支持系统是符合残疾人需求的心理支持系统。首先，家庭是残疾人最主要的心理支持来源。以往研究发现，残疾人在遇到困难时，主要是通过向家人、朋友等非正式系统寻求帮助，很少会向残联、工会和相关政府部门寻求援助。根据目前的政策，政府、社会机构给予残疾人的帮助主要是经济扶持、医疗保障等，而心理支持方面还很匮乏。由于残疾人社会参与程度较低，他们与朋友、邻居交往相对较少，从朋友、邻居等处获得的心理支持也十分有限，因此，家庭是残疾人获得支持的主要渠道，来自家人心理上的支持对于残疾人来说，显得更为重要。然而目前很多残疾人通过家人获得的支持也主要是物质方面的，情感等方面的心理支持较少。这就需要残疾人的家人意识到精神支持与物质支持同等重要，而在物质基本满足的时候，精神支持的好坏直接影响着残疾人的心理健康水平，要给予残疾人更多的关怀与爱（单菁菁，2008；王荔，2014）。

其次,志愿者在残疾人心理支持系统中是一股新鲜血液。志愿者具有奉献精神,往往更具正能量,可以有效地帮助残疾人更好地融入社会。广泛动员社会力量,开展志愿者助残,是运用社会化的工作方式扶助残疾人的一种有效形式。开展志愿者助残活动,是弘扬传统美德的一种体现,有助于传递爱心,传播文明,建立和谐社区、和谐社会,有助于帮助残疾人融入社会,增强归属感。但是,以往有关志愿者的助残活动存在一些不足。开展助残活动的志愿者往往自身知识水平有限,只要有爱心的人士都可以加入到志愿者队伍里来。有些志愿者自身的综合素质不高,导致在开展志愿服务的时候,服务效果不理想,不能满足服务对象的实际需求。助残服务的形式往往也比较单一,主要提供一些简单的扫地、送水、洗衣等服务。为了能够更好地进行残疾人心理服务,给予残疾人心理支持,志愿者助残活动可以发动在校大学生,特别是心理学专业的学生,组成残疾人心理服务志愿小队,开展残疾人心理咨询与服务工作。

在具体的助残心理服务内容方面,可以以定期采取心理咨询服务的方式为主,与心理陪聊相匹配,适当举行文艺活动,多方面丰富残疾人的心理与精神世界。志愿者通过提供专业的心理咨询服务与来访的残疾人建立良好的信任关系,切实帮助残疾人拥有健康的心理状态。这块工作应该是残疾人心理服务志愿者的专业服务项目。为了提升心理咨询的质量,该工作可由具备心理咨询专业基础的心理学专业学生承担,以为残疾人提供更专业更有效的心理咨询。相对于心理咨询,心理陪聊这项心理服务工作的对象要有一定程度的拓展,尤其是上门心理陪聊,不仅仅局限于对有心理问题的残疾人进行心理康复,还要通过陪聊更深入地关注残疾人的心理状态和实际生活需要。因此,本项工作应将一些更为特殊的群体,如年龄偏高的残疾人,或者由于身体伤残无法外出的残疾人纳入重点陪聊服务范围。

最后,在社区方面,应建立社区心理咨询服务质量评估体系。社区应定期通过问卷调查或其他方式,了解残疾人的心理健康状况,建立心理健康档案。对有心理问题和障碍的残疾人患者进行咨询服务,并建立心理咨询医疗卡制度,定期随访患者,让患者感觉到社区服务的方便和优越。对有严重心理障碍的心理疾病患者,应建议其及时与医院和专业机构联系,以防延误病情。同时应及时评价和总结心理干预措施对社区人群健康水平的影响以及居民对心理咨询服务的满意度,做到有的放矢,为进一步加强社区心理咨询服务提供数据支持,提高心理咨询服务的有效性。社区心理服务工作强调预防大于治疗,整体大于个体,这是有别于医院和专业心理机构的。所以社区应结合社会动向有针对性地向残疾人开展心理健康教育工作,做到防患于未然。同时针对不同年龄残疾人的具体情况安排活动,活动内容要丰富、有趣,形式可多样化,例如采用电影治疗、音乐疗法、团体训练、角色扮演、演讲比赛等方式,这样寓心理健康知识于活动之中,居民更愿意参加,宣传的知识也更容易被接受和理解。

三、提升社区服务人员的心理康复专业技能

自身的残疾以及社会舆论、学校、工作单位等方面对残疾人不同程度的误解和排斥,以及残疾人特殊的生活方式和思维模式等因素导致残疾人有较为沉重的心理负担,出现自卑、自闭等心理问题。研究发现,残疾人的一般心理特征表现为自卑感强,孤独无助;敏感多疑,自尊心强;怨天尤人,有挫败感;渴望关爱,期盼关注。残疾人的心理结构是一个复杂结构,各种不良心理具有累积递增效应,不良心理若得不到疏导,就会使心理失衡,从而导致不良结果的产生。因此,有必要在社区建立心理咨询服务站,聘请专业心理咨询工作人员为残疾人及时进行心理疏导,排解它们的心理障碍,帮助他们提高社会适应能力,改善其生存状态,实现其人生价值。

在美国,专业的心理服务人员需要经过长期的临床实践与训练以及资格认证后,方可成为临床精神科医师、执业临床心理学家、执业临床专业咨询师和职业临床社工等四类专业人员。然而我国专职从事社区残疾人心理健康服务的人员少,残疾人心理健康服务专业化、规范化程度总体不高,能胜任残疾人心理健康服务工作的人才缺乏,该问题亟待解决。从事社区心理咨询服务的人员除了本人应具备良好的心理状态,还应该系统学习普通心理学、社会心理学、人格心理学、心理咨询和治疗技术,以及各种心理障碍的诊断等与心理健康有关的知识,从而掌握基本的心理咨询知识和方法,这些理论知识是咨询实践的必备基础。另外,还要有一定的心理咨询、社会工作经验,在实践中才能更好地磨炼自己的咨询技术和发现自己的不足,这是从事社区心理咨询工作的前提。同时心理咨询人员只有在不断学习中才能够获得成长,所以要经常参加一些学习班、工作坊等,一方面补充最新的咨询知识,另一方面与他人分享自己的咨询经验并获得他人的经验,促进全体

成员咨询能力的快速提高。

在社区配备具有心理咨询专业素养的工作人员,可以针对残疾人提供家庭支持,对残疾人成长过程中遇到的人际关系紧张、情绪困扰、工作压力、社会适应不良、婚姻家庭关系等问题提供咨询。具体的社区心理干预方式可以是多种多样的,譬如开展专题讲座、开通网络解答、开通心理热线电话、开展家庭访谈服务、举办主题活动等,具体如针对儿童开展的休闲娱乐活动,针对青少年群体开展的生活技能培训和关于阅读技巧与社会情感价值的电视教育,针对职业群体开展的应激处理训练、放松技术、社会技能和体能训练,针对老年群体开展的陪伴、倾听护理和运动干预、友谊项目,针对早期症状人群采取的专业的认知领悟疗法、认知行为疗法、意象对话技术、系统脱敏法、厌恶疗法等。以残疾人为中心,关注其优势与潜能,注重理解和互助(李士江,2006)。

四、推进多元化的社区心理社会支持系统建设

残疾人群体心理问题是否产生主要取决于其能否得到平等的受教育和就业机会、能否得到他人的平等对待和尊重、能否享有恋爱婚姻的权利等。政府应积极促进残疾人社区心理支持系统的构建。高效地建立残疾人社区服务离不开政府的大力支持。不论是项目经费、人力资源的配备,还是工作指导、物资配备,政府都在其中起着举足轻重的作用。但是,目前残疾人工作更多地处于行政安排下,主要内容是康复、疾病预防、就业和扶贫等,而心理疏导、教育、文化生活和无障碍环境建设等事关残疾人政治社会权益保障问题和心理矫正等方面的内容缺乏,残疾人社区生活质量不高。社区和残疾人组织对待残疾人的观念主要是一种救济意识,而很少有服务意识,这也是为什么残疾人社区服务偏重生理上的治疗和生活上的保障,而缺乏社区无障碍环境建设。可通过以下三方面开展工作。

第一,政府应加大投入,提高残疾人社区心理服务能力。长期以来,我国社区力量主要依赖政府的支持,残疾人社区服务的行政化色彩较浓,社区自身在财力、人力和物力上,其资源都十分匮乏,残疾人社区服务能力较弱(李婷玉,2009)。要提高社区的残疾人服务能力,一是应提高社区残疾人服务的财政能力。目前社区残疾人服务的财政能力处处受到政府的制约,例如残疾人社区服务项目的开展不是按残疾人和社区的需要,而是必须按政

府的意见开展。应提高社区残疾人服务的财政能力，让社区掌握残疾人社区服务项目、残疾人普惠和残疾人特惠的财政。同时，引进和培训残疾人社区服务人员，提高残疾人社区服务质量。社区需要引入专业的医护人员、心理咨询师为残疾人提供专业的医疗康复训练指导和心理咨询服务。二是整合社会资源，聚集残疾人社会支持系统。激励企业优先满足残疾人的工作需求，让残疾人能自力更生，体面和有尊严地参与社会生活；发展社区非政府组织，为残疾人在社区提供学习、住宿、保健等便利性与个性化的生活与康复服务；发动社区志愿者，无偿为残疾人提供各种社会活动与身体康复服务。还可以在服务设施和场地上向残疾人倾斜，满足残疾人社区活动的需求。与其他群体相比，大部分残疾人在行动方面存在一定的障碍，所以以社区为依托，就近治疗、康复、工作与生活是他们的理想。这就需要在社区服务设施与场地上，尽量优先满足残疾人的社区活动需要。

第二，政府应积极促进残疾人社区管理体制的创新。当前，我国残疾人社区服务体制是一种政府主导的单向服务供给模式。在这种体制之下，社区残疾人只能被动地接受政府提供的各种服务，从而造成了残疾人社区服务的供给与需求之间的脱节，同时导致服务效率低下。残疾人社区服务体制的创新应以需求为导向，构建双向度的残疾人社区服务体制。这就要求在公共物品供给的过程中，要充分了解残疾人的真实需求，并根据残疾人的需求，结合政府的财力、人力和物力，尽可能地满足残疾人对社区服务的需求，这也是建设服务型政府的要求。同时，按照普惠性与特惠性的原则，构建残疾人社区服务的多中心供给体制。作为公共权力的唯一合法主体，政府独享公共物品供给的特权。由于缺乏竞争，政府在改善公共物品供给上缺乏动力。其他组织和个人也有提供社区服务的权利和义务，构建多中心的社区服务体制，能够更好地满足残疾人个性化与便利性社区服务要求。也可以通过政府购买服务的方式，构建残疾人社区服务社会化体制。目前专业化社会支持服务急需发展，可以通过政府向民间机构购买服务的形式引入专业性的人才。具体而言，就是在残疾人社区服务体制上，政府支持民间服务机构的建设，并让其保持独立性，然后政府向这些民间机构购买服务。

第三，需要突出残疾人群社区心理支持的社会性。心理社会支持的一个突出特点是助人自助，社区心理社会支持的根本目标是增加残疾人的社会功能，这主要涉及帮助残疾人如何正确行动去完成他们的人生任务，并满足环境或生活情景的需要。可以通过社区组织提供职业技能的培训,为社区残疾人实现个人目标提供机会和手段,提高该群体的生存能力,改善该群体的生存状态。同时,定期交流、讨论,教导社会规范,帮助他们调整个人与个人、团体与团体、个人和团体与社会整体之间的各种社会关系。还可以推荐他们到正规单位就业,融入主流社会,培养他们的社会角色及自我价值获得感和归属感,缓解心理压力和生活压力。政府应鼓励社区开展扶残活动,比如定期开展残疾人艺术演出,积极宣传残疾人自强不息的典型事迹,丰富残疾人的精神生活,让他们感受到来自社会的支持,看到生活中的榜样,鼓舞残疾人恢复生活信心;同时树立社区其他居民关爱残疾人的服务意识,理解、关爱残疾人。

五、加大社区残疾人服务理念的宣传工作

目前,社区组织和社区居民对残疾人的社区服务意识淡薄。很少有人意识到社会的责任和自身对于残疾人社会工作的责任与义务。但是残疾并不是残疾人的失败,不能将其归咎于残疾人,残疾人不应为问题的产生负责并承受压力。要加强宣传,改变这种固有观念,让残疾人所在社区组织和居民意识到,是不健康的残疾观念与传统造成了社会对残疾人的隔离与排斥,这种排斥心理,给残疾人造成了更多的劣势和不便,并最终形成多重剥夺。

要转变社区组织和居民的服务意识,首先,应培育残疾人社区服务的责任意识。这主要表现在让社区组织和居民在服务残疾人过程中具有一种责任分担意识,从而减轻残疾人家庭的照顾责任,让残疾人在一个无歧视的社区环境中工作与生活。其次,要培育残疾人社区服务的权利意识。由于长期以来的社会排斥观念和残疾人自身素质的限制,残疾人通常被看作是家庭和社区的负担,家庭和社区往往忽略或排斥残疾人享有的一些基本权利,比如就业权利、选举权利等。因此,需要让社区组织和居民意识到享有服务是残疾人的权利,而不是对残疾人的同情,同时培育残疾人自我保障与自我实现的意识。因此,需要加大宣传来营造一个理解、关爱残疾人的社会氛围,消除社会偏见,维护残疾人的自尊,为残疾人创造良好的学习、工作、生活的环境,从而保障残疾人的生活质量。

从残疾人自身来看,很多社区残疾人并不愿意主动寻求心理支持,原因是其对此的认识不够深刻,对社区心理咨询服务不甚了解,所以社区心理宣

教工作不仅要针对社区居民进行,还要针对残疾人开展。可定期或不定期走入社区,举办心理健康教育方面的讲座及开展免费咨询活动,通过深入浅出的方式向社区残疾人介绍简单、易行的心理保健方法,并集中解答残疾人共同存在和关心的心理问题,让残疾人近距离地接受心理教育,从而使得社区心理咨询工作落到实处。还可利用板报、报纸等形式,图文并茂地介绍和宣传心理学的科普知识,方便社区居民随时阅读,满足居民的兴趣和实际需求。还可采用电视、广播等多种宣传方式,加大对心理咨询服务的宣传力度,丰富社区残疾人的心理健康知识,使其正确认识心理问题,摒弃对心理问题等同于精神问题的错误认识,避免讳疾忌医,耽误心理问题的及时解决。研究发现,相比很少或没有宣传心理咨询的社区,宣传心理咨询服务的社区中有更多的居民进行心理咨询,从而提高了整个社区居民的心理健康水平。

第三节　加快残疾人社区医疗康复工作体系的建设

社区康复是近年来在残疾人康复领域提出的一个新的康复理念。社区康复亦称"基层康复",是以城市街道或农村乡镇为基地,向残疾人提供的康复服务(梁左宜,2005)。其任务是依靠社区本身的人力资源优势建设一个有社区领导、社区团体、卫生人员、志愿人员、残疾人及其家庭参加的基层康复系统。工作内容是对残疾人进行普查和预防,开展家庭康复训练,帮助残疾人参加社会政治、经济、文化活动,使分散在社区的残疾人得到基本的康复服务。其工作有五个基本点:一是依靠本社区的人力资源;二是尽可能利用社区原有的卫生保健和民政工作网点;三是使用简化的、适宜的技术,因地制宜,因陋就简,在社区和家庭条件下可以发挥作用;四是以康复中心为后盾,帮助解决复杂的康复医疗、咨询、培训等问题;五是在社区对残疾人进行身体、精神、教育、职业和社会生活等方面的康复训练,使残疾人就近就地得到全面的康复训练,回归社会。

一、当前社区医疗康复工作存在问题

中国社区康复起步较晚,20 世纪 80 年代中期正式开始试点实施。社

区康复是把残疾人的综合康复措施落实到残疾人居住地的社区中,在社区的基础上,积极调动和协调社区有关部门和人员,充分动员社会各方面力量,在医疗、教育、职业、社会等康复方面,为残疾人提供有效、可行、经济的全面康复服务,通过社区康复服务的全面开展,最终达到使残疾人身心康复、机会均等、回归社会的目的(曹丽敏,孙晓明,陈夏尧,2006)。近年来,在一些社区康复中心和康复机构中兴起的残疾人托养模式(田野,2008),为我国残疾人社区康复的发展提供了新思路。尽管我国社区医疗康复工作取得了一些成绩,但还存在着许多问题,影响社区医疗康复功能的发挥,需要政府及其有关管理部门重视起来,进一步促进社区卫生服务事业的发展。结合以往研究(王桂芳,黄日添,刘世文,2013;龚晓洁,李宗华,邱莉,2003;叶志宜,郑洁皎,2000;刘保芬等,2012),我国社区医疗康复工作,主要存在以下几方面的问题。

第一,社区康复机构建设发展比较迟缓,资源配置不均衡。康复医学是临床上应用运动疗法、作业疗法、物理因子疗法等手段,达到预防、恢复或者代偿残疾人功能障碍目的的一门医学学科。无论是运动疗法还是其他疗法,如果要达到最佳治疗效果,除了专业人员的协助外,必要的仪器设备和专业的工具是必不可少的(李晶华,邱红,冯晓黎,2008)。通常社区康复机构主要以社区卫生服务中心的形式存在,配备了部分康复训练器材,然而社区卫生服务中心数量较少,其建设项目参差不齐,服务内容比较简单。据调查,目前各社区从事康复服务的科室主要有康复科、针灸科、按摩科和理疗科等,极少部分社区设置功能评定科、针灸科、职业康复、社会康复室和心理科等,与规定的残疾人康复中心建设标准相差甚远(杨金禄,2010)。由于目前残疾人工作的倡导者主要是残联,所以社区内的残疾人康复器材大多来自残联捐赠。这也就导致大中城市与小城市、乡镇之间的差别,经济发达地区可在残联的帮助下购买康复治疗设备,而经济欠发达地区则主要以徒手或者中医康复为主,甚至社区卫生服务点的房屋多为租赁,且没有足够空间容纳康复设施及开展康复工作(王梅,唐丽丽,2009)。社区医疗康复的投入不足且分散,无法满足长期康复治疗患者的基本需要,这也是中小城市、乡镇地区残疾人不愿意接受社区康复的重要原因。

第二,对残疾人社区医疗康复认识不足。与残疾人社区医疗康复有关的各方均对残疾人社区康复的认识不到位。一是在政府方面,由于受到政治文明和传统文化的影响，国家主义成为政府关怀残疾人的深层次逻辑，所以一些涉及残疾人救助和保障的法规更多的是以"政府"为中心，缺乏服务意识。二是相关职能部门认识不到位。很多部门的认识还停留在解决残疾人基本生活问题这一层面，这些问题其实只是社区康复的第一步。国际著名残疾人社会活动家邓朴方也早在20世纪80年代就对"康复"的概念说过一段意义深刻的话语，"所谓康复，实质上就是能让残疾人恢复像健全人一样做人的权利"。三是残疾人及其家庭对社区医疗康复认识也不到位。调查研究发现，残疾人对生活救助的需求较多，而康复需求相对较少。大多数家庭都以没时间、家里无人照料、路途远等理由不愿进行康复。多数残疾人对自身的康复需求缺乏了解，他们认为自己的残疾已经定型，再进行康复训练也解决不了问题，训练不训练都一个样。因而，残疾人及其家庭往往不能够主动参与，这给残疾人社区康复工作的普及带来一定的影响。不少残疾人认为"送康复服务上门"是医生上门为残疾人看病、送药，把康复服务理解为医疗服务。在农村地区，有的残疾人甚至把它当作一项待遇来享受，一些社区的康复器材和设施利用率不高，残疾人主动要求康复服务的比较少。以往研究调查显示，残疾人在清楚本社区有康复服务的前提下，仍然有超过一半的残疾人选择到公立医院进行康复服务，只有少部分残疾人会选择在社区进行康复（张莹，申海波，2009；严秀群，刘保芬，李映渊，2010）。社区居民对康复知识及康复服务的认知水平较低，对社区康复的性质和内涵理解不够，不相信社区康复能够给残疾人带来应有的康复。这可能是社区康复宣传力度不够，致使残疾人及其家庭对于社区康复的意识淡薄造成的社区康复接受度不高（闻振宇，沈文礼，任建萍，2009；唐斌尧，丛晓峰，2003；傅青兰，冯能，林赛娟，2013）。

第三，缺乏社区医疗康复专业人才。社区残疾人康复指导站大多数都是依托社区卫生服务机构和社区医疗站等建设，在场地、器材的落实上存在一定的困难，社区残疾人康复人员都由卫生服务机构内的医生兼职，社区残疾人康复工作和社区卫生工作叠加在一起，工作量大、任务重而人员少的矛盾日益突出。在人员服务方面，医护人员匮乏。参照社区卫生服务中心建设标准，每个康复室至少应配备1名康复师或者2名专职或兼职经过培训的康复人员。然而，即便是在大城市，社区康复发展相对较好的地方，很多社区也没有达到标准。社区康复服务人员的紧缺和不足，造成了社区医院、卫生站康复工作者素质偏低。很多社区康复工作由医务人员兼职,甚至没有康复人员对康复训练进行指导。康复工作者在从业过程中,处于信息垄断状态,随着其道德风险的增加,提供无效服务的可能性就会增加。虽然政府已经非常重视康复人才的培养,定期会对社区相关人员进行培训,但是由于医务人员是兼职的康复工作者,对残疾人的康复缺乏专业的计划和评估,对残疾人如何融入社会生活等方面考虑较少,很难帮助残疾人达到真正意义上的康复。总之,人力资源方面缺少经过培训的合格的康复员和管理人员,其数量及质量均不足,因此各类康复服务人员都要大大提高认知水平、知识水平和工作能力。

第四,服务手段单一,服务理念滞后。从服务形式看,大多以运动功能的训练为主,以心理健康为主的康复工作还是个很少触及的领域。第二次全国残疾人抽样调查结果(2007 年)显示,残联部门投入经费,依托卫生部门、教育部门、民办康复机构实施的残疾人康复救助项目主要针对贫困残疾人,而对广大残疾人康复服务需求不能很好地兼顾。当前残疾人社区康复服务形式比较单一,康复医生普遍缺乏有针对性的康复训练与指导;有医生以完成任务为主,传统的服务理念与现代社区康复要求不相适应;有的医生服务记录过于简单,内容基本相同,有的让人代签字,还有的只签字不服务。服务手段的单一和服务理念的滞后,使满足个性化需求的愿望远未达到,残疾人社区康复的基本目标难以实现。

二、改进残疾人社区医疗康复工作的对策建议

残疾人社区康复工作体系应由组织管理网络、技术指导网络、康复服务网络组成,体现政府领导、部门配合、社会参与、共同推进的社会化工作机制。其主要应包含以下内容。

第一,应明确部门职责,实行目标管理,建立组织管理网络。卫生部门负责将残疾人社区康复工作纳入社区卫生服务和初级卫生保健工作计划;完善基层卫生机构的康复服务设施,为残疾人直接提供医疗康复服务;应丰富社区卫生服务机构人员的康复知识,提高他们的技能水平;普及康复知识,开展健康教育;指导社区内的康复服务及残疾人开展自我康复训练;做好残疾预防工作。民政部门负责将残疾人社区康复工作纳入社区服务工作计划;提供残疾人社区康复服务场所;制定优惠政策,对贫困残疾人进行救

助。教育部门负责指导教育机构对残疾儿童进行康复训练,发挥特殊教育机构作用,对社区进行技术指导。残联负责组织制定并协调实施社区康复工作计划,建立技术指导组,督导检查,统计汇总,推广经验,管理经费;组织康复需求调查;建立残疾人社区康复服务档案;组织相关人员培训,建立社区康复协调员工作队伍;提供直接服务或转介服务;指导残联康复机构建设;普及康复知识,提高残疾人自我康复意识;各级残疾人康复办公室负责社区康复的组织协调和日常管理。

第二,应完善服务网络,提供康复服务。以社区为基础、家庭为依托,充分发挥社区卫生服务中心(站)、乡镇卫生院、学校、幼儿园、社区服务中心、福利企事业单位等现有机构、设施、人员的作用,资源共享,形成社区康复服务网络,为残疾人提供就近就便、及时有效的康复服务。在现有社区卫生服务机构内建立康复科、室,在各类社区服务设施内开办工疗、娱疗、日间照料等康复站、点。建立残疾人社区康复协调员队伍。社区康复协调员可以由政府购买公益岗位提供,也可由社区居委会干部、基层卫生工作人员、社区志愿者、残疾人及其家属兼任,负责组织残疾人的康复需求摸底调查,建立康复服务档案,向残疾人提供康复服务信息和转介服务,协调组织社区内有关机构、人员,为残疾人提供康复服务和相应的支持。

第三,加大资金投入,扩大融资渠道,建立社会化的筹资机构。各级政府要在预算中安排一定的资金,加大社区服务网点和基础设施建设。同时设立社区康复专项经费,保证在有残疾人的社区里有能满足本社区残疾人的康复器材。同时拨出专项经费,保障社区康复人员的劳动报酬,激发其积极性和创造性。社区康复人员很多都是社区医疗服务人员兼任,在做好社区居民医疗服务的同时还要做好残疾人的社区康复服务,工作多了很多,报酬却增长缓慢甚至没有增长。加大专项经费投入,是对他们工作的极大肯定,能激发他们主动学习康复知识的热情,认识到康复工作与医疗工作同样重要,也是他们的日常工作之一。同时,政府应加大宣传,鼓励社会资金加入到社区康复中。社区康复覆盖面广,单靠政府的投入会放慢建设的脚步。社区康复工作不能等、靠、要。社区可与辖区的企业合作,采取灵活的方式让社会资金进入到康复工作中来。同时也可由政府牵头,与社会慈善基金合作,让社会慈善基金能多了解社区康复,由政府或者残联多多宣传邀请,与社会慈善基金合作社区康复的项目,如云南省云县实施了中残联和嘉道理基金会社区康复合作项目。

第四，加强社区康复服务人才队伍建设。社区康复人员的康复医学理论知识应全面，专业程度应较高。政府及相关部门能积极参与和推进社区康复人员的教育及培养，将社区康复人员的建设列入工作范围。目前社区残疾人康复人员都由社区医疗服务机构内的医生兼职，而我国很多社区医务室只有全科医生一名，护士两名。政府应该鼓励和提倡具有康复医学知识及技术的人员积极参与到社区康复工作中来。对这些专业人才给予政策上的倾斜。同时政府应牵头加大对社区医生的康复工作培训力度，通过多渠道、多形式、多内容的培训方式，提高社区康复医生的服务水平和能力，确保服务质量。加强社区康复人员队伍建设，可以通过公开招聘的方式，扩大社区康复工作人员队伍；通过开展业务培训，做到康复员持证上岗，促进社区康复工作人员专业化；通过人才队伍的建设，提高社区康复服务的水平。同时依靠社区本身的人力资源，建立一支由社区志愿人员、残疾人家属等参与的残疾人康复服务队伍。医疗卫生部门、残联康复机构应针对不同的康复内容，加紧培训社区康复的技术人员。

第五，加强康复工作的宣传，形成人人都有康复意识的环境。通过加强宣传教育让残疾人和残疾人家属知道康复工作的重要性和必要性。任何病、伤者的康复成效，都取决于他们自身的自我康复意识，所有的康复医师及康复工作者，对残疾人起指导、治疗、辅助及监督的作用。因此，只有残疾人自身的自我康复意识强烈，才能经过康复医师、家庭的帮助，自身的努力自立于社会，回归社会。加强残疾人自身的意识，主要应提高其对社区康复工作的了解程度。通过对社区康复工作的宣传，让全社会都来了解、关心、支持残疾人的康复工作。依托医疗卫生机构、社区康复指导站、志愿者组织、民政、慈善、托养机构以及残疾人家庭等力量开展康复知识、康复服务的宣传，了解残疾人的康复需求，进行康复技术指导，形成人人都有康复意识的环境。广泛动员社区居民、大学生积极参与助残志愿者活动中，可以开展"一对一"结对帮扶助康复活动，提高大家对康复工作的认识。

第六，开展康复需求调查，建立服务档案。县（市、区）残联牵头，协调卫生、民政、教育、统计、妇联、人口计生等部门，组织和指导辖区残疾人康复需求调查工作，对参加调查的人员进行培训，使他们掌握入户调查内容、表格填写和统计汇总等方面的知识和方法；街道、乡镇残联指导所辖社区组织医务人员、社区康复协调员、志愿者、残疾人工作者、社区居委会或村委会人员,深入残疾人家庭进行康复需求调查,掌握残疾类别、残疾程度和康复需求等情况,填写残疾人康复服务档案中的"康复需求调查表",并由社区康复协调员为有康复需求的残疾人建立康复服务档案。对于社区内新出现的残疾人,要及时报告,提供有效服务。除集中进行的需求调查外,社区康复协调员应密切联系社区的残疾人,随时了解社区残疾人的康复需求变化情况,根据残疾人的康复需求及时向上级康复机构或卫生医疗部门转介,或在社区内利用各种资源提供力所能及的康复服务。

第七,组织开展综合性的社区康复服务。社区康复服务涵盖各类残疾人的康复服务内容,应根据康复服务的内容性质,由不同的机构人员负责实施。①残疾筛查、诊断:社区康复协调员会同社区卫生服务机构入户进行残疾筛查和功能评定,尽早发现各类残疾,掌握社区内残疾人的康复需求。②建立康复服务档案:社区康复协调员或由社区居委会指定专人,为社区内残疾人建立康复服务档案,做好工作记录,动态掌握康复需求与服务情况。③提供综合性康复服务:依据筛查、诊断结果,依托社区卫生服务机构,对需要进行康复治疗和医学功能训练的残疾人实施康复治疗和训练,包括对视力、听力、智力障碍者进行早期筛查、诊断并转介;对肢体障碍者进行运动功能、生活自理能力和社会适应能力等训练;监督、指导精神病患者合理用药。有条件的地区依托社区养老机构,为有需求的精神、智力、肢体等残疾人提供日间照料和养护服务。利用残疾人社区康复站,对残疾人及其亲友进行康复知识和技能培训,安排轻度智力残疾人、病情稳定的精神病患者等,开展工疗、娱疗、农疗、社会适应能力和职业技能训练;协助聋儿家长进行听力语言康复训练;组织社区内盲人开展定向行走训练;为需要佩戴辅助器具的残疾人提供信息咨询、辅助器具适配、阶段性评估等服务。在专业机构及人员指导下,采取多种形式,为重度残疾人提供清洁、洗浴等上门服务;在社区和家庭开展各种功能训练,对社区和残疾人家庭进行无障碍环境改造。④康复知识宣传和普及:社区康复协调员负责组织和协调卫生、教育、心理等专业技术人员,为社区内残疾人及其亲友举办知识讲座,宣传国家康复政策,开展康复咨询活动,发放普及读物,传授残疾预防知识和康复训练方法,鼓励残疾人及其亲友正确面对残疾,树立康复信心。⑤转介服务:社区卫生服务机构对社区内难以诊断治疗的患者转介到上级医疗机构或专门康复机构。社区康复协调员根据残疾人在医疗康复、辅助器具、社会保障、文化教育、职业培训、劳动就业、无障碍环境改造及参与社会生活等方面的需要,联系有关部门和单位,提供有效的转介服务。

发展残疾人事业是衡量一个社会进步与文明的标志。社区心理支持系统与医疗康复体系分别针对残疾人的心理和生理展开残疾人工作,那么如何在已有的残疾人工作成效的基础上,发挥社区的作用,构建社区心理支持体系和医疗康复体系是开展残疾工作,发展残疾人事业应关注的关键性问题。构建"家庭—志愿者—社区"的社区心理支持系统以及医疗康复体系,需要基于已有的残疾人工作成绩,因地制宜地进行多部门协调,充分利用社区资源,尤其是卫生、民政等部门资源,发挥残疾人及残疾人家属的作用,在制订计划、实施康复服务的过程中征求他们的意见。农村地区要结合实际,发展简便易行、经济适用的康复技术,真正让残疾人受益。构建社区心理支持体系和医疗康复体系,为残疾人提供专项服务对于改善残疾人生活满意度,提升残疾人的生活质量和实现其人生价值具有重要意义。

第十二章 残疾人医疗、心理、家庭
与社会康复的整合模式

随着社会的发展,残疾人这一弱势群体越来越得到重视和关心。残疾人康复工作是一项新的重要课题,是帮助残疾人恢复或补偿功能,提高生存质量,增强社会参与能力的重要途径,是解决残疾人及残疾人家庭困难问题的一种有效形式,是残疾人工作的核心和基础。只有做好残疾人康复工作,帮助残疾人恢复或补偿功能、提高生存质量、增强社会参与能力和生活自理能力,才能减轻社会负担,促进生产力的发展,提高人权保障水平,共建和谐社会(白婧,2012)。目前的残疾人康复工作更多地采用单一的工作模式,例如,医疗康复模式、心理治疗模式以及社会工作模式,但是单一的工作模式存在一定的局限,有待完善。因此,本章主要对几种残疾人康复工作模式进行阐述和分析,并且在此基础上提出一个较为全面的残疾人康复工作整合模式的新思路。

第一节 残疾人的医疗康复工作模式

根据联合国《关于残疾人的世界行动纲领》中对康复内涵的界定,康复一般包括医疗护理、自理训练、提供辅助器械等 8 项内容。医疗康复是全面康复的基础和开始,是实现康复目标的根本保证。医疗康复要求充分运用运动疗法、物理疗法、作业疗法、营养疗法,结合传统医学康复疗法,达到恢复残疾人的身体、精神和社会生活功能的目的。并要求充分调动残疾人的主观能动性,挖掘自身康复潜力,促进残疾人尽快康复,重返社会。医疗康复是综合应用医学的技术和方法,结合心理学、社会学、工程学的手段,对残疾人进行功能障碍的预防、诊断和康复治疗,帮助其实现康复目标的一种模式。这就需要康复机构的专业指导与治疗,随之而来的也将是高额的康复费用和沉重的医疗负担,因此医疗保障就显得尤为重要。应做好医疗保障工作,以更好地满足残疾人医疗康复的需求。

一、残疾人医疗康复的机构建设

残疾人康复机构是针对各类残疾人,运用康复医学的手段和方法,为残疾人提供专业康复服务,具体包括临床诊断、功能测评、制定康复计划、实施康复治疗和必要的临床治疗,使残疾人身心功能、职业能力和社会生活能力等得到补偿及改善,促进残疾人融入社会的场所(卓大宏,2004)。推动残疾人康复机构的建设与发展,满足残疾人的康复服务需求,不仅是关心残疾人和社会文明进步的体现,而且是当前残疾人社会保障和服务体系建设的重要内容。

历经残疾人事业的发展,残疾人康复机构的建设工作有了很大的进展,取得了可喜的成绩,逐渐步入制度化发展轨道,全国已建立一些各级各类残疾人康复机构,并且在满足残疾人迫切的康复服务需求方面发挥着积极作用(周贤丽,2007)。我国残疾人康复机构分为三个层级:综合和专科的康复机构(康复医院或康复中心)、综合和专科医院及疗养院中的康复医学科、社区卫生服务中心的康复治疗室。综合和专科的康复机构是专业化的残疾人康复机构,设有临床和医技科室,适应各种功能障碍者的门诊或住院康复,进行恢复早期临床医疗和全面康复工作。这种机构的设施、设备完善,康复专业技术水平较高,有专业医学院校毕业的康复医师和护师及治疗师等医务人员,能提供较高质量的康复服务。综合和专科医院及疗养院中的康复医学科是一个临床科室或只有康复门诊而无病房,直接接受门诊及临床相关各科转诊病员,进行恢复中、后期的全科康复医疗。社区卫生服务中心的康复治疗室属于门诊型,不设病房,只为社区门诊患者提供恢复后期康复服务,称为康复门诊或康复诊所。

为了更好地实现残疾人的医疗康复,应借鉴国外康复机构建设的先进经验,健全以综合和专科的残疾人康复机构为核心,乡村、城市社区的基层残疾人康复机构为基础,综合和专科医院及疗养院中的康复医学科为补充的残疾人康复机构层级分布网络。注重基层康复机构在残疾人康复服务中的重要作用。因为基层残疾人康复机构具有就近就便康复的特点，更便于残疾人享受康复服务。健全残疾人康复机构层级分布网络工作重点可以放在加强县、乡镇卫生院和村卫生室为基础的农村三级康复服务网络建设，完善以社区卫生服务为基础的新型城市社区康复服务体系工作上，将康复资源投入重点向农村和城市社区倾斜。此外，还应拓展社会资本举办残疾人康复机构的渠道，合理增加残疾人康复机构的数量，满足残疾人的多层次、多样化康复服务的需求，实行多元化的残疾人康复机构创办模式（姚志贤，2013）。

二、残疾人医疗康复的基本工作模式

根据三级康复机构建设，在残疾人康复的前期，主要依靠综合和专科的康复机构（康复医院或康复中心），指导各类残疾人开展康复训练、制订计划、传授方法、制作训练器具、使用矫形器、评估效果等。具体如下：①肢体残疾：对偏瘫病人开展以运动功能和日常生活活动为主的康复训练，指导训练器具的使用；对脑瘫病人开展运动功能、姿势矫正、语言训练、日常活动四个方面的康复训练。②智力残疾：对智力残疾人开展运动、感知、认知、语言交往、生活自理和社会适应六个方面的康复训练。③听力残疾：指导听语障碍者或聋儿家长开展听力语言训练、耳聋预防、选配助听器转介服务等。④视力残疾：指导视力残障者视功能训练和盲人定向行走训练，做好低视力配镜后随访工作及转介服务等。⑤精神残疾：利用多种形式对精神病患者进行精神卫生知识宣传教育，督促指导药物治疗、用药安全监测，开展生活技能、社会适应等方面的康复服务。在残疾人康复中后期，主要依靠综合和专科医院及疗养院中的康复医学科、社区卫生服务中心的康复治疗室，根据前期在康复医院或康复中心接受的专业训练指导，在社区卫生服务中心的治疗室进行巩固训练，由社区卫生机构的医务人员、医务社会工作者、残疾人家属共同参与，以达到更好的康复状态。

三、残疾人医疗康复保障的制度建设

残疾人的健康状况普遍较差，患病率、慢性病患病率等指标明显高于一般人群，这在一定程度上决定了残疾人对医疗服务具有更高的需要。随着市场的发展，医药领域的价格秩序也出现了混乱的情况，挂号费、诊疗费用上涨,药品价格虚高,这使得残疾人的医疗康复费支出高,医疗负担沉重。我们以医疗负担系数,即残疾者全年医疗康复支出占全年家庭总收入的比例,作为衡量残疾人医疗负担的指标。从对北京市的调查中可以看出,残疾人群的医疗负担是相当沉重的,医疗负担系数平均高达 35.9%。家庭全年总收入较高的残疾人群,其平均医疗负担系数为 15.5%;而家庭全年总收入较低的残疾人群,其平均医疗负担系数高达 76.6%。残疾人的医疗负担系数还与其残疾程度有密切联系,重残者的医疗负担系数要显著高于非重残者。在家庭全年总收入较低的残疾人群中,重残者的医疗负担系数为 45.5%,非重残者为 26.7%;在家庭全年总收入较高的残疾人群中,重残者的医疗负担系数为 25.5%,非重残者为 11.1%。总的来看,面临较重医疗负担的残疾人群包括低收入残疾人、中等收入残疾人中的重残者(齐心,厉才茂,2007)。

《关于深化医药卫生体制改革的意见》提出了"建立健全覆盖城乡居民的基本医疗卫生制度,为群众提供安全、有效、方便、价廉的医疗卫生服务"的总目标和分阶段的目标,明确了卫生制度建立、服务体系建设的公益性原则和基本医疗卫生制度的公共产品属性,提出了两个方面的重要举措。一是建设覆盖城乡居民的公共卫生服务体系、医疗服务体系、医疗保障体系、药品供应保障体系,形成"四位一体"的基本医疗卫生制度;二是完善医药卫生的管理、运行、投入、价格、监管体制机制,加强科技、人才、信息、法制建设,保障医药卫生体系的有效规范运转,也提出了当前需要突破的一些难点和重点问题。应该说,新医改方向明确、措施有力,充分考虑了中国的基本国情,吸取了国际卫生事业发展的经验,推动中国建立了一个真正现代意义上的医疗卫生制度和医疗卫生服务体系,也为残疾预防和残疾人康复事业的发展提供了重要的机遇和有力的支撑(郭春宁,2010)。新医改方案的实施为加快发展残疾人康复、形成残疾人康复事业的长效机制提供了制度支撑。

《关于促进残疾人事业发展的意见》中提倡医疗救助制度要倾向于残疾人,在具体政策制定过程中也要严格执行,各个部门之间做好沟通交流,保持制度的一致性,做好残疾人医疗救助制度与低保、五保等社会救助制度的衔接,确保残疾人在康复过程中能够受到医疗救助;在新农合条件下,还要确保新农合制度与医疗救助制度的衔接。新农合制度是现在农村医疗保障制度的主体,也是农村人口正常就医的关键,在农村残疾人无力承担缴费义务时,采用医疗救助资金缴纳部分费用也是有必要的。但医疗救助制度的作用不止于此,制度的重心更应该放在贫困人口住院和门诊治疗的费用补贴上,使更多的残疾人,尤其是农村残疾人方便就医(严妮,李静萍,2014)。总的来说,要建立以基本医疗保险为主体,以医疗救助、康复救助、工伤保险、商业保险、慈善捐助等为补充,覆盖城乡残疾人的康复保障制度。要进一步落实政府补贴,帮助城乡残疾人加入基本医疗保险,并逐步将符合规定的残疾人基本康复服务项目纳入医疗保险支付范围,稳步提高待遇水平;要将符合条件的贫困残疾人作为医疗救助的重点对象,逐步提高救助水平;要建立康复救助制度(郭春宁,2010)。

四、关于当前残疾人医疗康复工作模式存在的问题

就目前来看,首先各地康复机构建设水平很不均衡,经济发达地区的康复机构建设速度快、规模大、档次高,而贫困地区则建设进程慢、规模小、档次低,难以满足当地残疾人服务需求,全国康复机构建设的总体水平仍需进一步提高。因此,建议各地政府进一步加大政策倾斜力度,提高资金投入水平,特别要对贫困地区适当地给予资金、政策倾斜,加快康复机构设施改建、扩建、新建步伐,尽快建成完善并投入使用。同时,要加强我国各级康复机构的软件设施建设,建立专家技术指导团队,深入基层服务机构,开展技术指导和培训活动,帮助服务机构提升康复专业的技术水平。我国康复机构的人员结构和人才状况分布不太合理,要增加在职工总数中业务技术人员所占的比例;在业务技术人员中,增加康复专业技术人员(正规的康复医师和康复技术人员)所占的比例,以及受过高等教育的人员比例。以形成我国康复机构在医疗康复上的优势,充分发挥各级康复机构的康复作用。由于我国职业康复师数量远远不足以满足残疾人的康复需求,因此,在专业资源紧缺的背景下寻找社会化、多元化社区康复服务的提供主体是迫切之需。社区康复服务提供主体除了社区医生外,还包括残疾人家属、有志于社区康复事业的社会工作志愿者等。专业机构的康复师是康复服务提供的技术支柱,为整个社区康复服务体系提供技术支持;社区医生是社区康复服务的主要提供者和协调者,针对特定的残疾人个体提供专业服务,在由社区康复人员、残疾人家庭、社会各方力量参与的社区康复服务体系中起协调作用;经培训后掌握专业知识的康复人员则是残疾人社会康复广泛发展的载体。此

外,部分基层管理干部对康复业务知识认识不足,对全面康复的理念内涵、康复技术规范、康复工作流程要求以及机构基本定位和发展思路不明确。因此,应进一步加强对基层管理干部的业务培训和学习交流,尤其加大康复相关业务领域的技术培训,促进管理人员的专业成长,把他们培养成为既懂管理,又懂康复业务的内行,从而更有力地保障康复机构的良好发展,开展残疾人康复中的医疗工作。

第二节　残疾人临床心理康复的工作模式

心理康复是指运用系统的心理学理论与方法,从生物-心理-社会角度出发,对患者的损伤、残疾和残障问题进行心理干预,以提高非健康人群的心理健康水平(柯红,2007)。残疾人因为自身的残疾,往往会产生自卑、敌对、退缩等心理,而这些消极的心理状态反过来又会对残疾人的职业康复、社会生活康复等产生消极的影响,所以有必要运用专业的心理咨询和治疗的方法,来帮助残疾人调整好自己的心理状态,拥有积极、乐观的心态,学会正确地面对现实和未来的生活和发展,积极进行其他的各项康复训练。

一、残疾人心理康复工作的主要内容

不管是谁,在躯体伤残以后,都会产生一种"丧失"感或体验。必然伴有一定的情绪改变及心理反应。反应程度与"丧失"程度一般情况下成正比,但也不尽相同。如果是重大"丧失"体验,如意外创伤失去双腿、双手或毁容等,即可引起强烈的情绪冲动,从而出现严重、明显的心理异常反应或较严重的精神创伤症状。临床表现为抑郁、焦虑、激惹、猜疑、敌意,对正常人有心理抵触。在情绪变化过程中,多数会处于独处、思虑、悲痛、忧伤情境之中。临床研究认为,躯体伤残后,异常心态大致分为两种:第一种是即刻反应,又称为"情绪危象",即在心理体验过程中各种因素汇聚相加,表现出强烈的抑郁低沉情绪,甚者发生自伤、自杀,有些出现意识及行为障碍。第二种持续反应,表现为持续发展或心理恶劣状态呈持续状态。也有的心理学家把这种心理反应按其发展过程进行动态区分,如 Kueger(1984)提出五期分法(张地君,2002)。①休克期:主要表现为即刻反应状。呈恐惧、麻木或

情况不明、认识不足、盲目状。可持续几小时、数天或更长时间。②否定期:对其伤残的早期或一开始的否认状。潜意识中持充分完全复原愿望。否定或否认属于患者心理对其残疾或伤残的不可逆持自主否认,未能从意识中承认"丧失体验"的严重性而出现的抑郁症。其积极的一面是对突发的严重伤残可能出现的生命危象可以起到保护作用。这种"否认"可以防止不良行为和有利于康复进程。这个时期可能持续几天到两三个月。③抑郁期:此期始于对"丧失"体验的最后证实和承认现实,加快了明确将来功能缺损状况的过程,感到愤恨、后悔及抑郁。这时有些伤残者易产生悲痛、忧伤,进一步发展会产生自伤或自杀行为。④依赖期:残疾人在取得一定的自主功能时往往产生依赖反应,对于原先有被动或依赖习惯性格者尤为明显。在康复过程中依赖本身是一种防御。它强化其性格特征,随着时间的推移,进入康复期后这种性格特征逐渐消退而变化为正常人格。⑤适应期:患者在康复过程中找到了"对应办法"或"对应策略",以最大可能或限度去适应。而这种适应包含了合理有利的适应外围因素的能力和过程。

概括来说,残疾人的心理问题主要有自卑和敏感多疑、依赖和消极被动、悲观和自我封闭等。针对这些问题,残疾人的心理康复内容主要集中在以下三个方面(熊文琴,2014)。

第一,提高自信,用积极的眼光看待自身的残疾和未来的发展。残疾人面临的最直接的问题首先是自身的残疾;其次就是由生理残疾导致的心理的"残疾",如果在生活中遇到困难和挫折,往往不能进行正确的归因,不能正确看待自身残疾和未来发展。因此,对残疾人进行心理康复的重要内容之一就是帮助残疾人正确地认识自身的现状,提高自信。其中又主要包括了三个面的内容:一是正确认识自身残疾;二是正确评估残疾对自己生活的影响;三是积极评估自己的剩余能力。而且,只有在正确认识现状的基础上,残疾人才能学会积极看待自己的未来发展,对生活怀有一颗"希望之心"。

第二,改善人际交往,扩展社会支持网络。良好的人际关系和社会支持网络有利于残疾人爱和归属感需求的满足,也有利于残疾人自尊需求的满足。马斯洛认为这些成长性需求能带来丰富的、高层次的,且更稳定和持久的幸福感。因此,改善人际交往,扩展社会支持网络是残疾人心理康复的一个重要内容。

第三,学习心理调节方法,提高适应能力。如前所述,无论是良好的情绪调节方法,还是有效的压力应对方法,都能够帮助残疾人更好地面对未来生活中的一些负性事件。因此,学习心理调节方法,提高适应能力是残疾人心理康复的另一个重要内容。残疾人学会心理调节方法,增强自身的社会适应能力,也有助于残疾人自我效能感的提升,促使残疾人积极面对生活,积极参与社会生活,这会形成一个良性循环。

二、残疾人心理康复中常用的咨询与治疗技术

心理康复是一个长期的调节过程,需要心理咨询专家运用专业的心理咨询方法进行指导与帮助,针对残疾人常见的心理问题,较多采用的有以下心理治疗方法。

(一)角色转换

社会角色理论认为,个体在社会环境、工作职务或自身状况等发生改变时,其心理、行为也相应地发生变化,并产生与其新的社会角色相一致的心理和行为反应(宓忠祥,2001)。当一个健全的社会成员因车祸、外伤等意外原因残疾后,其受伤前在社会、家庭等方面所扮演的一系列社会角色都会发生变化。帮助患者认同新的社会角色,有利于患者的全面康复。要选择合适的时机让患者全面了解病情,使他们充分认识残疾可能带来的影响和康复训练对残疾的重要作用,进而正确面对现实,接受残疾。完成角色转换有利于帮助残疾患者尽早树立正确的心理观念,重新认识自己,发现并积极开发自己的潜能,使其成为今后参与社会活动、树立自信心的心理支撑点。患者认同新的社会角色有利于促进患者充分参与康复训练,主动配合医生完成各阶段的训练任务,提高训练质量(宓忠祥,2001)。具体来说,一是正确进行心理诊断,建立良好的心理治疗关系。帮助患者完成角色转换首先要通过观察、会谈、心理测试或通过医生、护士、家属等了解患者目前的心理状况,做出正确的心理诊断,与患者建立良好的医患关系,让患者感到温暖和关心,赢得患者的信任(曾文星,徐静,1987)。二是帮助患者树立正确的角色观念。运用合理情绪疗法或认知行为矫正疗法,帮助患者找出残疾后影响自己行为和心理的不合理信念、认识和看法,建立正确的、积极的信念和认知观念以及正确的角色观念,并接受残疾这一事实,以平常的心态面对残疾。三是通过角色支持与角色矫正等方法帮助患者完成角色转换。帮助患者建立正确的角色观念后,还需采用具体的方法来帮助患者接受、认同新的角色,并学会用与新角色相适应的行

为、语言,完成与他人的交流或参与活动。

(二)接纳与承诺疗法

接纳与承诺疗法是由美国内华达州立大学心理学教授海斯博士及其同事于20世纪末21世纪初所创立的,是一种以有关人类语言、认知的关系框架理论和功能性语境主义哲学为基础的经验性行为心理治疗方法,主要是通过接纳、认知解离、正念、观察自我和价值、承诺行为等改变过程来增强人们的心理灵活性。接纳与承诺疗法将人类心理问题的核心根源归纳为四个方面,分别为思维融合、经验评价、经验回避和行为解释。

接纳与承诺疗法认为使个体保持心理健康的主要策略有接纳反应和正念、选择符合自己价值观的方向、采取行动。接纳与承诺疗法是认知行为治疗"第三浪潮"中有代表性的经验性行为心理治疗方法。残疾人特别是后天遭受躯体创伤或疾病所致的肢残患者,往往在康复过程中无法接受现实,无法处理创伤事件留下的记忆,无法摆脱内心中的愤怒、后悔或抑郁情绪,会产生回避行为,丧失对未来的信心。所以需要运用接纳与承诺疗法对残疾人进行治疗(祝卓宏,2013)。

接纳与承诺疗法的治疗过程具体包括以下五个方面。①接纳:接纳不仅仅只是接受,而是对此时此刻经验的一种积极而非评判性的接纳,即为痛苦的感受、冲动和情绪让出心理空间,不去抗拒、控制和逃避,将其作为客观的食物去观察、体验、接纳、包容。②认知解离:是指将自我意识从思想、意象和记忆中分离,客观的注视思想活动如同观察车辆等客体实物,将思想看作是语言和文字本身。正念练习可以有效帮助个体关注思维本身的加工过程,从而从认知融合的纠结中解脱出来。③关注当下:接纳与承诺疗法鼓励个体有意识地注意此时此刻所处的外部环境及内部的心理活动。正念观察的过程为,不做评价,完全接受,积极融入。目的是帮助残疾人更直接地感受世界,体验生活,从而提高他们的行为灵活性。④观察自我:观察自我可以帮助个体关注自己真实的经验,促进认知解离和接纳。接纳与承诺疗法通常采用正念技术、隐喻和体验来帮助残疾人学会观察自我的情感、思维、行为。⑤价值观:接纳与承诺疗法中的价值观指的是语言建构的、向未来的、总体的、向往的和所选择的生活方向。帮助残疾人对未来有梦想,对自身的价值有认同,对今后的生活有希望。⑥承诺行为:接纳与承诺疗法不仅是一种接纳取向的治疗策略,更是一种改变取向的治疗策略。帮助残疾人树立生活、工作等各方面的目标,制订计划,克服困难,实现目标,从而帮助残疾人突破心理束缚,走出生活困境。

(三)团体辅导

团体辅导是在团体情境下进行的一种心理辅导形式,它是通过模拟社会生活的情景,创建接纳信任的团体氛围,并通过团体内人际交互作用,促进个体在交往中通过观察、学习、体验,认识自我、探讨自我、接纳自我、发展自我,以调整、改善人际关系,学习新的态度和行为方式,发展良好的适应性行为。团体辅导与个体心理辅导相比,具有感染力强、影响广、效率高、效果容易巩固等特点。团体辅导可以发展人的适应行为,提高生活质量。团体辅导还有利于改善残疾人的人际关系。在团体辅导过程中通过如戴高帽、“我最棒”等活动,让残疾人在安全真实的空间分享、体验和探索,从而促进残疾人认识、了解自己,勇敢地表达自己,接纳自己,进而接纳、欣赏他人,同时发现和了解自己的长处和优势,提高自信心。具体的实施过程如下:①初始阶段。这一阶段是开展团体辅导的基础,对于团体辅导的整个过程都具有重要意义。初始阶段的重点是促进成员相互认识,建立信任,形成凝聚力。残疾人渴望与人交往,获得认同和理解,但同时又因为自卑,害怕与人交往,存在自我封闭倾向,这种矛盾在团体辅导初期表现得十分明显,所以可以设计一些强调主题性的小团体心理辅导模式,活动内容以游戏为主,增加成员之间的亲密感,消除其疑虑,从而建立一个信任、安全、温暖、平等的团体。②工作阶段。残疾人由于自身的缺陷,活动受到限制,自己难以完成正常人完成的事情,不能正常地参与社会活动,因此在团体辅导过程中理论知识传授较少,活动形式以游戏为主,以为残疾人营造一个类似真实社会生活的情景,他们可以自由地观察、学习、模仿,进而体验自己在社会环境中与人相处时容易出现的问题,而领导者通过观察成员在团体活动中的表现,以示范、强化等方式帮助残疾人改变不良的行为方式,提高残疾人的人际交往能力,同时鼓励成员强化练习那些能够应用到日常生活的必要的技能,提高残疾人的社会适应能力,从而提高心理健康水平。③结束阶段。在团体的最后阶段,辅导的重点放在帮助残疾人将团体内改变的行为转换到现实生活中。在每次主题团体辅导结束时,领导者让残疾人对自己说一句自我激励的话语,如我很棒、我真的很不错等,通过这样一种积极的自我暗示,增强其自信,改善其自我评价。在总辅导方案的最后一次团体辅导中,通过回顾团体历程,如“我们的变化”活动让残疾人集思广益归纳所学到的知识和技能,同时对团体辅导进行总结及自我评估,并填写团体评估调查表。最后通过"真情一句话"活动分享在团体辅导中的收获、感想和反馈意见,体验彼此的支持和肯定,进一步促进残疾人持续练习,强化他们学习到的技能,面向新生活(黄凌谊,张翔,2011)。

三、残疾人临床心理康复的工作模式

残疾人的心理康复主要采用的是心理咨询和治疗的方法,在心理治疗的最初阶段需要进行正确全面的心理评估,所谓心理评估就是对残疾人的心理品质进行全面的评估和了解,主要包括人格、智力、记忆力、情绪、认知功能和行为等。关于人格的评估,常用的方法有投射测验、主题统觉测验、主体测验、自陈量表和行为观察等;也可以采用相关的人格测验,如艾森克人格个性问卷等;还可以通过会谈来进行人格的评估。抑郁评估是残疾人评估中的一个重要方面,可以采用国际通用的汉密斯顿抑郁量表,来了解病人的抑郁程度,并及时采取恰当的治疗措施。智力测验可以采用相应的智力测验量表,例如可以采用美国的韦克斯勒智力测验,了解总智商、言语智商、操作智商等。对神经心理的评估可以采用 H.R.B 神经心理测验、记忆力测验等。另外,采用心理会谈法可以获取更多的信息和资料,心理会谈法是心理工作者进行心理评估和心理治疗的手段,内容主要涉及智力和思维过程、感知觉、情绪表现、个人史、生育史、经济状况、婚姻状况等,可以分为标准会谈和非标准会谈两种,借助观察法观察来访者的行为仪表等。配合其他方法,如阅读病历、参加查房或早交班,还可以从病人家属及医护人员处了解更多的信息和相关资料。总之,根据病人情况灵活运用治疗方法,并妥善安排,以对病人主要的心理品质和存在的主要问题有一个比较正确和客观的评估。

在正确评估的基础上,运用相关的咨询和治疗的方法和技术,对来访者进行相应的治疗,这个过程需要相关部门的配合和帮助。由于心理治疗有其特殊性,只有经过专门训练的人员才能从事此项工作,因此,残联、民政乃至特殊学校,可以聘请心理医生进行专门的心理辅导,让残疾人学会自我心理治疗的技能,学会正确地观察社会,提高自我调节的能力。市级、区级残疾人心理咨询与治疗中心的心理康复工作者除了有针对性地对残疾人及其家属进行心理辅导外,还应从业务上指导、督促、检查社区康复工作站的工作,并着力

对残疾人及其家属在心理康复中的行为、经历过程、生活态度及心理康复在环境、手段、方法、实施步骤等方面的有效性进行研究,以全面推进残疾人的心理康复。

四、关于残疾人临床心理康复工作模式存在的问题

在残疾人康复服务体系中,有关残疾人的心理服务并没有得到应有的重视。学校心理咨询和社会心理咨询体系并不完善,学校和社会的心理服务机构中,真正有资质的心理咨询师不多,大多没有经过正规训练,能力水平受到质疑,特别是既能掌握残疾人心理特点,又能与残疾人进行交流的服务人员更少。因此政府部门应该进一步加强对残疾人的扶持,把残疾人的心理服务明确列入服务体系的范畴,使各级残疾人机构对此问题有足够的重视,加大投入,成立面对残疾人心理服务的培训、咨询与康复、心理教育等服务机构,加强从业人员的培训、认证和监管,加强心理人才队伍建设。此外,残疾人的心理康复缺乏家庭、学校和社区一体化的心理服务机制,当家庭和学校中的残疾人出现心理问题时,大多数家庭由于缺乏心理学知识和心理服务技能,对残疾人存在的心理问题大多都持无奈和无助的态度,无法从家庭上建立起有效的支持系统,学校没有接纳融合教育思想,也没有意识为残疾儿童专门开设心理服务项目,所以家庭和学校都无法向社会求助,尽管目前医院和社会上开设的心理咨询机构日益增多,但当他们发生心理问题时,残疾人既无法从中受益,家庭和学校也无法通过转介或介入或合作的方式来解决残疾人面临的问题。所以,政府应在各省市、县(区)残疾人康复服务指导站、社区基层康复站、社会福利院、残疾人社区中心、各类残疾人组织等服务机构中,设立心理服务和管理机构,鼓励医院、各类残疾人社会服务组织、社会心理咨询机构积极参与,共同关注残疾人的心理健康,共同构建国家—社区—个人(或组织)共同参与的一体化心理服务机制。

第三节　残疾人康复的社会工作模式

残疾人的社会工作是针对残疾人康复所进行的社会工作,它不同于一般的残疾人服务,而是社会工作者运用社会工作方法帮助残疾人补偿自身

缺陷，克服环境障碍，使他们平等地参与社会生活，分享社会发展成果的专业活动。残疾人社会工作是残疾人事业发展的一个重要组成部分，在残疾人康复过程中起到至关重要的作用。

一、优势视角下的社会工作介入

"优势视角"是一种关注人的内在力量和优势资源的视角，把人们及其环境中的优势和资源作为社会工作助人过程中所关注的焦点。优势视角基于这样一种信念，即个人所具备的能力及其内部资源允许他们能够有效地应对生活中的挑战。优势视角坚信，每个人都有自己解决问题的力量和资源，并且具有在困难环境中生存下来的抗逆能力，即便是身处困难环境之下，备受压迫和折磨，也具有自己从来都不曾知道的与生俱来的潜在优势和价值，并且是可以改变的，这些都应该得到尊重和重视。

残疾人康复的社会工作中，优势视角认为应该把这个助人实践过程的焦点放在个人及其所在的环境中的优势和资源上，而不是问题和症状本身，所以个人自身的优势是改变的重要资源。因此"优势视角"是对传统社会工作实践的一次突破性飞跃。社会工作者的主要立足点在于发现和寻求、探索和利用残疾人自身的优势和资源，让他们以积极的心态来面对自己生命中的不幸和挫折，增强自己的信心，协助他们达到自己的目标，进而实现自己的梦想。优势视角下残疾人康复工作的社会工作介入，就是强调社会工作者和残疾人的沟通与合作，强调人类精神的内在智慧，强调任何弱势者都具有内在的转变能力。正因为优势视角从积极的角度看待问题，所以避免了将问题的原因归结为个人，悲观消极地看待工作对象自身的缺陷（周沛，曲绍旭，2010）。

社会工作本着"助人自助""能力提升"等基本理念介入残疾人康复工作。其内容包括强化、调动其积极性，发挥其潜能，以期使残疾人的功能丧失降到最低程度，最大限度地强化残疾人的生理功能，增强残障者对于困难情境的自我处理和自我照顾能力，以及向他人倾诉和沟通的能力。具体来说，优势视角下残疾人康复中的社会工作介入主要包括两个方面：优势视角下残疾人医学康复社会工作介入和优势视角下残疾人教育康复社会工作介入。优势视角下的残疾人医学康复的主要出发点是改善和恢复残疾人的身体功能，减小其身体能力障碍，使其最大限度地获得日常生活能力。社会工作者在其中的主要任务和职责是协助残疾人及其家属，帮助残疾人及其家属更好地利用康复设施；协助康复医疗部门有效使用各种设施，并且参与康复医务人员的教育和训练，推广康复工作计划，讲授有关人类行为、家庭动力以及社会资源方面的知识；参与康复医疗部门重要的行政决策，参加各项康复调查研究工作，以扩大康复服务的范围，提高康复服务的水平（姚尚满，2006）。此外，为提高残疾人的心理素质，优势视角理念还需要社会工作者通过"助人自助"的方法，配合康复工作者，让残疾人在医疗康复中认知自己，提升战胜残疾的信心和勇气，从而激发其潜能和优势，更好地融入社会。同时开发和利用社区内的网络资源，开展社区康复工作训练计划，指导社区康复工作，以充分满足残疾人及其家庭的需要（张宇莲，2005）。残疾人教育康复是指对肢残人进行变通教育，对聋哑人、盲人、精神发育迟滞者进行特殊教育而采取的一切措施。从残疾人的角度来看，接受特殊教育是他们应该享有的一项基本权利。残疾人通过接受代偿性训练，可以在一定程度上补偿其丧失的那部分感官功能，为进一步接受教育创造良好的条件，以便积极参与正常的社会生活。从社会的角度来看，教育是提高人力资本的主要因素，在优势视角理念下，专业的社会工作能有效地介入残疾人康复工作中，但这种介入还需配合专业的社会工作方法，两者只有共同作用形成一个完整体系，才能达到显著的救助效果。

二、残疾人康复过程中的社会救助工作

残疾人的社会救助是一项对社会发展有着积极意义的工作，其保证残疾人的生活和康复。残疾人社会救助制度的全面发展和逐步完善有助于满足残疾人物质和精神的双重要求，有助于维护社会稳定，有助于实现社会的团结，对全社会的建设都有促进的作用，更有助于建立一个和谐的社会。

医疗和康复救助是残疾人社会救助中的一个重要内容。医疗和康复救助关系到残疾人的生存和健康问题，是残疾人社会救助的重要工作。对于肢体残疾人来讲，最需要获得的健康照顾就是康复训练和康复仪器的配备；对于精神残疾来讲，需要专业康复帮助，这需要政府政策的扶持，同时需要社会群体的资金资助，以及公益团体对医疗康复救助的补充。社会救助理论中的增能理论能够吻合社会工作的核心价值——助人自助。增能理论中的"增能"一词是社会福利界的用语，又称为"充权"或"赋权"，意思是让人有

更大、更多的责任感,有能力去做自己应该做的事。"增能"强调恢复个体已经丧失的机体及社会功能,同时关注增强其面对生活的信心和勇气,通过助人自助的理念激发其潜能和优势,实现自我价值。增能理论的目的是帮助和支持无权群体改变现状,消除他们在现有社会结构中出现的社会困难和障碍,降低他们的无力感和挫败感,进而提高自我认识以及激发个人潜能和优势,使个人能够有能力去获取自己想要的社会资源,从而有效改善生活状况。社会工作者需要与个人建立相互信任和互相合作分享的平等伙伴关系,在个人和社会工作者的交往过程中,使其掌握一定的谈话技巧,认识到自身所具有的与生俱来的优势和潜能,从而能够有效地利用自己的这些能力去解决现实存在的问题。每个人都有自己内在的优势和潜能,通过增能与自我增能,个人能够有效发掘和认识到自己的潜能,意识到自己独立识别与解决问题和控制与改变环境的能力,主动地去改变自身的周遭环境和状况,达到自己理想的目标。从增能理论的视角,描述和分析残疾人的救助问题,具有一定的意义。残疾人实现平等生活的障碍在于残疾人被视为残、无用、无助于经济和社会发展。基于增能理论,改变社会对残疾人的这种负面认识,会对残疾人的康复起到至关重要的作用(李文淑,2013)。

三、残疾人康复的社会工作模式

残疾人的康复事业是一项复杂的、长期的、全民性的事业,需要各部门的密切配合及全社会的关注和支持。首先,应充分体现政府的主导作用,建立完善的社会保障制度,保障残疾人的康复工作能够顺利开展,残疾人康复所面临的高额的康复费用,需要得到政府和社会的大力支持。其次,扩大医疗救助范围,增加社区医疗卫生服务点,使行动不方便的残疾人在家门口就可以得到基本的医疗服务,同时加大康复器械的社区化,在残疾人集中的社区中选择其中一个或几个安装康复训练器材,使残疾人可以就近得到锻炼,这需要政府经费的支持,以及社会福利及慈善团体的帮助,才能逐步实现。一定程度的社会救助,社会工作者对残疾人康复工作的介入和帮助,有助于残疾人更快地提升自信心,融入社会,恢复简单的正常生活。最后,加大媒体宣传力度,营造良好的社会助残氛围。通过大众传媒的宣传,努力改变人们固有的传统观念,打破残疾人与健全人之间不平等的社会关系,为残疾人的康复提供社会支持因素。

在良好的社会氛围下,有效地运用残疾人个案工作、残疾人小组工作与残疾人社区工作这三种社会工作方法,根据残疾人的不同情况选择合适的社会工作方法,使得残疾人的康复工作顺利进行。残疾人个案工作要关注案主的自卑、逆反、偏激、冷漠、焦虑等心理问题。在此基础上,可以在情感、认知、行为、环境等方面适当介入,促使残疾人个人与家庭有效发挥社会功能,或与所处环境之间达成良好的适应关系。残疾人个案工作主要采用的服务模式包括心理社会治疗模式、认知行为治疗模式、理性情绪治疗模式、任务中心模式、危机介入模式、人本治疗模式和家庭治疗模式(俞丽娜,2009)。社会工作者可以根据残疾人的不同状况和小组目标组织开展小组活动,通过小组互动与方案实施来达到残疾人的成长与社会目标。通过团体之间的生活经验分享和感受聆听,可以让残疾人感受到自己是被关注的个体;通过共同合作达到目标,使其感受到自己的能力和团体对其的关注;通过小组工作过程使残疾人学习、遵从、适应社会需要的行为规范,培养其社会责任心,鼓励其在今后的社会生活中担当起积极而有用的社会角色;通过成员间的共同努力,能更好地实现对残疾人的引导,带领其走出心灵误区(张璇,周玉婷,张永红,2010)。残疾人小组工作主要采用的服务模式是社会目标模式、治疗模式和互动模式。社区是残疾人最直接的社会依托,在残疾人社会工作中起基础性作用。社区建设活动是面向全社区的,是以全社区居民受益为目标的,但是由于社会弱势群体无工作单位,社会活动空间狭小,因此社区成为他们生活的最主要依托,于是弱势群体也成为社区服务、社区卫生和社区志愿服务活动的主要受惠者(王思斌,2005)。社区工作者要在社区内开展以提高残疾人社区福利、促进残疾人和社会协调发展为目标的社会服务和社会管理工作。同时要利用与结合残联、民间组织、企业的综合作用,确立多元化投入机制,形成良好的社会支持和服务网络。

四、残疾人康复社会工作模式中存在的问题

就目前来看,残疾人康复的社会工作模式面临以下的困境。

首先,缺乏专业人才的残疾人社会工作难以深入。一个国家的残疾人事业发展如何,关键取决于该国残疾人社会工作者的队伍建设。这一建设既体现为人才的培养,同时也体现为系统的建设。我国的残疾人工作组织体系还比较落后,长期以来,我国残疾人的服务模式以政府推动和单位提供为主,专业人才十分缺乏,不能适应我国康复事业的发展。因此,要加大社

区残疾人工作的系统建设,完善针对残疾人身心特点设置的社区设施,吸收大量优秀、专业的残疾人社会工作专业人才。同时为了保证人才的供应,应在各医学院校、民政院校、高校社会工作系(专业)普遍开设一些康复社会工作、康复医学、康复心理学等课程,重视培养康复教学、科研人才和实际工作者也是十分必要的。同时,我国残疾人社会工作队伍的建设也需要有计划地对现有康复工作干部、康复医务人员进行康复业务培训,使他们提高业务素质,掌握政策,增强实际工作能力。

其次,保障残疾人权益的相关法律亟待完善。法律法规是保障权益的根本依据。我国于1990年通过了《中华人民共和国残疾人保障法》,初步奠定了残疾人保障事业的法律基础。但是该法律的有效性和权威性并未充分显现出来,社会上还是存在一些侵害残疾人权益的行为,使得残疾人的一些特殊问题得不到正常、稳定的解决。因此,制定和完善保护残疾人权益的法律法规体系,建立一套适合国情的专门的残疾人法制体系,是规范处理残疾人问题、推进残疾人事业发展不可或缺的。

最后,残疾预防工作急需加强。残疾人社会工作者的一个重要责任就是要搞好残疾预防工作,杜绝和减少人为因素造成的新的残疾。一方面,要搞好计划生育和优生优育工作,提高我国的人口素质。要通过防止近亲血缘通婚、加强孕妇怀孕期间的科学维护和婴幼儿的医疗保健等工作,避免先天残疾儿的出现。另一方面,要加强劳动保护,大力开展生产安全常识和劳动法制教育,采取有效措施,尽量避免工伤、交通事故及中毒事故发生。要本着预防为主的原则,预防各种致残因素,尽可能减少由劳动事故和意外事故造成的残疾。

第四节 构建残疾人医疗、心理、家庭与社会康复的整合模式

康复是残疾人进行功能补偿、实现自强自立的基础。但是医疗服务和救助不是康复的唯一手段,接受过其他康复服务会相对减少医疗服务的需求量,减少医疗资源消耗。单纯的医疗康复只能弥补残疾人身体上的缺陷,而残疾人往往会出现社会回避和社会疏离等心理问题,这就需要心理咨询和治疗的介入,在医疗康复的过程中同时对残疾人的异常心理进行疏导。整个康复过程离不开社会和家庭的支持,尤其在康复的后期,接受过专业康

复训练的残疾人面临着回归社会的问题，这个过程尤其需要社会的支持和保障。因此，需要健全残疾人康复工作体系，综合使用医疗、心理、家庭、社会手段，协调医疗机构、社区、家庭等在残疾人康复中的关系，构建完善的残疾人管理与帮扶工作体系，为残疾人提供有效的康复服务。

一、打造一支专业化的残疾人康复工作队伍

建设一支高素质的残疾人康复队伍是实现残疾人康复的根本保证。康复队伍在一定程度上主导着残疾人康复的进行，只有高素质的康复人员，才能将残疾人康复落到实处。

(一)康复管理队伍建设

康复管理队伍主要负责管理残疾人康复的方向，并协调各部门工作。康复管理人才包括康复专业技术管理人员和康复服务行政管理人员。康复专业技术管理人员负责对下属的康复评估、计划与专业技术人员等进行定期的培训与指导，监督和评价康复服务的工作成效等。康复服务行政管理人员负责把握康复服务的发展方向，协调各层级、各部门机构的康复服务工作，解决康复服务中遇到的经费、场地、设施、宣传等实际问题。康复管理人才队伍的建设对象主要是目前在职的康复服务各级管理人才，针对其岗位职责进行 ICF 理念、康复服务细化功能理念及培养方法、培训工具使用、社区康复等方面的培训，以激发并鼓励其根据本地区现有资源及发展现状开发相应的培训教程，开展各级各类培训，整合运作各类资源等(张立松，何侃，2011)。对残疾人康复事业进行大力的宣传，让广大群众在一定程度上认识到残疾是不可避免的社会代价，残疾人事业也是一项伟大而且崇高的事业，以吸纳更多的康复人才、管理人才陆陆续续地加入这一光荣的队伍之中，来完成这项社会化的工作。管理队伍中的成员并不局限于健全人，更为重要的是，随着现代社会的进步和发展以及对残疾人教育工作的重视，已经有越来越多的残疾人开始走进学校，学业有成，所以更加需要吸收残疾大学生加入康复队伍，这也是国际康复事业蓬勃发展的成功经验之一。

(二)康复专业队伍建设

康复专业技术涉及多门学科，需要运用医疗、教育、职业、工程等手段，也需要运用因地制宜、简便可行的方式，更需要运用高科技的成果。康复机构充分发挥技术资源中心作用的前提，是需要一支实力很强的康复医师队伍，包

括康复专业医生和专科康复医生。通过抓康复理论的再教育和康复病例评价，在理论和实践中提高康复医师的水平。康复技术人才包括康复专业技术人员和康复辅具设施等研发人员。康复专业技术人员负责针对个体的残损结构或功能，按照康复计划与安排实施康复操作，并记录康复流程与进展，以供再次康复评估与康复计划参考。康复辅具设施等研发人员负责康复服务的环境、社会方面的工作，从环境、社会角度为残疾人功能与能力的康复，无障碍地重返社会生活开发或生产相关的器具与设施。康复专业技术人员队伍是现有康复服务体系中较为完整、庞大的一支，康复辅具设施等研发人员队伍建设应以鼓励为主，加大对有重要价值的研发成果的奖励与宣传普及。

(三)社区康复队伍建设

社区康复队伍成员主要包括社区康复医生和康复指导员，为残疾人提供便捷的康复服务。残疾人社区康复服务主要给残疾人和残疾障碍者提供恢复期及后期的康复服务、残疾预防功能训练等，同时也提供教育、职业技能、心理疏导等服务。对残疾人而言，这种服务形式简单、快捷、经济，有利于他们融入家庭和社会，是普及康复服务的基础和主要形式。相比于机构康复形式而言，其受场地、技术、资金的限制较小，能很好地利用目前较为集中的医疗资源，在各种康复形式中投入最小，见效最快。其主要形式有基层康复站服务、上门服务、家庭康复服务。社区康复与初级卫生保健的关系密切，应依靠本社区的人力资源，尽可能利用社区原有的医疗卫生保健或残疾人基层服务网点，使用简单适宜的在社区和家庭条件下就可以发挥作用的技术，因地制宜。以社区康复专业机构为基础，帮助解决残疾人的医疗康复、功能训练、宣传培训等问题。在社区对残疾人进行身体的、心理的、生活的、教育的、文化的等方面的康复训练，使残疾人不出家门就能得到全面康复。残疾人社区康复服务的内容有：掌握社区资源情况，掌握辖区残疾人康复需求情况；开展康复训练并建立档案，对残疾人进行普查和预防，推行协调性康复医疗、康复训练指导、智障儿童和视力障碍者服务、聋儿的早期干预、家庭康复训练、转介服务、心理疏导、健康知识宣传、辅助器具适配、养护服务等。帮助残疾人参加政治、经济、文化等社会活动(李莉,2007)。

二、建设多元化的残疾人康复工作服务保障体系

残疾人康复保障主要是指在政府的主导下，各个部门密切合作，社会力

量广泛参与,充分调动可利用的各种康复资源,以残疾人为服务对象,以残疾人的基本需求为导向,提供有针对性、及时、高效的服务,意在帮助广大残疾人群体改善自身的生活状态,积极促进其发挥个人价值,参与生活、参与就业、参与社会。康复保障包含多个层面,从康复服务需求方面来看,既有满足普遍性需求的康复服务,也有特殊性需求的康复需求。从供给主体来看,既有政府提供的服务,也有民间非营利性组织提供的服务。做好康复保障工作不仅要做好人、财、物的合理分配,还要考虑各康复服务项目的多样性、个性化、复杂性等特点(武国丽,2014)。

建设多元化的残疾人康复工作服务保障体系,主要包括以下内容。

（一）政策保障

《中共中央、国务院关于促进残疾人事业发展的意见》《关于加快推进残疾人社会保障体系和服务体系建设实施意见》《中国残疾人事业"十二五"发展纲要》等文件都就建设残疾人康复保障体系和服务体系提出了明确而具体的要求。从残疾人的医疗康复、康复训练与服务、护理与托养服务、精神慰藉等多种需求出发,制定针对不同康复项目的各项规定,以行政法规的形式确保残疾人享有的康复权利,明确各级政府及相关单位的职责和义务,制定健全的康复制度运行机制、康复机构转介制度、人员培训机制、资金保障机制、康复质量评估机制等,制定残疾人康复服务的发展规划,以便实现残疾人康复服务事业的有效促进和健康发展。

（二）组织保障

残疾人康复保障事业的良好运行发展离不开各级残联组织的建设,其组织建设也直接影响着残疾人社会服务的水平和效果。应将残疾人"人人享有康复服务"的目标纳入当地经济社会发展规划,列入政府及相关部门工作考核目标。成立由卫生、民政、教育、计委、财政、妇联、省残联等部门组织的各级残疾人康复工作办公室,以保障残疾人康复工作的有效开展。为更好地促进残疾人康复事业的发展,一方面要重视发挥专业协会密切联系残疾人,维护残疾人合法权益的优势作用,另一方面要重视培养残疾人专职委员,让他们能够就近联系残疾人,解决残疾人的实际诉求。

（三）经费保障

通过财政预算、彩票公益金和社会捐助等渠道筹集残疾人康复资金,为开展残疾人康复工作提供资金保障,并且相关文件应明确政府纳入财政预算的残疾人康复工作经费。中央政府应该加大财政拨款力度,尤其是向经济欠发达地区的政策倾斜,各级政府应将残疾人康复经费列入当地财政预算,按照辖区内所有人口每人每年不少于1.5元的标准安排日常残疾人康复经费;省政府应为康复投入的主体,市、县级政府也应适当分担,并明确各级政府的分担比例,保证资金的安全到位。设立康复服务专项基金,充分动员和鼓励企事业单位、社会团体以及个人为残疾人康复事业捐款,捐款形成专项救助基金,用于支持贫困农村残疾人、偏远地区残疾人的康复服务工作;强化国际交流,做好贫困残疾人信息建设,畅通救助渠道,多渠道筹措基金用于贫困残疾人康复救助、康复基础设施建设等。

(四)医疗保障

城镇和农村残疾人普遍参加医保和新农合,贫困残疾人的个人参合费(参加新型农村合作医疗个人缴纳的费用)和医保费由政府补贴。逐步将残疾人康复相关项目纳入基本医疗保障范围,如将运动疗法等9项医疗康复项目纳入新农合支付的诊疗项目,将精神病服药纳入门诊统筹或门诊特殊病种费用支付范围,等等。建立重点康复救治制度,如对0~6岁残疾儿童免费实施抢救性康复与训练等。

(五)技术保障

建立省、市、县三级残疾人康复技术指导中心,为残疾人康复工作提供技术指导,开展残疾人才培训和普及残疾康复知识。专业康复机构的建设坚持中央、省、市要求,重点体现政府的职责。按照中央补助、省级配套和市、县级补缺的原则,在促进康复机构建设过程中,不断加大资金投入,完善省、市、县三级残疾人康复机构,落实康复机构建设标准和服务规范,开展康复医疗与训练,同时加强民政福利康复设施建设。

三、构建协调"医疗、心理、家庭、社会"的整合性康复工作模式

在最初出现残疾的时候,需要接受的是康复治疗,在医院综合使用药物治疗、手术疗法等临床治疗,待到病情稳定后可转介到康复机构继续接受专业的医疗康复指导。康复机构会先对病、伤、残者进行康复评定,然后制定一个康复治疗方案,由以康复医师为中心、康复治疗师和临床医学相关人员共同组成的康复治疗组去实施,并在实施过程中不断总结、评定、调整,直至

治疗结束。残疾人往往不仅仅是躯体伤残,而且同时伴有心理的紊乱。因此,要帮助残疾人进行康复,就必须从这两方面着手,在借助于康复辅助器械康复的同时,还应该给予一定的心理咨询和治疗,并且在一定程度上应该重视心理治疗,这样也有利于医疗康复的进行。在康复训练完成以后,残疾人需要慢慢地回归社会,参与一定的社会活动,这个时候需要社会工作者的帮助以及社会的支持和保障。在残疾人离开康复机构后,接触最多的将是社区,因此,社区是残疾人康复后期的重要保障。残疾人社区康复以社区为依托,形成社区居民委员会、社区服务中心、社区卫生服务机构相结合的网络,充分利用企事业单位、残疾人活动场所等现有资源,做好预防、治疗、康复三位一体的工作。家庭作为特殊的资源,会参与到残疾人的整个康复过程,为残疾人提供家庭支持,并且家庭成员也需要接受一定的康复指导,包括康复训练指导和心理疏导,以便更好地帮助残疾人实现康复。总的来说,应采用以康复机构为骨干、社区康复为基础、残疾人家庭为依托的康复体制,政府负责设立康复机构和建立服务网络,并组织和协调康复事业。康复组织主要负责提供技术和训练,以及高级的康复服务,如残疾人的心理咨询和治疗。社区组织负责提供各种基本的和日常的康复服务和设施。残疾人的家庭参与日常的康复服务。

根据前文对各种康复工作模式的分析,我们提出应该构建一种协调医疗、心理、家庭、社会的一体化残疾人康复整合工作模式,其工作流程如图12-1所示。

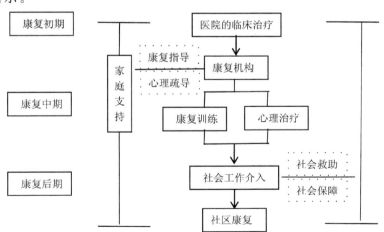

图 12-1 残疾人医疗、心理、家庭、社会康复的整合工作模式

　　残疾人作为社会弱势群体，在社会生活中经常面临各种心理问题和社会适应问题。由于他们自身存在的身体或心理缺憾，残疾人非常容易出现认知偏差和社交回避，再加上来自社会环境对残疾人的歧视和残疾群体的污名，残疾人群体普遍存在社会疏离现象。基于残疾人社会疏离发生机制的研究结果，我们认为应该针对残障初期的心理转变，到中期社会适应与社区康复，再到后期社会回归与社会融入来开展相应的社会康复工作。同时，我们也应该认识到残疾人康复工作是一项涉及多个部门、多个机构相互协调的系统工程，需要医院的临床康复治疗、专业的心理干预训练、家庭与社会的支持、社区救助与介入四个方面相互配合、相互协调。只有这样，才能从根本上解决残疾人的社会疏离问题，构建以"家庭—志愿者—社区"为核心的社会工作服务圈，提升残疾人群体的社会适应能力，帮助其尽快地回归社会、融入生活。

参考文献

Abbott M J，Rapee R M，2004. Rumination and negative self-appraisal in social phobia before and after treatment［J］. Journal of Abnormal Psychology，113(1)：136.

Abells D，Burbidge J，Minnes P，2008. Involvement of adolescents with intellectual disabilities in social and recreational activities［J］. Journal on Developmental Disabilities，14(2)：88-94.

Aiken L，West S G，1991. Multiple Regression：Testing and Interpreting Interactions［M］. Newbury Park，CA：Sage Publishing.

Alden L E，Taylor C T，Mellings T M J B，et al.，2008. Social anxiety and the interpretation of positive social events［J］. Journal of Anxiety Disorders ，22(4)：577-590.

Alden L E，Wallace S T，1995. Social phobia and social appraisal in successful and unsuccessful interactions［J］. Behavior Research Therapy，33 (5)：497-506.

Alecia M S，2011. Anticipating evaluative social interactions involving persons［J］. Rehabilitation Psychology，56(3)：231-242.

Alfred D，Bohdan K，Patricia W，1990. Effects of social from various sources on depression in elderly persons ［J］. Journal of Health and Social Behavior，31(2)：148-161.

Allport G W，1954. The Nature of Prejudice［M］. Cambridge，MA：Addison Wesley.

Alonzo A A，Reynolds N R，1995. Stigma，HIV and AIDS：An exploration and elaboration of a stigma trajectory［J］. Social Science &

Medicine，41(3)：303-315.

Amir N，Bower E，Briks J，et al.，2003. Implicit memory for negative and positive social information in individuals with and without social anxiety[J]. Cognition & Emotion，17(4)：567-583.

Amir N，Foa E B，Coles M E，2000. Implicit memory bias for threat-relevant information in individuals with generalized social phobia [J]. Journal of Abnormal Psychology，109(4)：713.

Amir N，Beard C，Bower E，2005. Interpretation bias and social anxiety[J]. Cognitive Therapy and Research，29(4)：433-443.

Amodio D M，2009. Intergroup anxiety effects on the control of racial stereotypes：A psychoneuroendocrine analysis[J]. Journal of Experimental Social Psychology，45(1)：60-67.

Atlas J G，2004. Interpersonal sensitivity，eating disorder symptoms，and eating thinness expectancies[J]. Current Psychology，22(4)：368-378.

Ayduk O，Gyurak A，2008. Applying the cognitive-affective processing systems approach to conceptualizing rejection sensitivity[J]. Social and Personality Psychology Compass，2(5)：2016-2033.

Ayduk O，Downey G，Testa A，et al.，1999. Does rejection elicit hostility in rejection sensitive women? [J]. Social Cognition，17(2)：245-271.

Ayduk O，Gyurak A，Luerssen A，2008. Individual differences in the rejection-aggression link in the hot sauce paradigm：The case of rejection sensitivity[J]. Journal of Experimental Social Psychology，44(3)：775-782.

Ayduk O，May D，Downey G，et al.，2003. Tactical differences in coping with rejection sensitivity[J]. Personality and Social Psychology Bulletin，29(4)：435-448.

Ayduk O，Mendoza-Denton R，Mischel W，et al.，2000. Regulating the interpersonal self：Strategic self-regulation for coping with rejection sensitivity[J]. Journal of Personality and Social Psychology，79(5)：776-792.

Badia M, Orgaz B M, Verdugo M A, et al. , 2011. Personal factors and perceived barriers to participation in leisure activities for young and adults with developmental disabilities [J]. Research in Developmental Disabilities, 32(6): 2055-2063.

Barbotte E, Guillemin F, Chau N, et al. , 2001. Prevalence of impairments, disabilities, handicaps and quality of life in the general population: A review of recent literature[J]. Bulletin of the World Health Organization, 79(11): 1047-1055.

Bardhan P, 2000. Irrigation and cooperation: An empirical analysis of 48 irrigation communities in South India[J]. Economic Development and Cultural Change, 48(4): 847-865.

Barnes L L, Mendes de Leon C F, Wilson R S,et al. , 2004. Social resources and cognitive decline in a population of older African Americans and whites[J]. Neurology, 63(12): 2322-2326.

Baron R M, Kenny D A, 1986. The moderator-mediator variable distinction in social psychological research: Conceptual, strategic, and statistical considerations[J]. Journal of Personality and Social Psychology, 51(6): 1173-1182.

Baron-Cohen S, Spitz A, Cross P, 1993. Do children with autism recognise surprise? A research note[J]. Cognition & Emotion, 7(6): 507-516.

Barrett P M, Holmes J, 2001. Attachment relationships as predictors of cognitive interpretation and response bias in late adolescence[J]. Journal of Child and Family Studies, 10(1): 51-64.

Baumeister B F, Bratslavsky E, Muraven M, et al. , 1998. Ego depletion: Is the active self a limited resource? [J]. Journal of Personality and Social Psychology, 74(5): 1252 -1265.

Baumeister B F, Vohs K D, Tice D M, 2007. The strength model of self-control[J]. Current Directions in Psychological Science, 16(6): 351-356.

Baumeister R F, Campbell J D, Krueger J I, et al. , 2003. Does high self-esteem cause better performance, interpersonal success, happiness, or healthier lifestyles? [J]. Psychological Science in The Public Interest, 4 (1): 1-44.

Baumeister R F, DeWall C N, Ciarocco N J, et al., 2005. Social exclusion impairs self-regulation[J]. Journal of Personality and Social Psychology, 88(4): 589-604.

Baumeister R F, Tice D M, 1985. Self-esteem and responses to success and failure: Subsequent performance and intrinsic motivation[J]. Journal of Personality, 53(3): 450-467.

Beard C, Amir N, 2009. Interpretation in social anxiety: When meaning precedes ambiguity[J]. Cognitive Therapy and Research, 33(4): 406-415.

Beard C, Amir N, 2008. A multi-session interpretation modification program: Changes in interpretation and social anxiety symptoms [J]. Behaviour Research and Therapy, 46(10): 1135-1141.

Beatty J E, Kirby S L, 2006. Beyond the legal environment: How stigma influences invisible identity groups in the workplace[J]. Employee Responsibilities and Rights Journal, 18(1): 29-44.

Bennett M, Dewberry C, 1994. "I've said I'm sorry, haven't I?" A study of the identity implications and constraints that apologies create for their recipients[J]. Current Psychology, 13(1): 10-20.

Berenson K R, Gyurak A, Downey G, et al., 2009. Rejection sensitivity and disruption of attention by social threat cues[J]. Journal of Research in Personality, 43(6): 1064-1072.

Berkman L F, Syme S L, 1979. Social networks, host resistance, and mortality: A nine-year follow-up study of Alameda County residents[J]. American Journal of Epidemiology, 109(2): 186-204.

Berman W H, Berman E R, Heymsfield S, et al., 1992. The incidence and comorbidity of psychiatric disorders in obesity[J]. Journal of Personality Disorders, 6(2):168-175.

Biordi D, 1995. Chronic Illness: Impact and Interventions [M].

Boston，MA：Jones and Bartlett.

Biordi D，2005. Social Isolation ［M］. Boston，MA：Jones and Bartlett.

Birenbaum A，1992. Courtesy stigma revisited ［J］. Mental Retardation，30(5)：265-268.

Blanchette I，Richards A，2010. The influence of affect on higher level cognition：A review of research on interpretation，judgment，decision making and reasoning[J]. Cognition and Emotion，24(4)：561-595.

Boivin M，Hymel S，Bukowski W M，1995. The roles of social withdrawal，peer rejection，and victimization by peers in predicting loneliness and depressed mood in childhood ［J］. Development and Psychopathology，7(4)：765-785.

Bourgeois K S，Leary M R，2001. Coping with rejection：Derogating those who choose us last[J]. Motivation and Emotion，25：101-111.

Branscombe N R，Schmitt M T，Harvey R D，1999. Perceiving pervasive discrimination among african americans：Implications for group identification and well-being ［J］. Journal of Personality and Social Psychology，77(1)：135-149.

Bray A，Gates S，2003. Community participation for adults with an intellectual disability：Review of the literature prepared for the national advisory committee on health and disability to inform its project on services for adults with an intellectual disability[C]. National Advisory Committee on Health and Disability.

Brian F，Howard R，2009. Epilepsy，mental health，adults with learning disability reviewing the evidence[J]. Effective Healthcare，8(11)：422-424.

Brookings J B，Zembar M J，Hochstetler G M，2003. An interpersonal circumplex five-factor analysis of the rejection sensitivity questionnaire[J]. Personality and Individual Differences，34(3)：449-461.

Brosch T，Sander D，Pourtois G，et al.，2008. Beyond fear：Rapid spatial orienting toward positive emotional stimuli ［J］. Psychological

Science，19(4)：362-370.

Brown C S，Bigler R S，2005. Children's perceptions of discrimination：A developmental model[J]. Child Development，76(3)：533-553.

Brownfield D，Thompson K，2005. Self-concept and delinquency：The effects of reflected appraisals by parent and peers[J]. Western Criminology Review，6(1)：22-29.

Brozovich F，Heimberg R G，2008. An analysis of post-event processing in social anxiety disorder[J]. Clinical Psychology Review，28(6)：891-903.

Buckley K E，Winkel R E，Leary M R，2004. Reactions to acceptance and rejection：Effects of level and sequence of relational evaluation[J]. Journal of Experimental Social Psychology，40(1)：14-28.

Butler G，Mathews A，1983. Cognitive processes in anxiety[J]. Advances in Behaviour Research and Therapy，5(1)：51-62.

Cacioppo J T，Patrick B，2008. Loneliness：Human nature and the need for social connection[M]. London：W. W. Norton & Company.

Calogero R M，Park L E，Rahemtulla Z K，et al.，2010. Predicting excessive body image concerns among British university students：The unique role of appearance-based rejection sensitivity[J]. Body Image，7(1)：78-81.

Camerer C，Thaler R H，1995. Ultimatums，dictators and manners[J]. Journal of Economic Perspectives，9(2)：209-219.

Campbell D W，Sareen J，Stein M B，et al.，2009. Happy but not so approachable：The social judgments of individuals with generalized social phobia[J]. Depression and Anxiety，26(5)：419-424.

Canyas R，Downey G，2013. What I see when I think it's about me：People low in rejection-sensitivity downplay cues of rejection in self-relevant interpersonal situations[J]. Emotion，13(1)：104-117.

Carpenito-Moyet L J，2006. Nursing diagnosis：Application to Clinical Practice[M]. 11th ed. Philadelphia：Lippincott Williams & Wilkins.

Cartledge J M, 1995. Teaching Skills to Children and Youth: Innovative Approaches[M]. Boston: Allyn and Bacon.

Cash T F, Thériault J, Annis N M, 2004. Body image in an interpersonal context: Adult attachment, fear of intimacy, and social anxiety[J]. Journal of Social and Clinical Psychology, 23(1): 89-103.

Cash T, Pruzinsky T, 2004. Body Image: A Handbook of Theory, Research, and Clinical Practice[M]. New York: Guilford Press.

Cattan M, White M, 1999. Health Promotion Interventions Targeting Social Isolation and Loneliness[M]//Health Promotion for Elderly People: A Research into Ageing. London: London School of Hygiene and Tropical Medicine.

Cheuk W H, Rosen S, 1994. Validating a "spurning scale" for teachers[J]. Current Psychology, 13(3): 241-247.

Cisler J M, Koster E H W, 2010. Mechanisms of attentional biases towards threat in anxiety disorders: An integrative review[J]. Clinical Psychology Review, 30(2): 203-216.

Cisler J M, Olatunji B O, 2010. Components of attentional biases in contamination fear: Evidence for difficulty in disengagement[J]. Behaviour Research and Therapy, 48(1): 74-78.

Clark D M, Wells A, 1995. A cognitive model of social phobia[M]// Heimberg R G, Lieboxitz M R, Hope D A, et al. Social Phobia: Diagnosis, Assessment and Treatment. New York: Guilford Press.

Cloutier-Fisher D, Kobayashi K, Smith A, 2011. The subjective dimension of social isolation: A qualitative investigation of older adults' experiences in small social support networks[J]. Journal of Aging Studies, 25(4): 407-414.

Cobb S, 1976. Social support as a moderator of life stress[J]. Psychosomatic Medicine, 38(5): 300-314.

Cohen S, Wills T A, 1985. Stress, social support, and the buffering hypothesis[J]. Psychological Bulletin, 98(2): 310-357.

Coles M E, Heimberg R G, 2005. Recognition bias for critical faces in social phobia：A replication and extension[J]. Behaviour Research and Therapy，43(1)：109-120.

Coles M E，Heimberg R G，Schofield C A，2008. Interpretation of facial expressions and social anxiety：Specificity and source of biases[J]. Cognition and Emotion，22(6)：1159-1173.

Corrigan P W，Kleinlein P，2005. The impact of mental illness stigma [C]. Washington，DC：American Psychology Association.

Cox C L，Spiro M，Sullivan J A，1988. Social risk factors：Impact on elders' perceived health status[J]. Journal of Community Health Nursing，5(1)：59-73.

Creecy R F，Berg W E，Wright R，1985. Loneliness among the elderly：A causal approach[J]. Journal of Gerontology (4)：487-493.

Crick N R，Grotpeter J K，Bigbee M A，2002. Relationally and physically aggressive children's intent attributions and feelings of distress for relational and instrumental peer provocations[J]. Child Development，73(4)：1134-1142.

Crocker J，Park L E，2004. The costly pursuit of self-esteem[J]. Psychological Bulletin，130(3)：392-414.

Crosby F，Clayton S，Alksnis O，et al.，1986. Cognitive biases in the perception of discrimination：The importance of format[J]. Sex Roles，14 (11)：637-646.

Cummins D D，Allen C，1998. The Evolution of Mind[M]. New York：Oxford University Press.

Cunningham C C，Glenn S，2004. Self-awareness in young adults with down syndrome：I. Awareness of down syndrome and disability [J]. International Journal of Disability Development and Education，51 (4)：335-361.

Daches S，Mor N，2014. Training ruminators to inhibit negative information：A preliminary report[J]. Cognitive Therapy and Research，38 (2)：160-171.

Dagnan D，Waring M，2004. Linking stigma to psychological

distress: Testing a social-cognitive model of the experience of people with intellectual disabilities[J]. Clinical Psychology and Psychotherapy, 11(4): 247-254.

Dandeneau S D, Baldwin M W, 2009. The buffering effects of rejection-inhibiting attentional training on social and performance threat among adult students[J]. Contemporary Educational Psychology, 34(1): 42-50.

Dandeneau S D, Baldwin M W, 2004. The inhibition of socially rejecting information among people with high versus low self-esteem: The role of attentional bias and the effects of bias reduction training[J]. Journal of Social and Clinical Psychology, 23(4): 584-603.

Dannenbeck C, 1995. Im Alter einsam? Zur Strukturveränderung sozialer Beziehungen im Alter[M]. Eine Einführung. Wiesbaden: VS Verlag für Sozialwissenschaften.

Daruwalla P, Darcy S, 2005. Personal and societal attitudes to disability[J]. Annals of Tourism Research, 32(3): 549-570.

Dasgupta N, Rivera L M, 2008. When social context matters: The influence of long-term contact and short-term exposure to admired outgroup members on implicit attitudes and behavioral intentions[J]. Social Cognition, 26(1): 112-123.

Davies P G, Spencer S J, Quinn D M, et al. , 2002. Consuming images: How television commercials that elicit stereotype threat can restrain women academically and professionally[J]. Personality and Social Psychology Bulletin, 28(12): 1615-1628.

De Jong Gierveld J, Peeters A, 2003. The interweaving of repartnered older adults' lives with their children and siblings[J]. Ageing and Society, 23(2): 187-205.

De Jong P J, Sportel B E, De Hullu E, et al. , 2012. Co-occurrence of social anxiety and depression symptoms in adolescence: Differential links with implicit and explicit self-esteem? [J]. Psychological Medicine, 42(3): 475-484.

Dean A, Kolody B, Wood P, 1990. Effects of social support from various sources on depression in elderly persons[J]. Journal of Health and Social Behavior , 31(2): 148-161.

Debbie S C, Evelyn A E, Chi-Yue C, 2008. Predicting the psychological health of older adults: Interaction of age-based rejection sensitivity and discriminative facility [J]. Journal of Research in Personality, 42(1): 169-182.

Dekovic M, Meeus M, 1997. Peer relations in adolescence: Effects of parenting and adolescents' self-concept[J]. Journal of Adolescence, 20(2): 163-176.

Denson T F, Pedersen W C, Friese M, 2011. Understanding impulsive aggression: Angry rumination and reduced self-control capacity are mechanisms underlying the provocation-aggression relationship [J]. Personality and Social Psychology Bulletin, 37(6): 850-862.

Denton R M, Downey G, Purdie V, et al. , 2002. Sensitivity to status-based rejection: Implications for African-American students' college experience[J]. Journal of Personality and Social Psychology, 83(4): 896-918.

DeWall C N, Baumeister R F, 2006. Alone but feeling no pain: Effects of social exclusion on physical pain tolerance and pain threshold, affective forecasting, and interpersonal empathy[J]. Journal of Personality and Social Psychology, 91(1): 1.

DeWall C N, Baumeister R F, Stillman T F, et al. 2007. Violence restrained: Effects of self-regulation and its depletion on aggression[J]. Journal of Experimental Social Psychology, 43(1): 62-76.

DiMatteo M R, Hays R, 1981. Social support and serious illness[M] // Gottlieb B H. Social Networks and Social Support. Beverly Hills, CA: Sage.

Dimberg U, Thunberg M, 2007. Speech anxiety and rapid emotional reactions to angry and happy facial expressions[J]. Scandinavian Journal of Psychology, 48(4): 321-328.

Dion K L, Kawakami K, 1996. Ethnicity and perceived discrimination in Toronto: Another look at the personal/group discrimination discrepancy [J]. Canadian Journal of Behavioral Science, 28(3): 203-213.

Dodge K A, Petti G S, 2003. A biopsychological model of the development of chronic conduct problems in adolescence[J]. Developmental Psychology (39): 349-371.

Dodge K A, Price J M, 1994. On the relation between social information processing and socially competent behavior in early school - aged children[J]. Child Development, 65(5): 1385-1397.

Došen A, Gardner W I, Griffiths D M, 2007. Practice Guidelines and Principles: Assessment, Diagnosis Treatment and Related Support Services for Persons with Intellectual Disabilities and Problem Behavior [M]. Netherlands: Centre of Consultation and Expertise.

Dovidio J F, Gaertner S L, Kawakami K, 2003. Intergroup contact: The past, present, and future [J]. Group Processes and Intergroup Relations, 6(1): 5-21.

Downey G, Feldman S I, 1996. Implications of rejection sensitivity for intimate relationships[J]. Journal of Personality and Social Psychology, 70 (6): 1327-1343.

Downey G, Freitas A L, Michaelis B, 1998. The self-fulfilling prophecy in close relationships: Rejection sensitivity and rejection by romantic partners[J]. Journal of Personality and Social Psychology, 75 (2): 545-560.

Dykstra P A, De Jong Gierveld J, 2004. Gender and marital-history differences in emotional and social loneliness among Dutch older adults[J]. Canadian Journal on Aging, 23(2): 141-155.

Edwardraj S, Mumtaj K, Prasad J H, et al., 2010. Perceptions about intellectual disability: A qualitative study from Vellore, South India[J]. Journal of Intellectual Disability Research Jidr(8):736-748.

Ellis A, 1962. Reason and Emotion in Psychotherapy[M]. Secaucus, NJ: The Citadel Press.

Ellis A, 1985. Overcoming Resistance [M]. New York: Springer

Publishing Company.

Eng P M, Rimm E B, Fitzmaurice G, et al., 2002. Social ties and change in social ties in relation to subsequent total and cause-specific mortality and coronary heart disease incidence in men[J]. American Journal of Epidemiology, 155(8): 700-709.

Eriksson L, Welander J, Granlund M, 2007. Participation in everyday school activities for children with and without disabilities[J]. Journal of Developmental and Physical Disabilities, 19(5): 485-502.

Eva G S, Edna B F, Nader A, 1999. Attentional biases for facial expressions in social phobia: The face-in-the-crowd paradigm [J]. Cognition and Emotion, 13(3): 305-318.

Fenigstein A, Scheier M, Buss A H, 1975. Public and private self-consciousness: Assessment and theory[J]. Journal of Consulting and Clinical Psychology, 43(4): 522-527.

Ferreira J P L, Fox K R, 2008. Physical self-perceptions and self-esteem in male basketball players with and without disability: A preliminary analysis using the physical self-perception profile[J]. European Journal of Adapted Physical Activity, 1(1): 35-49.

Finch B K, Vega W A, 2003. Acculturation stress, social support, and self-rated health among Latinos in California[J]. Journal of Immigrant Health, 5(3): 109-117.

Finch B K, Kolody B, Vega W A, 2000. Perceived discrimination and depression among Mexican-origin adults in California[J]. Journal of Health and Social Behavior, 41(3): 295-313.

Findlay R A, 2003. Interventions to reduce social isolation amongst older people: where is the evidence? [J]. Ageing & Society, 23(5): 647-658.

Findlay R, Cartwright C, 2002. Social isolation & older people: A literature review[M]. Ministerial Advisory Council on Older People.

Fitzgerald B, Ring H, 2009. Epilepsy, mental health, adults with learning disability reviewing the evidence[J]. Psychiatry, 8(11): 422-424.

Foa E B, Gilboa-Schechtman E, Amir N, et al., 2000. Memory bias in generalized social phobia: Remembering negative emotional expressions [J]. Journal of Anxiety Disorder, 14(5): 501-519.

Foster M D, 2000. Positive and negative responses to personal discrimination: Does coping make a difference? [J]. Journal of Social Psychology, 140(1): 93-107.

Foxall M, Eckberg J, Griffith N, 1986. Spousal adjustment to chronic illness[J]. Rehabilitation Nursing, 11(2): 13-16.

Francis A A, 2008. Parenting deviant children: Courtesy stigma or just plain stigma? [C]. Boston: The Annual Meeting of the American Sociological Association Annual Meeting.

Fratiglioni L, Paillard-Borg S, Winblad B, 2004. An active and socially integrated lifestyle in late life might protect against dementia[J]. The Lancet Neurology, 3(6): 343-353.

Frazier P A, Tix A P, Barron K E, 2004. Testing moderator and mediators effects in counseling psychology research [J]. Journal of Counseling Psychology, 51(1): 115-134.

Frostad P, Pijl S J, 2006. Does being friendly help in making friends? The relation between the social position and social skills of pupils with special needs in mainstream education [J]. European Journal of Special Needs Education, 22(1): 15-30.

Gailliot M T, Baumeister R F, DeWall C N, et al., 2007. Self-control relies on glucose as a limited energy source: willpower is more than a metaphor[J]. Journal of personality and social psychology, 92(2): 325.

Gardner W L, Pickett C L, Brewer M B, 2000. Social exclusion and selective memory: How the need to belong influences memory for social events[J]. Personality and Social Psychology Bulletin, 26(4): 486-496.

Garner M, Mogg K, Bradley B P, 2006. Orienting and maintenance of gaze to facial expressions in social anxiety [J]. Journal of Abnormal Psychology, 115(4): 760.

Garner P W, Jones D C, Miner J L, 1994. Social competence among low-income preschoolers: Emotion socialization practices and social cognitive correlates[J]. Child Development, 65(2): 662-637.

Geline V, Emmanuelle G, Mariane S, et al., 2009. Determinants of students' attitudes towards peers with disabilities [J]. Developmental Medicine & Child Neurology, 51(6): 417-418.

Gilboa-Schechtman E, Franklin M E, Foa E B, 2000. Anticipated reactions to social events: Differences among individuals with generalized social phobia, obsessive compulsive disorder, and nonanxious controls[J]. Cognitive Therapy & Research, 24(6): 731-746.

Gilboa-Schechtman E, Presburger G, Marom S, et al., 2005. The effects of social anxiety and depression on the evaluation of facial crowds [J]. Behaviour Research& Therapy(4):467-474.

Gintis H, 2000. Strong reciprocity and human sociality[J]. Journal of Theoretical Biology, 206(2): 169-179.

Goffman E, 1963. Stigma: Notes on the Management of Spoiled Identity[M]. Englewood Cliffs, NJ: Prentice Hall.

Goreczny A J, Bender E E, Caruso G, et al., 2011. Attitudes toward individuals with disabilities: Results of a recent survey and implications of those results[J]. Research in Developmental Disabilities, 32(5): 1596-1609.

Griger R, Boyd J, 1980. Rational-Emotive Therapy: A Skills-Based Approach[M]. New York: Nostrand Reinhold Company.

Gudykunst W B, 1998. Applying anxiety/uncertainty management (AUM) theory to intercultural adjustment training [J]. International Journal of Intercultural Relations, 22(2): 227-250.

Halford K, Foddy M, 1982. Cognitive and social skills correlates of social anxiety[J]. British Journal of Clinical Psychology, 21(1): 17-28.

Hall M, Havens B, 1999. Ageing in Manitoba Study [M]. Winnipeg, Manitoba: Department of Community Health Sciences, University of Manitoba.

Hall I, Strydom A, Richards M, et al., 2005. Social outcomes in adulthood of children with intellectual impairment: Evidence from a birth cohort[J]. Journal of Intellectual Disability Research, 49(3): 171-182.

Han R, Li S, Shi J N, 2009. The territorial prior-residence effect and children's behavior in social dilemmas[J]. Environment and Behavior, 41 (5): 644-657.

Hari R, Kujala M V, 2009. Brain basis of human social interaction: From concepts to brain imaging[J]. Physiological Reviews, 89(2): 453-479.

Harper M S, Dickson J W, Welsh D P, 2006. Self-silencing and rejection sensitivity in adolescent romantic relationships[J]. Journal of Youth and Adolescence, 35(3): 459-467.

Hartup W W, 1993. Adolescents and their friends[J]. New Directions for Child and Adolescent Development (60): 3-22.

Hartup W W, 1996. Cooperation, close relationships and cognitive development[M] // Bukowski W, Newcomb A F, Hartup W W. The Company They Keep: Friendship in Childhood and Adolescence. New York: Cambridge University Press.

Harvey J M, Richards J C, Dziadosz T, et al., 1993. Misinterpretation of ambiguous stimuli in panic disorder[J]. Cognitive Therapy and Research, 17(3): 235-248.

Hawkley L C, Thisted R A, Masi C M, 2010. Loneliness predicts increased blood pressure: Five-year cross-lagged analysis in middle-aged and older adults[J]. Psychology and Aging, 25(1): 132-141.

Hawthorne G, 2006. Measuring social isolation in older adults: Development and initial validation of the friendship scale [J]. Social Indicators Research, 77(3): 521-548.

Haxby J V, Hoffman E A, Gobbini M I, 2000. The distributed human neural system for face perception[J]. Trends in Cognitive Sciences, 4(6): 223-232.

Hayes S, Hirsch C R, Mathews A, 2010. Facilitating a benign attentional bias reduces negative thought intrusions [J]. Journal of Abnormal Psychology, 119(1): 235-240.

Hewstone M, Cairns E, Voci A, et al., 2006. Intergroup contact, forgiveness, and experience of "the troubles" in Northern Ireland [J]. Journal of Social Issues, 62(1): 99-120.

Heylen L, 2010. The older, the lonelier? Risk factors for social loneliness in old age[J]. Ageing and Society, 30(7): 1177.

Heyvaert M, Maes B, Van den Noortgate W, et al., 2012. A multilevel meta-analysis of single-case and small-n research on interventions for reducing challenging behavior in persons with intellectual disabilities[J]. Research in Developmental Disabilities, 33(2): 766-780.

Higa C K, Daleiden E L, 2008. Social anxiety and cognitive biases in non-referred children: The interaction of self-focused attention and threat interpretation biases[J]. Journal of Anxiety Disorders, 22(3): 441-452.

Hirsch C R, Clark D M, Mathews A, 2006. Imagery and interpretations in social phobia: Support for the combined cognitive biases hypothesis[J]. Behavior Research and Therapy, 37(3): 223-236.

Hofmann S G, 2007. Cognitive factors that maintain social anxiety disorder: A comprehensive model and its treatment implications [J]. Cognitive Behavior Therapy, 36(4): 193-209.

Holtzman R E, Rebok G W, Saczynski J S, et al., 2004. Social network characteristics and cognition in middle-aged and older adults[J]. The Journals of Gerontology Series B: Psychological Sciences and Social Sciences, 59(6): 278-284.

Hopfinger J B, 2000. The neural mechanisms of top-down attentional control[J]. Nature Neuroscience, 3(3): 284-291.

Howat P, Iredell H, Grenade L, 2004. Reducing social isolation amongst older people implications for health professionals[J]. Geriaction, 22(1): 13-20.

Huppert J D, Pasupuleti R V, Foa E B, et al., 2007. Interpretation biases in social anxiety: Response generation, response selection, and self-appraisals[J]. Behaviour Research and Therapy, 45(7): 1505-1515.

Hutzler Y, Chacham-Guber A, Reiter S, 2013. Psychosocial effects of reverse-integrated basketball activity compared to separate and no physical activity in young people with physical disability [J]. Research in Developmental Disabilities, 34(1): 579-587.

Ingram R E, 1990. Self-focused attention in clinical disorders: Review and a conceptual model[J]. Psychological Bulletin, 107(2): 156.

Izard C E, Harris P L, 1995. Emotional development and developmental psychopathology [M]//Cicchetti D, Cohen D J. Developmental Psychopathology: Vol. 1. Theory and Methods. New York: Wiley.

Izard C, Fine S, 2001. Emotion knowledge as a predictor of social behavior and academic competence in children at risk[J]. Psychological Science, 12(1): 18-23.

Janssen M A, Rollins N D, 2012. Evolution of cooperation in asymmetric commons dilemmas [J]. Journal of Economic Behavior & Organization, 81: 220-229.

Jasinskaja-Lahti I, Liebkind K, 2001. Perceived discrimination and psychological adjustment among Russian-speaking immigrant adolescents in Finland[J]. International Journal of Psychology, 36(3): 174-185.

Johnson D R, 2009. Goal directed attentional deployment to emotional faces and individual differences in emotion regulation [J]. Journal of Research in Personality, 43(1): 8-13.

Jongen E M M, Smulders F T Y, Ranson S M G, et al., 2007. Attentional bias and general orienting processes in bipolar disorder[J]. Journal of Behavior Therapy and Experimental Psychiatry, 38(2): 168-183.

Joormann J, 2004. Attentional bias in dysphoria: The role of inhibitory processes[J]. Cognition and Emotion, 18(1): 125-147.

Kanai Y, Sasagawa S, Chen J W, et al., 2010. Interpretation bias for ambiguous social behavior among individuals with high and low levels social anxiety[J]. Cognitive Therapy and Research, 34(3): 229-240.

Kang S K, Chasteen A L, 2009. The development and validation of the age-based rejection sensitivity questionnaire[J]. Gerontologist, 49(3): 303-316.

Kariuki M, Honey A, Emerson E, et al., 2011. Mental health trajectories of young people after disability onset[J]. Disability and Health Journal, 4(2): 91-101.

Kelly H, 1973. Processes of causal attribution [J]. American Psychologist, 28(2): 107-128.

Kimbrel N A, 2008. A model of the development and maintenance of generalized social phobia[J]. Clinical Psychology Review, 28(4): 592-612.

Kinsella G, Ford B, Moran C, 1989. Survival of social relationships following head injury[J]. International Disability Studies, 11(1): 9-14.

Kleck R E, Strenta A, 1980. Perceptions of the impact of negatively valued physical characteristics on social interaction [J]. Journal of Personality and Social Psychology, 39(5): 861-873.

Kollock P, 1998. Social dilemmas: The anatomy of cooperation[J]. Annual Review of Sociology, 24(1): 183-214.

Kupersmidt J B, Burchinal M, Patterson C J, 1995. Developmental patterns of childhood peer relation as predictors of externalizing behavior problems[J]. Development and Psychopathology, 7(4): 825-843.

Kupersmidt J B, Parrerson C J, 1991. Childhood peer rejection, aggression, withdrawal, and perceived competence as predictors of self-reported behavior problems in preadolescence[J]. Journal of Abnormal Child Psychology, 19(4): 427-449.

Kurzban R, Leary M R, 2001. Evolutionary origins of stigmatization: The functions of social exclusion[J]. Psychological Bulletin, 127(2): 187-208.

Lakin J L, Chartrand T L, 2003. Using nonconscious behavioral mimicry to create affiliation and rapport[J]. Psychological Science, 14(4): 334-339.

Lange W G, Heuer K, Langner O, et al., 2011. Face value: Eye movements and the evaluation of facial crowds in social anxiety[J]. Journal of Behavior Therapy and Experimental Psychiatry, 42(3): 355-363.

Laposa J M, Cassin S E, Rector N A, 2010. Interpretation of positive social events in social phobia: An examination of cognitive correlates and diagnostic distinction[J]. Journal of Anxiety Disorders, 24(2): 203-210.

Law M, Petrenchik T, King G, et al., 2007. Perceived environmental barriers to recreational, community, and school participation for children and youth with physical disabilities[J]. Archives of Physical Medicine and Rehabilitation, 88(12): 1636-1642.

Leary M R, Springer C, 2000. Hurt feelings: The neglected emotion [M] // Kowalski R M. Behaving Badly: Aversive Behaviors in Interpersonal Relationships. Washington, DC: American Psychological Association.

Leary M R, Tambor E S, Terdal S K, et al., 1995. Self-Esteem as an interpersonal monitor: The sociometer hypothesis [J]. Journal of Personality and Social Psychology, 68(3): 518-530.

Leavitt H J, 2005. Top down: Why Hierarchies Are Here to Stay and How to Manage Them More Effectively [M]. Boston, MA: Harvard Business School Press.

Leppänen J M, Hietanen J K, 2003. Affect and face perception: Odors modulate the recognition advantage of happy faces[J]. Emotion, 3 (4): 315-326.

Levy A, Laska F, Abelhauser A, et al., 1999. Disclosure of HIV seropositivity[J]. Journal of Clinical Psychology, 55(9): 1041-1049.

Levy S, Ayduk O, Downey G, 2001. Rejection sensitivity: Implications for interpersonal and intergroup processes[M] // Leary M. Interpersonal Rejection. New York: Oxford University Press.

Lin N, Ye X, Ensel W M, 1999. Social support and depressed mood: A structural analysis[J]. Journal of Health and Social Behavior, 40(4): 344-359

Lippold T, Burns J, 2009. Social support and intellectual disabilities: A comparison between social networks of adults with intellectual disability and those with physical disability[J]. Journal of Intellectual Disability Research, 53(5): 463-473.

London B, Downey G, Bonica C, 2007. Social causes and consequences of rejection sensitivity [J]. Journal of Research on Adolescence, 17(3): 481-506.

Lord J, Varzos N, Behrman B, 1990. Implications of mainstream classrooms for adolescents with spina bifida[J]. Developmental Medicine and Child Neurology, 32(1): 20-29.

Lu W L, Daleiden E, Lu S E, 2007. Threat perception bias and anxiety among Chinese school children and adolescents[J]. Journal of Clinical Child and Adolescent Psychology, 36(4): 568-580.

Lubben J E, Gironda M W, 2000. Comprehensive Geriatric Assessment[M]. New York: McGraw Hill.

Lucas J W, Phelan J C, 2012. Stigma and status: The interrelation of two theoretical perspectives[J]. Social Psychology Quarterly, 75(4): 310-333.

Lundh L, Czyzykow S, 1997. Explicit and implicit memory bias in panic disorder with agoraphobia[J]. Behavior Research and Therapy, 35(11): 1003-1014.

Luo Y, Hawkley L C, Waite L J, et al., 2012. Loneliness, health, and mortality in old age: A national longitudinal study[J]. Social Science & Medicine, 74(6): 907-914.

Lysaker P H, Yanos P T, Outcalt J, et al., 2010. Association of stigma, self-esteem, and symptoms with concurrent and prospective assessment of social anxiety in schizophrenia[J]. Clinical Schizophrenia & Related Psychoses, 4(1): 41-48.

Macdonald G, Leary M R, 2005. Why does social exclusion hurt? The relationship between social and physical pain[J]. Psychological Bulletin, 131(2): 202-223.

MacLeod C, Mathews A, Tata P, 1986. Attentional bias in emotional disorders[J]. Journal of Abnormal Psychology, 95(1): 15-20.

MacRae H, 2011. Self and other: The importance of social interaction and social relationships in shaping the experience of early-stage Alzheimer's disease[J]. Journal of Aging Studies, 25(4): 445-456.

Maina K, Anne H, Eric E, 2011. Mental health trajectories of young people after disability onset[J]. Disability and Health Journal, 4(2): 91-101.

Major B, Spencer S, Schmader T, et al., 1998. Coping with negative stereotypes about intellectual performance: The role of psychological disengagement[J]. Personality and Social Psychology Bulletin, 24(1): 34-50.

Major B, Quinton W, McCoy S K, 2002. Antecedents and consequences of attributions to discrimination: Theoretical and empirical advances[J]. Advances in Experimental Social Psychology, 34: 251-329.

Mak W W S, Cheung R Y M, 2008. Affiliate stigma among caregivers of people with intellectual disability or mental illness [J]. Journal of Applied Research in Intellectual Disability, 21(6): 532-545.

Maner J K, Dewall C N, Baumeister R F, et al., 2007. Does social exclusion motivate interpersonal reconnection? Resolving the "porcupine problem" [J]. Journal of Personality and Social Psychology,92(1): 42-55.

Maner J K, Mead N L, 2010. The essential tension between leadership and power: When leaders sacrifice group goals for the sake of self-interest[J]. Journal of Personality and Social Psychology, 99(3): 482-497.

Mansell W, Clark D M, Ehlers A, 2003. Internal versus external attention in social anxiety: An investigation using a novel paradigm[J]. Behavior Research and Therapy, 41(5): 555-572.

Mari C D, 2012. An overview of the Internet of things for people with disabilities[J]. Journal of Network and Computer Applications, 35(2): 584-596.

Marsh H W, Papaioannou A, Theodorakis Y, 2006. Causal ordering of physical self-concept and exercise behavior: Reciprocal effects model and the influence of physical education teachers[J]. Health Psychology, 25

(3): 316-328.

Massen J J, Van den Berg L M, Spruijt B M, et al., 2010. Generous leaders and selfish underdogs: Pro-sociality in despotic macaques[J]. PLoS ONE, 5(3): 1-5.

Matheson C, Olsen R J, Weisner T, 2007. A good friend is hard to find: Friendship among adolescents with disabilities[J]. American Journal of Mental Retardation, 112(5): 319-329.

Mathews A, 2012. Effects of modifying the interpretation of emotional ambiguity[J]. Journal of Cognitive Psychology, 24(1): 92-105.

Mathews A, MacLeod C, 2002. Induced processing biases have causal effects on anxiety[J]. Cognition & Emotion, 16(3): 331-354.

Mathews A, MacLeod C, 2005. Cognitive vulnerability to emotional disorders[J]. Annual Review of Clinical Psychology, 1(1): 197-225.

McFall R M, 1982. A review and reformulation of the concept of social skills[J]. Behavioral Assessment, 4(1): 1-33.

Mcmanus F, Clark D M, Hackmann A, 2000. Specificity of cognitive biases in social phobia and their role in recovery [J]. Behavioral & Cognitive Psychotherapy, 28(3): 201-209.

Mellings T, Alden L E, 2000. Cognitive processes in social anxiety: The effects of self-focus, rumination and anticipatory processing [J]. Behaviour Research and Therapy, 38(3): 243-257.

Mendes W B, Blascovich J, Lickel B, et al., 2002. Challenge and threat during social interactions with White and Black men[J]. Personality and Social Psychology Bulletin, 28(7): 939-952.

Mendoza-Denton R, Downey G, Purdie V J, et al., 2002. Sensitivity to status-based rejection: Implications for African American students' college experience[J]. Journal of Personality and Social Psychology, 83 (4): 896-918.

Messick D M, Brewer M B, 1983. Solving social dilemmas [M] // Wheeler L, Shaver P. Review of Personality and Social Psychology. Beverly Hills, CA: Sage.

Michael A, Southam-Gerow M A, Kendall P C, 2000. A preliminary study of the emotion understanding of youths referred for treatment of anxiety disorders[J]. Journal of Clinical Child Psychology, 29(3): 319-327.

Michael D S, 2003. Alienation, aggression, and sensation seeking as predictors of adolescent use of violent film, computer, and website content [J]. Journal of Communication, 53(1): 105-120.

Michael F, Rochelle S, 2009. Social Isolation Development of An Assessment Tool for HACC Services[M]. Sydney: Macquarie University.

Miers A C, Blöte A W, Bögels S M, et al., 2008. Interpretation bias and social anxiety in adolescents[J]. Journal of Anxiety Disorders, 22(8): 1462-1471.

Miller N, 2002. Personalization and the promise of contact theory[J]. Journal of Social Issues, 58(2): 387-410.

Ministerio de Trabajo y Asuntos Sociales, 2003. II Plan de Accion para las personas con discapacidad [M]. Madrid: Secretaria General de Asuntos Sociales, Instituto de Migraciones y Servicios Sociales.

Mirza I, Tareen A, Davidson L L, et al., 2009. Community management of intellectual disabilities in Pakistan: A mixed methods study [J]. Journal of Intellectual Disability Research, 53(6): 559-570.

Mischel W, Shoda Y, 1995. A Cognitive-affective system theory of personality: Reconceptualizing situations, dispositions, dynamics, and invariance in personality structure[J]. Psychological Review, 102(2): 246-268.

Miyahara M, Piek J P, 2006. Self-esteem of children and adolescents with physical disabilities: Quantitative evidence from meta-analysis[J]. Journal of Developmental and Physical Disabilities, 18(3): 219-234.

Mogg K, Bradley B P, 2005. Attentional bias in generalized anxiety disorder versus depressive disorder[J]. Cognitive Therapy and Research, 29(1): 29-45.

Mogg K, Bradley B P, De Bono J O, et al., 1997. Time course of attentional bias for threat information in non-clinical anxiety[J]. Behaviour Research and Therapy, 35(4): 297-303.

Mogg K, Bradbury K E, Bradley B P, 2006. Interpretation of ambiguous information in clinical depression[J]. Behaviour Research and Therapy, 44(10): 1411-1419.

Moore M E, Konrad A M, Yang Y, et al., 2011. The vocational well-being of workers with childhood onset of disability: Life satisfaction and perceived workplace discrimination [J]. Journal of Vocational Behavior, 79(3): 681-698.

Morgan J, Banerjee R, 2008. Post-event processing and autobiographical memory in social anxiety: The influence of negative feedback and rumination[J]. Journal of Anxiety Disorders, 22(7): 1190-1204.

Morgan J, 2010. Autobiographical memory biases in social anxiety [J]. Clinical Psychology Review, 30(3): 288-297.

Moriya J, Tanno Y, 2011. The time course of attentional disengagement from angry faces in social anxiety[J]. Journal of Behavior Therapy and Experimental Psychiatry, 42(1): 122-128.

Moses T, 2010. Being treated differently: Stigma experiences with family, peers, and school staff among adolescents with mental health disorders[J]. Social Science and Medicine, 70(7): 985-993.

Mukolo A, Heflinger C A, Wallston K A, 2010. The stigma of childhood mental disorders: A conceptual framework[J]. Journal of The American Academy of Child & Adolescent Psychiatry, 49(2): 92-103.

Mummendey A, Kessler T, Klink A, et al., 1999. Strategies to cope with negative social identity: Predictions by social identity theory and relative deprivation theory [J]. Journal of Personality and Social Psychology, 76(2): 229-245.

Muris P, Field A P, 2008. Distorted cognition and pathological anxiety in children and adolescents[J]. Cognition and Emotion, 22(3): 395-421.

Murray S L，Holmes J G，Griffin D W，2000. Self-esteem and the quest for felt security: How perceived regard regulates attachment processes[J]. Journal of Personality and Social Psychology，78(3): 478-498.

Neto F，2002. Loneliness and acculturation among adolescents from immigrant families in Portugal[J]. Journal of Applied Social Psychology，32(3): 630-647.

Newcomb A F，Bagwell C L，1996. The developmental significance of children's friendship relations[M]//Bukowski W，Newcomb A F，Hartup W W. The Company They Keep: Friendship in Childhood and Adolescence. Cambridge: Cambridge University Press.

Nikiforakis N，Normann H T，Wallace B，2010. Asymmetric enforcement of cooperation in a social dilemma[J]. Southern Economic Journal，76(3): 638-659.

Nisbet R A，1966. The Sociological Tradition [M]. New York: Basic Books.

Noh S，Kaspar V，2003. Perceived discrimination and depression: Moderating effects of coping, acculturation, and ethnic support [J]. American Journal of Public Health，93(2): 232-238.

Norman R M G，Windell D，Lynch J，et al.，2011. Parsing the relationship of stigma and insight to psychological well-being in psychotic disorders[J]. Schizophrenia Research，133(3): 3-7.

Oetting E R，Deffenbacher J L，Donnermeyer J F，1998. Primary socialization theory: The role played by personal traits in the etiology of drug use and deviance[J]. Substance Use & Misuse，33(6): 1337-1366.

Oliver M，1996. Understanding Disability: From Theory to Practice [M]. London: Macmillan.

Olson M，1965. The Logic of Collective Action[M]. New York: Shocken.

Orsmond G，Krauss M，Seltzer M，2004. Peer relationships and social and recreational activities among adolescents and adults with autism

[J]. Journal of Autism and Developmental Disorders，34(3)：245-256.

Park L E，Maner J K，2009. Does self-threat promote social connection? The role of self-esteem and contingencies of self-worth[J]. Journal of Personality and Social Psychology，96(1)：203-217.

Park L E，Calogero R M，Harwin M J，2009. Predicting interest in cosmetic surgery：Interactive effects of appearance-based rejection sensitivity and negative appearance comments[J]. Body Image，6(3)：186-193.

Park L E，Calogero R M，Young A F，et al.，2010. Appearance-based rejection sensitivity predicts body dysmorphic disorder symptoms and cosmetic surgery acceptance[J]. Journal of Social and Clinical Psychology，29(5)：489-509.

Pascoe E A，Richman L S，2009. Perceived discrimination and health：A meta-analytic review[J]. Psychological Bulletin，135(4)：531-554.

Pavot W，Diener E，2009. Review of the satisfaction with life scale [M]//Assessing Well-being. Dordrecht：Springer.

Pecora P J，Kessler R C，O'Brien K，et al.，2006. Educational and employment outcomes of adults formerly placed in foster care：Results from the northwest foster care alumni study[J]. Children and Youth Services Review，28(12)：1459-1481.

Pepitone A，Wilpizeski C，1960. Some consequences of experimental rejection[J]. Journal of Abnormal and Social Psychology，60(3)：359-364.

Perrier M J，Shirazipour C H，Latimer-Cheung A E，2015. Sport participation among individuals with acquired physical disabilities：Group differences on demographic，disability，and Health Action Process Approach constructs[J]. Disability and Health Journal，8(2)：216-222.

Peters A，Liefbroer A，1997. Beyond marital status：Partner history and well-being in old age[J]. Journal of Marriage and the Family，59：687-699.

Pettigrew T F，1997. Generalized intergroup contact effects on prejudice[J]. Personality and Social Psychology Bulletin，23(2)：173-185.

Pettigrew T F, 1998. Intergroup contact theory[J]. Annual Review of Psychology, 49: 65-85.

Pettigrew T F, Tropp L R, 2006. A meta-analytic test of intergroup contact theory[J]. Journal of Personality and Social Psychology, 90(5): 751-783.

Pettigrew T F, Tropp L R, 2008. How does intergroup contact reduce prejudice? Meta-analytic tests of three mediators[J]. European Journal of Social Psychology, 38(6): 922-934.

Pickett C L, Gardner W L, 2005. The social monitoring system: Enhanced sensitivity to social cues as an adaptive response to social exclusion[M] // Williams K, Forgas J, Von Hippel W. The Social Outcast: Ostracism, Social Exclusion, Rejection, and Bullying. New York: Psychology Press.

Pickett C L, Gardner W L, Knowles M, 2004. Getting a cue: The need to belong and enhanced sensitivity to social cues[J]. Personality and Social Psychology Bulletin, 30(9): 1095-1107.

Pietrzak J, Downey G, Ayduk O, 2005. Rejection sensitivity as an interpersonal vulnerability[M] // Balawin M W. Interpersonal Cognition. New York: Guilford Press.

Pollak S D, Tolley-Schell S A, 2003. Selective attention to facial emotion in physically abused children [J]. Journal of Abnormal Psychology, 112(3): 323-338.

Posner M I, Petersen S E, 1990. The attention system of the human brain[J]. Annual Review of Neuroscience, 13: 25-42.

Purdie V, Downey G, 2000. Rejection sensitivity and adolescent girls' vulnerability to relationship-centered difficulties[J]. Child Maltreat, 8(5): 338-340.

Rao L L, Han R, Ren X P, et al. , 2011. Disadvantage and pro-social behavior: The effects of the Wenchuan earthquake[J]. Evolution and Human Behavior, 32(1): 63-69.

Rapee R M, Heimberg R G, 1997. A cognitive-behavioral model of anxiety in social phobia[J]. Behavior Research and Therapy, 35(8): 741-756.

Rapee R M, McCallum S L, Melville L F, et al., 1994. Memory bias in social phobia[J]. Behaviour Research and Therapy, 32(1): 89-99.

Rasmussen M K, Pidgeon A M, 2011. The direct and indirect benefits of dispositional mindfulness on self-esteem and social anxiety[J]. Anxiety, Stress & Coping, 24(2): 227-233.

Renshaw P, Choo J, 2014. Diverse disability identities: The accomplishment of 'Child with a disability' in everyday interaction between parents and teachers[J]. International Journal of Educational Research, 63: 47-58.

Rheingold A A, Herbert J D, Franklin M E, 2003. Cognitive bias in adolescents with social anxiety disorder [J]. Cognitive Therapy and Research, 27(6): 639-655.

Richeson J A, Trawalter S, 2008. The threat of appearing prejudiced and race-based attentional biases[J]. Psychological Science, 19(2): 98-102.

Rieskamp J, Todd P M, 2006. The evolution of cooperative strategies for asymmetric social interactions[J]. Theory and Decision, 60: 69-111.

Riggio R E, 1986. Assessment of basic social skills[J]. Journal of Personality and Social Psychology, 51(3): 649-660.

Romero-Canyas R, Downey G, 2008. Rejection sensitivity predicts overestimating the negative mood of others[Z]. New York: Columbia University.

Romero-Canyas R, Downey G, Berenson K, et al., 2010a. Rejection sensitivity and the rejection-hostility link in romantic relationships[J]. Journal Personality, 78(1): 119-148.

Romero-Canyas R, Downey G, Reddy K S, et al., 2010b. Paying to belong: when does rejection trigger ingratiation? [J]. Journal of Personality and Social Psychology, 99(5): 802-823.

Rosenberg M, 1965. Society and the Adolescent Self-image [M].

Princeton, NJ: Princeton University Press.

Roth A E, 1991. Game theory as a part of empirical economics[J]. The Economic Journal, 101: 107-114.

Russell D W, 1996. UCLA Loneliness Scale (Version 3): Reliability, validity, and factor structure[J]. Journal of Personality Assessment, 66 (1): 20-40.

Russell D W, Peplau L A, Ferguson M L, 1987. Developing a measure of loneliness[J]. Journal of Personality Assessment, 42(3): 290-294.

Sanjuán P, Molero F, Fuster M J, et al., 2013. Coping with HIV related stigma and well-being[J]. Journal of Happiness Studies, 14(2): 709-722.

Santuzzi A M, 2011. Anticipating evaluative social interactions involving persons with disabilities[J]. Rehabilitation Psychology, 56(3): 231-242.

Sau-King C D, AuEvelyn W M, Chi-Yue C, 2008. Predicting the psychological health of older adults: Interaction of age-based rejection sensitivity and discriminative facility [J]. Journal of Research in Personality, 42(1): 169-182.

Secord P F, Jourard S M, 1953. The appraisal of body-cathexis: Body-cathexis and the self[J]. Journal of Consulting Psychology, 17(5): 343.

Schmidt N, Richey J, Buckner J, et al., 2009. Attention training for generalized social anxiety disorder[J]. Journal of Abnormal Psychology, 118(1): 5-14.

Schofield C A, Coles M E, Gibb B E, 2007. Social anxiety and interpretation biases for facial displays of emotion: Emotion detection and ratings of social cost[J]. Behaviour Research and Therapy, 45(12): 2950-2963.

Schoger K D, 2006. Reverse inclusion: Providing peer social interaction opportunities to students placed in self-contained special education classrooms[J]. Teaching Exceptional Children Plus, 2(6): n6.

Seltzer M M, Floyd F, Greenberg J, et al. , 2005. Life course impacts of mild intellectual deficits[J]. American Journal on Mental Retardation, 110(6): 451-468.

Shapiro D R, Martin J J, 2010. Athletic identity, affects, and peer relations in youth athletes with physical disabilities[J]. Disability and Health Journal, 3(2): 79-85.

Shapiro D R, Martin J J, 2010. Multidimensional physical self-concept of athletes with physical disabilities [J]. Adapted Physical Activity Quarterly, 27(4): 294-307.

Sharanjit U, 2006. Impact of the timing, type and severity of disability on the subjective well-being of individuals with disabilities[J]. Social Science and Medicine, 63(2): 525-539.

Shavelson R J, Hubner J J, Stanton G C, 1976. Self-concept: Validation of construct Interpretations[J]. Educational Research Review, 46(3): 407-441.

Sherrill C, 2004. Adapted Physical Activity, Recreation and Sport: Cross Disciplinary and Lifespan [M]. Dubuque: Brown & Benchmark.

Silvia P J, Allan W D, Beauchamp D L, et al. , 2006. Biased recognition of happy facial expressions in social anxiety[J]. Journal of Social and Clinical Psychology, 25(6): 585-602.

Smith G C, 2003. Patterns and predictors of service use and unmet needs among aging families of adults with severe mental illness [J]. Psychiatric Services, 54(6): 871-877.

Spokas M E, Rodebaugh T L, Heimberg R G, 2007. Cognitive biases in social phobia[J]. Psychiatry, 6(5): 204-210.

Spurr J M, Stopa L, 2002. Self-focused attention in social phobia and social anxiety[J]. Clinical Psychology Review, 22(7): 947-975.

Stenseng F, Belsky J, Skalicka V, et al. , 2015. Social exclusion predicts impaired self-regulation: A 2-year longitudinal panel study including the transition from preschool to school[J]. Journal of Personality, 83(2): 212-220.

Stephens M A, Bernstein M D, 1984. Social support and well-being among residents of planned housing[J]. Gerontologist, 24(2): 144-148.

Stevens S, Rist F, Gerlach A L, 2009. Influence of alcohol on the processing of emotional facial expressions in individuals with social phobia [J]. British Journal of Clinical Psychology, 48(2): 125-140.

Stopa L, Clark D M, 2000. Social phobia and interpretation of social events[J]. Behaviour Research and Therapy, 38(3): 273-283.

Story A L, 1998. Self-esteem and memory for favorable and unfavorable personality feedback[J]. Personality and Social Psychology Bulletin, 24(1): 51-64.

Sullivan H S, 1953. The Interpersonal Theory of Psychiatry[M]. New York: Norton.

Suzman R, 2009. The national social life, health, and aging project: An introduction[J]. Journal of Gerontology Series B: Psychological Sciences & Social Sciences, 64B(S1): i5-i11.

Taghavi M R, Moradi A R, Neshat-Doost H T, et al., 2000. Interpretation of ambiguous emotional information in clinically anxious children and adolescents[J]. Cognition & Emotion, 14(6): 809-822.

Tally M, 2010. Being treated differently: Stigma experiences with family, peers, and school staff among adolescents with mental health disorders[J]. Social Science & Medicine, 70(7): 985-993.

Taylor C T, Alden L E, 2005. Social interpretation bias and generalized social phobia: The influence of developmental experiences[J]. Behaviour Research and Therapy, 43(6): 759-777.

Taylor C T, Bomyea J, Amir N, 2010. Attentional bias away from positive social information mediates the link between social anxiety and anxiety vulnerability to a social stressor[J]. Journal of Anxiety Disorders,

24(4): 403-408.

Tazelaar M J, Van Lange P A, Ouwerkerk J W, 2004. How to cope with "noise" in social dilemmas: The benefits of communication[J]. Journal of Personality and Social Psychology, 87(6): 845-859.

Tipper S P, Weaver B, Houghton G, 1994. Behavioral goals determine inhibitory mechanisms of selective attention[J]. The Quarterly Journal of Experimental Psychology Section A, 47(4): 809-840.

Tomber E S, Leary M R, 1993 Perceived exclusion as a common factor in social anxiety, loneliness, jealousy, depression, and low self-esteem[J]. Journal of Social & Clinical Psychology, 9(2): 221-229.

Toner M A, Munro D, 1996. Peer-social attributions and self-efficacy of peer-rejected preadolescents[J]. Merrill-Palmer Quarterly, 42(3): 339-357.

Touraine A, 1973. Production de la Societe[M]. Paris: Editions du Seuil.

Tricomi E, Rangel A, Camerer C F, et al., 2010. Neural evidence for inequality-averse preferences[J]. Nature, 463(7284): 1089-1091.

Twenge J M, Catanese K R F B R, 2003. Social exclusion and the deconstructed state: Time perception, meaninglessness, lethargy, lack of emotion, and self-awareness [J]. Journal of Personality and Social Psychology, 85(3): 409-423.

Twenge J M, Ciarocco N J, Baumeister R F, et al., 2007. Social exclusion decreases prosocial behavior[J]. Journal of Personality and Social Psychology, 92(1): 56-66.

Twenge J M, Baumeister R F, DeWall C N, 2007. Social exclusion decreases prosocial behavior [J]. Journal of Personality and Social Psychology, 92(1): 56-66.

Ullrich P M, Lutgendorf S K, Stapleton J T, 2003. Concealment of homosexual identity, social support and CD4 cell count among HIV-seropositive gay men[J]. Journal of Psychosomatic Research, 54(3): 205-212

Uppal S, 2006. Impact of the timing, type and severity of disability on the subjective well-being of individuals with disabilities[J]. Social Science and Medicine, 63(2): 525-539.

Usher R, Waldrip A, Jensen-Campbell L A, 2007. Why me? The negative effects of victimization on perceived social rejection[C]//Poster presented at the annual meeting of the Society for Personality and Social Psychology, Memphis, TN.

Van Dijk E, Wilke H, 1995. Coordination rules in asymmetric social dilemmas: A comparison between public good dilemmas and resource dilemmas [J]. Journal of Experimental Social Psychology, 31(1): 1-27.

Van Dijk E, Wilke H, 2000. Decision-induced focusing in social dilemmas: Give-some, keep-some, take-some, and leave-some dilemmas [J]. Journal of Personality and Social Psychology, 78(1): 105-119.

Van Lange P A M, Joireman J, Parks C D, et al. , 2013. The psychology of social dilemmas: A review [J]. Organizational Behavior and Human Decision Processes, 120(2): 125-141.

Vandevelde L, Miyahara M, 2005. Impact of group rejections from a physical activity on physical self-esteem among university students[J]. Social Psychology of Education, 8(1): 65-81.

Vangelisti A L, 2001. Making sense of hurtful interactions in close relationships: When hurt feelings create distance [M] // Manusov V, Harvey J H. Attribution, Communication Behavior, and Close Relationships: Advances in Personal Relations. Cambridge: Cambridge University Press.

Vangelisti A L, Young S L, 2000. When words hurt: The effect of perceived intentionality on interpersonal relationships [J]. Journal of Social and Personal Relationships, 17(3): 393-424.

Vangelisti A L, Young S L, Carpenter-Theune K E, et al. , 2005. Why does it hurt? The perceived causes of hurt feelings [J]. Communication Research, 32(4): 443-477.

Vassilopoulos S P, Banerjee R, 2008. Interpretations and judgments regarding positive and negative social scenarios in childhood social anxiety

[J]. Behaviour Research and Therapy, 46(7)：870-876.

Vassilopoulos S P, 2005. Social anxiety and the vigilance-avoidance pattern of attentional processing［J］. Behavioral and Cognitive Psychotherapy, 33(1)：13-24.

Victor C R, Scambler S J, Shah S, et al., 2002. Has loneliness amongst older people increased? An investigation into variations between cohorts[J]. Ageing & Society, 22(5)：585-597.

Vilchinsky N, Findler L, Werner S, 2010. Attitudes toward people with disabilities：The perspective of attachment theory[J]. Rehabilitation Psychology, 55(3)：298-306.

Vilchinsky N, Werner S, Findler L, 2010. Gender and attitudes toward people using wheelchairs：A multidimensional perspective［J］. Rehabilitation Counseling Bulletin, 53(3)：163-174.

Vogel D L, Wade N G, Hackler A H, 2007. Perceived public stigma and the willingness to seek counseling：The mediating roles of self-stigma and attitudes toward counseling[J]. Journal of Counseling Psychology, 54(1)：40-50.

Voncken M J, Alden L E, Bogels S M, et al., 2006. Hiding anxiety versus acknowledgment of anxiety in social interaction：Relationship with social anxiety[J]. Behavior Research and Therapy, 44(12)：1673-1679.

Voncken M J, Bögels S M, Vries K D, 2003. Interpretation and judgmental biases in social phobia[J]. Behaviour Research and Therapy, 41(12)：1481-1488.

Waite L, Gallagher M, 2000. The case for marriage：Why married people are happier, healthier and better off financially[M]. New York：Doubleday.

Wang R W, He J Z, Wang Y Q, et al., 2010. Asymmetric interaction will facilitate the evolution of cooperation[J]. Science China Life Sciences, 53(8)：1041-1046.

Watson D, Friend R, 1969. Measurement of social-evaluative anxiety [J]. Journal of Consulting and Clinical Psychology, 33(4)：448-457.

Watson A C, Larson J E, 2006. Personal responses to disability stigma: From self-stigma to empowerment[J]. Rehabilitation Education, 20(4): 235-246.

Weber J M, Kopelman S, Messick D M, 2004. A conceptual review of decision making in social dilemmas: Applying a logic of appropriateness [J]. Personality and Social Psychology Review, 8(3): 281-307.

Weeks J W, Heimberg R G, Rodebaugh T L, 2008. The fear of positive evaluation scale: Assessing a proposed cognitive component of social anxiety disorder[J]. Journal of Anxiety Disorders, 22(1): 44-55.

Weeks J W, Hemberg R G, Rodebaugh T L, et al. , 2008. Exploring the relationship between fear of positive evaluation and social anxiety[J]. Journal of Anxiety Disorders, 22(3): 386-400.

Weierich M R, Treat T A, Hollingworth A, 2008. Theories and measurement of visual attentional processing in anxiety[J]. Cognition and Emotion, 22(6): 985-1018.

Weiner B, Russell D, Lerman D, 1978. Affective Consequences of Causal Ascriptions[M]. New directions in attribution research, Hillsdale, Nj: Erlbaum.

Wenger C, Davies R, Shahtahmasebi S, 1996. Social isolation and loneliness in old age: Review and model refinement[J]. Ageing and Society, 16(3): 333-358.

Werner S, Corrigan P, Ditchman N, et al. , 2012. Stigma and intellectual disability: A review of related measures and future directions [J]. Research in Developmental Disabilities, 33(2): 748-756.

Wilcox J, Mitchell J, 1977. Effects of group acceptance/rejection on self-esteem levels of individual group members in a task-oriented problem-solving group interaction[J]. Small Group Behaviors, 8(2): 169-178.

Williams J M G, Mathews A, MacLeod C, 1996. The emotional stroop task and psychopathology [J]. Psychology Bulletin, 122(1): 3-24.

Williams K D, Forgas J P, Von Hippel W, 2005. The social outcast: Ostracism, social exclusion, rejection, and bullying[M]. New York:

Psychology Press.

Williams S J, Bury M R, 1989. Impairment, disability and handicap in chronic respiratory illness[J]. Social Science and Medicine, 29(5): 609-616.

Wilson J K, Rapee R M, 2005. Interpretative biases in social phobia: Content specificity and the effects of depression[J]. Cognitive Therapy and Research, 29(3): 315-331.

Windle G, Woods R T, 2004. Variations in subjective well being: The mediating role of a psychological resource[J]. Ageing and Society, 24(4): 583-602.

Winton E C, Clark D M, Edelmann R J, 1995. Social anxiety, fear of negative evaluation and the detection of negative emotion in others[J]. Behavior Research and Therapy, 33(2): 193-196.

World Health Organization (WHO), 2001. ICF: International Classification of Functioning, Fisability and Health[M]. Geneva: WHO.

Wright D B, Busnello R H D, Buratto L G, et al., 2012. Are valence and social avoidance associated with the memory conformity effect? [J]. Acta Psychologica, 141(1): 78-85.

Wright L, 1995. Human development in the context of aging and chronic illness: The role of attachment in Alzheimer's disease and stroke [J]. International Journal of Aging and Human Development, 41(2): 133-150.

Yoon K L, Joormann J, Gotlib I H, 2009. Judging the intensity of facial expressions of emotion: Depression-related biases in the processing of positive affect[J]. Journal of Abnormal Psychology(1):223-228.

Zhang L, Li W T, Liu B B, 2014. Self-esteem as mediator and moderator of the relationship between stigma perception and social alienation of Chinese adults with disability [J]. Disability and Health Journal, 7(1): 119-123.

Zijlstra H P, Vlaskamp C, 2005. Leisure provision for persons with profound intellectual and multiple disabilities: Quality time or killing time?

［J］. Journal of Intellectual Disability Research，49(6)：434-448.

Zimmer M，Hickey T，Searle M S，1995. Activity participation and well-being among older people with arthritis［J］. Gerontologist，35(4)：463-471.

Zitek E M，Tiedens L Z，2012. The fluency of social hierarchy：The ease with which hierarchical relationships are seen，remembered，learned，and liked［J］. Journal of Personality and Social Psychology，102(1)：98-115.

Zlobina A，Basabe N，Paez D，et al.，2006. Sociocultural adjustment of immigrants：Universal and group-specific predictors［J］. International Journal of Intercultural Relations，30(2)：195-211.

安献丽,郑希耕,2008. 惊恐障碍的认知偏向研究［J］. 心理科学进展，16(2):255-259.

白婧,2012. 黑龙江省残疾人康复服务现状及对策研究［D］. 长春:吉林大学.

鲍常勇,2009. 社会资本理论框架下的人口健康研究［J］. 人口研究，33(2):73-85.

蔡禾,周林刚,2008. 关注弱势:城市残疾人群体研究［M］. 北京：社会科学文献出版社.

曹丽敏,孙晓明,陈夏尧,2006. 我国社区康复的实践和发展展望［C］. 第一届北京国际康复医学论坛论文集. 北京:中国残联社会服务指导中心，22:134-140.

曹勇,2007. 社区康复［M］. 北京：人民军医出版社.

陈功,吕庆喆,陈新民,2011. 2010 年度中国残疾人状况及小康进程监测报告(下)［J］. 残疾人研究(2):68-73.

陈功,吕庆喆,陈新民,2013. 2012 年度中国残疾人状况及小康进程监测报告［J］. 残疾人研究(2):16-18.

陈功,吕庆喆,陈新民,2014. 2013 年度中国残疾人状况及小康进程分析［J］. 残疾人研究(2):81-96.

陈红,黄希庭,郭成,2004. 中学生身体自我满意度与自我价值感的相关研究［J］. 心理科学，27(4):817-820.

陈洁,2009. 大学生社交焦虑、自尊与归因方式的关系研究[D]. 上海:华东师范大学.

陈玉珠,2014. 残疾人适应性量表的编制及研究[D]. 南昌:江西师范大学.

程苏,刘璐,郑涌,2011. 社会排斥的研究范式与理论模型[J]. 心理科学进展,19(6):905-915.

崔静静,魏谨,汪海燕,等,2009. 1例提高残疾人心理健康水平的团体咨询[J]. 中国健康心理学杂志,17(11):1405-1407.

代金芳,董杉,王声湧,等,2011. 大学生社交回避、苦恼现况及影响因素分析[J]. 中国公共卫生,27(9):1084-1086.

第二次全国残疾人抽样调查办公室,2007. 第二次全国残疾人抽样调查主要数据手册[M]. 北京:华夏出版社.

段莉,高云峰,王丽君,等,2015. 社区老年居民拒绝敏感性与其自尊及抑郁水平的相关性探讨[J]. 实用医学杂志,31(10):1705-1707.

段世江,张辉,2008. 老年人社会参与的概念和理论基础研究[J]. 河北大学成人教育学院学报(3):82-84.

樊富珉,何瑾,2014. 团体心理咨询的理论、技术与设计[M]. 北京:中央广播电视大学出版社.

范晓玲,伍如昕,刘丽琼,等,2007. 高中生人际归因、社交焦虑及其关系的研究[J]. 中国临床心理学杂志,15(2):196-197.

范兴华,方晓义,刘杨,等,2012. 流动儿童歧视知觉与社会文化适应:社会支持和社会认同的作用[J]. 心理学报,44(5):647-663.

方曙光,2015. 社会排斥理论视域下我国失独老人的社会隔离研究[J]. 江苏大学学报(社会科学版),17(3):73-84

冯敏良,2015. 重残人士准社会交往研究[J]. 长白学刊(4):125-129.

冯文锋,罗文波,廖渝,等,2010. 胖负面身体自我女大学生对胖信息的注意偏好:注意警觉还是注意维持[J]. 心理学报,42(7):779-790.

弗洛伊德,2000. 精神分析引论[M]. 西安:陕西人民出版社.

付传彩,2009. 聋人大学生与健听大学生疏离感的对比研究[J]. 中国特殊教育(10):47-51.

傅青兰,冯能,林赛娟,2013. 多元联动下残疾人社区康复运行模式的构建与思考[J]. 医学与社会,26(10):11-13.

高传宝,2005. 新时期残疾人康复工作要注意"六个结合"[J]. 中国残疾人(11):46-47.

高鹏程,黄敏儿,2008. 高焦虑特质的注意偏向特点[J]. 心理学报,40(3):307-318.

高文裙,李强,2008. 心理疾病污名社会表征公众影响初探[J]. 应用心理学,14(4):358-364.

高笑,陈红,2006. 消极身体意象者的注意偏向研究进展[J]. 中国临床心理学杂志,14(3):272-274.

高笑,王泉川,陈红,2012. 胖负面身体自我女性对身体信息注意偏向成分的时间进程:一项眼动追踪研究[J]. 心理学报,44(4):498-510.

高圆圆,2009. 中国残疾人社会保障研究综述[J]. 湖北社会科学(8):46-49.

宫下一博,小林利宣,1981. 青年期における疏外感の发展と适应との关系[J]. 教育心理研究(29):197-305.

龚晓洁,李宗华,邱莉,2003. 庆余里社区残疾人社区康复工作的调查与分析[J]. 济南大学学报,13(2):78-81.

龚栩,黄宇霞,王妍,等,2011. 中国面孔表情图片系统的修订[J]. 中国心理卫生杂志,25(1):40-46.

管健,2006. 身份污名的建构与社会表征——以天津N辖域的农民工为例[J]. 青年研究(3):21-27.

郭春宁,2010. 新医改框架下对残疾预防和残疾人康复工作的思考[J]. 中国康复理论与实践,16(11):1098-1100.

郭晓薇,2000. 大学生社交焦虑成因的研究[J]. 心理学探新,20(1):55-58.

韩梅,张雪慧,王妍,2013. 我国残疾人职业现状及受教育程度对职业现状的影响与重要性研究[J]. 教育与职业(36):190-192.

何洁,徐琴美,2009. 幼儿生气和伤心情绪情景理解[J]. 心理学报,41(1):62-68.

贺丹军,2005. 康复心理学[M]. 北京:华夏出版社.

赫琳,张翔,2010. 残疾人心理康复的实践与思考[J]. 中国民康医学,

12(22):3075-3076.

胡华敏,2008. 两难情景中合作行为的社会理性研究[D]. 杭州:浙江大学.

黄东锋,陈曦,林爱华,等,2010. 广东省残疾人社会参与状况与康复需求的关系[J]. 中华物理医学与康复杂志,32(3):208-211.

黄嘉笙,王雨吟,2015. 认知偏差矫正:范式与效果[J]. 中国临床心理学杂志,23(3):443-447.

黄凌谊,张翔,2011. 团体辅导在残疾人心理干预中的应用[C]. 北京:北京国际康复论坛.

黄锐,2007. 社会资本理论综述[J]. 首都经济贸易大学学报,6(4):84-91.

金庆英,2010. 社区心理学研究综述[J]. 中国社区医师(26):15-16.

金一波,李娇,张锋,2014. 害羞者对模糊情境信息的解释偏向[J]. 心理科学,37(3):700-703.

柯红,2007. 临床康复与康复心理[J]. 临床和实验医学杂志,6(5):156-157.

莱希,2005. 认知治疗技术[M]. 张黎黎,陈曦,聂晶,等译. 北京:中国轻工业出版社.

来媛,2012.孤儿身份拒绝敏感性对其心理健康问题的预测及自我污名的中介作用[D].沈阳:沈阳师范大学.

兰花,2008. 我国残疾人社会福利制度重构研究[D]. 天津:南开大学.

兰岚,2009. 不同教育模式下智障儿童的心理理论和情绪理解的差异——以台东和西安为例[D]. 西安:陕西师范大学.

雷有光,2004. 都市"小村民"眼中的大世界——城市流动人口子女社会认知的调查研究[J]. 教育科学研究(6):27-31.

李斌,马红宇,2013. 怀旧缓解心理疼痛的研究[C]//全国心理学学术会议.

李海江,杨娟,贾磊,等,2011.不同自尊水平者的注意偏向[J]. 心理学报,43(8):907-916.

李晶华,邱红,冯晓黎,2008. 吉林省残疾人社区康复现状及其对策研究[J]. 医学与社会,21(11):21-23.

李莉,2007. 残疾人社区康复模式探讨——从社会保障实施社会化的视角[J]. 河南师范大学学报(哲学社会科学版),34(6):93-95.

李娜,2009. 听力障碍儿童情绪理解研究[D]. 上海:华东师范大学.

李楠柯,张爽,李祚山,等,2015. 残疾人的心理症状及相关因素[J]. 中国心理卫生杂志,29(10):798-800.

李强,高文珺,许丹,2008. 心理疾病污名形成理论述评[J]. 心理科学进展,16(4):582-589.

李强,张然,鲍国东,等,2004. 聋人大学生心理健康状况及相关因素分析[J]. 中国特殊教育(2):68-71.

李森森,龙长权,陈庆飞,等,2010. 群际接触理论——一种改善群际关系的理论[J]. 心理科学进展,18(5):831-839.

李士江,2006. 青少年社会支持系统及其构建[J]. 现代教育科学(6)80-82.

李涛,冯菲,2013. 社交焦虑解释偏差:研究范式、特征及矫正[J]. 心理科学进展,21(12):2196-2203.

李婷玉,2009. 心理服务进社区的路径与方法[J]. 上海行政学院学报,10(5):70-77.

李文淑,2013. 增能理论视角下的残疾人就业问题研究[D]. 济南:山东大学.

李文涛,谢文澜,张林,2012. 残疾人与正常群体心理生活质量的比较研究[J]. 中国健康心理学杂志,20(7):993-995.

李文涛,2013. 残疾人歧视知觉对社会疏离的影响及其影响机制[D]. 宁波:宁波大学.

李霞,2007. 拒绝敏感性的相关性研究[D]. 南昌:江西师范大学.

李志明,徐悦,2010. 树立新型残疾人观,促进残疾人社会参与和融合[J]. 社会保障研究(1):105-108.

李祚山,黄小琴,叶梅,等,2011. 残疾人心理健康量表的初步编制[J]. 重庆师范大学学报(自然科学版),28(3):79-84.

梁佳佳,2012. 社会排斥视角下残疾人的困境及其援助研究[D]. 金华:浙江师范大学.

梁左宜,2005. 残疾人服务与服务机构发展的阶段性[J]. 中国残疾人

（7）：33-34.

蔺秀云，方晓义，刘杨，等，2009. 流动儿童歧视知觉与心理健康水平的关系及其心理机制［J］. 心理学报，41（10）：967-979.

刘保芬，严秀群，段清萍，等，2012. 社区残疾人康复服务的影响因素与对策［J］. 护理实践与研究，9（14）：155-156.

刘斌志，2014. 论阅读疗法在震后灾区青少年心理重建中的运用［J］. 图书馆（5）：102-106.

刘婵婵，2004. 残疾人社保基金的现状分析与政策建议［J］. 经济与社会发展，2（4）：13-18.

刘莳斐，王兆良，李文兵，2010. 流动儿童自我效能感与领悟社会支持及孤独关系研究［J］. 中国学校卫生，31（2）：180-183.

刘东青，2011. 音乐治疗对智障儿童情绪障碍的干预研究［D］. 济南：山东艺术学院.

刘静怡，黄希庭，杨帅，2013. 社交焦虑障碍中的注意偏差三成分研究述评［J］. 心理科学进展，21（4）：664-670.

刘琳，郭悠悠，2011. 残疾人社区康复的认知与实践［J］. 中国康复理论与实践（7）：6-7.

刘燊，赵艳林，张林，等，2015. 社交拒绝对大学生认知评价与情绪的影响：拒绝敏感的调节作用［J］. 心理研究，8（5）：89-96.

刘文雯，2014. 社会排斥对工作记忆的影响［D］. 重庆：西南大学.

刘霞，2008. 流动儿童歧视知觉：特点、影响因素、作用机制［D］. 北京：北京师范大学.

刘晓，黄希庭，2010. 社会支持及其对心理健康的作用机制［J］. 心理研究，3（1）：3-8.

刘宣文，2006. 心理咨询技术与应用［M］. 宁波：宁波出版社.

刘毅，2007. 化解民族冲突的策略——民族接触与相互依存［J］. 心理科学进展，15（1）：179-184.

刘莹，2009. 中国残疾人口文化素质研究［D］. 长春：吉林大学.

刘长江，郝芳，2015. 不对称社会困境中的决策：行为的双重模式［J］. 心理科学进展，23（1）：1-10.

刘长江，李岩梅，李纾，2007. 实验社会心理学中的社会困境［J］. 心理科学进展,15(2):379-384.

刘平,1999.儿童孤独量表[J].中国心理卫生杂志(Z):303-305.

刘志春,2013.残疾人平等参与社会的制度环境研究[D].杭州:浙江工商大学.

柳友荣,2004.大学生负性生活事件与心理健康教育内容确立的实验研究[J].心理科学,27(5):1242-1244.

罗秋月,2001.残疾人就业存在问题与对策[J].中国劳动(8):18-19.

吕培瑶,2010.关于社会支持理论研究的综述[J].时代教育(4):109.

马海蛟,2009.浅谈肢体残疾人的心理特点[J].社会工作(11):50-51.

毛小平,2010.内地与香港:残疾人社会支持比较[J].中南大学学报(社会科学版)(4):11-12.

孟万金,刘玉娟,刘在花,2007.残疾儿童教育不公平现象的原因分析——五论残疾儿童教育公平[J].中国特殊教育(3):3-5.

孟昭兰,2005.情绪心理学[M].北京:北京大学出版社.

宓淑芳,曹华,2009.残疾人心理问题研究[J].北华大学学报(社会科学版),12(10):116-118.

宓忠祥,2001.角色转换在残疾人心理康复中的意义和运用[J].中国康复理论与实践,7(1):34-35.

牛翠萍,杨剑,2004.残障学生身体自我概念发展特征研究[J].沈阳体育学院学报,23(1):38-41.

裴晓梅,2004.从"疏离"到"参与":老年人与社会发展关系探讨[J].学海(1):18-22.

彭宅文,2008.残疾、社会排斥与社会保障政策的干预[J].中国人民大学学报(1):16-21.

齐心,厉才茂,2007.北京市残疾人医疗保障研究[J].卫生经济研究(2):48-50.

钱铭怡,王慈欣,刘兴华,2006.社交焦虑个体对不同威胁信息的注意偏向[J].心理科学,29(6):1296-1299.

钱铭怡,2005.心理咨询与治疗[M].北京:北京大学出版社.

秦启文,黄希庭,2001.社会技能构成因素及其意义[J].心理学探新,21(1),54-57.

秦启文,2002. 试论社会技能的价值与结构[J]. 西南师范大学学报(人文社会科学版),28(3):44-47.

邱洪锋,2009. 残疾人人际关系浅析——基于马斯洛需要层次理论[J]. 活力(25):118-119.

任俊,2006. 积极心理学[M]. 上海:上海教育出版社.

任能君,李祚山,2009. 残疾人心理健康与调适技巧[M]. 重庆:重庆大学出版社.

任云霞,张柏梅,2006. 社会排斥与流动儿童的城市适应研究[J]. 山西青年职业学院学报(2):14-16.

单菁菁,2008. 社区归属感与社区满意度[J]. 城市问题(3):58-64.

邵义萍,2010. 聋哑中学生自我机制感特点及其负面身体自我的关系[J]. 内江师范学院学报,25(4):78-71.

石开铭,2014. 残疾人心理特征及心理疏导对策[J]. 经济研究导刊(2):88-89.

孙晓军,周宗奎,2007. 儿童同伴关系对孤独感的影响[J]. 心理发展与教育,23(1):24-29.

孙晓玲,吴明证,2011. 大学生自尊、拒绝敏感性、人际信任与社会焦虑的关系[J]. 中国临床心理学杂志,19(4):537-539.

唐斌尧,丛晓峰,2003. 国内社区康复事业发展的现状、问题及其对策研究[J]. 德州学院学报,19(1):17-21.

田野,2008. 我国听力残疾人口康复服务影响因素分析[D]. 北京:北京大学.

万洁,2014. 情绪记忆偏差机制及其规律的探讨[D]. 广州:暨南大学.

万晶晶,周宗奎,2002. 国外儿童同伴关系研究进展[J]. 心理发展与教育(3):91-95.

王桂芳,黄日添,刘世文,2013. 深圳市龙岗区社区重度残疾康复服务模式探讨[J]. 中国康复医学杂志,28(4):296-299.

王海涛,黄珊珊,黄月胜,等,2012. PTSD青少年对威胁图片注意偏向的时程特点及习惯化倾向[J]. 心理发展与教育,28(3):255-262.

王江洋,杨薇,申继亮,2012. 12～18岁福利院孤儿身份拒绝敏感性的测量及发展特点[J]. 中国特殊教育(6):11-17.

王荔,2014. 社区青少年心理社会支持系统构建[J]. 楚雄师范学院学报,29(5):71-74.

王露燕,2012. 格兰诺维特的社会网络研究综述[J]. 社会研究(3):17-18.

王曼,陶嵘,胡姝婧,等,2011. 注意偏向训练:起源、效果与机制[J]. 心理科学进展,19(3):390-397.

王梅,唐丽丽,2009. 北京市社区卫生服务中心康复资源的现状分析[J]. 中国初级卫生保健,23(3):32-34.

王美芳,董振华,2004. 儿童社会技能研究的回顾与展望[J]. 山东师范大学学报(人文社会科学版),49(5):123-126.

王明忠,周宗奎,范翠英,等,2012. 他人定向变量影响青少年孤独感和社交焦虑:人际能力作中介[J]. 心理发展与教育(4):413-120.

王沛,李建升,孙连荣,2008. 艾滋病污名化的内隐效应:概念抑或病状[J]. 中国临床心理学杂志,16(6):630-633.

王齐彦,谈志林,2006. 残疾人社会保障研究[J]. 中国民政(7):20-24.

王仕民,2005. 心理治疗方法论[M]. 广州:中山大学出版社.

王思斌,2005. 社会转型期的城市社区建设及其对弱势群体的意义[EB/OL]. http://www. bdstar. org/Article/Class31/xgxklm/200507/2390. html.

王卫平,史学英,郭峰,2003. 人际交往团体训练促进大学生心理健康[J]. 山西高等学校社会科学学报,5(2):110-113.

王武召,2002. 社会交往论[M]. 北京:北京大学出版社.

汪向东,王常林,马弘,1999. 心理卫生评定量表手册[M]. 北京:中国心理卫生出版社.

王小英,张玉梅,王丽娟,等,2010. 3～6岁儿童情绪理解过程:情绪表现、归因和调节[J]. 心理科学(4):985-987.

王新宪,2001. 树立现代文明社会的残疾人观[J]. 中国残疾人(7):4-7.

王雪梅,2006. 残疾人就业问题与就业保障政策思考[J]. 北京行政学院学报(2):67-70.

王智,2006. 网络成瘾大学生的社会认知加工特点[D]. 重庆:西南大学.

闻振宇,沈文礼,任建萍,2009. 社区居民对"双向转诊"认知及满意度调查[J]. 中国卫生事业管理(3):155-156.

吴秀丽,廖昌园,张向霞,等,1999. 残疾人士的健康、心理和生活状况调查分析[J]. 疾病控制杂志,3(4):290-292.

吴晔,2013. 残疾人社区服务研究:现状、问题与对策——以浙江省为例[D]. 杭州:浙江工商大学.

武国丽,2014. 残疾人康复保障问题研究——基于河南省部分地区的调研[D]. 郑州:郑州大学.

谢文澜,2014. 基于社会两难困境的残疾人社会交往模式研究[D]. 宁波:宁波大学.

谢文澜,汪祚军,王霏,等,2013. 合作行为的产生机制及影响因素——基于进化心理学视角下的探讨[J]. 心理科学进展,21(11):2057-2063.

谢文澜,张林,2013. 残疾群体的污名效应及其社会影响[J]. 中国健康心理学杂志,21(10):1531-1533.

邢耀章,2012. 论社会交往与技术的关系[D]. 武汉:武汉科技大学.

熊文琴,2014. 残疾人常见心理问题及心理康复内容探析[J]. 现代企业教育(14):350-351.

徐成立,2006. 我国残疾人参与全民健身活动的现状调查及对策研究[D]. 武汉:华中师范大学.

徐华春,黄希庭,2007. 国外心理健康服务及其启示[J]. 心理科学,30(4):1006-1009.

徐洁,2010. 城镇残疾人就业的社会融合问题研究[D]. 上海:上海交通大学.

徐琴美,何洁,2006. 儿童情绪理解发展的研究述评[J]. 心理科学进展,14(1):223-228.

许琳,张艳妮,2007. 我国残疾人社会保障的现状与问题研究[J]. 西北大学学报(哲学社会科学版),37(6):80-84.

雪湘明,2009. 残疾人心理健康教育问题简答[J]. 现代特殊教育(10):48.

闫洪丰,胡毅,黄峥,等,2013. 成年残疾人心理健康现状评估与分析[J]. 残疾人研究(4):5-10.

严妮,李静萍,2014. 我国农村残疾人医疗救助制度建设分析[J]. 社会保障研究(1):14-19.

严秀群,刘保芬,李映渊,2010. 社区残疾人康复服务需求的影响因素研究[J]. 齐鲁护理杂志,16(3):8-10.

杨东,吴晓蓉,2002. 疏离感研究的进展及理论构建[J]. 心理科学进展,10(1):71-75.

杨金禄,2010. 康复医学在社区医疗中的现状和前景浅探[J]. 中国中医药现代远程教育,8(12):157-159.

杨鹏,蒋婧琪,李松蔚,等,2015. 社交焦虑大学生对正性评价解释偏向的初步探究[J]. 中国心理卫生杂志,29(12):933-957.

杨智辉,王建平,2011. 广泛性焦虑个体的注意偏向[J]. 心理学报,43(2):164-174.

姚端维,陈英和,赵延芹,2004. 3～5岁儿童情绪能力的年龄特征、发展趋势和性别差异的研究[J]. 心理发展与教育(2):12-16.

姚泥沙,李松蔚,钱铭怡,等,2012. 高社交焦虑个体对正性面孔的解释偏差[J]. 中国心理卫生杂志,26(9):680-685.

姚泥沙,李松蔚,钱铭怡,等,2013. 高社交焦虑个体对正性面孔的情绪启动效应[J]. 心理科学,36(5):1106-1109.

姚配英,2007. 对农村残疾人工作的几点思考[Z]. 嘉兴市残疾人联合会.

姚尚满,2006. 我国残疾人社会工作的理论及方法探讨[J]. 山西高等学校社会科学学报,18(9):29-31.

姚志贤,2013. 残疾人康复机构建设的回顾与探讨[J]. 残疾人研究(1):64-68.

叶欢,2013. 智力落后儿童对面部和语音表情识别的研究[D]. 上海:上海师范大学.

叶志宜,郑洁皎,2000. 上海市社区残疾人康复现状调研[J]. 中国康复医学杂志,15(6):338-340.

弋鹏,张茂林,2010. 聋人大学生人际关系困扰及其与社会支持、自尊的关系研究[J]. 中国健康心理学杂志,18(3):356-358.

易法建,冯正直,2011. 心理医生[M]. 重庆:重庆出版社.

于保法,2004. 肿瘤患者心理变化及探索[M]. 北京:中国协和医科大学出版社.

于海涛,杨金花,张雁军,2013. 想象接触减少偏见:理论依据、实践需要与作用机制[J]. 心理科学进展,21(10):1824-1832.

俞丽娜,2009. 个案社会工作在残疾人心理干预中的运用[J]. 法制与社会(4):219-219.

曾文星,徐静,1987. 心理治疗[M]. 北京:人民卫生出版社.

翟方,董翠香,李莉,2004. 发展残疾人体育事业,推动社会文明全面进步[J]. 解放军体育学院学报,23(4):36-38.

张春兴,1989. 张氏心理学词典[M]. 台北:东华书局.

张地君,2002. 残疾人心理与康复[J]. 西南军医(4):44-46.

张康德,李建伟,孟燕,2007. 肢体残疾医科大学生网络成瘾状况研究[J]. 中国健康心理学杂志,15(9):778-790.

张立松,何侃,2011. ICF 理念下残疾人康复服务人才队伍建设新探[J]. 煤炭高等教育,29(6):101-105.

张林,曹华英,2011. 社会计量器理论的研究进展:社交接纳/拒绝与自尊的关系[J]. 心理科学,34(5):1163-1166.

张林,吴晓燕,2011. 中学生攻击性行为的注意偏向与冲动控制的特征[J]. 心理学探新,31(2):128-132.

张林,张园,2015. 关于弱势群体社会疏离问题的研究述评[J]. 长春理工大学学报(社会科学版),28(6):45-50.

张林,刘燊,谢文澜,等,2015. 成年期残疾个体对不同类型社交线索的注意偏向[J]. 心理发展与教育,6:676-684.

张琪,吴江,2004. 中国残疾人就业与保障问题研究[M]. 北京:中国劳动社会保障出版社.

张小乔,1998. 心理咨询的理论与技术[M]. 北京:中国人民大学出版社.

张晓丽,李新征,王壮生,等,2010. 残疾大学生 163 名心理健康状况比较分析[J]. 中国学校卫生,31(5):608-609.

张璇,周玉婷,张永红,2010. 小组社会工作在残疾人心理干预中的运用[J]. 法制与社会(9):220-221.

张雪筠,2002. 心理疏离与民工犯罪[J]. 理论与现代化(6):55.

张银,唐斌尧,2003. 浅析社区康复中的残疾人增能[J]. 中国康复理论与实践,9(8):500-501.

张莹,申海波,2009. 北京市某城区社区康复现状调查及启示[J]. 继续医学教育,23(3):19-20.

张莹瑞,李涛,2013. 拒绝敏感的认知与神经机制[J]. 心理科学进展,21(11):1939-1948.

张宇莲,2005. 社会工作实务下册[M]. 上海:上海社会科学院出版社.

张禹,罗禹,赵守盈,2014. 对威胁刺激的注意偏向:注意定向加速还是注意解除困难?[J]. 心理科学进展,22(7):1129-1138.

张园,2015. 残疾人拒绝敏感性特点及其对社交线索的认知特点[D]. 宁波:宁波大学.

赵德雷,2013. 污名身份对人际影响力和社会距离的影响[J]. 心理学报,45(11):1283-1294.

赵美仙,2011. 300 例肢体残疾患者的心理分析[J]. 中国健康月刊,30(1):146-148.

赵艳林,李文涛,张林,2012. 大学生拒绝敏感性问卷的中文版修订[J]. 中国健康心理学杂志,20(11):1677-1680.

赵映霞,2008. 心理危机与危机干预理论概述[J]. 理论新探(3):382-383.

赵玉兰,2009. 7～14 岁弱智学生情绪调节策略特征的调查研究[J]. 中国特殊教育(2):21-28.

浙江省统计局,浙江省残疾人联合会,2013. 2012 年度浙江省残疾人状况和小康实现程度监测主要数据公报[R/OL]. http://www.zjcl.com.cn/www/jcsj/2013/05/20/18403.htm.

郑晓英,孙喜斌,刘民,2008. 中国残疾人预防对策研究[M]. 北京:华夏出版社.

中共中央、国务院关于促进残疾人事业发展的意见,2008. 中华人民共和国国务院公报[R].

中国残疾人联合会监测报告[R/OL]. http://www.cdpf.org.cn/sjzx/jcbg/.

周丽华,骆伯巍,彭文波,等,2005. 初探青少年学生体像烦恼与社交问题[J]. 中国健康心理学杂志,13(1):64-65.

周美芳,张军献,黄玲,等,2008. 残疾人体育与社会公平[J]. 武汉体育学院学报,42(8):22-25.

周沛,曲绍旭,2010."优势视角"下残疾人康复中的专业社会工作介入[J].公共管理高层论坛(1):217-227.

周贤丽,2007.澳大利亚康复机构见闻[J].中华物理医学与康复杂志,29(2):98-99.

周姝毓,2012.聋校初中生情绪调节策略特点研究[D].大连:辽宁师范大学.

周宗奎,2002.儿童的社会技能[M].武汉:华中师范大学出版社.

朱丽莎,2006.残疾人心理健康探讨[J].微创医学,25(4):733-735.

朱云龙,2007.心理门诊——听专家讲述心理治疗[M].北京:海潮出版社.

祝卓宏,2013.接纳与承诺疗法在残疾人心理康复中的作用分析[J].心理学应用(4):24-28.

卓大宏,2004.中国康复医学[M].北京:华夏出版社.

邹泓,刘艳,李晓巍,2008.流动儿童受教育状况及其与心理健康的关系[J].教育科学研究(8):49-53.

附　录

附录一　残疾人社会参与满意度调查问卷

请您根据最近一段时期的实际情况和感受,在符合的数字上打"√"作答。	非常不满意	不太满意	一般	比较满意	非常满意
1 您对目前的生活状态满意吗?	1 ____	2 ____	3 ____	4 ____	5 ____
2 您对与周围人之间的人际关系感到满意吗?	1 ____	2 ____	3 ____	4 ____	5 ____
3 您对目前残疾人的保障机制满意吗?	1 ____	2 ____	3 ____	4 ____	5 ____
4 您对目前的居住条件是否满意?	1 ____	2 ____	3 ____	4 ____	5 ____
5 您对社区组织的业余活动是否满意?	1 ____	2 ____	3 ____	4 ____	5 ____
6 您对目前的工作或职业状况是否满意?	1 ____	2 ____	3 ____	4 ____	5 ____
7 您对家人与自己的关系是否满意?	1 ____	2 ____	3 ____	4 ____	5 ____
8 您对自己近期的睡眠质量是否满意?	1 ____	2 ____	3 ____	4 ____	5 ____
9 您对自己近期的胃口是否满意?	1 ____	2 ____	3 ____	4 ____	5 ____
10 您对自己所居住的社区服务是否满意?	1 ____	2 ____	3 ____	4 ____	5 ____

11 您觉得下面哪个选项最能表达您最近的心情?
A.愉快、幸福　B.满足、开心　C.平淡、单调　D.无聊、发愁　E.沮丧、焦虑

12 您的身体状况如何?
A.非常健康　B.身体健康　C.身体一般　D.身体状况较差　E.身体状况很差

13 您的精神状态如何?
A.精力非常充沛　B.有精力应付工作生活　C.精力有限　D.精力不济　E.精神状态低迷

14 您估计五年后您的生活会有怎样的变化?
A.变得很好　B.会好一些　C.不会有太大变化　D.不太好　E.变得很差

15 请根据您自己的生活总体感受,选择一幅最接近您的人脸图。

附录二　残疾人拒绝敏感测量问卷

请在适合您自己感受的选项数字上打"√"。

1.如果您想开一家小店,跟家人商量此事。

您有多担心家人不同意您开店　　　　不担心　有点担心　很担心

您认为家人会同意让您开店　　　　　不认同　比较认同　认同

2.社区组织文艺活动,要求您要和家人一起去参加。

您有多担心或焦虑家人不想去　　　　不担心　有点担心　很担心

您认为家人乐意去　　　　　　　　　不认同　比较认同　认同

3.如果想请朋友帮您一个忙。

您有多担心朋友不愿意帮忙　　　　　不担心　有点担心　很担心

您认为他会乐意帮您这个忙　　　　　不认同　比较认同　认同

4.如果您家水管坏了,请邻居帮忙修理。

您有多担心他不愿意帮忙　　　　　　不担心　有点担心　很担心

您认为他乐意帮忙　　　　　　　　　不认同　比较认同　认同

5.如果您去参加技能培训班,在学习的过程中您遇到了不懂的问题。

您有多担心老师不愿意再次为您讲解　不担心　有点担心　很担心

您认为老师会再次耐心讲解　　　　　不认同　比较认同　认同

6.如果您做了某事冒犯了您的好朋友,您想跟他和好。

您有多担心他不想和您说话　　　　　不担心　有点担心　很担心

您认为他想跟我和好　　　　　　　　不认同　比较认同　认同

7.如果您去拜访一个朋友,向小区保安问路。

您有多担心保安不愿意为您指路　　　不担心　有点担心　很担心

您认为保安会耐心地给您指路　　　　不认同　比较认同　认同

8.如果您需要别人帮忙移动较重的物品。

您有多担心他们不愿意帮忙　　　　　不担心　有点担心　很担心

您认为他们会很乐意帮忙　　　　　　不认同　比较认同　认同

9.如果您现在去一家公司应聘,那家公司已经在招聘信息中说明愿意招残疾人。

您有多担心那家公司不愿意招您　　　不担心　有点担心　很担心

您认为那家公司会选择招您　　　　　不认同　比较认同　认同

10.如果您打算自己开一家维修店,需要去相关部门办理开店手续。

您有多担心办理手续的过程会不顺利　　不担心　有点担心　很担心

您认为办理手续的过程会很顺利　　　　不认同　比较认同　认同

11. 如果您的残疾证还没有办下来，您要去您治疗的那家医院开具残疾证明。

您有多担心医生不愿意给您开证明　　　不担心　有点担心　很担心

您认为医生会很顺利地帮您开证明　　　不认同　比较认同　认同

附录三　主观幸福感量表

对下列的描述，请选择最符合你情况的答案。

（1 表示非常不同意；2 表示不同意；3 表示有些不同意；4 表示既不同意也不反对；5 表示有些同意；6 表示同意；7 表示非常同意）

1. 我的生活在大多数方面接近我的理想。　　1　2　3　4　5　6　7

2. 我的生活条件极好。　　　　　　　　　　1　2　3　4　5　6　7

3. 我对我的生活感到满意。　　　　　　　　1　2　3　4　5　6　7

4. 目前为止，我已经获得了生活中我想要的重要的东西。

　　1　2　3　4　5　6　7

5. 如果再活一回，我将几乎不会对现有生活做任何改变。

　　1　2　3　4　5　6　7

附录四　孤独感量表

对下列的描述，请选择最符合你情况的答案。

1. 你常感到与周围人的关系和谐吗？

A. 从不　B. 很少　C. 有时　D. 一直

2. 你常感到缺少伙伴吗？

A. 从不　B. 很少　C. 有时　D. 一直

3. 你常感到没人可以信赖吗？

A. 从不　B. 很少　C. 有时　D. 一直

4. 你常感到寂寞吗？

A. 从不　B. 很少　C. 有时　D. 一直

5. 你常感到属于朋友们中的一员吗？

A. 从不　B. 很少　C. 有时　D. 一直

6. 你常感到与周围的人有许多共同点吗？

A. 从不　　B. 很少　　C. 有时　　D. 一直

7. 你常感到与任何人都不亲密了吗？

A. 从不　　B. 很少　　C. 有时　　D. 一直

8. 你常感到你的兴趣和想法与周围的人不一样吗？

A. 从不　　B. 很少　　C. 有时　　D. 一直

9. 你常感到想要与人来往.结交朋友吗？

A. 从不　　B. 很少　　C. 有时　　D. 一直

10. 你常感到与人亲近吗？

A. 从不　　B. 很少　　C. 有时　　D. 一直

11. 你常感到被人冷落吗？

A. 从不　　B. 很少　　C. 有时　　D. 一直

12. 你常感到你与别人来往毫无意义吗？

A. 从不　　B. 很少　　C. 有时　　D. 一直

13. 你常感到没有人很了解你吗？

A. 从不　　B. 很少　　C. 有时　　D. 一直

14. 你常感到与别人隔开了吗？

A. 从不　　B. 很少　　C. 有时　　D. 一直

15. 你常感到当你愿意时就能找到伙伴吗？

A. 从不　　B. 很少　　C. 有时　　D. 一直

16. 你常感到有人真正了解你吗？

A. 从不　　B. 很少　　C. 有时　　D. 一直

17. 你常感到羞怯吗？

A. 从不　　B. 很少　　C. 有时　　D. 一直

18. 你常感到有人围着你但并不关心你吗？

A. 从不　　B. 很少　　C. 有时　　D. 一直

19. 你常感到有人愿意与你交谈吗？

A. 从不　　B. 很少　　C. 有时　　D. 一直

20. 你常感到有人值得你信赖吗？

A. 从不　　B. 很少　　C. 有时　　D. 一直

附录五　社交回避量表

对下列描述,请选择最符合你情况的答案。

1. 我尽量避免迫使我参加交际应酬的情形	是	否
2. 我并不特别想去回避人们	是	否
3. 我尽量避免与人家讲话,除非特别熟	是	否
4. 如果有同新人相会的机会,我会抓住的	是	否
5. 我经常想离开人群	是	否
6. 尽管满房间都是生人,我可能还是会进去的	是	否
7. 我会避免走上前去加入到一大群人中间	是	否
8. 当上司想同我谈话时,我很高兴与他谈话	是	否
9. 我喜欢躲开人群	是	否
10. 在晚上或社交聚会上与人们交谈对我来说不成问题	是	否
11. 我经常想出一些借口以回避社交活动	是	否
12. 我有时充当为人们相互介绍的角色	是	否
13. 我尽量避开正式的社交场合	是	否
14. 我通常参加我所能参加的各种社会交往。不管是什么社交活动,我一般是能去就去	是	否

图书在版编目(CIP)数据

　　远离与回归:残疾人社会疏离问题研究/张林著
. —杭州:浙江大学出版社,2020.12
　　ISBN 978-7-308-20786-7

　　Ⅰ.①远… Ⅱ.①张… Ⅲ.①残疾人—社会生活—研
究—中国 Ⅳ.①D669.69

　　中国版本图书馆 CIP 数据核字(2020)第 225040 号

远离与回归:残疾人社会疏离问题研究

张林　著

策划编辑	吴伟伟
责任编辑	陈逸行　寿勤文
责任校对	郭琳琳
封面设计	雷建军
出版发行	浙江大学出版社
	(杭州市天目山路 148 号　邮政编码 310007)
	(网址:http://www.zjupress.com)
排　　版	杭州朝曦图文设计有限公司
印　　刷	广东虎彩云印刷有限公司绍兴分公司
开　　本	710mm×1000mm　1/16
印　　张	21
字　　数	368 千
版 印 次	2020 年 12 月第 1 版　2020 年 12 月第 1 次印刷
书　　号	ISBN 978-7-308-20786-7
定　　价	68.00 元